中国教育通史

General History of Chinese Education

14

中华民国卷
（下）

本卷作者 于述胜

北京师范大学出版集团
北京师范大学出版社

编辑委员会

学术顾问　　　　　顾明远

总主编　　　　　　王炳照　李国钧　阎国华

修订工作组组长　　田正平

修订工作组成员　　田正平　金林祥　俞启定　于述胜

编委会成员（按姓氏笔画排列）

　　　　　　　　于述胜　马　镛　王建军　田正平　乔卫平
　　　　　　　　刘　虹　宋大川　吴宣德　苏渭昌　金林祥
　　　　　　　　郭齐家　俞启定　施克灿　顾明远　梅汝莉
　　　　　　　　雷克啸　熊贤君

总　序

《中国教育通史》即将付梓。首先我要向田正平、俞启定、金林祥、于述胜以及参加这次修订编纂工作的学者表示感谢，感谢他们不辞辛苦，在短短的两年多时间里完成这部巨著。

《中国教育通史》是将20世纪90年代出版的王炳照、阎国华主编的《中国教育思想通史》(8卷本)和王炳照、李国钧教授主编的《中国教育制度通史》(8卷本)合编而成的。原来两部著作是三位教授的力作，本来由他们合作主持合编修订中国教育通史是最合适、最理想的，可惜李国钧、王炳照两位先生都先后离世，阎国华先生年事已高，于是由田正平负责的修订小组接手完成，原作者都基本上参加了此次修订工作。

王炳照、李国钧、阎国华都是我的朋友，我们曾经多次合作过。我主编的《中国教育大系》中《历代教育论著选评》和《历代教育制度考》两大系列就是王炳照、李国钧两位编纂的。阎国华则参加了我主编的《教育大辞典》的工作。李国钧先生是华东师范大学的教授、博士生导师，是我国著名的教育史学，特别是研究中国教育制度史的权威，不仅著作丰硕，而且培养了一批人才。阎国华先生是河北大学教育史教授，兼通中外教育史。王炳照则是我们北京师范大学的教授，是我的同事，我对他有更深的了解。他先后主编了《中国教育思想通史》《中国教育制度通史》等专著，又参加了《中华人民共和国教育史》的编纂工作。他对我国古代私学、书院和科举制度又深有研究。他不仅研究中国教育通史，而且拓展了区域教育发展史的研究，并且对教育史学也有较深的研究和独特的见地。

王炳照、李国钧、阎国华是我国教育史学界承上启下的人物，他们师承舒新城、孟宪承、毛礼锐、陈景磐、沈灌群、滕大春等老一辈教育史学家，"文化大革命"以后，他们接过这批老先生的班，开拓中国教育史的研究。他们坚持教育史研究中"古为今用，以史为鉴"的史学原则，探寻中国教育思想产生、发展及其演进的历程，挖掘历代教育思想的丰富内涵，总结前人的成功经验和失败教训，揭示教育思想发展的客观规律；研究中国教育制度的形成、发展和变化的历史，回答教育制度作为一个历史存在物的存在特性，及其与现实存在的教育制度之间的关联，探讨现代教育问题的历史根源。

《中国教育思想通史》和《中国教育制度通史》是两部巨著，各有 300 多万字，把两本书合并起来，编纂成一部《中国教育通史》，其难度之大是可想而知的。在田正平、俞启定、金林祥、于述胜几位教授主持下，原作者的积极配合下，经过对两书的合并、调整、修订、创新，终于完成了我国第一部最完整的中国教育通史。这部书的出版，具有里程碑的意义。其一是，这部书的出版标志着我国教育史学研究进入了一个新的阶段；其二是，标志着我国新一代教育史学家的成长，因为参加修订工作的大多是各校中青年学者。李国钧、王炳照、阎国华开展了中国教育史研究承上启下的工作，现在后继有人，值得他们欣慰了。

2013 年 3 月 6 日

本卷导言

民国时期的教育，是中国教育近代化的一个重要阶段。近年来，海内外对这个时期教育制度的研究取得了丰硕的成果。以有关研究成果为基础，本书试图在全面把握民国教育制度的评价尺度的同时，进一步揭示其历史发展的内在逻辑。

一

教育制度是政治制度的有机组成部分，教育制度的性质只能由政治制度的性质来决定。但是，教育制度又是以人的培养为主要功能的制度，这使它与其他政治法律制度相比不能不具有一定的独立性，仅仅从政治制度的角度来分析和评价教育制度，是远远不够的。20世纪后期以来，我们的民国教育制度研究在方法论问题上存在的一个主要问题，是把教育史研究党史化。从这一方法论原则出发进行的研究，都难免会有这样或那样的局限性。用政治标准取代教育评价的其他尺度，使教育史研究成为党史研究的演绎和简单注解，难以对民国教育制度，特别是1927年以后的两种教育体系和两种教育制度的历史特点与历史作用，做出全面、客观、准确的评价。当政治尺度沦为狭隘的政治功利主义的时候，这种片面性就更加明显了。为此，我们在分析评价民国教育制度的时候，在坚持以政治制度来定性教育制度原则的同时，着力从教育制度自身的建立与完善出发，这样才有利于客观分析和评价每一种教育制度的利弊得失。

教育作为培养人的社会活动，不仅与社会生产和生活的方方面面有着紧密的联系，也与人的发展密切相关。就教育与社会发展之间的关系而言，除了政治因素之外，研究一种教育制度适应社会需要的程度，不能不考虑经济、文化和人口等因素。由于中国社会近代化的主题既是求得政治上的独立，又是向工业化社会迈进，经济因素是不能不考虑的因素。就教育与人的发展之间的关系而言，教育制度是否符合人的身心发展规律，如人的身心发展的阶段性特点等，也是一个重要的尺度。

教育的社会发展功能的发挥是通过教育的自身矛盾运动而展开的，考察教育领域内各要素间的多层复杂关系，在教育制度史研究中有重要意义。由于教育制度一方面是一定的教育思想和观念的具体化和操作化，另一方面又是教育实践的抽象规定，因而，以教育制度自身的历史演化为主轴，在制度与思想、制度与实践的互动关系中把握特定教育制度的历史意义，不仅会使制度史的研究更加丰满，也有利于坚持教育制度史评价中的内在尺度。我们认为，教育实践是评价相应的教育制度的内在的、基本的尺度。以教育实践作为教育制度评价的内在尺度，其真实意义在于揭示特定教育制度在培养人的数量和质量方面的实际功效。在其他条件基本相同的情况下，哪一种制度更有利于培养大量的高质量的人才，哪一种制度就是优质高效的制度。就近代社会与教育的特质而言，文化素质应该是人才质量的最重要的表征。在考查处于同一历史与文化背景之中并行的两种教育制度的时候，这一评价尺度就显得更加重要、更加有效。从这一观点出发，以往民国教育制度评价尺度的单一性和片面性，也许会得到某种程度的纠正。

二

从教育制度自身的发展逻辑来看，中国教育近代化的主题，是通过学习外国先进的制度和经验，建立一个适合中国国情的近代化教育体系。作为中国教育近代化历程中的一个重要阶段，中华民国时期（1912～1949年）的教育制度实现了两个重要的转变：一是从日本模式到美国模式的转变；二是从以引进外国教育制度为主到与中国实际相结合而建立有自己特点的教育制度的转变。

第一个转变可以以1922年新学制的制定为标志，并延续到大革命失败、国共两党彻底分裂的 1927 年。民国初年的教育制度是接着清末教育改革而来的，从其建立教育制度的方式来说，二者之间具有很大的一致性，都是通过模仿外国模式来建立近代化的中国教育制度，它们的共同特征在于以模仿为主。民国初年的教育制度除了对清末制度中的封建性成分进行了一定的改造之外，二者都出自同一个外国模式——日本模式。这集中体现在学校教育制度上：初等以上学校取多轨制，普通教育、师范教育和职业教育三系并立，自成系统；中等教育年限太短，上不足以为高等教育提供合格的生源，下不足以为学生就业提供必要的准备。后来，以中国民族资本主义的发展为基础，以新文化运动所倡导的科学民主精神为先导，欧美教育制度特别是美国教育制度以其与新文化运动基本精神的内在契合，以及其他一些文化历史因素的影响（如美国注重对华文化渗透，留美学生大量归来，西化思潮极度盛行等），而引起了中国教育界的高度关注。中国教育界在经过了较长时间的试验与酝酿之后，终于选择了美国教育作为自己的新的学习榜样，伴随着 1922 年新学制的制定，美国的对华教育影响达到了顶峰。

第二个转变开始于国共分裂的 1927 年。此后的中国教育制度，是沿着两条不同的道路开始教育的中国化探索的，即国民党政府领导下的三民主义教育制度和中国共产党领导下的革命根据地的新民主主义教育制度。无论走哪一条道路，促成第二次转变的共同历史背景，一是五卅运动后迅速发展并在抗日战争中得到进一步强化的民族主义意识，它对外国模式的简单移植有着天然的排斥倾向；二是国内激烈的政治斗争，对立的两大政治集团为了各自的生存和发展，不能不从实际的效用出发来确定自己的方针政策，建立相应的政治制度，教育制度也是这一政治制度的一个有机组成部分。对于任何一个政治集团来说，民族主义都是一面必须高举的伟大旗帜，不管人们主要是把它作为工具还是把它作为自己奋斗的真实目标之一。由于这个原因，民族主义与激烈的政治斗争两个因素在某种程度上得到了整合。

在三民主义教育制度方面，抗战前的南京政府主要致力于正规化教育制度的建设，以加强对于教育的集中统一控制。从统一的三民主义教育宗旨的厘定，到各级各类学校法规、学校规程、课程标准的制定，体现的就是这一历史特点。这种正规化的教育制度主要适用于经济、文化比较发达的城市，特别是为国民党所占据的大中城市。其教育制度中国化的探索主要体现在如下两个方面：其一，在教育方针、课程内容和训育制度上，国民党有意识地突出了旧三民主义的民族主义因素，并将其理解为对中国传统道德价值观念的大量承继，其与中国实际的结合，主要是与中国传统文化的结合；其二，各项制度和措施在制定出来之后，在实施过程中不断对其进行修订，以期使其更实际、更具可行性。抗战开始后，国民党政府本着抗战与建国并重的原则，仅针对抗战需要对有关教育制度进行了微调，把大量精力一方面用在继续完善正规化教育制度上；另一方面用在积极推行国民教育制度上。国民教育制度的建立，可以看作是国民党对抗战前各地进行的乡村建设与教育运动的积极回应。它以恢复中国传统的保甲制度的方式，巩固国民党政府的地方政权，使之成为推行农村地区教育的政教合一的教育体制。这是又一种教育制度中国化的尝试，又一种对于传统制度的复归。

在新民主主义教育制度方面，国共关系的破裂，迫使中国共产党人走上了独立领导中国革命、以农村包围城市的新的道路。革命根据地教育制度的中国化探索，主要体现在两个方面：首先，是使教育紧密地配合根据地军事斗争以及经济、政治和文化建设，从而确定了教育为革命战争服务的方针，重视干部教育和群众教育。这是根据地教育制度中国化探索的前提，也是其开始。但在苏区，由于中国共产党缺乏独立领导中国革命的经验，其思想路线和组织路线均不成熟，再加上受"左"的思想的影响，苏区教育存在着简单搬用苏联制度的问题。抗战时期，以毛泽东为代表的中国共产党人，在总结以往经验教训的基础上，提出了新民主主义的文化教育方针，形成了干部教育重于群众教育、在职干部教育重于未来干部培养、成人教育重于儿童教育的办学方针，并采取了机动灵活的学制与课程，以期收到在较短时间内培养大批合格的革命干部、发动群众参加并支持革命斗争之功效。其次，是使教育制度与中国农村的实际相结合。革命根据地是以农村为依托存在和发展的，教育能否起到发动群众的作用，关键要看其制度与中国农村实际和农民需要相结合的程度，能否充分调动农民接受新民主主义教育的积极性。为此，中国共产党人在农民教育方面，始终把文化教育建设与农民在政治和经济上的解放紧密联系，通过政治经济改革唤醒农民接受新民主主义教育的迫切愿望，使文化教育成为提高农民文化水平和政治觉悟的重要工具。把冬学等农民群众的教育形式与土地改革相结合，就是其中的一个重要范例。在儿童教育方面，适应农村经济文化不发达、农民居住分散等特点，以及农民的特殊心理和特殊需要，根据地和解放区一方面通过创立民办公助的办学方式来普及初等教育；另一方面对私塾采取分类别、分步骤予以利用和改造的稳妥方针，大力发展初等教育。这种灵活的教育制度，较好地适应了根据地政治斗争的需要。从这个意义上讲，中国新民主主义革命的胜利，也是新民主主义教育的胜利。

目 录

第一章 1912~1927年教育制度的转变/1

第一节 民国初年的教育改革/1
一、恢复办理学校教育的临时措施/2
二、新教育宗旨的厘定/3
三、教育行政组织改革/6
四、壬子·癸丑学制及相关政策法令/10

第二节 新文化运动与1922年新学制/21
一、封建复古主义对民初教育制度的侵蚀/21
二、新文化运动推动下的教育改革/24
三、1922年新学制/36

第二章 三民主义教育制度（上）/55

第一节 从党化教育到三民主义教育/55
一、"以党治国"与"党化教育"/56
二、三民主义教育宗旨的确立与实施/60

第二节 抗战及战后教育政策/66
一、"战时要当平时看"的战时教育政策/66
二、抗战胜利后的教育政策/69

第三章 三民主义教育制度（中）/75

第一节 "新学制"的修订/75

第二节 初等教育制度/78
一、学前教育——《幼稚园课程标准》的制定/78
二、义务教育制度/82
三、国民教育制度/85
四、小学课程/88

五、小学教职员/98

　　六、实施与问题/102

第三节　中学教育制度/106

　　一、综合中学的废止及新中学的设置/106

　　二、教育目标与课程/109

　　三、毕业会考制度/114

　　四、教职员与行政管理/117

　　五、学生的管理与训育/121

　　六、实施与问题/126

第四节　师范教育制度/130

　　一、中等师范教育/131

　　二、高等师范教育/141

　　三、实施与评价/147

第五节　职业教育制度/150

　　一、专科职业技术教育/151

　　二、中等职业技术教育/154

　　三、初级职业技术教育/159

　　四、职业教育向普通教育的渗透/161

　　五、分区辅导与建教合作制度/163

　　六、实施与问题/164

第六节　大学教育制度/166

　　一、培养目标与学校设置/166

　　二、内部行政管理/167

　　三、课程/169

　　四、教员/176

　　五、研究机构与学位制度/178

　　六、实施与问题/180

第四章 三民主义教育制度（下）/187

第一节 教育行政制度/187

一、大学院、大学区制的试行与废止/187

二、改设教育部后的中央教育行政/195

三、恢复教育厅后的地方教育行政/197

四、实施与问题/201

第二节 教育视导制度/202

一、各级教育视导机构/202

二、教育视导的内容、程序与标准/205

三、教育辅导/206

第三节 教育立法制度与教育法规/208

一、立法机构与立法程序/208

二、各时期主要教育法律和法规/210

第四节 教育经费制度/213

一、保障教育经费政策的演变过程/213

二、初等教育经费制度/216

三、中等教育经费制度/220

四、高等教育经费制度/221

五、贷学金、公费与奖学金制度/223

六、教师薪俸制度/225

第五节 私立学校制度/232

一、《私立学校规程》主要内容/235

二、《私立学校规程》实施情况/237

第五章 新民主主义教育制度（上）/240

第一节 新民主主义教育制度的萌芽/240

一、早期中国马克思主义者的教育思想/241

二、中国共产党早期的工农教育实践活动/245

第二节　苏区教育方针政策/247

一、教育为革命战争服务/248

二、保障工农群众优先享受教育的权利/251

三、教育与生产劳动相联系/252

四、用共产主义精神教育工农群众/253

五、发动群众走多种形式办教育的道路/256

六、利用旧知识分子/258

第三节　抗日根据地教育方针政策/260

一、教育为抗战服务/260

二、新民主主义文化教育方针的确立/264

第四节　解放区教育方针政策/267

一、接管旧学校的"先维持，后改良"政策/267

二、工作重心转移与学校教育正规化/269

第六章　新民主主义教育制度（中）/272

第一节　革命根据地的学制体系/272

一、苏区的教育体系/272

二、抗日根据地学制体系/273

三、解放战争时期学制的逐步正规化/275

第二节　革命根据地小学教育制度/276

一、学校设置及其类型/276

二、培养目标、课程与教学/280

三、学校设备/288

四、教员/289

五、义务教育制度及其实施/294

六、对私塾的改造/298

第三节　革命根据地中学教育制度/300

一、抗战时期中学制度/301

二、解放战争时期中学制度/309

三、组织机构与编制/317

第四节　革命根据地师范与职业教育制度/321

　　一、师范教育制度/321

　　二、职业教育制度/328

第五节　革命根据地干部教育制度/334

　　一、在职干部教育/334

　　二、干部学校教育/342

　　三、新中国成立前夕干部教育与高等教育整顿/348

第六节　革命根据地社会教育制度/353

　　一、社会教育方针的演变/353

　　二、社会教育组织形式/357

第七章　新民主主义教育制度（下）/365

第一节　革命根据地教育行政与学校管理制度/365

　　一、苏区教育行政管理制度/365

　　二、抗日根据地教育行政制度/371

　　三、解放区教育行政制度/375

　　四、学校管理体制/376

第二节　革命根据地教育经费制度/380

　　一、苏区教育经费制度/380

　　二、抗日根据地和解放区教育经费制度/382

结　语/387

人名与专业术语索引/391

参考文献/393

第一章 1912～1927年教育制度的转变

1912年中华民国南京临时政府的成立，宣告了封建帝制的终结和资产阶级民主共和国的诞生。适应在中国发展资本主义的需要，一批资产阶级革命家和教育家，着手从内容和形式两个方面对旧教育进行改革，按照新确立的教育宗旨对清末以来的教育制度进行了改造，制定了壬子·癸丑学制，建立了新的教育行政系统，形成了一系列与之相匹配的法律和法规。尽管袁世凯篡夺辛亥革命的胜利成果后曾一度推行封建复古主义的文化教育，但中国教育近代化的历史趋势已不可逆转。随着中国资本主义经济的发展和教育事业的发展，在新文化运动的推动下，西方各种社会思潮和教育思潮纷纷涌入中国，1915～1920年前后，人们针对旧制的弊端，从各个方面提出了改革教育的要求，一些新的改革措施得以实施。1922年新学制的制定，终于把这场改革推向高潮，从而建立起了一个新的教育模式。从此，中国近代教育体制由模仿日本，逐步转向以欧美特别是美国为楷模，并朝着与中国社会实际相结合的方向发展。

第一节 民国初年的教育改革

辛亥革命胜利后，成立了第一个资产阶级领导的议政机关——"各省都督府代表联合会"。联合会制定并颁布了《临时政府组织大纲》，推举孙中山为首任大总统。1912年1月1日，孙中山在南京宣誓就职，并着手组织临时政府；1月3日，各省代表联合会根据孙中山临时政府设立9个部的提议，选举产生了副总统和陆军、海军、外交、内务、财政、司法、教育、实业、交通等各部的总长，临时政府正式成立。关于教育总长的人选，孙中山最初提名章炳麟，因遭反对而改任蔡元培，蔡元培于是成为中华民国第一任教育总长。蔡元培受命以后，即赴南京筹组教育部。1月9日，南京临时政府教育部正式成立。教育部成立后，摆在人们面前的一个首要任务，就是立即恢复办理因战乱和政治更迭而停顿了的教育事业，并确立新教育宗旨，建立一个新的教育行政系统和学校教育体系，以便于现代教育向全国各地扩展。

一、恢复办理学校教育的临时措施

南京临时政府成立伊始，就把修旧起废、恢复办理学校教育作为巩固革命胜利成果的一项大事来抓。孙中山明确提出："学者，国之本也。若不从速修旧起废，鼓舞而振兴之，何以育人而培国脉。"[①] 基于此，教育部成立不久，就于1912年1月19日公布了《普通教育暂行办法通令》（以下简称《暂行办法》）和《普通教育暂行课程标准》（以下简称《暂行课程标准》）两个文告，作为新学制颁布前办理学校教育的临时依据。

为了体现民主共和的精神并与清末封建教育划清界限，《暂行办法》规定：从前各项学堂，均改称为学校；监督、堂长，应一律通称校长；初等小学可以男女同校；小学读经科一律废止；凡各种教科书，务合乎共和民主宗旨，一律禁止使用清末学部颁布的教科书，民间流行的课本有尊崇清朝及旧时官制、军制等字样的，应由各该书局自行修改，学校教员如发现教科书中有不合共和精神者，可随时删改或呈请民政司或教育部通知该

---

① 《孙中山全集》第2卷，第253页，北京，中华书局，1985。

书局改正；废止旧时奖励出身，初、高等小学毕业者称初、高等小学毕业生，中学校、师范学校毕业者称中学校及师范学校毕业生。《暂行办法》还规定，对于旧制与共和国体不相抵触的部分暂予保留，各州县小学应一律于元年三月初五日开学。中学和初级师范也应"视地方财力，亦以开学为主"。

《暂行课程标准》和《暂行办法》对于初等小学校、高等小学校和师范学校的课程设置、开课时间及其周学时数作了明确规定，以便有章可循。其中，初等小学校设修身、国文、算术、游戏体操，3年级起兼授珠算，并可加设图画、手工、唱歌之一科或数科，女子加课裁缝。高等小学校设修身、国文、算术、中华历史、地理、博物、理化、图画、手工及体操课，并可根据地方情形加设唱歌、外国语、农业、工业、商业等科，体操应重视兵士操练。整个小学教育阶段对于手工课应加以重视。中学校设修身、国文、外国语、历史、地理、数学、博物、理化、图画、手工、音乐、体操、法制、经济诸科，女子加设裁缝、家政。师范学校除上述中学课程外，把教育科放在重要位置上。

南京临时政府不仅重视普通教育，也十分重视社会教育。1912年1月10日，教育部通电各省都督府，指示各地立即筹办社会教育："惟社会教育，亦为今日之急务，入手之方，宜先注重宣讲。即请贵府就本省情形，暂定临时宣讲标准，选辑资料，通令各州县，实行宣讲，或兼备有益之活动画影画，以为辅佐。"宣讲内容"大致应专注此次革新之事实，共和国民之权利义务，及尚武实业诸端，而尤注重公民之道德"。

上述规定作为应急措施，对于贯彻共和精神，及时恢复文化教育事业，起了积极的作用，也为随之而来的教育制度的全面改革奠定了基础。

二、新教育宗旨的厘定

教育制度作为整个上层建筑的一个组成部分，其性质集中体现在教育宗旨和办学方针上。显然，清末"忠君、尊孔、尚公、尚武、尚实"的教育宗旨，是无法与资产阶级民主共和国的教育相谐调的。因此，以何种教育方针为指导，是这次教育改革的关键所在。早在1912年2月，蔡元培就发表了《关于教育方针的意见》一文。文章在对清末教育宗旨进行批判检讨的同时，提出了一个以培养共和国民为宗旨的"五育并举"的教育方针。他认为，"忠君"与共和政体不合，"尊孔"与思想自由相违，必须从教育宗旨中删除。同时，清末以来教育界所倡导的军国民主义和实利主义，固然是适应时代要求的，但二者要朝着健康的方向发展，必须以公民道德教育为中坚；而要养成公民道德，又必须以哲学上的世界观和人生观作基础，因而世界观教育亦应提到议事日程。不仅如此，在从现象界到实体界的提升过程中，美感教育实是一个不可或缺的"津梁"。通过这种论述，他提出了以公民道德教育为核心，包括军国民教育、实利主义教育、世界观教育和美感教育在内的"五育并举"的教育方针。这种论述虽然尚嫌粗糙，但它为打破封建专制教育的思想统治、确立适合民国需要的教育宗旨和教育方针奠定了基础。

同年7月10日，全国临时教育会议在北京召开。蔡元培首先以教育总长的身份致辞，对此次会议所要讨论的重要问题作了根本性说明，定下了讨论的基调。他在讲话中首先论述的就是教育方针问题。他说：

> 民国教育与君主时代之教育其不同之点何在？君主时代之教育方针不从受教育者本体上着想，用一个人主义或一部分人主义，利用一种方法驱使受教育者迁就他之主义。民国教育方针应从受教育者本体上着想，有如何能力方能尽如何责任，受如何教育始能具如何能力。……须立于国民之地位，而体验其在世界在社会有何等责任，应受何种教育。……教育家之任务，即在为受教育者养成此种能力，使能尽完全责任，亦无可疑也。当民国成立之始，而教育家欲尽此任务，不外乎五种主义：即军国民教

育、实利主义、公民道德、世界观、美育是也。五者以公民道德为中坚，盖世界观及美育皆所以完成其道德，而军国民教育及实利主义，则必以道德为根本。①

同月18日，该宗旨以"注重道德教育，以实利及军国民两主义济之，又以世界观及美育养成高尚之风，以完成国民之道德"方案，连同其他3项相关方案，初读成立，一并交会议审查讨论。次日再读该方案，除"世界观教育"一项为多数代表所不赞同外，大体精神和内容保持不变，遂得以通过而省略三读，形成了"注重道德教育，以实利主义、军国民教育辅之，更以美感教育完成其道德"的新教育宗旨，于9月2日公布实施。

这个方针所说的"公民道德"，实即法国大革命所标揭的、反映资产阶级民主革命精神的"自由""平等""博爱"思想；所谓"实利主义教育"，即发展资本主义工、农、商诸业的知识技能教育；所谓"军国民教育"，就是融强兵健体为一体的军事体育；而"美感教育"则是以音乐、艺术为核心内容的教育。从总体上看，这一方针与清末教育宗旨有着本质的不同。它以养成共和国民的健全人格为目标，通过德、智、体、美四育，造就既有资产阶级思想又有近代科学技术知识的人，突破了"中体西用"的旧模式，是与民国建立后的社会发展需要相吻合的。特别是它强调公民道德教育的核心地位，突出了新教育的革命、民主意义，是从封建教育观念到资本主义教育观念的质的飞跃。

当然，这一新的教育宗旨和教育方针也不是完美无缺的。它对于公民道德教育核心地位的强调，表现出以道德教育涵盖其他各育的倾向，从而在价值取向上与传统教育有着更多的一致性，与当时社会将教育面向以经济生活为主的需求有一定的距离。此外，由于它是应教育变革的紧迫需要临时制定的，缺乏充分的理论准备和酝酿，因而其理论尚显得简单粗糙，

---

① 我一：《临时教育会议日记》，载《教育杂志》，第4卷第6号，1912年。

不乏含混模糊之处，故民初教育界围绕着这一构想的论争也随之而起。

三、教育行政组织改革

（一）中央教育行政机构

教育部成立后，蔡元培曾委托蒋维乔草拟教育部官制，但未获通过。1912年3月底，根据蔡元培的提议，南京参议院正式制定教育部官制，规定教育总长管理教育、学艺及历象事务，监督全国学校及所辖官署。教育总长、次长以下，设参事3人，及1厅3司：承政厅、普通教育司、专门教育司和社会教育司。[①]

教育部参事负责草拟教育法令。

承政厅设秘书长1人，专司机要及管理本厅事务。下设文书、统计、会计、建筑4科，编纂、审查2处，各有职员若干人。其中，文书科负责文牍收发（包括编存、用印）、图书收藏（包括编目、借书还书）和学校卫生；会计科负责财务出纳、报告、监察、预算决算，以及置备器具、核点物件、管理仆役等庶务；统计科负责调查、编录；建筑科负责工程的规划和检验；编纂处负责编纂法令、辑译书报（包括外国思想学说、学制及各国最新教育行政）；审查处负责审查教科书和仪器标本等。

普通教育司设司长1人，管理本司事务。下设第一至第五科，各有职员若干人。其中第一科专管幼稚园和小学教育；第二科负责管理中学教育；第三科负责师范、临时教员养成所、高等师范教育；第四科管理普通实业学校、实业补习科、艺徒学校；第五科负责管理蒙、藏、回学校教育。

专门教育司设司长1人，管理本司事务。下设第一科、第二科。第一科管理大学及游学生；第二科专理高等专门学校。

[①] 陶英惠：《蔡元培年谱》（上），第291～294页，台湾"中央研究院近代史研究所"，1976。

社会教育司设司长1人，管理本司事务。下设3个科。第一科负责宗教、礼俗；第二科负责科学、博物院、动植物园、图书馆、美术馆、美术展览馆、音乐会、演艺会；第三科负责通俗教育、演讲会、通俗图书馆、巡回文库等。

民国元年，作为中央教育行政机构的教育部与清末学部相比，其机构设置有着明显的变化。它将原学部所设总务、专门、普通、实业、会计5司改为3司1厅，并专门设立了社会教育司。社会教育司的设立，体现了以蔡元培为代表的资产阶级教育家针对我国年长失学者占大多数的社会现实，力图通过加强社会教育的管理，充分开发和利用各种文化教育资源以普及教育的愿望。不过，由于时间仓促，教育部机构设置和管理职能的分工还不够完善，故又陆续予以修正和补充。同年8月，根据《修正教育部官制》，将承政厅改为总务厅。下设秘书、编纂、审查3处，文书、会计、统计、庶务4科，将原来的建筑科并入庶务科；普通教育司仍设立5科，但改第一科掌师范，第二科掌小学，其他不变；专门教育司增设第三科，专管国语统一事项。社会教育司裁原第一科，将其所司改隶内务部。12月公布的《教育部分科规程》，除对秘书处的职掌作了新的规定外，还将文书科所管学校卫生改隶庶务科，并将盲哑学校及调查学龄儿童就学事项、博士会及授予学位事项、历象事项、医士药剂士开业试验委员会及各种学务事项等职能，增设到有关的科中。

为了解全国各地对有关教育政策法规的执行情况并及时加以督导，又成立了与3司并行的视学处。1913年公布的《视学规程》将全国分为8个学区，每区派视学2人，视学事项为教育行政状况、学校教育状况、学校卫生状况、有关学务职员执务状况、教育部部长特命视察事务共7项。同年3月又公布了《视学处务细则》19条。从有关规程来看，视学的主要职能，在于代表中央政府对地方教育行政与教育事务进行视导。

至此，中央最高教育行政机关始组织完备，一直到1927年都没有大的变化。

(二) 地方教育行政

民国初年，地方教育行政分为省、县两级。至于省教育行政，在1917年设立教育厅以前，各省情形不一且屡有变更。只是到了1917年，随着教育部颁布《教育厅暂行条例》以及《教育厅署组织大纲》，才有了全国统一的省级教育行政机关。按照上述法令，教育厅直接隶属于教育部，设厅长1人，由大总统兼任，秉承省长执行全省教育行政事务。教育厅分设各科，处理各项事务，最多不得超过3个科。各科置科长1人，科员不得超过3人。教育厅同时设省视学4~6人，由厅长委任，掌管视察全省教育事宜。教育厅组织系统见下图。

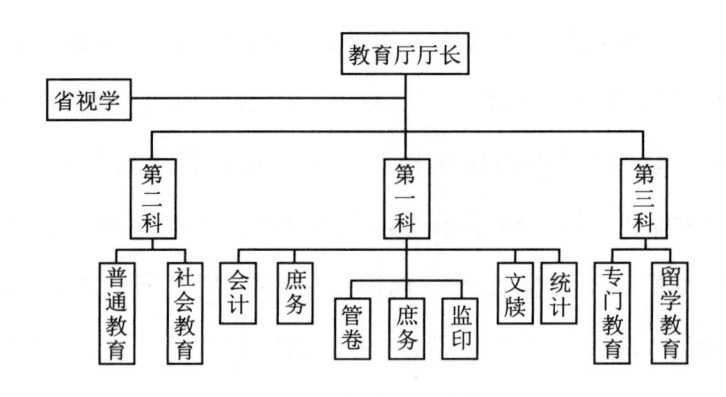

教育厅组织系统图

关于县教育行政，民国成立后，将前清原地方行政单位厅和州全部改为县，但沿用了前清的"劝学所"制，并于每县设视学1~3人。1913年，根据《地方行政官制》，县公署设第三科专管教育，实际上取消了劝学所制，使之成为县公署附属机关。但各县情况又不统一。有新设教育公所的，有设学务经理处的，有设学务委员会的，也有不设任何教育行政机关的。1915年7月，教育部公布《地方学事通则》，规定自治区为办理教育事务，应就各该区划分学区，并于该区组织学务委员会。至于没有成立自治区的地方，由县知事督率劝学所处理之。为统一教育行政，同年12月，教育部重新颁布《劝学所规程》，其主要内容有：各县设劝学所，辅助县知事办理县教育行政事宜，并综核各自治区教育事务；劝学所设所长1人，劝学员2~4人，并可以设书记1~3人。同时颁布的《学务委员会规程》规定，每学区设学务委员1人，必要时可增设1人，辅佐区董办理本学区事务，并从中推选1人，综理学务委员会事务。1916年4月28日，又颁布了《劝学所规程实施细则》和《学务委员会规程实施细则》，对劝学所、学务委员会的组织及其职权，作了更加详细的规定。[①] 总起来看，民国初年的县级教育行政与清末的劝学所大体相仿，独立性差，结构及人员组成也十分简单。

1921年，第7届教育会联合会在广州召开。鉴于劝学所是一种官办组织，它的地位和组织都有变更的必要，于是通过了一个改革地方教育制度案，主张代以教育局制。第二年教育部召开学制会议的时候，决定改劝学所为教育局，通过了《县教育行政机关组织大纲案》《特别市教育行政机关组织大纲案》《现任劝学长校长暂停选举纲要案》及《关于地方教育行政机关专利号案，遇有特别情形，得酌予变通建议案》4个议案。按照这些议案，地方教育行政以县区为单位。包括市乡镇，成立教育局，特别市按县区办理。1923年12月29日，正式颁布《县教育局规程》和《特别市教育局规程》。准此，县教育局由局长1人及视学、办事员若干人组成。教育局局长商承县知事主持全县教育行政事宜，并督促指导属于该县之市乡教育事务。教育局局长由县知事按有关资格推荐3人，呈请该省区教育厅厅长选任，并报教育部备案。县教育局设董事会，其主要职权为审议县教育方针及计划，筹划教育经费及审议教育预算决算。同时，各县市乡由教育局根据情况划分若干学区，每学区设教育委员1人，在教育局局长指挥下办理本学区教育事务。县教育局组织系统见下图。

---

① 教育部：《第一次中国教育年鉴》甲编，第40~42页，上海，开明书店，1934。

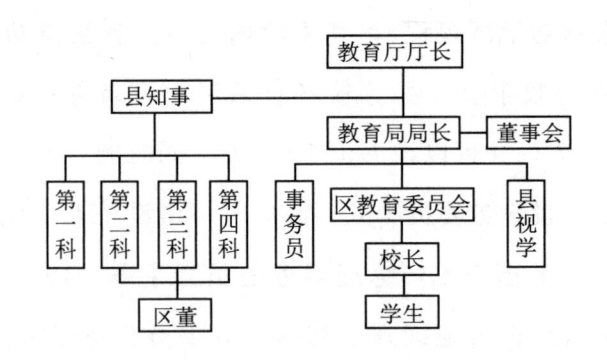

县教育局组织系统图

县教育局的设置是比较简单的，除了几个办事员外，全县教育事业几乎全部集中于教育局局长1人身上。虽然各区都设有教育委员会，但全县教育的整体规划往往无暇顾及，成立董事会的县也不多。所以，县教育局虽较原劝学所有了较大的独立性，但整个教育行政管理在实际上并没有明显的改进。只有江苏省公布了《县教育局局务分课暂行条例》，将教育局分成总务、学校教育、社会教育3课，办事机构稍为完备一些。① 这种局面的形成，是与中国近代农村基层组织的改革与发展相对滞后一致的。

四、壬子·癸丑学制及相关政策法令

制定新的学制，是贯彻新的教育精神的重要方面，也是1912年7月举行的全国临时教育会议的核心议题之一。此次会议讨论制定了一个新的学制——壬子学制，9月3日公布，其所规定的学制系统见下图。

从壬子学制公布到1913年间，教育部又陆续公布了各种学校令，如《小学校令》（1912年9月）、《中学校令》（1912年9月）、《中学校令施行细则》（1912年12月）、《专门学校令》（1912年10月）等。这些法令与前项系统略有出入，综合起来又成一系统，于1913年公布，被称为壬

---

① 教育部：《第一次中国教育年鉴》甲编，第41～42页，上海，开明书店，1934。

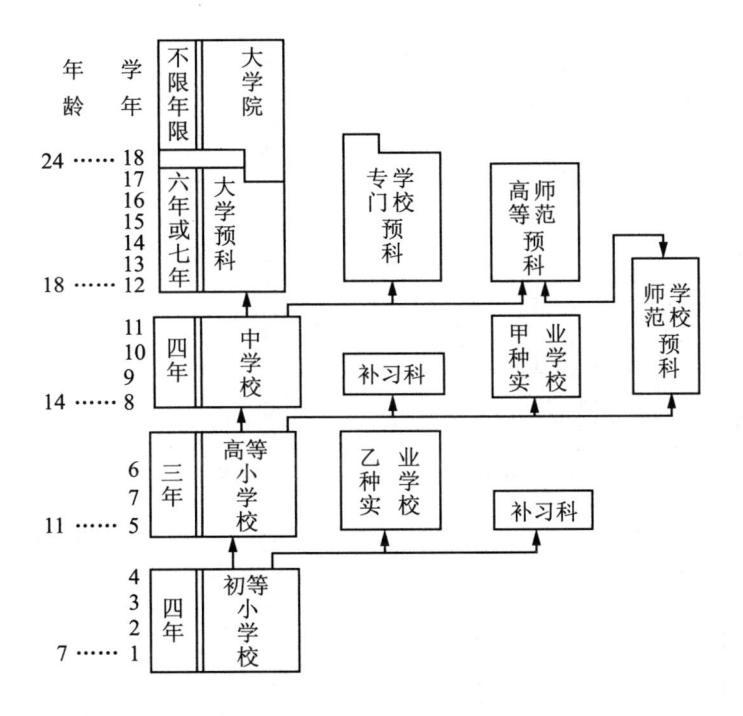

壬子（1912年）学制

子·癸丑学制。[1]

从纵向结构看，壬子·癸丑学制将整个学程分为3段4级，共18年。初等教育段分初等小学校（4年）和高等小学校（3年），共计7年；中等教育段只有1级，4年或5年；高等教育段1级，内分本科、预科，共计6年或7年。此外，上有大学院，下有蒙养园。不计年限。

从横向结构来看，壬子·癸丑学制可分为3个系统：一为直系各学校，由小学而中学，由中学而大学或专门学校；二为师范教育系统，分师范学校和高等师范学校，分居中、高2段；三为实业学校，分甲、乙两种，分居初、中2段。此外，还有补习科、各种预科、讲习科、专修科、进修科等。

根据相关法规法令，壬子·癸丑学制中各级各类学校的具体情况如下。

---

[1] 朱有瓛：《中国近代学制史料》，第3辑（上册），第26～27页，上海，华东师范大学出版社，1990。

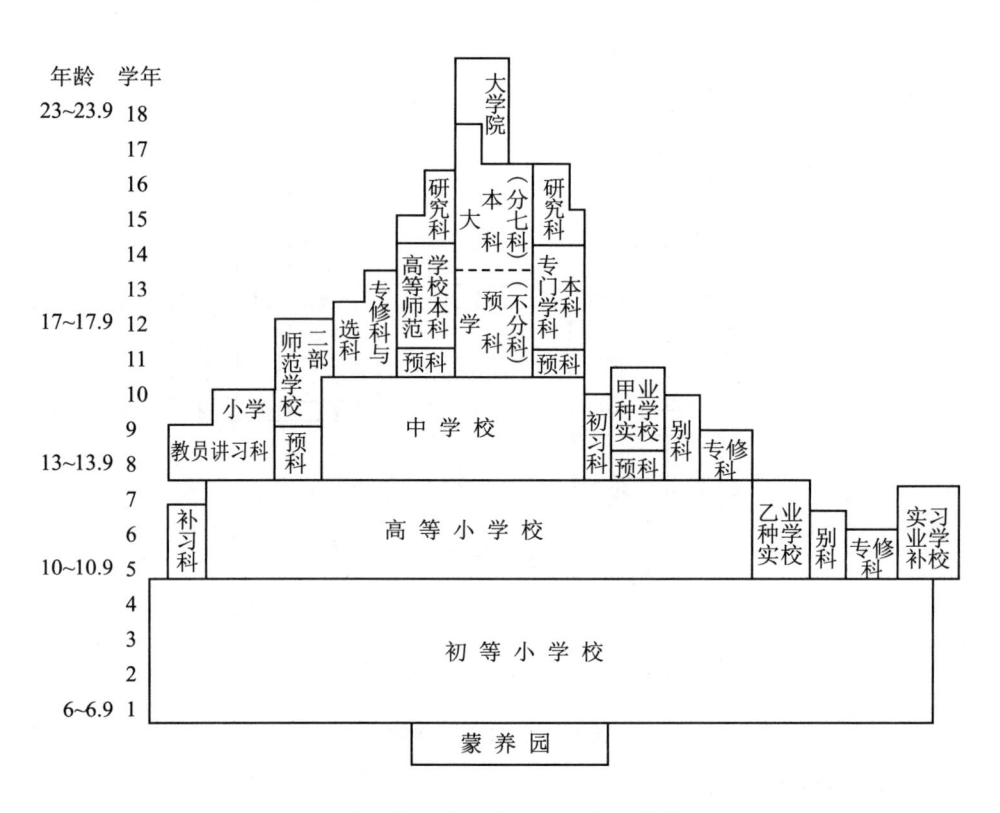

壬子·癸丑（1912～1913年）学制

（一）小学校

1912年9月28日教育部公布的《小学校令》，对小学的规制作了具体的规定。小学的教育宗旨是："留意儿童身心之发育，培养国民道德之基础，并授予以生活所必需之知识技能。"小学校分为初等小学校和高等小学校，前者以城镇乡立为原则，后者以县立为原则，但城镇乡在具备条件的情况下，也可设立高等小学校。初等小学修业年限为4年，高等小学3年。儿童自满6周岁次日起至满14周岁止，为学龄期，达学龄儿童应受小学教育。

关于小学校管理与经费，《小学校令》规定：城镇总董乡董及学校联合长，承县行政长官指挥，掌管本城镇乡或学校联合小学校，负责小学校经费。高等小学校由县支付经费，并由县行政长官掌管。

关于小学的课程，《小学校令》规定：初等小学校为修身、国文、算术、手工、图画、唱歌、体操，女子加课缝纫；遇不得已时，可暂缺手工、图画、唱歌中的一科或数科。高等小学校的教学课目为修身、国文、算术、本国历史、地理、理科、手工、图画、唱歌、体操，女子加课缝纫，男子加课农业；视地方情形，农业可以从缺或改为商业，并可加设英语；遇不得已时，手工、唱歌亦得暂缺；视地方情形，可改英语为别种外国语。1912年11月22日教育部制定的《小学校教则及课程表文》，还对小学各科教学通则作了如下规定："凡与国民道德相关事项，无论何种科目，均应注意指示。知识技能，宜择生活上所必需者教授之，务令反复熟习，应用自如。儿童身体，宜期其发达健全；凡所教授，必适合儿童身心发达之程度。对于男女诸生，应注意其特性，施以适当之教育。各科目教授之目的方法，务使正确，并宜互相联络以资补助。"此外，还对各科教学之要旨作了说明。[①]

关于小学教职员，《小学校令》规定：凡教授小学校教科者，为本科正教员；专授手工、图画、唱歌、体操、农业、缝纫、英语、商业的一科或数科者，为专科正教员；辅助本科正教员者为副教员。小学教员均需有许可证。小学校长由本科正教员兼任。

从形式上看，由壬子·癸丑学制所确定的小学教育制度与《奏定学堂章程》有两个显著差异：初等小学校的入学年龄提前1年，修业年限缩短1年，这更有利于小学尤其是初等小学教育的普及；在教学课目方面，取消了读经讲经课，初等小学校不再设历史、地理、格致科，高等小学校将原来的格致科改为理科，这更能适应儿童的身心发展特点。

（二）中学校

1912年9月28日和12月2日，教育部分别公布了《中学校令》和《中学校令实施细则》，其主要内容如下。

[①] 朱有瓛：《中国近代学制史料》，第3辑（上册），第117～124页，上海，华东师范大学出版社，1990。

中学校的修业年限为4年，以完成普通教育、造成健全国民为宗旨。中学校以省立为原则，各县于法令所定应设学校外尚有余力时，得一县或联合数县设立中学校，为县立中学校，私人或私法人依法可设立私立中学校。专教女子的中学校称女子中学校。中学校的设立、变更与废止，均须经过教育总长认可。

中学校的教学课目为修身、国文、外国语、历史、地理、数学、博物、物理、化学、法制经济、图画、手工、乐歌、体操。女子中学校加课家事、园艺、缝纫，但园艺得缺之。外国语以英语为主，但遇地方特别情形，得任择法、德、俄语1种。

中学校教员以经检定委员会认为合格者充任。省立中学校校长由省行政长官任用，教员由校长任用，但须呈报省行政长官。县立中学校校长由县知事呈请省行政长官任用，教员由校长任用，但须呈县行政长官转报省行政长官。私立中学校校长由设立人任用，但须呈报省行政长官。

从形式上看，壬子·癸丑学制下的中学制度与清末学制中学段的显著区别有：修业年限缩短1年；部分教学课目作了调整，取消了读经讲经课，改算学为数学，改法制及理财为法制经济，分物理化学为两科教授，并取消了文、实分科，从而加强了自然学科的教学。

（三）大学及专门学校

1912年10月24日，教育部公布了《大学令》①，1913年1月12日和16日又分别公布了《大学规程》②和《私立大学规程》，对大学制度作了如下规定。

大学以教授高深学术，养成硕学闳材，应国家需要为宗旨。大学分文科、理科、法科、商科、医科、农科、工科7科，而以文、理两科为主。大学须合于下列资格之一：文、理两科并设者；文科兼法、商2科者或理

---

① 见《教育杂志》，第4卷第10号，1913年。
② 见《教育杂志》，第5卷第1号，1913年。

科兼医、农、工3科之2科或1科者（1917年修正的大学令对此作了修改：大学只须设2科以上，不必以文、理两科为主，单设1科也得称为"某科大学"）。

大学设预科及本科，预科招收中等学校毕业生或经试验具有同等学力者，本科招收预科毕业生或经试验具有同等学力者。预科附设于大学，不得独立。大学须设大学院，招收本科毕业生或经试验具有同等学力者。其修业年限，本科3~4年，预科3年（1917年修正的大学令对此作了修改：预科修业年限缩短为2年，本科则改为4年），大学院不计年限。大学预科生修业期满，试验及格，授以毕业证书，升入本科；大学本科毕业生得称学士；大学院研究生在院研究，有新发明或重要之著述，经大学评议会或教授会认为合格者，得遵照学位令授以学位。

大学7科分39学门。其中，文科分哲学、文学、历史学、地理学4门，有163个课目；理科分数学、星学、理论物理学、实验物理学、化学、动物学、植物学、地质学、矿物学9门，有162个课目；法科分法律学、政治学、经济学3门，共72个课目；商科分银行学、保险学、外国贸易学、领事学、税关仓库学、交通学6门，共176个课目；医科分医学、药学2门，共103个课目；农科分农学、农艺化学、林学、兽医学4门，共147个课目；工科分土木学、机械工学、船用机关学、造船学、造兵学、电气工学、建筑学、应用化学、火药学、采矿学、冶金学11门，共282个课目。

在教职员及其管理方面，大学设校长1人，总理学校全部事务；各科设学长1人，主持一科事务。设教授、助教授，必要时得延聘讲师。各科设讲座，由教授担任。设评议会，以各科学长及各科教授互选若干人为会员，校长自任议长，可以随时召集评议会。评议会审议下列事项：各学科的设置及废止，讲座的种类，大学内部规则，审查大学院研究生成绩及申请授予学位者是否合格，教育总长及校长咨询事项。各科均须设立以教授为会员的教授会，学长自任议长，并可随时召集教授会，审议下列事项：学科课程，学生试验事项，审查大学院研究生属于该科的成绩，审查提出论文申请授予学位者是否合格，教育总长及校长咨询事项。

私人或私法人可以按照《大学令》设立大学，其课程应遵照《大学规程》所定课目。私立大学各科的授课时间及学生选修的课目，由校长订定呈报教育部部长。

与清末学制相比，《大学令》等所规定的大学制度有如下重要变化：废除了清末"以忠孝为本""以经史之学植其基"的教育宗旨，取消了经学科，以学位制代替奖励科举出身；由于清末的高等学堂程度不齐，难以与大学相衔接，故新制废止了各省的高等学堂，以使大学预科的形式附属于大学；用大学校长和各科学长取代了原来的大学总监督和各科监督，通过设立评议会和教授会负责大学内部的决策等重大事项，开了高等教育史上教授治校和民主治校的先河。

与大学平行而程度略低的，是专门学校，它是由清末的高等学堂改造而来的。1912年10月22日，教育部颁布了《专门学校令》，同年11月14日，又颁布了《公立私立专门学校规程》[①]。它们对专科学校制度的规定是：专门学校以教授高等学术、养成专门人才为宗旨。专门学校分为法政、医学、药学、农业、工业、商业、美术、音乐、商船、外国语10类。按设立主体的不同，专门学校可分为国立、公立、私立3种。公立和私立专门学校之设立、变更和废止，均须呈报教育总长认可。专门学校下设预科，上设研究科，其修业年限为预科1年、本科3年、研究科1～2年。专门学校学生的入学资格为中学毕业生或经试验证明具有同等学力者。此外，从1912年11月2日颁布《法政专门学校规程》之后，教育部又陆续颁布了部分类型专门学校的规程，具体规定了各专门学校的教育宗旨、修

---

① 见《教育杂志》，第4卷第10号，1913年。

业年限、学科、课程等。

(四) 师范教育

1912年9月和12月，教育部分别公布了《师范教育令》和《师范学校规程》①，次年2月，又公布了《高等师范学校规程》②，对师范教育制度作了明确的规定。

师范学校以造就小学教员为目的（其中，女子师范学校还担负着培养蒙养园保姆的任务），高等师范学校以造就中学校和师范学校教员为目的（其中，女子高等师范学校以造就女子中学校、女子师范学校教员为目的）。师范学校以省立为原则，一县或数县联合及私人或私法人也可设立师范学校，高等师范学校为国立。

师范学校分预科及本科，预科修业年限为1年。本科分第一部（完全科）与第二部（简易科），修业年限分别为4年和1年。预科招收高小毕业生或14岁以上具有同等学力者，毕业后可升入本科第一部；中学毕业生或17岁以上具有同等学力者，得升入本科第二部。师范学校应附设小学校（女子师范学校加设蒙养园）、小学教员讲习科（女子师范学校附设保姆讲习科）。

师范学校的课程，预科学习的课目有：修身、读经、国文、习字、外国语、数学、图画、手工、乐歌、体操10种，女子师范学校预科加设缝纫。本科第一部学习的课目为：修身、读经、国文、教育（包括实习）、习字、外国语、历史、地理、数学、博物、物理、化学、法制经济、图画、手工、农业、乐歌、体操18种，此外还可以选修商业。女子师范学校本科第一部的学习课目与前者大致相同，但以家事、园艺和缝纫代替农业和商业，并把外国语定为选修。本科第二部的学习课目为：修身、读经、教育、国文、数学、博物、物理、化学、图画、手工、农业、乐歌、

---

① 见《教育公报》，第2年第12期，1916年。
② 教育部总务厅文书科：《教育法规汇编》，1919年。

体操 13 种。女子师范学校第二部的课目除以缝纫代替农业外，与男子本科第二部的课目相同。

高等师范学校分为预科、本科和研究科，并可设培养师范学校和中学紧缺师资的专修科，以及专为愿任师范学校及中学教员设立的选科（选习本科及专修科中一课目或数课目，并兼习伦理学、教育学）。其修业年限，预科1年，本科3年，研究科1年或2年，专修科2年或3年，选科2年以上、3年以下。预科由师范学校、中学毕业或具有同等学力者，经保送、考试后录取，本科由预科毕业生升入，研究科从本科与专修科毕业生中选拔。

高等师范学校的课程，预科学生学习的课目为：伦理学、国语、英语、数学、论理学①、图画、乐歌、体操8门，国文部及英语部预科增设文学概论。本科分为国文、英语、历史地理、数学、物理化学、博物等部。各部的通习课目为：伦理学、心理学、教育学、英语、体操。本科三年级学生应在附属中学校、小学校进行教育实习，专修科和选科学生最后一学年进行教育实习。各部的专习课目如下表。

学　部	课　程
国文部	国文及国文学、历史、哲学、美学、言语学
英语部	英语及英文学、国文及国文学、历史、哲学、美学、言语学
历史地理部	历史、地理、法制、经济、国文、考古学、人类学
数学物理部	数学、物理学、化学、天文学、气象学、图画、手工
物理化学部	物理学、化学、数学、天文学、气象学、图画、手工
博物部	植物学、动物学、生理及卫生学、矿物及地质学、农学、化学、图画

研究科的课程，是从本科各科中选择两三种课目进行深入的研究。

民国初年的师范教育制度具有如下特点：与普通中学相比，在培养目标上更重视人格培养和训练，《师范学校规程》所列教养要旨共9条，其

---

① 指逻辑学，非"伦理学"。

中有6条是关于品德与人格方面的要求，但从课程设置尚保留读经科来看，人格训练中的传统因素较他种类型学校为多；为了适应快速培养中小学师资的需要，师范学校本科除第一部外还设有第二部及讲习科，高师除本科外，还设有专修科和选科；课程设置整齐划一；注重学力。但师范专业训练没有教材教法，教育实习的分量不大，故师范性不够突出。

（五）实业教育

1913年8月，教育部公布了《实业学校令》[①]和《实业学校规程》[②]。其所规定的实业教育制度的主要内容如下。

实业学校以教授农工商业所必需的知识技能为目的。实业学校分为甲、乙两种，甲种实行完全的普通实业教育，乙种实行简易的普通实业教育，同时，二者都可根据地方需要传授特种技术。

实业学校分为农业学校、工业学校、商业学校、商船学校和实业补习学校等。艺徒学校视作乙种工业学校，也可参照工业补习学校之办法办理。各专门学校所附设的甲种程度学科称甲种实业讲习科，各专门学校及甲种实业学校所附设的乙种程度学科均称为乙种实业讲习科。甲种实业学校以省立为原则，乙种实业学校由县及城镇乡或农工商会分别设立，有条件的地方也可设立甲种实业学校。

实业学校的修业年限，各类学校不完全一致，但大体上为甲种实业学校预科1年、本科3年（遇必要时可适当延长），乙种实业学校为3年。实业补习学校是为已有职业或志愿从事实业者设立的，传授实业应用知识技能，并补习普通学科，可单独设立，也可附设于小学校、实业学校或他种学校内，其授业时间按学生的方便确定。

与清末学制相比，壬子·癸丑学制在总体上呈现出如下特点：首先是缩短了修业年限，特别是初等教育年限的缩短和分级，增加了普通劳动者

---

① 见《教育杂志》，第5卷第6号，1913年。
② 教育部总务厅文书科：《教育法规汇编》，1919年。

接受教育的机会，更有利于教育的普及，在一定程度上反映了经济发展对具有一定文化水平的劳动者的客观需要。其次，它基本上废除了受教育权上的两性差异，将女子教育正式列入了学制系统，规定小学校可以男女同校，除大学不招收女生不设女校外，普通中学、师范学校、高等师范学校及实业学校都可以设立女校。这就确立了女子教育的地位，给了女子更多的受教育的机会，反映了男女平等的思想。再次，以教授农工商等实用知识技能为目的的实业教育得到加强。新制将清末高等实业学堂部分改为专门学校，将中、初两等实业学堂改称甲种和乙种实业学校，甲种实业学校实施全面的普通实业教育，乙种实业学校实施简易的普通实业教育，实业学校较实业学堂的专业范围扩大了，各学校都设立了众多的实用学科和课程，更强调传授技艺，职业性和针对性增强，教育目标更倾向于使受教育者各得一技之长。又次，科学教育的地位有了较大提高。这主要体现在以研究和传授高深学术为宗旨的大学教育中。按照《大学令》和《大学规程》，理、工、农、医4科大学所规定的课程，从清末的400余种增加到684种，科学教育的课目和内容更加全面和系统化，增设了许多新的学科和课程。如物理科增设了理论物理学和实验物理学；冶金与采矿、动物与植物原来是合在一起的，此时已成为各自独立的学科，在动、植物学中增设无脊椎动物、脊椎动物学科；医学中设立了解剖学，而清末大学医学中没有解剖学，理由是解剖人体与中国固有风俗不合。

当然，由于民国初年的教育改革是在戎马倥偬中进行的，且其关注的焦点是用民主共和精神改造清末学制中的封建主义因素，这使它不能不存在若干明显的缺点。首先，从形式上看，其创新性不大，基本上沿袭了清末以来的日本模式，而日本的模式又是仿自法、德学制。其突出表现，是初等学校以上取多轨形式，使普通教育、师范教育和实业教育3系并立，各自成一系统。虽然拟订之初，人们希望遍采欧美各国模式并结合中国特点制定一个比较有效的学制体系，但一方面，该学制是在仓促之间完成的；另一方面，当时从欧美学成回国专习教育的人很少，难以领会欧美学制的立法精神，再加上我国办新教育的经验有限，只能暂时因袭旧的模式。其次，中学校的修业年限太短，上不足以为高等教育提供合格生源，下不足以为学生就业提供必要的条件，从而使大学不得不普遍地设立预科以补救之。但预科的设立分散了大学的力量，且虽然条文规定预科不得独立于大学之外，但本科与预科的关系并没有完全理顺，事实上存在着预科与大学争胜的问题。此外，这个学制最大的缺点是缺乏弹性，整齐划一，限制了各级各类教育依据地方情形灵活发展。

第二节　新文化运动与 1922 年新学制

一、封建复古主义对民初教育制度的侵蚀

辛亥革命后，相当一部分资产阶级革命家为表面上的胜利所鼓舞，以为此后的主要目标将由原来的破坏走向建设。民国初年的教育改革，就是在这样一种激动的情绪中进行的。但是，封建主义并不会因一次政治革命的扫荡而自动退出历史舞台。当时的中国还处在封建小农经济的汪洋大海之中，封建经济还处于主导地位，这是封建主义得以滋生的经济前提。在几千年孔学浸润下凝结而成的顽固的传统社会心理，仍依据惯性的力量统治着人们的心灵。[①] 而以袁世凯为代表的窃取革命胜利果实的封建势力，正乐于利用传统儒家意识形态作为自己政权的价值基础和合法性象征。[②] 这些复杂的社会因素，为民国初年封建主义的再度回潮埋下了伏笔。

早在民国元年教育改革时，这一情形就有所显露。当时，教育部以行

[①] 陈旭麓：《中国近代社会的新陈代谢》，第 364～371 页，上海，上海人民出版社，1992。

[②] 许纪霖、陈达凯：《中国现代化史》，第 283～292 页，上海，上海三联书店，1995。

政命令的形式规定：学校不准读经，不许祀孔。广东、江苏、四川、湖南等地的学校停止了祀孔典礼，废除了尊孔读经，改孔庙为学校或习艺所。这些"大逆不道"的举措，迅即招来了以尊孔为己任的复古主义者的强烈不满和反对。康有为在《复教育部书》中说："自共和以来，百神废祀，乃至上帝不报本，孔子停丁祭，天坛鞠为茂草，文庙付之榛荆……呜呼，中国数千年以来，未闻有兹大变也。"他认为，孔子是中国的教主，孔教是中国的国魂，中国的一切政教治化皆从此出，若废弃孔教，则举国上下"若惊风骇浪，泛舟于大雾中，迷惘惶惑，不知所往也"①。正因有如此背景，在教育部组织的临时教育会议上，当有议员提出《学校不拜孔子案》，认为"前清《学堂管理通则》，有拜孔子仪式，孔子非宗教家，尊之自有其道；教育与宗教不能混合为一；且信教自由，为宪法公例，不宜固定一尊"时，议员们讨论再三，认为"若将此案明白宣布，恐起社会上无谓之风潮；只须于学校管理规程内删除此节，则旧日仪式自可消灭于无形"。此案初读遂未成立。后来，此风愈演愈烈。1912年11月，陈焕章秉承康有为的意旨，联络有关人士在上海发起成立了孔教会，刊行《孔教会杂志》，以"昌明孔教救济社会"，"挽救人心维持国运"。此举得到了国内外一批复古主义者的拥护和支持，于是定孔教为国教、尊孔读经、祀孔祭天的声浪甚嚣尘上，据说各地成立的孔教会支会达130余处。

尽管动机并不相同，但袁世凯与尊孔复古之举还是颇为配合的。他积极支持组织孔教会，并于1913年6月发布了《通令尊崇孔圣文》，宣称只有"宗仰时圣"，才能正人心、立民极，"以期国命于无结，巩共和于不敝"。两种势力合力掀动了尊孔复古的历史回流。于是，有人借修改宪法的机会，力主在宪法中写上"中华民国以孔教为国家风教之大本"的条款。在遭到了民主主义者的反对之后，此案以折中的结果写入了《天坛宪

---

① 康有为：《复教育部书》，载《不忍》第4期。

法》第19条："国民教育以孔子之道为修身大本。"这就为袁世凯在学校教育中推行尊孔读经提供了法律依据。也是在1913年6月，袁世凯发布了《注重德育整饬学风令》，指责各学校"大都敷衍荒嬉，日趋放任，甚至托于自由平等之说，侮慢师长，蔑视学规"，提出要通过"尊孔读经"来整顿学风。对于袁世凯的用意，教育总长汤化龙心领神会、积极响应，立即上书袁世凯，提出了具体的实施办法。1915年1月和2月，北洋军阀政府以袁世凯的名义，先后颁布了《颁定教育要旨》和《特定教育纲要》，公开否定民国教育宗旨，恢复尊孔读经和儒学的正统地位。

《颁定教育要旨》以"矩矱本诸先民，智慧求诸世界"，"以忠孝节义植其基，于智识技能求其阙"为总原则，具体规定了"爱国、尚武、崇实、法孔孟、重自治、戒贪争、戒躁进"的教育宗旨。这实际上是清末教育宗旨的翻版，因为它的总原则即变相的"中学为体，西学为用"。其所谓"爱国"，就是要人们爱以袁世凯为代表的新的专制政府，而一切与该政府相反对的言行，都被说成是缺乏爱国心的表现。"若必将当前之秩序、一切之机关，尽行摧毁而破坏之，而后乃快其心，此则是非之不明，利害之不辨。实爱国心之薄弱有以致之也。"而所谓"戒贪争""戒躁进"，则主要是针对当时资产阶级革命派对于袁世凯专制政权的离心力而提出来的，目的在于消除资产阶级民主思想对于青年学生的影响。

《特定教育纲要》在"教育要言"一节中规定："各学校均应崇奉古圣贤以为师法，宜尊孔以端其基，尚孟以致其用。""中小学教员宜研究性理，崇习陆王之学，导生徒以实践。教科书宜采辑学案，以明尊孔尚孟之渊源。"在"教科书"部分则规定："中小学校均加读经一科，按照经书及学校程度分别讲读，由教育部编入课程。并妥拟讲读之法，通咨京外转饬施行。各学校应读之经如下。小学校：初等小学，《孟子》；高等小学，《论语》……中学校：《礼记》，节读，如《曲礼》《少仪》《大学》《中庸》《儒行》《礼运》《檀弓》等篇，必须选读，余由教育部选定；《左氏春秋》，节读……""中小学校国文教科书除编定者外，应读《国语》《国策》，并选读《尚书》，以期养成政治知识。"在"建设"一节中又规定："经学院，宜于大学校外独立建设，按经分科，并佐以京师图书馆以期发明经学之精微。""国立文科大学，宜注重研究中国文学、哲学、史学，并佐以考古院以发扬国学之精神……近日学子，厌弃旧学，丧失独立之精神，足为人心世道之忧；亟应极力提倡古学，发展固有文化，始足维持独立之精神，奠国基于不敝。""提倡各省各处设立经学会，以为讲求经学之所，并冀以养成中小学校经学教员及升入经学院之预备，由教育部通咨办理。"让各级各类学校的学生了解传统的经史之学，掌握部分的国学知识，本是无可厚非的，也是十分必要的，但袁氏政府不顾甚至有意回避时代发展的需要，把传统的经史之学看成是民族精神之所寄而大加提倡，并企图以之再造国民的政治和历史意识，却是十足的逆历史潮流而动的愚民政策。

这股复古主义逆流不仅表现在教育宗旨、学校课程和专业设置上，而且表现在学制方面。民初学制曾取消贵胄学堂，废除了封建特权和教育的等级性。但《特定教育纲要》在"总纲"中则规定："初等小学校改为二种：一名国民学校，以符义务教育之义；一名预备学校，专为升学之预备。"其理由是："在只求识字之平民子弟与有志深造之士族子弟，受同式之教育，于人情既有未顺，于教育实际亦多违碍。"这就改变了小学义务教育的平等性质，从初小起就把学校分为升学与不升学两种，从高小起两种学校的课目及程度均有明显不同。而中学的文、实分科，虽标榜为取法德国且尊重学生个人志愿，但目的在于推行双轨制。这些都是与民初学制的民主平等精神背道而驰的。

二、新文化运动推动下的教育改革

袁世凯复辟帝制和在文化教育领域中推行尊孔复古政策，使历史的车轮发生了倒转，使资产阶级革命派在中国建立民主共和国家的理想成了泡影。这段无情历史引起了一大批资产阶级民主主义者更深入的思考：民主社会在欧美为何可能，而在中国又为何屡屡失败？从戊戌到辛亥，这种悲剧一再重演究竟意味着什么？经过一段充满焦虑和激愤的痛苦思索，人们的认识开始从器物、制度层面楔入到文化心理层面，确信没有多数国民的民主觉悟，没有一种能赋予民主制度以生命力的社会心理基础，是不可能建立起西洋式民主国家的。① 于是，以"科学"和"民主"为旗帜，以"改造国民性"为根本宗旨的新文化运动开始了。这场运动以一批激进的民主主义者为核心，以陈独秀于1915年9月创办的《新青年》杂志为开端和主要理论阵地，汇集起一批先进的知识分子。他们向封建复古主义宣战，在对旧制度、旧道德、旧观念进行尖锐批判的同时，把人们引向对科学精神与民主精神的追求，有力地促进了科学与民主思想的传播。以此为基础，人们从教育宗旨、教育制度、教育的内容和方法等方面，都提出了新的改革要求，一系列革命性措施得以实行。

（一）新教育思想的引进和教育宗旨的革新

教育思想的创新是教育改革的先导。随着新文化运动的深入和民族资本主义的发展，代尊孔读经逆流而起的，是平民教育、实用主义教育、工读主义教育和自由主义教育等思潮。

平民教育思潮的发端，是1915年陈独秀在《新青年》第1卷第2号上发表的《今日之教育方针》一文。此后，早期的共产主义知识分子、激进的小资产阶级知识分子和资产阶级知识分子，都加入到了这一行列中来。虽然他们所提倡的平民教育在具体内容和目的上各不相同，但都强调教育的民主化，提倡为了广大民众并面向民众的新教育。而工读主义教育思潮则注意到了做工和求学相结合，对体力劳动和脑力劳动、教育与生产劳动相结合的重要性有所强调。实用主义教育思想由民国初年的实利主义

---

① 陈旭麓：《中国近代社会的新陈代谢》，第395～396页，上海，上海人民出版社，1992。

教育思想发展而来，并在杜威来华讲学后形成一股强大的教育思潮。实用主义教育思想大力宣传民主主义（或民本主义、平民主义）教育，以反对传统教育为己任，提倡尊重儿童的个性和独立性，强调教育以儿童为中心、以活动为中心、以生活为中心，视教育为社会改造的基础。它适应了中国教育界改革传统教育的需要，成为当时在中国流传最广、影响最大的一种教育思潮。

上述教育思潮虽然思想来源不同，各自所强调的重点也有差异，但其共同特点在于倡导教育民主化，以及教育与社会生产、生活的紧密联系。它是新文化运动的一个有机组成部分。在这些思潮的影响下，教育界从发展资产阶级民主主义和促进资本主义经济出发，在坚持民国初年教育宗旨的民主精神的同时，提出了革新教育宗旨的要求。1918年12月，教育部组织由范源濂、蔡元培、陈宝泉、蒋梦麟等参加的教育调查会。1919年4月，在教育调查会第一次会议上，沈恩孚、蒋梦麟2人提出了名为《教育宗旨研究案》的议案，主张以"养成健全人格，发展共和精神"为教育宗旨。其具体说明是：

> 所谓健全人格者，当具下列条件：一、私德为立身之本，公德为服务社会国家之本；二、人生所必需的知识技能；三、强健活泼之体格；四、优美和乐之感情。所谓共和精神者：一、发挥平民主义，俾人人知民治为立国根本；二、养成公民自治习惯，俾人人能负国家社会之责任。

会议议决通过这一议案，请求教育部予以公布。[①] 1919年10月，在全国教育联合会第5届大会上，讨论通过了《全国教育联合会呈教育部请废止教育宗旨宣布教育本义案》：

---

① 朱有瓛：《中国近代学制史料》，第3辑（上册），第106～107页，上海，华东师范大学出版社，1990。

从前教育，只知研究应如何教人，不知研究人应如何教。今后之教育，应觉悟人应如何教，所谓儿童本位教育是也。施教育者，不应特定一种宗旨或主义，以束缚被教育者。盖无论如何宗旨，如何主义，终难免为教育之铸型，不得视为人应如何教之研究。故今后之教育，所谓宗旨，不必研究、修正或改革，应毅然废止。本年北京教育调查会研究结果，有"养成健全人格，发展共和精神"二语，经本会讨论，认为适合教育本义，非宗旨之改革。特拟办法二条请大部采择施行。

（一）从前部令公布之教育宗旨（注重道德教育，以实利教育、军国民教育辅之，更以美感教育完成其道德），请明令废止。

（二）北京教育调查会所议定之"养成健全人格，发展共和精神"，请明令宣布为教育本义，听各教育者研究阐发。①

虽然这一议案未被当时的教育部所采纳，但其基本精神却被吸收到了1922年新学制的7项标准中。

（二）提倡白话文与国语教学改革

文学革命和白话文运动是新文化运动的一个重要组成部分。从清末的梁启超、黄遵宪那一代开始，就有不少人受欧洲文艺复兴的感召，留意语体变更以及文学艺术的社会学功能。但只是到了新文化运动时期，人们才自觉地、系统地考虑如何从内容到形式两个方面，对旧文学进行改造，以实现文学的大众化、普及化。首先提出这一问题的是胡适。他于1917年1月，在《新青年》上发表了《文学改良刍议》一文，提出了文学改良的8项主张：须言之有物，不模仿古人，须讲求文法，不作无病之呻吟，务去滥调套语，不用典故，不讲对仗，不避俗字俗语。紧接着，陈独秀又在下一期的《新青年》上发表了著名的《文学革命论》一文，十分激进地打

---

① 朱有瓛：《中国近代学制史料》，第3辑（上册），第107～108页，上海，华东师范大学出版社，1990。

出了"文学革命"的旗号：

> 文学革命之气运，酝酿已非一日。其首举义旗之急先锋为我友胡适。余甘冒全国学究之敌，高张"文学革命军"之大旗，以为吾友之声援。旗上大书特书吾革命军三大主义：
>
> 曰：推倒雕琢的、阿谀的贵族文学；建设平易的、抒情的国民文学。
>
> 曰：推倒陈腐的、铺张的古典文学；建设新鲜的、立诚的写实文学。
>
> 曰：推倒迂晦的、艰涩的山林文学；建设明了的、通俗的社会文学。

这两篇文章实际上构成了新文化运动文学革命的宣言。在其他拥护者的热烈响应之下，以《新青年》为核心，形成了颇有声势的白话文宣传。同时，文学革命的倡导者们还身体力行地用白话文试作新文学，1917年后，一批青年作家群起试作。从1918年起，《新青年》上除了偶尔可见几篇上乘古文外，所有的文章大体上都以白话文编写。白话文很容易为普通群众和青年学生所接受。五四运动之后，全国的青年都活跃起来，不仅大学生，中学生也办起了小型报刊来发表自己的意见。1919～1920年间，全国大、中、小学生的报刊约有400多种，都采用白话文刊行。①

在文学领域提倡白话文的同时，国语教学也把采用白话文提到了议事日程上来。这不仅是受文学革命的感召，更是教育自身发展的需要。因为国语教学本来就与义务教育、普及教育密不可分。早在清末，就已经提出了义务教育问题。义务教育是以面向全体国民为目的的教育，它需要有一种适合国民实际的语言。但中国传统教育一直是由文言文统治着的。这种语言由于严重脱离实际、脱离生活，人们掌握起来是艰苦而缓慢的。它可

---

① 《胡适自传》，第125～129、246～253页，南京，江苏文艺出版社，1995。

能占去人的一生的大部分时间，只有少数处于高贵地位和拥有充分闲暇的人才能真正掌握它。这样，文言文就同其他古代制度一样，维护着传统社会中统治者与被统治者之间的等级界限。因此，要推行义务教育，就必须同时提倡新的国语教学。由此看来，提倡白话文教学，就已经超出了文字形式改革的意义，它实际上是与教育和社会革命血脉相连的。不仅如此，因为新文学与国语是联系在一起的，国语教育需要以新文学为内容，新文学需要以国语为基础，于是，国语教育改革与文学革命在白话文这一交错点上必然互相依赖、互相促进。正如胡适所说："'国语的文学，文学的国语。'也就是说，国语是用文学写的，国语是写文学的语言。"①

在白话文运动的推动下，国语教学改革也紧锣密鼓地开展起来。1916年10月，蔡元培、吴稚晖、黎锦熙等发起成立了国语研究会，主张"言文一致""国语统一"。第二年，全国教育联合会第3次会议在杭州召开，会议提出了"推行注音字母方案"，要求教育部速定国语标准，推行注音字母，以期语言统一，为将来小学改国语做预备。1919年4月，教育部指定张仲仁为国语统一筹备会会长，在北京召开了国语统一筹备委员会成立大会。筹备会集中了一批文学改革家，他们都是一些训练有素的传统学者，虽缺少现代语文的训练，但都有志于语文改革，对言文一致颇感兴趣。会议议决拟请教育部推行国语教育办法案、注音字母案和颁行新式标点符号案。这时，蔡元培等人在孔德学校自编了白话文国语读本。江苏省不待教育部颁令，便自行通过了《学校用国语教授案》，各学校开始采用国语教材，用白话文进行教学。在这种情况下，北洋政府教育部于1920年1月12日下令各省改国文为语体文："本部年来对于筹备统一国语一事，既积极进行，现在全国教育界舆论趋向，又咸以国民学校国文科宜改授国语为言，体察情形，提倡国语教育，实难再缓。兹定自本年秋季起，

---

① 《胡适自传》，第248页，南京，江苏文艺出版社，1995。

凡国民学校一、二年级先改国文为语体文，以期收言文一致之效……"①此令公布后，京师先行成立国语讲习所。教育部于2月18日令各省教育厅选派中学师范毕业生或现任小学教员3人，到京传习国语，并令国民学校文体教科书分期作废。同年1月24日，教育部公布修正《国民学校令》，规定将"国文"改为"国语"，国民学校第一、二、三、四年级均学语体文；同时，《修正国民学校令施行细则》规定：国语要旨，在使儿童学习普通语言文字，养成发表思想的能力，兼以启发其德智。首先宜教授注音字母，正其发音；次授以简单语词、语句的语法、作法，渐授以篇章的构成，并采用表演、谈话、辩论诸法，使练习语言。随后，商务印书馆先后出版了两套国民学校用书：《新体国语教科书》和《新法国语教科书》。同年12月，中华书局出版《新教育国语读本》。这些国语教材都是先教注音字母。商务印书馆又出版了中等学校用《白话文范》，这是一部采用语体文、新式标点符号和提行分段编写的中学教科书。继之，师范学校、中学校等也采用语体文教学。这样，文言文教科书就逐渐被淘汰了。②

总之，新文化运动推动下的国语教学改革，其意义已超出了语体变革的范围。它与欧洲从拉丁文到各民族语言的过渡一样，本质上是一个适应变迁了的现代社会心理及世界文化交流的需要，创造新的语义系统以使文化世俗化的过程。它在中国教育史上具有革命性意义。

（三）北京大学与高等教育改制

北京大学是由清末京师大学堂演变而来的。民国初年的北大，虽经辛亥革命的洗礼，但因处于封建军阀的老巢而备受摧残。它因袭着京师大学堂的旧习，是一个典型的封建官僚养成所，校风不正，学风败坏，学科结

---

① 朱有瓛：《中国近代学制史料》，第3辑（上册），第158页，上海，华东师范大学出版社，1990。
② 郑登云：《中国近代教育史》，第211～212页，上海，华东师范大学出版社，1994。

构很不合理。1917年蔡元培出长北大以后，这里很快成了新文化运动的中心。蔡元培借着新文化运动所形成的有利局势，参照西方资产阶级国家的大学模式和办学方针，对北大进行了大刀阔斧的改革。由于特殊的地理位置和在全国高等教育中所处的特殊地位，北大的改革成了当时高等教育改制的前奏。

改革是以蔡元培"思想自由""兼容并包"的办学方针为指导的。蔡元培认为，大学是"囊括大典、网罗众家"的场所，它以研究和发展高深学术、聚集和培养高级人才为宗旨，为此，应"依各国大学通例，循思想自由原则，兼容并包。无论何种学派，苟其言之成理，持之有故，尚不达自然淘汰之命运者，即使彼此相反，也听他们自由发展"①。通过各种思想流派的相互争鸣，促进学术繁荣，并给学生以自由选择的余地。

北大的改革首先是从整顿教师队伍入手的。蔡元培认为，当时的北京大学之所以声名狼藉，"一在学课之凌杂，二在风纪之败坏。救第一弊，在延聘纯粹之学问家，一面教授，一面与学生共同研究，以改造大学为纯粹研究学问之机关。救第二弊，在延聘学生之模范人物，以整饬学风"②。因此，是否有一支合格的教师队伍，是改革能否取得成效的关键。以思想自由原则为指导，蔡元培在整顿教师队伍的过程中，对于教员，不管其政治见解和政治倾向如何，只要积学而又热心教育，不影响正常的教学，就大胆地加以任用。这样，北大教员包括了各种不同的政治倾向和学术派别的人：既有提倡新文化运动的进步人物，如陈独秀、李大钊、胡适、钱玄同等，也有政治上保守但学术造诣很深的学者，如辜鸿铭、刘师培、黄侃、崔适、陈汉章等。本着同样的标准，他在人才的使用上不拘一格，唯才是用，20多岁的梁漱溟就被破格任用为教授。经过一番整顿，到1918年，北大建立起一支充满蓬勃朝气的教师队伍，200多名教员中教授的平

---

① 高平叔：《蔡元培全集》第3卷，第351页，北京，中华书局，1984。
② 同上书，第11页。

均年龄只有30多岁。

其次是管理体制改革。旧北大官僚衙门习气严重，校长大权独揽，一切校务由少数几个人说了算，连各科学长也无权问津。有鉴于此，蔡元培吸收了德国大学民主办学的经验，本着民主管理、专家治校的原则，改革了北大的教育管理体制，设立了评议会、行政会议、教务处和各系教授会。评议会是学校的最高立法机构和最高权力机构，校长是当然的议长；评议员由各科学长、主任教员和各科本预科教授各2人组成，由教授自行互选，任期1年，期满后可被再选。凡学校立法和重要事项，均须经评议会审核通过。行政会议为全校最高行政机构和执行机关，校长兼任议长，成员以教授为限，具体由各专门委员会委员长、教务长、总务长组成。教授会由各学门的教授组成，设主任1人，教授互选，任期2年，负责规划各学科的教学工作。1919年，又由各科教授、主任组成教务处，负责全校教学工作的统一领导，教务长由教授、主任互选，任期1年。① 管理体制的改革，改变了旧北大的官僚衙门作风，调动了各科专家学者的积极性，提高了行政效率和教育质量。

最后是学制改革。这涉及3个重要方面：对原有的学科进行调整，废门改系以便文理沟通，改年级制为选科制。学科调整，是依据大学应以"学为基本，术为支干""学重于术"的原则为指导，本着将有限的教育经费得到充分利用的精神进行的。原来北大是文、法、理、商、工5科并立，除法科较为完全外，重点不突出，且预科与本科间的关系没有理顺。针对这种情况，改革的具体措施是：扩充文、理两科，法科预备独立，商科归并法科，工科合并到北洋大学中，预科改属本科。初步实施的结果，是保留了文、理、法3科，使文、理2科的规模扩大、质量提高了。1919年以后，鉴于文、理分科造成文、理分家，不利于二者间的沟通，遂废除

---

① 周天度：《蔡元培传》，第121～122页，北京，人民出版社，1984。

了文科、理科之名，分别将各科所属的14门专业改为14个系，学长制也因之废除。改年级制为选科制，是根据学生成长不平衡的规律，以使学生的个性得到自由发展为目的，仿效美国大学的单位制而提出来的。1917年10月，在教育部召集的北京各高等学校代表会议上，根据北京大学的提议，通过了改年级制为选科制的议案，由北京大学试行。其具体措施是：规定每门课程每周1学时，学完全年为1单位，本科学生学80单位，必修科与选修科各为一半，学满即可毕业，不必拘定年限。选科制是从1919年暑期后在北大实行的，此后不久即为各大学所采用。

此外，鼓励学术研究，提倡社团活动，也是北大改革的重要内容之一。在蔡元培等人的积极倡导和参与下，北大先后建立了包括学术研究、文体活动、道德自律、社会活动、报纸杂志等各种形式的社团。到"五四"前后，主要的社团就有新闻研究会、哲学研究会、数理学会、音乐会、画法研究会、技击会、体育会、进德会、静坐社、雄辩社、新潮杂志社、国民杂志社、平民教育讲演团、阅书报社、学生储蓄银行、消费公社等。这些社团的成立，使学术活动和社会活动空前活跃起来，打破了沉闷颓废的局面，全校呈现出勃勃生机。它和北大的其他改革一样，既是新文化运动的结果，也有力地推动了新文化运动的发展，使北大成为新文化运动的中心，并直接影响了其后的中国高等教育改革。

（四）新教学方法的试验

在西方各种教育思潮相继传入的同时，"五四"前后也有大量西方教学方法的传入和试验。其中影响较大的有：自学辅导法、分团教学法、设计教学法、道尔顿制等。应该说，引进西方的教学方法，早在中国引进西方学制时就已经开始，因为以班级授课制为代表的新的教学组织形式，需要有相应的教学方法，但此前多注意教的方法。从新文化运动开始，儿童如何学习的问题引起人们的重视，注意学法的研究和围绕学法探讨教法，成为当时新教学思想的一个突出特点。其中最有代表性的，是以杜威的实用主义教育思想为指导的设计教学法。

此外，新文化运动后，中国的教学方法也得到了长足的发展。一批先进的知识分子所提倡的科学教育，不仅注意科学知识的教学，更强调发挥怀疑、评判的科学精神，学习实验主义的科学研究方法。在这种情况下，中等学校教学朝着启发式教学和发挥学生主动性的方向改革。如国文课教学改变了过去一味讲求文字技巧的做法，开始侧重文体和人生问题的研究；外文教学由原来只注重语法和书面译法，转而提倡日常言语的教学；自然科学课注重实验，建立实验室、科学馆，等等。这些教学方法的共同特点是重视问题探究，理论与实际相结合，以克服传统教学方法中呆读死记、理论脱离实际、束缚受教育者个性发展的弊端。

当然，这些新方法的试行由于处在探索和模仿阶段，范围并不算太广，持续时间也不是太长，还存在着简单搬用西方教学方法的倾向。但它向传统教学方法中注入了新的活力，对教学方法的改革是有益的，其基本精神对新学制的制定起了重要作用。

（五）提倡男女平等与女子教育改革

妇女解放是社会解放的根本尺度之一。在中国漫长的封建社会中，受封建礼教压迫最深的，是处于社会最底层的妇女。诚如柳亚子所说："居地球之上，其不幸者莫如我中国人，而中国女界，又不幸中之最不幸者。"中国妇女"奴隶于礼法，奴隶于学说，奴隶于风俗，奴隶于社会，奴隶于宗教，奴隶于家庭"。[①] 一言以蔽之，举凡中国社会的一切罪恶，无不加之于妇女的头上。随着中国迈入近代社会，妇女解放自然成为人们关注的焦点之一。早在太平天国运动时期，运动的领导者就已不自觉地接触到这个问题。如提倡妇女参军打仗、参加科举考试、不缠足等，就体现了这一点。不过，由于农民阶级所固有的局限性，妇女解放还只是服务于农民战

---

① 柳亚子：《哀女界》，引自胡伟希：《民声——辛亥时论选》，第119、118页，沈阳，辽宁人民出版社，1994。

争,妇女不过是作为农民战争的工具来使用的。所以,妇女的解放在当时只体现在军事斗争中,在实际生活中,妇女依然要受封建礼教的束缚和控制,那些具体措施尚不具有革命性意义。到了维新变法时期,与大力鼓吹资产阶级的民权学说相联系,女权才作为人权的一个重要方面,在部分思想家那里得到了重视。人们把兴办女子教育,看作男女平权的重要体现和基础,如梁启超在《倡设女学堂启》中说:"圣人设教,男女平等,施教劝学,匪有歧矣……夫男女平权,美国斯盛;女学布濩,日本以强。兴国智民,靡不始此。"①

随着资产阶级革命派登上历史舞台,男女平权和女子教育的思想不仅得到了进一步的传播,人们还将其付诸实践。如1902年,蔡元培等人在成立中国教育会后不久,就创办了爱国女学。随后,教育会还派遣会员分赴江苏常熟等地设立支部,仿效爱国女学设立学堂,"此唱彼和,盛极一时"。但顽固的封建势力视之为眼中钉,欲除之而后快,"夫以恢复权利之着手,固不得不忍气吞声以求学问,而群魔之阻挠即因之而起。裴景福、丁仁长之禁广东女学,德某之禁常州女学,近则湖北已成之女学校,且为张之洞所解散。彼固以二千年惨酷野蛮待女子之手段为神圣不可侵犯,而不使女子有冲决罗网之一日也"②。但风气一经打开,便有不可阻挡之势。迫于社会压力,清政府不得不放宽限制,给女子教育以一定的地位。但当时女子只能入小学堂和师范学堂,且男女分校、分班受教,并把女禁的开放建立在"启发知识、保存礼教两不相妨为宗旨"的基础上。民初的壬子·癸丑学制较前有较大的进步,初等小学可以男女同学,高小以上分别设校,中等教育男女皆可同等享受,但高等教育阶段女子只能进高等师范学校。1915年颁布的《国民学校令》,也只允许小学一二年级男女同学,三

---

① 郑大华、任菁:《强学——戊戌时论选》,第150~151页,沈阳,辽宁人民出版社,1994。

② 胡伟希:《民声——辛亥时论选》,第116页,沈阳,辽宁人民出版社,1994。

年级以上男女学生只可同校不可同学。由此可见，虽经十几年的努力，体现在教育制度上的男女平等仍是十分有限的。

新文化运动反对旧礼教、旧道德，提倡男女平等、个性解放，有力地推动了女子教育的发展。1917年，全国教育联合会第3次会议向北洋政府教育部提出了推广女子教育的议案，要求增设女子高等小学、女子中学。1918年6月，教育部通知各省区根据地方情形，分别办理全国教育联合会的"请求扩广女子教育案"。同年10月，教育部召开全国中等学校校长会议，提出扩充女子小学，设立女子高等师范学校及女子大学。但当时倡之者多而行之者少，这些规定还是停留在纸面上。高等教育中首先开放女禁的，是作为新文化运动中心的北京大学。1919年3月15日，蔡元培发表了一篇题为《贫儿院与贫儿教育的关系》的演说，主张仿效西方国家，尊重妇女的人格和平等权利，实行社交公开、男女同校。该演说词发表在《北京大学周刊》上。甘肃一位名叫邓春兰的女学生读到蔡元培的讲话很受鼓舞，写信给蔡元培，要求他本着历来提倡男女平等的精神，允许北京大学接收女子进补习班，她自己则愿"为全国女子开一先例"。12月9日，又有一个署名"新青年一分子谢楚桢"的女子写信给蔡元培，要求北大开放女禁。蔡元培则在报上公开表示支持。这样，1920年2月，北京大学设女子旁听席，招收女学生旁听，暑期后正式招收女生。[①] 1921年，广东省立中学、北京高等师范学校附中等校开始招收女生，这是中国近代中等和高等学校男女同校的开始。这进一步改变了2000年来男女教育不平等的状况，女子教育开始受到社会的重视。

三、1922年新学制

1922年新学制（亦称"壬戌学制"）是在新文化运动的推动下，适应

---

① 周天度：《蔡元培传》，第214～215页，北京，人民出版社，1984。

学制改革的需要，经过较长时间的酝酿和研究而制定出来的。它也是中国近代史上持续时间最长、影响最大的一个学制。

（一）新学制的酝酿

壬子·癸丑学制是在戎马倥偬中制定的，尽管反映了资产阶级改革教育的一些主张，但不可能充分考虑各方面的情况而进行比较深入全面的研究，因而在实践中逐渐暴露出一系列问题。早在1915年，湖南省教育会提出的改革学校系统案就列举了如下问题：

（1）学校之种类太简单，不足谋教育多方面之发展。如小学采单行制，中学亦仅一种，是盖强多数人民就学校，非以学校就多数人民也，与国民之教育不宜，与教育之本旨相背矣。

（2）学校之名称不正确，名误实受其害矣。近日小学校视为中学之准备，中学校视为大学之准备，误会中小学之名以准备，失其独立之作用。他如乙种实业学校，本为初等职业，而畀以实业名称，长其虚荣，不肯工作之念，所谓名不正则事不成也。

（3）学校的目的不贯彻，致令求学之人三四年一易其宗旨。初小之目的本与高小不同，中学之目的又与上级学校预科有异。入大学专门者必经过此数种目的不同之校，转折迁徙，进行莫能一致，直接青年受其伤，间接国家人才受其害矣。

（4）学校的教育不完成，依规定之学科时间，恒有充其所教，罄其所学，不能得具足之生活力者，而毕业反为社会之累。如高等小学之作用不明，4年中学之文实不分，造出一般不能生活之人，往往扰害社会之攫取生计。……

（5）学校的阶段不衔接，非失之过，则失之不及。师范学校与高等师范之间重复一年；中学校第一年课程与高等小学重复一年，非失之过乎？中学校与专门大学之间须预备1年乃至3年，非所谓不及乎？过与不及，劳民伤财，耗时误人不浅矣。

(6) 学校的年限不适当，全系学年失之长，而各校分配又不适当：大学毕业至 24 岁，大学校费去 6 年或 7 年未免多，中学校反止 4 年未免少也。①

该案对学制问题的成因及其弊害的分析未必都十分确当，但这些问题却是客观存在的。为了克服这些问题，湖南案提出要对壬子·癸丑学制进行全面的更张。其基本观点是：第一，国民教育与人才教育目的不同，其方法与组织亦当有别，不能以"教育平等"为理由，让身体、境遇、能力万有不齐的国民接受整齐划一的教育。因为"教育平等"的本意是每个人都接受适当的教育，而不是让每一个人都接受相同的教育。第二，制定学制体系的原理，一要便于义务教育的推行，二要便于一国学术的发展。基于上述观点，其所拟学校系统采国民教育与人才教育两系并列的双轨制：国民学校与职业学校等相衔接，以培养有一定智德及职业技能的普通劳动者为目的；预备学校与文科、实科学校进而与大学校和专门学校相衔接，以逐级升学而培养中高级人才为目的。

1915 年举行的全国教育会联合会第一次会议对湖南案十分重视，但鉴于学制的全面更张与国计民生密切相关，壬子·癸丑学制施行不久，仓促而频繁地更张亦未必有好的结果，且双轨制与文实分科未必适合中国国情，为了慎重起见，遂决定各省教育会用 3 个月的时间对此案进行广泛讨论，提出具体意见。这就开了改革学制的先河。此后，教育界人士从与学制有关的不同方面，如中学改革、师范教育改革、教材教法改革（选科制与能力分组）等，提出了改革意见，有的还将新设想付诸实施。其间，主要的改革意见有：①确认"养成健全人格，发展共和精神"为新的教育宗旨；②学制既要有统一性又要有灵活性，使各地有根据自己的情况进行变通的余地；③应规定义务教育年限，并根据各地情况分别长短及分地分年推行办法；④延长中

---

① 朱有瓛：《中国近代学制史料》，第 3 辑（上册），第 57 页，上海，华东师范大学出版社，1990。

学年限并实行分科制或选科制；⑤裁去初级师范学校而于中学校附设师范科，裁去高等师范学校而使之附于大学教育研究科中；⑥多设职业学校和实业补习学校，以解决不能升学而就业者的出路问题等。①

全国教育会联合会第 5 届年会开始正式讨论修改学制系统，次年的年会再次认真讨论，并将有关意见汇编成册，印发各省区教育会，要求各省区教育会组织教育界各方面人士组成学制系统研究会，讨论制定具体的改革方案。1921 年 10 月，全国教育会联合会第 7 届年会召开的时候，有 17 个省区的代表 35 人参加，其中 11 个省区的代表提出了 11 件学制系统改革议案。这些议案以广东的议案比较完备，大会遂决定以广东案为基础并参照其他议案，经过认真讨论和审查，于 10 月 30 日通过了《新学制系统草案》，要求各地组织讨论，并通过报刊向全国征求修改意见，以便第 8 届年会做出最后决定。

7 届年会后，教育界人士纷纷加入到讨论新学制的行列中来。人们针对旧制存在的问题，参照各先进国家的学制并结合中国国情，对新学制草案的指导思想、教育分段、各教育系统及各段的一些具体细致的问题，以《新教育》《教育杂志》《教育与职业》等杂志为中心论坛，提出了多方面的意见和建议。全国一些很有影响的专家和学者也参加了讨论。陶行知在《我们对于新学制草案应持之态度》一文中指出，对新学制草案应持的 3 个态度是："虚心讨论、研究、实验，以构成面面顾到之学制"，"对于外国学制的经验，应该明辨择善，决不可舍己从人，轻于吸收"，"我们欢迎新学制的时候，也得回过头来看看掉了东西没有"②。在《评学制草案标准》中他又指出，学制应包含 3 种要素：社会的需要与能力，个人的需要与能力，生活事业本体的需要③。中学教育方面的专门理论家廖世承在

---

① 朱有瓛：《中国近代学制史料》，第 3 辑（下册），第 737~743 页，上海，华东师范大学出版社，1990。
② 《陶行知全集》第 1 卷，第 189~191、192 页，长沙，湖南教育出版社，1984。
③ 同上。

《关于新学制一个紧急的问题》中，专门对中学学制提出了自己的建议。他主张中学应以"三三"制为原则，初中应采用选科制和分科制，并参照其他各种意见详细地说明了其主张的理由。①余家菊写了《评教育联合会之教育改造案》，从12月3日起在《时事新报》上连载，指出"此次新案之创制，有两点颇值吾人之牢记，可视为吾国民新精神之觉醒：即一为从儿童身心发育阶段以为划分学制之大体标准，二为顾虑各方情形而采富有弹性之方案"。

此外，如李石岑、黄炎培、庄启、陶孟和、俞子夷、舒新城、吴研因、周予同等，也都发表了有关的文章。一些教育团体，如中华教育改进社，还专门召开会议讨论此事。这些讨论十分热烈，人们都认为旧制问题太多，渴望制定一个既符合中国国情又适应儿童发展的新学制。看来，改制已是人心所向、大势所趋。

在这种情况下，北洋军阀鉴于旧制已不能牢笼人心，也希望有一个新的学制来重新统一和控制全国的教育。于是，1922年9月，教育部在北京举行全国学制会议。出席会议的有各省区的教育会代表、省教育厅代表、国立高专以上学校校长以及教育部特聘的专家等共78人。会议在对学制系统草案稍作修改后，交同年10月在济南召开的全国教育联合会第8届年会讨论，并于11月1日以大总统命令的形式，公布了《学校系统改革案》。这就是1922年新学制，也叫"壬戌学制"。

从以上过程不难看出，新学制经过了长达7年之久的酝酿，在较高程度上集中了教育界的智慧。与以前的学制简单地套用外国模式不同，此时人们对旧制的检讨和对外国模式的借鉴都是比较理性化的。②

（二）新学制的主要内容

新学制是依据下述7项标准制定出来的：①适应社会进化的需要；

---

① 参见《新教育》，新教育共进社编辑出版，第5卷第4期。
② 金林祥：《评"六三三"学制》，载《华东师范大学学报》（教育科学版），1983（1）。

②发挥平民教育精神；③谋个性发展；④注意国民经济力；⑤注意生活教育；⑥使教育易于普及；⑦多留给地方伸缩余地。这些标准以制度化的形式，反映了新文化运动以来新教育思想和思潮对于教育改革的基本要求。新学制学校系统见下图。

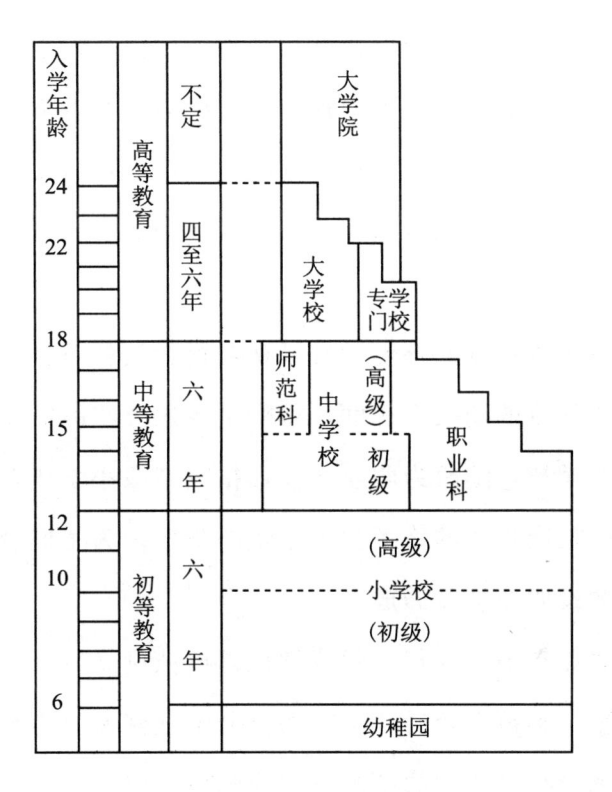

壬戌学制学校系统图

《学制系统改革案》对新学制作了如下规定①。

1. 初等教育

小学校修业年限 6 年，视地方情形得暂展 1 年。小学得分初、高两级，前 4 年为初级，可单独设立。义务教育年限暂以 4 年为准，但各地方至适当时期可延长。义务教育的入学年限可依据地方情形自定。初级小学修了后，得予以适当年期的补习教育，对于年长失学者宜设补习学校。幼

---

① 参见《新教育》，新教育共进社编辑出版，第 2 卷第 5 期。

稚园收受 6 岁以下儿童。

2. 中等教育

中学校修业年限为 6 年，分为初高两级，各为 3 年。但依地方情形，得定为初级 4 年、高级 2 年，或初级 2 年、高级 4 年。初级中学可单独设立；高级中学应与初级中学合并设立，但有特殊情况时也可单独设立。

初级中学施行普通教育，但得视地方需要兼设职业科。高级中学分普通、农、工、商、师范、家事等科，斟酌地方情形单设 1 科或数科。依旧制设立的甲种实业学校，酌改为职业学校或高中农、工、商等科。中等教育得用选科制。

各地方得设中等程度的补习学校或初习科，其补习种类及年限视地方情形定之。职业学校的期限及程度，得酌量各地方实际需要确定。依旧制设立的乙种实业学校，酌改为职业学校，招收高级小学毕业生，但依地方情形，亦得收受相当年龄的修了初级小学的学生。为了健全职业教育，得于相当学校内酌设职业教员养成科。

师范学校修业年限为 6 年。师范学校得单独设立后 2 年或后 3 年收受初级中学毕业生。师范学校后 3 年得酌行分组选修制。为补充初级小学教员之不足，得酌设相当年期的师范学校或师范讲习科。

3. 高等教育

大学设数科或 1 科均可。其单设 1 科者称某科大学校，如医科大学校、法科大学校。大学修业年限为 4~6 年（各科得按其性质，于此限度内确定）。医科大学校及法科大学校修业年限至少 5 年。师范大学校修业年限 4 年（依旧制设立的高等师范学校，应于相当时期内提高程度，收受高级中学毕业生，修业年限 4 年，称师范大学校）。大学校用选科制。

因学科及地方特别情形得设专门学校，收受高级中学毕业生，修业 3 年以上，年限与大学校同者待遇亦同。依旧制设立的专门学校，应于相当时期内提高程度，收受高级中学毕业生。

大学校及专门学校得附设专修科，凡志愿修习某种学术或职业，而有相当程度者入之，修业年限不等。为补充初级中学教员不足，得设2年的师范专修科，附设于大学校教育科或师范大学校，亦得设于师范学校或高级中学，收受师范学校及高级中学毕业生。

大学院为大学毕业生及具有同等程度者研究之所，年限不定。

注重天才教育，得变通年期及教程，使优异智能尽量发展。对于精神上或身体上有缺陷者，应施以相当的特种教育。

与前一个学制相比，新学制的主要变化是：小学年限缩短（由7年改为6年），中学年限延长（由4年增加到6年）并实行"三三"分段，取消了大学预科，实行选科制和分科教学。中学是这次改制的重点，也是新制的精粹所在。

我们知道，旧制中学由于年限过短，导致教育程度太低，学生毕业后既不能为就业提供必要的条件，也不能为升学做好必要的准备。新制较原来增加了2年，意在加强中学教育。它的"三三"分段，将中学分为初级和高级两个部分，并在高级中学阶段加强了师范与职业教育的分量，使旧制的上述缺点在一定程度上得到了克服，反映了当时教育界的愿望（当时的11件议案中有10件主张中学6年）。同时，中学分段并规定：得依设科性质定为初级2年，高级4年或初级4年，高级2年，初级中学可单独设立，高级中学应与初级中学一并设立，但视特别情形亦得单独设立。这些规定增加了学制的弹性，使它既适应了我国各地政治、经济、文化发展不平衡的实际情况，也为学习者依据自己的实际有所选择地接受教育提供了方便。

与加强中学阶段教育程度相联系的另一个方面，是高等教育中预科的废除。它使大学不再担负普通教育的任务，无形中加强了高等教育，使大学能把主要的力量集中在专业教育和科学研究上。而选科制与学科制的实施，则是社会需要与受教育者个人发展需要相结合的重要尝试。

此外，普通教育的"六三三"分段（即小学6年、初中3年、高中3年），不仅比壬子·癸丑学制更能适应社会的需要，也更适应青少年身心发展的年龄阶段，是与心理学上对儿童期、少年期、青年初期的划分基本相吻合的。正因如此，在普通教育发展史上，它是经得起考验的。

从上述情况不难看出，制定学制的7项标准在新学制中得到了比较充分的体现。因此，新学制的制定，不仅是教育制度的形式结构的变化，更体现了新的教育思想和价值观念的转变。

过去，人们曾把壬戌学制看作美国模式的简单翻版。新学制的制定的确受美国教育思想和制度的影响很大。当时，实用主义教育思想在中国教育界广为传播，学制标准的第1、2、3、5条，就直接与美国的实用主义思想相联系。学制制定前，美国实用主义教育家孟禄曾应邀到中国。1921年年底，他在考察了中国教育状况之后，在北京与各省代表讨论中国教育问题。[①] 第7届全国教育会联合会在广州召开期间。他在会上发表演讲和谈话多次。在实用主义教育思想盛行的情况下，他的思想直接影响会议并间接地影响了中国教育界，这是十分自然的。更何况，作为新学制基干部分的"六三三"制，既是美国某些州所实选择制度，也是孟禄在谈话中强调的。但能否据此就认定它是美国模式的简单翻版呢？近年来的研究已对这一传统看法提出了质疑。

有关质疑的理由是：①"六三三"制虽源于美国，但它并不是美国各州所普遍奉行的一种制度；②新制是经过长时间的酝酿才制定出来的，在酝酿过程中，人们曾参照了多国的教育制度，结合中国国情并针对旧制存在的问题，进行了比较充分的讨论。鉴于旧制因简单模仿日本学制所带来的一系列问题，人们十分自觉地提出了从中国实际出发进行改制的原则。即便是孟禄本人，也十分强调这一点，他在提建议的时候就尽力根据他对中国实际的了解。此外，我们还应看到，实用主义教育思想所强调的很多方面确实反映了现代教育的共性，并不为实用主义者所独有，它也为其他

---

① 《孟禄博士与各省代表讨论教育之大要》，见《陶行知全集》第1卷，第227～237页，长沙，湖南教育出版社，1984。

新教育思潮所提倡。从上述方面来看，承认美国教育的影响，并不意味着新制是盲从美制的结果。而应该说，新学制是教育界在实践探索基础上对以美国为主的新教育模式的自主选择。这与"五四"以来民族主义的觉醒是分不开的。因为民族主义的觉醒，有利于人们更多地从本国实际出发思考教育问题。[①]

（三）与新学制相配套的课程标准

课程改革历来都是教育改革的核心部分之一。在新学制产生以前，一些比较著名的学校已开始对原课程计划进行改革和修正，为新课程标准的制定提供了宝贵经验。1921年，全国教育会联合会在决定对"学校系统草案"征求意见的同时，决定组织人员拟定各级课程标准草案。在第8届年会上，一些省份向全国教育联合会提出了改革中小学课程的提案[②]，成立了"新学制课程标准起草委员会"，由委员会编订各学科课程要旨，分请专家草拟各科目课程纲要，并在北京召开了第1次会议，对中小学课程拟定了一个横向标准和纵向限度。同年12月，在南京召开第2次会议，通过了中小学毕业标准。次年4月，上海会议制定了小学校及初级中学课程纲要；6月，制定高中课程总纲。这些纲要，由全国教育会联合会刊布，形成了小学、初中、高中、师范学校的新课程标准。

1. 小学课程纲要

新学制课程标准起草委员会经过两次会议讨论所刊布的《新学制小学课程纲要》（下面简称《纲要》），对小学的教学课目和授课时数做出了具体的规定。

《纲要》提出，小学设国语、算术、卫生、公民、历史、地理（前4年卫生、公民、历史、地理合并为社会科）、自然、园艺（前4年园艺合

---

① ［加］许美德、［法］巴斯蒂：《中外比较教育史》，第1~26页，朱维铮等译，上海，上海人民出版社，1990。

② 例如：山东的《新学制小学课程草案》、广东的《新学制小学课程拟定标准案》、浙江的《小学和初级中学课程草案》、安徽的《应即议定新学制课程标准案》等。

并到自然科中）、工用艺术、形象艺术、音乐和体育。小学课程的教学以分钟计算。初等小学前 2 年每周至少 1080 分钟，后 2 年至少 1440 分钟。各科教学时间按百分比划分，其标准如下表。

小学各科教学时间百分比（1923 年）

学科	国语				算术	地理	历史	公民	卫生	自然	园艺	工用艺术	形象艺术	音乐	体育
	语言	读文	作文	写字											
百分比（%）初级	30				10	（社会）20			（自然）12		7	5	6	10
高级	6	12	8	4	10	6	6	4	4	8	4	7	5	6	10

与旧制相比，新课程标准的重要变化是：推行白话文与国语教学，改国文为国语；改理科为自然，初小增加了社会、自然等常识课；废止修身课而增加了公民、卫生，并将历史、公民、地理、卫生合并为社会一科；改图画、手工为形象艺术和工用艺术。

将修身科改为国民科，意在加强公民教育，是新教育思潮在课程设置上的重要反映。当时人们普遍认为：旧制的修身科以旧道德为范式，内容陈旧，范围狭窄，不能适应社会的变化；修身课的内容空洞抽象，脱离儿童的实际生活经验，不符合儿童的心理特点。① 有关课目的设置，"应以使儿童修养成为一个适合于共和国家世界潮流的好公民为标准，而从实际生活中指导儿童生活于社会的种种德智"②。因此，从修身课到公民课的变化，不只是一个名称更改的问题，它实际上贯穿了养成共和国民、将儿童的道德教育生活化的新精神。不仅如此，整个小学社会科的教学都属于公民生活的教育。将公民、历史、地理、卫生合为一科，一方面是为了保持儿童生活经验的完整性；另一方面也是为了更好地适应小学儿童的思维发展特点。

而改"理科"为"自然"，则意味着要扩大儿童自然常识的范围。我

---

① 张粒民：《小学校之公民教育》，载《教育杂志》，第 16 卷第 4 号，1924 年。
② 丁晓声：《小学社会科教学概要》，载《教育杂志》，第 16 卷第 1 号，1924 年。

们知道,将"理科"定为儿童自然常识类课程的名称源于清末的学制,当时它是以一般的物理、化学知识为主的。民国初年虽将有关动植物、自然现象和人体生理卫生的知识纳入其中,但仍沿用旧的名称。此次课程改革本着尊重儿童的心理和生活经验的精神,在变更了名称的同时,把所有关于自然学科基本常识的内容全部纳入自然科中,反映了人们对有关问题认识的深化。①

2. 中学课程纲要

新《纲要》规定,初级中学课程分为6科:社会(含公民、历史、地理)、语文(含国语、外国语)、算学、自然、艺术(含图画、手工、音乐)、体育(含生理卫生、体育)。实行学分制,每个课目每周上课1课时满一学期为1学分。初级中学毕业须修满180学分,其中必修课164学分,选修课16学分。各科学分分配情况见下表。

初中各科学分分配表(1923年)

学科	社会科			语文科		算学科	自然科	艺术科			体育科		选修科
	公民	历史	地理	国语	外语			图画	手工	音乐	生理卫生	体育	
学分	6	8	8	32	36	30	16	12			4	12	16
	164												
	180												

为兼顾升学与就业的双重需要,高级中学可根据地方情况,分设普通科与职业科。普通科以升学为主要目的;职业科以职业教育为主,又分师范、商业、工业、农业及家事等科。普通科又分两组:第一组,注重文学及社会科学;第二组,注重数学及自然科学。普通科的课程一般由3类构成:第一类是公共必修课目,约占总学时的43%,普通科两组均须修习这类科目,但教材和教法应有所不同;第二类为分科专修课目,约占37%,包括分科必修课目和分科专修课目,第一组以文学及社会科学为

---

① 田正平:《中国小学常识教学史》,第150页,济南,山东教育出版社,1996。

主，第二组以数学及自然科学为主；第三类为纯粹选修课目，约占20%，由学校按地方情形和学生需要设置。高级中学的学生必须修满150学分始能毕业。现将高级中学普通科文、理两组学科及学分情况列表如下。

高级中学普通科第一组学科学分分配表（1923年）

分 类	课 目		学 分
公共必修课目	国语		16
	外国语		16
	人生哲学		4
	社会问题		6
	文化史		9
	科学概论		6
	体育	卫生法	10
		健身法	
		其他运动	
分科专修课目	必修	特设国文	8
		心理学初步	3
		论理学①初步	3
		社会学之一种	4（至少）
		自然科学或数学之一种	6（至少）
	选修		32（或更少）
纯粹选修课目			30（或更少）

高级中学普通科第二组学科学分分配表（1923年）

分 类	课 目	学 分
公共必修课目	国语	16
	外国语	16
	人生哲学	4
	社会问题	6
	文化史	6
	科学概论	6
	体育（同第一组）	10

---

① 指逻辑学，非"伦理学"。

续表

分　类	课　目		学　分
分科专修课目	必修	三角	3
		高中几何	6
		高中代数	6
		解析几何大意	3
		用器画	4
		物理、化学、生物（选习两项，各6学分）	
	选修		30（或更少）
纯粹选修课目			30（或更少）

此外，作为课程标准的重要组成部分，《纲要》还对各学科的教学目的、主要内容和方法做出了规定。新学制中学课程与旧制课程相比，具有如下突出特点：

其一，与修业年限的延长相适应，中学课程的内容加深、范围扩大了，并增加了一些新的学科，如科学概论、文化史、人生哲学等，其目的在于提高中学的程度，为学生升入大学做准备。

其二，采用选科制、学科制和学分制。选科制指学生进入高级中学阶段（不管是进入职业科还是普通科）以后，在学习本科的必修课目的同时，可根据自身的情况选修一部分课目；学科制与学年制相对，是指对学生学业成绩的考核以学科为单位进行，在这一制度下，学生某科成绩不合格并不影响其他学科的学习成绩；学分制是指学生能否毕业以及何时毕业，取决于其是否在规定范围内修得了必要的学分，而不取决于修业年限的长短。选科制、学科制、学分制的采用，以及高级中学普通科实行文理分科，有利于因材施教、尊重学生的个性特长及不同学生的不同学习进度。

其三，为使普通教育与职业教育相沟通，初级中学所设置的选修课目主要是职业课目；高级中学实行分科教学，选修课目也很重视职业课目的修习。

3. 师范学校课程标准①

按照新学制的规定，中等教育阶段的师范教育，有始于初级中学的师范学校（6年）、收受初中毕业生的后期师范（2年或3年），以及高中的师范科。后两者的课程相同，其课程分为4类：公共必修课目、师范必修课目、师范选修课目和教育选修课目。其中，公共必修课目及其学分为：国语，16学分；外国语，16学分；人生哲学，4学分；社会问题，6学分；世界文化史，6学分；科学概论，6学分；体育，10学分；音乐，4学分。共68学分。

师范必修课目为：心理学入门，2学分；教育心理学，3学分；普通教学法，2学分；各科教学法，6学分；小学各科教材研究，6学分；教育测验与统计，3学分；小学校行政，3学分；教育原理，3学分；实习，20学分。共48学分。

师范选修课目又分3组。第一组注重文学及社会科学，其课目为：国语，8学分；外国语，6学分；西洋近代史，4学分；地学通论，4学分；政治概论，3学分；经济概论，3学分；乡村社会学，3学分。至少要选修30学分。第二组注重数学及自然科学，其课目为：算术（包括珠算），8学分；代数，6学分；几何，6学分；三角，3学分；物理学，6学分；化学，6学分；生物学，6学分；矿物地质学，4学分；园艺学，4学分；农业大意，6学分。至少要从中选修20学分。第三组注重艺术及体育，其课目为：手工，8学分；图画，8学分；音乐，8学分；体操，8学分；家事，8学分。至少要选修20学分。

教育选修课目为：教育史，3学分；乡村教育，3学分；职业教育概论，3学分；图书馆管理法，3学分；现代教育思潮，3学分；儿童心理学，4学分；教育行政，3学分；幼稚教育，6学分；保育学，3学分。至

---

① 教育部：《第一次中国教育年鉴》丙编，第308～309页，上海，开明书店，1934。

少要选修 8 学分。

与旧制相比的明显变化，一是对所有课程进行了分类或分组，并设立了大量的选修课程；二是增加了教育学科的课程和分量。

从总体上看，与新学制相配套的课程标准反映了新文化运动以来课程改革的一些成果。同民国初年相比，内容更加丰富，分科更加合理。它力图根据社会、学生和学校的不同情况设置课程，以体现统一性与灵活性相结合的精神；中等学校实行分科教学，考虑到了升学、就业的双重需要。但也应该看到，由于各级各类教育在中国发展程度的不平衡，各项课程标准的成熟程度是不一样的。此外，具体的课程设置和课程标准，比起宏观的学制来说，更加难以把握，因此新学制的课程标准远不如新学制本身成熟，它的模仿（尤其是对美国课程的模仿）痕迹相对也就更突出一些。考虑到当时中国的社会与教育条件，其过多过细的设科分类、分组，是很难按标准加以贯彻的。所以，各地在实施过程中，只能将其作为参照，增减之处甚多。

（四）新学制的初步实施及存在问题

从新学制公布实施到 1927 年前后，各级各类教育，尤其是小学、中学和职业教育，有了较大、较快的发展，但也暴露出一些问题。

初等教育。在壬戌学制中，学前教育已成为初等教育的一个重要组成部分，其教育机构为幼稚园，收受 6 岁以下儿童。它使学前教育机构摆脱了对于小学和女子师范学校等的依赖性质而获得了独立的地位。但是，由于中国近代幼儿教育起步晚，社会需求亦十分有限，导致了幼稚园发展十分缓慢。据统计，1924 年全国幼稚园只有 190 所，其中公立、私立和教会所办者分别为 27 所、7 所和 156 所，入园幼儿也只有 5940 人。[①] 教会办幼稚园占绝大多数这一事实，决定了中国幼稚园的外国化、贵族化倾向：

---

① 孙育才：《幼稚教育普及运动》，载《上海教育》，第 1 卷第 2 期。

从课程设置到教材教法，甚至于幼稚生唱的歌、听的故事、玩的玩具等，都是外国的。此外，幼稚师范在学制上也没有任何地位。20世纪20年代末到30年代的幼儿教育改革，就是针对上述问题进行的。

就小学教育而言，总的情形还是不错的。据《第一次中国教育年鉴》统计，1922年共有小学校177 751所，学生6 601 802人；1929年，学校和学生分别增加到212 385所和8 820 777人。① 很明显，小学教育在数量上的发展速度超过了人口的增长速度。这与新制缩短修业年限并采取灵活的办学方式有着密切的关系。当然，问题也是存在的。尽管新学制把初等小学4年定为义务教育，但当时旧式私塾还是大量存在的。据1924年7月出版的中华教育改进社编写的《中国教育概览》估计，1923年全国私塾学生数至少与学校学生数相等。虽然旧式私塾从内容到方法都是传统化的东西，反而更受广大农民的欢迎。对此，毛泽东在《湖南农民运动考察报告》中做过非常生动的描述：

> "洋学堂"，农民一向是看不惯的。我从前做学生时，回乡看见农民反对"洋学堂"，也和一般"洋学生""洋教习"一鼻孔出气，站在洋学堂的利益上面，总觉得农民未免有些不对。民国十四年在乡下住了半年，这时我是一个共产党员，有了马克思主义的观点，方才明白我是错了，农民的道理是对的。乡村小学校的教材，完全说些城里的东西，不合农村的需要。小学教师对待农民的态度又非常之不好，不但不是农民的帮助者，反而变成了农民所讨厌的人。故农民宁欢迎私塾（他们叫"汉学"），不欢迎学校（他们叫"洋学"），宁欢迎私塾老师，不欢迎小学教员。②

农民宁欢迎私塾不欢迎新式小学的事实，既反映了新制小学在中国广

---

① 教育部：《第一次中国教育年鉴》丙编，第423页，上海，开明书店，1934。
② 《毛泽东选集》第一卷，第39页，北京，人民出版社，1991。

大农村地区的影响是十分有限的，也说明当时的小学教育主要与城市的需要相适应，而不能很好地满足广大农民的要求。虽然造成这一问题的原因是多方面的，但学制及与之相配套的课程标准本身存在一定的缺陷，自是一个不容回避的问题。

中等教育。新学制公布后，由于突破了过去省立中学的框框，使县立中学的数量大增。据《第一次中国教育年鉴》统计，1922年全国中学共有547所，1928年则发展到954所，增加的大多数为公立中学（计591所）。① 这说明，新制对调动地方办学的积极性发挥了重要的作用。此外，新的教学内容和方法也得到了进一步的采用，中等职业教育有所加强。在新学制中，不仅设立了从初中到高中阶段的职业学校，在高级中学也设有诸如农、工、商、师范、家事等职业科，从而形成了兼设职业教育科的综合中学，初中和高小还增加了职业准备的内容。据中华职业教育社调查，1921年全国共有职业学校824所，1926年在职业学校增加2所的同时，设职业科的中学有57所。但问题也出在这里。兼设职业科的综合制中学，一方面影响了中等职业学校的设立和发展；另一方面由于其自身条件设备的限制和生源的困难，职业教育科的质量也难以保证。此外，普通中学在课程上出现的问题相当多：初中实行学分制，单纯突出儿童中心主义，破坏了课程的系统性和科学性；高中实行文理分科，但文理并未均衡发展，出现了重文轻理、比例失调现象；课程名目繁多，造成了难开、难教、难管理的局面。②

新制问题最大的恐怕要数师范教育了。虽然新学制将高等师范学校改为师范大学，提高了师范教育的水平，但由于后来出现了高师并入大学、中师并入中学的趋势，打破了师范教育的独立体系，降低了师范教育在学

---

① 教育部：《第一次中国教育年鉴》丙编，第193页，上海，开明书店，1934。
② 曲铁华：《1923年中学课程改革及其反思》，载杨玉厚：《中国课程变革研究》，第293~294页，西安，陕西教育出版社，1993。

制上的地位，导致了师范学校和师范生数量下降，从而削弱了师范教育。而发展师范教育尤其是农村师范教育，是当时普及义务教育的必由之路。

尽管新学制还存在着这样或那样的问题，但它毕竟奠定了中国近代教育发展的新模式。这不仅是指这一模式所具有的外在形式，更是指其中所包含的新的教育思想和教育精神；这也不仅是指中国向先进资本主义国家学习的对象已由日本转向欧美，而且是指中国人民在这一学习过程中，特别是"五卅"以来，民族主义进一步觉醒，已开始自觉地将借鉴和学习建立在对中国教育实际的认识和研究基础之上。因此，当新的教育体制在实施过程中进一步暴露出问题的时候，"批评已不再局限于简单地归咎某种外国模式无法接受，而是归结到采用任何外国模式所涉及的原则本身"①。当然，这并不是"要拒绝一切外来之物，而只是希望通过对引进事物的甄别挑选进行一番斟酌平衡，不再去偏爱任何一种外国的文化"②。从20世纪20年代后期开始，两种不同的探索在中国共产党领导的革命根据地和国民党政府控制的区域中同时展开，并分化形成两种不同的教育模式。

---

① [加]许美德、[法]巴斯蒂：《中外比较教育史》，第17页，朱维铮等译，上海，上海人民出版社，1990。

② 同上。

第二章 三民主义教育制度（上）

1927年"四一二"政变后，蒋介石集团于4月18日在南京成立了与武汉国民政府相对立的南京国民政府。伴随着"七一五"政变的发生和国共统一战线的最终分裂，宁汉开始合流，它们与总部设在上海的西山会议派也言归于好。于是，国民党的3股主要政治势力在反共的基础上达成了一致。1928年2月，国民党举行二届四中全会，产生了新的中央领导机构，推进了国民党在党政军方面的统一。随后的蒋桂冯阎联合北伐及东北"易帜"，使国民政府在形式上统一了中国。1928年8月，国民政府开始进入了训政时期。此后，国民党控制区的教育，大致经历了3个发展阶段。抗日战争全面爆发前的10年，为第一阶段。这个时期，国民党政府在确立新的统治秩序的同时，确立了三民主义教育宗旨，并根据这一宗旨对1922年新学制进行了调整，还通过一系列教育法律、法规的制定与颁布，使各级各类教育及教育行政管理走向统一化和规范化。抗战的8年，为第二阶段。这个时期，国民党政府根据抗战的需要，确立了战时施政方针和战时教育政策，积极推行国民教育制度，强化了对于教育的控制。从抗战胜利到1949年国民党政府退出大陆，为第三阶段。这个时期，国民党的统治不断瓦解，三民主义教育制度最终为新民主主义教育制度所取代。

第一节 从党化教育到三民主义教育

在1927年4月国民政府成立前后，国民党的教育方针经历了一个从党化教育到三民主义教育转变的过程。直到1929年3月国民党第三次全国代表大会议决三民主义教育宗旨，这个转变才宣告完成。

一、"以党治国"与"党化教育"

"五四"时期，由于受实用主义的影响，我国教育界曾提出"废止教育宗旨""宣布教育本义"的主张，故1922年新学制颁布时，只列了7项标准而没有教育宗旨。但是，随着中国的民族主义思想的抬头和实用主义教育思想影响的消退，确立适应新的形势需要的新的、统一的教育宗旨，又成为人们关注的热点问题。

1924年12月，高卓在《今后中国教育应取的方针》中指出：民国以来，西洋的新教育思想、制度和方法曾大量涌入中国，但它们不久又烟消云散。这其中固然有从事教育的人缺乏研究的因素，但不先制定教育方针也不能不说是一个重要原因。① 当时也有人认为，新学制实施以来的教育界过分地关注于具体的教育制度方法等枝节性问题，而忽视了教育宗旨问题，以至于新思潮虽然迭出不穷，但教育很难形成一股合力，以配合教育救国的需要。② 1926年，国家主义教育思想又趋兴盛。中华教育改进社举行年会，曾议决教育宗旨案，其内容为："中国现时教育，以养成爱国国民为宗旨，其要点如下：①注重本国文化，以发挥民族精神；②实施军事教育，以养成健全体格；③酌施国耻教育，以培养爱国志操；④促进科学教育，以培养基本知识。"

不仅教育界人士关注教育宗旨问题，国民党也意识到了这一问题的重要性。1924年3月，中国国民党第一次代表大会在广州召开，孙中山仿效苏俄"以党治国"的经验，建立了以国民党为核心的国民政府。根据国民党以党领政的理念，在教育领域也就有了"党化教育"的提法。这次大会

---

① 高卓：《今后中国教育所应取的方针》，载《教育杂志》，第16卷第12号，1924年。
② 参见沈仲九在《教育杂志》第17卷第5号（1925年）发表的题为《我的理想教育观》、陈启天在《中华教育界》第17卷第7期上发表的题为《中国教育宗旨问题》等文章。

通过了《出版及宣传问题案》，强调改组后的国民党应成立有系统的宣传组织，使教育与国民党的事业紧密结合，一方面建立以"党义宣传、党德养成"为中心的学校，培养国民党的干部；另一方面，扩大国民党在其他学校的影响，使其他学校逐步变成国民党的学校。不过，由于当时正处在戎马倥偬之中，广州国民政府尚未成立专门的教育行政部门，从理论上对"党化教育"进行论证亦付阙如。1926年3月1日，广州国民政府教育行政委员会成立，此后曾对教育宗旨与方针进行过讨论。同年8月，由国民政府教育行政委员会委员兼广东省教育厅厅长许崇清起草了一个题为《党化教育之方针——教育方针草案》，供国人讨论。在草案中，许氏指出中国传统教育只关注教育的政治与教化功能（他称之为"支配行动的教育"），而现代教育应把重点放在满足以科学技术为基础的经济活动的需要上，并在这一新的基础上发挥教育的传统功能。为此，他提出了"党化教育"的14条纲领：

> 一、教育行政组织的改良与统一；二、义务教育的厉行及其教育经费的国库补助；三、中等教育的扩张及其设备教学训练的改善；四、生产教育组织的建设；五、乡村教育的发展；六、民众教育事业的扩张；七、贫困儿童的就学补助；八、优良教师的养成；九、大学教育内容的充实；十、军事训练的实施；十一、宗教与教育的分离；十二、外国人经营学校的取缔；十三、革除偏重书本的陋习；十四、打破学科课程的一元主义。①

不难看出，由许氏所提出的教育宗旨，旨在以孙中山的三民主义，尤其是其中的民生主义和民族主义来设计新的教育，并没有把教育狭隘化为某个特殊政党的工具。这在当时具有推进国民革命、促进教育改革的积极意义。但就对于教育宗旨的确定而言，许氏的论述显然缺乏概括性而有简单罗列之嫌。于是，另一教育行政委员会委员韦悫于次年6月又起草了

---

① 舒新城：《近代中国教育史料·补编》，第8页，上海，中华书局，1928。

《国民政府教育方针草案》,并经该委员会通过,对党化教育作了新的诠释。韦悫认为,新的教育方针应建立在孙中山的三民主义、建国大纲、建国方略等国民党的根本方针政策基础上,从而有助于建立一个代表各阶级利益的政治组织和社会组织。为此,他提出了党化教育的12项内容:

一、民众教育与民众运动一并进行;二、应以最短的时间实行义务教育;三、教育应增进生活的效能;四、应指导学校毕业生到民间去;五、各学校应增设军事训练;六、各学科应注重体育训练;七、学生运动应统一在党的指挥之下;八、科学教育应特别注意;九、应努力收回教育权;十、教育权与宗教分离;十一、教育经费应早日确定;十二、政府应在国内重要的工商业及农业地点开设特别学校。①

与许崇清所提的教育宗旨相比,韦氏对于教育的政治、社会功能更加强调,但仍是对孙中山三民主义思想的合理引申。

但是,随着第一次国共合作的破裂,国民党方面的党派意识日益增强。虽然此后一段时间内国民党官方对什么是"党化教育"尚未给出一个统一的解释,以至于它内部的不同地方和不同的人各有其独立的解释,但越来越无视教育在反帝反封建的国民革命中所具有的多重功能,越来越强化教育作为国民党意识形态的工具的作用,却是有关解释和做法的共同之处。例如,有人说:"党化教育即训政工作之别名;党化教育运动即训政教育运动。"② 还有人说:"党化教育就是把中国的教育来国民党化,变为一种特殊的教育——国民党的教育,以求贯彻我们总理以党治国的主张,以为达到本党以党治国的目的之预备。"③ 1927年7月26日至28日,浙江省教育厅在举行会议讨论实施党化教育问题时,通过了《浙江省实施党化教育大纲》,提出要以训练党员之方法训练学生,以国民党的纪律为学

---

① 舒新城:《近代中国教育史料·补编》,第3~11页,上海,中华书局,1929。
② 舒新城:《中国近代教育思想史》,第381页,上海,中华书局,1929。
③ 同上书,第380页。

校规约,依训政时期国家的组织为学生自治组织,以三民主义的中心思想确定学生的人生观等。①

这种将教育功能狭隘化的做法,自然会招致教育界、思想界的民主人士的不满和反对。1928年2月,《上海教育》第1卷第1期上就发表了一篇署名为"研者"、题为《党教育》的文章,用讽刺的笔调揭露了当时学校,尤其是小学实施党化教育的情况:

> 我们看见许多学校,尤其是小学校,实施他们所谓的"党化教育"。他们的方法是:(一)课程中尽量采用党的教材,不但要想把全部的三民主义灌输给学生,叫他们生吞活剥,并且国语文中充满了革命伟人的伟大史传。常识课中尽装着国民党里的一切政纲。音乐必唱"革命之歌"。形艺也学"革命画报"。真正把党的一切当作日常功课了。(二)仪式上竭力模仿党的形式,纪念周不消说,就是寻常集会,也一定瞻谒总理遗像,恭读总理遗嘱。总理的遗嘱差不多和清朝八股时代童生们临考时恭默的《圣谕广训》一般。(三)墙壁间满贴着党的标语……血淋淋、恶狠狠、杀人放火的挂图,也常常悬挂在校舍之内。(四)学生们奔命于党的运动。今天什么游行,明天什么集会,后天什么演讲,凡是党的运动,不单中等以上学校的学生参加,有时小学生亦要参加。并且往往不是志愿的,是为罚钱为强迫的,学生真觉有疲于奔命之感。

这样一种"新"的教育宗旨,理所当然地要受到教育界人士的反对。为了解决这一问题,国民党有必要对其教育宗旨进行一番新的思索。1928年5月,大学院召开第一次全国教育会议,会议的中心议题之一就是确定统一的教育宗旨。在讨论中,有人指出,国民党自提倡党化教育以来,遇

---

① 孙培青、李国钧:《中国教育思想史》第3卷,第395页,上海,华东师范大学出版社,1995。

到了两方面的困境：一是对于"党化教育"的解释众说纷纭，使教育的实际工作者不知所从，有的甚至把它仅仅理解为做总理纪念周或设三民主义课程，因而有必要对其做出准确的解释与说明；二是非国民党员对党化教育进行猛烈地攻击。[①] 再加上"党化"二字过于宽泛，易于为异党所用，应该加以正名："'党化教育'之一名词，不知从何说起……'党化'二字，内容既不确定，出处亦不明了，总理著作，大会决议，均无此名。考其来源，仅为个人争意气之假名，而为不求甚解者所习用。名不正则言不顺，此后国民教育之中，若不废除此不正之名，以彰'三民主义的国民教育'之实，则差之毫厘，失之千里，后之流弊，更有不堪设想者在。吾党主张以党建国。以三民主义化民，故吾国之教育方针，应为'三民主义之国民教育'，此无疑虑。"在这次教育会议上，关于教育宗旨的提案有 9 项，绝大多数主张以"三民主义教育"代替"党化教育"作为教育宗旨。这一主张为大会所接受，并形成了《废止党化教育名称代以三民主义教育案》，"党化教育"一词遂不再使用。接下来的问题就是如何界定"三民主义教育"，并制定具体的实施原则。

二、三民主义教育宗旨的确立与实施

1928 年大学院举行的第一次全国教育会议，对"三民主义教育"的实质作了如下规定："所谓三民主义的教育，就是实现三民主义的教育；就是以实现三民主义为目的的教育；就是各级行政机关的设施，各种教育机关的设备和各种教学科目，都是以实现三民主义为目的的教育。"其具体内涵是：

> 我们全部的教育，应当恢复民族精神，发挥固有文化，提高国民道德，锻炼国民体格，普及科学知识，培养艺术兴趣，以实

[①] 姜琦：《解释党化教育案》，载大学院编《全国教育会议报告》，台湾文海出版社，1971 年 2 月影印。

现民族主义；灌输政治知识，培养运用四权的能力，阐明自由的界限，养成服从法律的习惯，宣扬平等的精神，增进服务社会的道德，训练组织能力，增进团体协作的精神，以实现民权主义；养成劳动习惯，增高生产技能，推广科学之应用，提倡经济利益之调和，以实现民生主义；提倡国际主义，涵养人类同情，期由民族自决，进于世界大同。①

大学院于同年 8 月 22 日将上述决议呈请国民党中央政治会议讨论，并被通过。这个决议基本上代表了国民党内知识界的观点。

对于上述决议，国民党内部存在着不同看法。对立的观点以国民党中央执行委员会训练部所拟定的教育宗旨为代表，后者主要反映了从事国民党党务工作那一部分人的立场。早在第一次全国教育会议召开之前，训练部就拟定了《党义教育大纲提案》，主要内容为："中华民国之教育，以发扬民族精神、提高民权思想、增进民生幸福、促成世界大同为宗旨。"第一次全国教育会议闭幕后，训练部又对大学院拟定的教育宗旨提出批评，认为它"对于三民主义教育之真谛，既无所阐明，而于教育与党之关系，尤乏实际联络"②。在训练部看来，大学院议案的最大毛病就是没有在国民党与教育之间建立实际的、密切的联系。于是，它将《党义教育大纲提案》提交国民党中央执行委员会常委会审议，后交由国民党中央执行委员会第五次全体大会审议。这样，在国民党中常会上，就出现了两个主要的提案。中常会指定由经亨颐、朱霁青、蔡元培、陈果夫、丁惟汾等对有关提案进行审查。审查中又出现了多个修正案，最后以训练部提案为基础，提出了一个修正案："中华民国之教育，以根据三民主义，发扬民族精神，实现民主政治，完成社会革命，而臻于世界大同为宗旨。"③ 直到 1928 年年底，经过多次修正，国民党的教育宗旨蜕变为国民党中央宣传部提出的

---

① 教育部：《第一次中国教育年鉴》甲编，第 10 页，上海，开明书店，1934。
② 同上。
③ 同上。

《确定教育方针及实施原则案》，交由国民党第三次全国代表大会审议。

1929年3月25日，国民党第三次全国代表大会第11次会议表决通过了《确定教育宗旨及其实施方针案》。4月26日，又以国民政府令的形式，公布了如下教育宗旨：

> 中华民国之教育，根据三民主义，以充实人民生活，扶植社会生存，发展国民生计，延续民主生命为目的；务期民族独立，民权普遍，民生发展，以促进世界大同。①

这样，三民主义教育宗旨就有了官方统一的解释，并为各级各类教育所遵循。

国民党政府在公布这一教育宗旨的同时，还附有8条实施方针：

（1）各级学校之三民主义之教育，应与全体课程及课外作业相连贯。以史地教科，阐明民族之真谛；以集团生活，训练民权主义之运用；以各种之生产劳动的实习，培养实行民生主义之基础；务使知识道德，融会贯通于三民主义之下，以收笃信力行之效。

（2）普通教育，须根据总理遗教，以陶融儿童及青年"忠、孝、仁、爱、信、义、和、平"之国民道德，并养成国民之生活技能，增进国民之生产能力为主要目的。

（3）社会教育，必须使人民认识国际情况，了解民族意义，并具备近代都市及农村生活之常识，家庭经济改善之技能，公民自治必备之资格，保护公共事业及森林园地之习惯，养老恤贫防灾互助之美德。

（4）大学及专门教育，必须注重实用科学，充实学科内容，养成专门知识技能，并切实陶融为国家社会服务之健全品格。

（5）师范教育，为实现三民主义的国民教育之本源，必须以

---

① 教育部：《第一次中国教育年鉴》甲编，第8页，上海，开明书店，1934。

最适宜之科学教育，及最严格之身心训练，养成一般国民道德上学术上之最健全之师资，为主要之任务，于可能范围内，使其独立设置，并尽量发展乡村师范教育。

（6）男女教育机会平等。女子教育并须注重陶冶健全之德性，保持母性之特质，并建设良好之家庭生活及社会生活。

（7）各级学校及社会教育，应一体注重发展国民之体育。中等学校及大学专门，须受相当之军事训练。发展体育之目的，固在增进民族之体力，尤须以锻炼强健之精神，以养成规律之习惯为主要任务。

（8）农业推广，须由农业教育机关积极设施。凡农业生产方法之改进，农业技能之增高，农村组织与农民生活之改善，农业科学知识之普及，以及农民生产、消费、合作之促进，须以全力推行，并应与产业界取得联络，俾有实用。①

在1931年5月12日通过、6月1日颁布的《中华民国训政时期约法》中，三民主义被确立为中华民国教育的根本原则，从而以法律的形式将三民主义教育宗旨固定下来。同年9月3日，国民党第三届中央执行委员会第17次常务会议又通过了《三民主义教育实施原则》，按照三民主义教育宗旨和方针，对初等教育、中等教育、高等教育、师范教育、社会教育、蒙藏教育、华侨教育、留学生教育等各级各类教育，从目标到课程、训育、设备等各个方面做出了原则性的规定。② 直到1949年退居台湾，国民党政府一直力图以这样一种教育宗旨来控制和规范教育的发展。

应该说，随着北伐的结束和全国在形式上的统一，以全国人民代言人身份自居的国民党政府，确有责任和义务制定统一的教育宗旨、方针和政策，以规划和推动全国教育的发展。以孙中山的三民主义理论为基础所制

---

① 教育部：《第一次中国教育年鉴》甲编，第16页，上海，开明书店，1934。
② 阮华国：《教育法规》，上海，大东书局，1946。

定的教育宗旨，尽管充满了狭隘的党派意识和偏见，但它也在党化意识形态的形式中，囊括了教育发展的许多重要方面。但问题在于，作为这一教育宗旨根本理论基础的三民主义，已不再是孙中山所倡导，而是经过国民党政府改造了的三民主义。

我们知道，孙中山的三民主义是以英美民主主义、中国传统文化和苏联革命专政思想为主要理论来源，根据中国民主革命的需要加以融会贯通，通过联俄、联共、扶助农工三大政策来加以体现，从而形成了一个符合革命需要、结构完整的理论体系。经过以蒋介石为代表的国民党政府修改后的三民主义，由于彻底抛弃了使三民主义得以恢复活力的三大政策，就破坏了三民主义作为一种动员型意识形态的结构完整性。① 这主要表现在它歪曲性地突出了三民主义的民族主义特征，通过不恰当地渲染国民革命与中国传统文化的卫护之间的关系，来论证国民党政府的合法性。结果在民族主义的旗帜下把传统文化中大量不合时宜乃至封建性的东西加以强化。例如，1938年教育部通令实行的《青年训育大纲》，把"信仰三民主义"和"信仰并服从领袖"并列为信仰目标，把"发挥忠孝仁爱信义和平诸美德""实现领袖提倡礼义廉耻之意义""涵养公诚朴拙之精神"作为德行目标，而德行的训练实施要点则依照"忠勇为爱国之本，孝顺为齐家之本，仁爱为接物之本，信义为立业之本，和平为处世之本，礼节为治事之本，服从为负责之本，勤俭为服身之本"等12条守则体会力行，"遵照军人读训之精神自省自立"。②

这种经过国民党改造的三民主义意识形态，无法有效解释三民主义与传统文化、共产主义及英美民主主义、自由主义的关系，只能沦为国民党为了自己的眼前利益随意解释的工具。在解释中国教育存在的问题时，总是显得苍白无力。例如，1929年国民政府公布教育宗旨时，曾指出当时的教育存在着4种弊害："一、为学校教育与人民之实际生活分离。教育

---

① 许纪霖、陈达凯：《中国现代化史》，第415～425页，上海，上海三联书店，1995。
② 阮华国：《教育法规》，上海，大东书局，1946。

之设计，不为大多数不能升学之青年着想，徒提高其生活之欲望，而无实际能力以应之，结果使受教育之国民，增加个人生活之苦痛，以酿社会之不安。二、为教育之功用，不能养成身心健全之分子，使国家社会之集合体中，发生健全分子之功用，以扶植社会之生存。三、为各级教育偏注于高玄浅薄之理论，未能以实用科学促生产之发展，以裕国民之生计。四、为教育制度与设施缺乏中心主义。只模袭流行之学说，随人流转；不知教育之真义，应为延绵民族之生命。四弊相承，遂使共产党虚伪偏激之教义，得以乘间侵入，贻重大危害于我国家，而几乎摇动国民革命之根本。过去教育病因之总因，既由于违反三民主义之精神，则今后彻底更始之谋，自非明定三民主义教育之方针，并就最急要之点，确立实施之原则不为功。"[1] 应该说，这里所指出的四种弊端在当时的教育中确确实实是存在的。但不从中国社会的经济、政治、文化等大背景中深入分析这些问题的历史成因，而把它简单地归结为教育没有按照三民主义原则去实行，显然是肤浅的。此外，把共产主义思想在中国的传播和发展看作是教育上"四弊"的产物，则不仅是肤浅的问题，也完全不符合历史实际。以这种脆弱的意识形态为指导，当然无法起到有效动员民众建设新教育的作用。国民党退居台湾后，蒋介石在反省三民主义教育方针的实施情况时，曾发出这样的感慨："从民国17年本党统一中国以来，追溯一下，我们党的历次全国代表大会以及中央全体会议，几乎每一次都有关于教育政策的重大决议，只可惜一般主持教育的同志们，不论是教育部部长、厅长或各大中小学校长教职员，都很少能够为革命负责，推行主义，确实地依照本党的教育政策运作，去从事设计和积极推行，竭尽其党员的本分。大家把决议案看成具文，与具体的教育漠不相关，因此，我们国家的教育从来就未能实现本党的教育政策，更没有树立我们三民主义的中心思想，时至今日，受到这样国破家亡的教训……"[2] 人们把教育方针政策看作具文，

---

[1] 教育部：《第一次中国教育年鉴》甲编，第8页，上海，开明书店，1934。
[2] 张其昀：《先总统蒋公全集》第2册，第8页，台北，"中国文化大学"印行，1984。

显然有更深刻的社会原因。道理很简单，不是教育决定社会，而是社会决定教育。

第二节 抗战及战后教育政策

一、"战时要当平时看"的战时教育政策

七七事变爆发后，华北、华东大片国土相继失守。日寇铁蹄所至之处，往往是一片废墟。而各种学术及教育机关，尤为日寇眼中钉，成为其破坏的主要对象之一。由于国民党政府奉行"攘外必先安内"的政策，对于日寇的侵略野心估计不足，缺少必要的应变措施，使学校和其他文化教育机关遭受了惨重的损失。

迟至1937年8月27日，教育部始颁布《总动员时期督导教育工作办法纲领》，在要求人们"保持镇静"的同时，采取了一些临时补救措施。

全面抗战爆发以后，国民党政府迫于全国人民的巨大抗战热情，"攘外必先安内"的政策有所收敛，加入到了抗战救亡的行列中来。1938年4月，国民党临时全国代表大会召开，制定了《中国国民党抗战救国纲领》，其中将战时教育政策的调整概括为4条：①改订教育制度及教材，推行战时教程，注重国民道德修养，提高科学研究与扩充其设备；②训练各种专门技术人员，予以适当的分配，以应抗战需要；③训练青年，俾能服务于战区及农村；④训练妇女，俾能服务于社会事业，以增加抗战力量。

临时全国代表大会还通过了《战时各级教育实施方案纲要》，其中包括九大方针和17个要点，用于指导战时教育。九大方针为：①三育并进；②文武合一；③农村需要与工业需要并重；④教育目的与政治目的一贯；⑤家庭教育与学校教育密切联系；⑥对于吾国固有文化精粹所寄之文史哲艺，以科学方法加以整理发扬，以立民族自信；⑦对于自然科学，依据需要，迎头赶上，以应国防与生产急需；⑧对于社会科学，取人之长，补己

之短，对其原则应加整理，对于制度应谋创造，以求一切适合于国情；⑨对于各级学校教育，力求目标明显，并谋各地平均发展。对于义务教育，依照原定期限，以达普及，对于社会教育与家庭教育，力求有计划地实施。①

1938年7月，国民政府教育部根据上述九大方针，制定了各级教育设施方案及改善教育要点，对各级教育目标及战时教育实施要点进行了新的调整和部署。此外，教育部还拟订了整理及改进教育实施方案，对学制、设置、师资、教材、课程与科系、训育、体育、管理、经费、建筑设备、行政机构、学术研究及审议、留学制度、边疆教育、社会教育、建教关系等作了具体规定。②

抗战初期，全国上下曾掀起了一场战时教育大论战，争论的热点之一就是"战时教育"与"平时教育"的关系问题。在这个问题上，国民党政府奉行的是蒋介石所提出的"平时要当战时看，战时要当平时看"的指导思想。论者每以此举旨在压制人民的抗日热情相讥，这是不够公正的。蒋介石所说的"平时要当战时看，战时要当平时看"，其本意在于强调平时教育要兼顾战时教育的特殊需要，而战时教育也要考虑平时教育的长远发展。他说："我们决不能说（战时的——引者）所有教育都可以遗世独立于国家需要之外，关起门户，不管外边环境，甚至外敌压境了，还可以安常蹈故，一些不紧张起来；但我们也不能说因为在战时所有一切的学制课程和教育法令都可以搁在一边，因为在战时了，我们就把所有现代的青年，无条件地都从课室实验室研究室里赶出来，送到另一种境遇里，无选择无目的地去做应急的工作。我们需要兵员，必要时也许要抽调到教授或大学专科学生。我们需要各种抗战的干部，我们不能不在通常教育系统之外，去筹办各种应急人才的训练。但同时我们也需要各门各类深造的技术

---

① 教育部：《教育法规》，1942年10月。
② 教育部教育年鉴编纂委员会：《第二次中国教育年鉴》，总第10~11页，上海，商务印书馆，1948。

人才，需要有专精研究的学者，而且尤其在抗战期间，更需要着重各种基本的教育。"① 也就是说，教育应兼顾眼前的需要和长远的发展，仅仅考虑到战时的需要而完全打破原有教育的系统，甚至让所有的教师和学生都去当兵打仗，是得不偿失的。

国民党元老、1938年1月就任教育部部长的陈立夫，曾对他接任部长职务后所面临的紧迫问题作过这样的描述："我初任部长时，所面临的有两大问题亟须立时解决。第一问题是战区逐渐扩大，原有的学校员生不能在原地进行教学，纷纷内迁，流亡在途；除紧急救济外，此等学校，究是迁地续办呢，还是即予停办，后方学校，因战事影响，究是继续办理呢，还是予以紧缩归并，这是战时教育亟须解决的量的问题。第二问题是关于教育之质的问题。原本在抗战的前夕，即有人高唱'实施国难教育'，完全改变平时教育的性质，一切课程及训练均以适应军事的需要为前提。我此时要在正常教育与战时教育两者之间作一抉择。这量与质的问题的解决，对于将来教育的设施，所关甚大。"在这一重要的问题上，陈立夫本人的主张是："我当时根据抗战与建国双管齐下的国策，认为建国需要人才，教育不可中断。并且即在战时，亦需要各种专技人才的供应，有赖学校的训练……遂决定学校的数量不仅不应该减缩，并且依据需要，还需相当扩展。此为对于量之问题之解答。关于质的问题，我认为正常教育仍应维持，为建国预储人才，但为适应战时需要，应加特殊训练以备随时征召。"②

正是基于上述精神，国民党政府主张对于现行学制"大体维持现状而酌量变通"。当然，我们也不能完全否认，国民党政府也曾在一定程度上打着"适应战时需要""符合战时环境"的旗号，进一步加强了对于各级

---

① 教育部教育年鉴编纂委员会：《第二次中国教育年鉴》，总第81页，上海，商务印书馆，1948。

② 陈立夫：《战时教育行政回忆》，第10～11页，台北，台湾商务印书馆，1973。

各类学校的思想和组织控制的一面。① 不过，从总体上讲，"战时教育须作平时看"的教育政策，是基于兼顾抗战与建国的双重需要而形成的。在这一思想的指导下，国民党统治区的教育在抗战初期虽遭到了很大的破坏，但很快得到了恢复和发展。至抗战胜利时，各级各类教育特别是高等教育不仅没有萎缩，而且取得了长足的发展。反观第二次世界大战时期欧洲一些国家高等教育的退缩以至停顿，中国高等教育的维持和发展不能不说是一个奇迹。

抗战开始一年多，华北、华东及华南大片国土沦丧。为"防止战区青年之被利用"，国民党政府教育部拟订了《沦陷区教育设施方案》，在苏、浙、皖、豫、冀、鲁、晋、察、绥等9省，平、津、沪、汉4市，先行划分50个教育指导区，并配备专员分赴各战区从事教育工作。1939年正式成立"教育部战区指导委员会"，重新划分教育指导区。战区教育的指导原则是：①利用种种方法，继续维持战区各级教育；②联络战区教育界忠贞人士，并设法组训，使为抗战而努力；③联络忠于国家被逼服务敌伪的中小学教师，以消灭奴化教育的功效，进而提倡民族国家意识；④招致失学失业青年内来受训，分别辅导就学就业，以免敌伪利用。② 随着战区的扩大，战区青年来后方的人数不断增加，为对其进行收容和组训，国民党成立了"战地失学失业青年招致训练委员会"，经过集体训练后，再分发就学、就业或从军。至1945年抗战胜利时止，登记青年达38万人。③

二、抗战胜利后的教育政策

抗日战争胜利后，全国人民渴望和平安定，整个教育事业百废待兴。

---

① 毛礼锐、沈灌群：《中国教育通史》第5卷，第255～260页，济南，山东教育出版社，1988。
② 教育部教育年鉴编纂委员会：《第二次中国教育年鉴》，总第1351页，上海，商务印书馆，1948。
③ 毛礼锐、沈灌群：《中国教育通史》第5卷，第261页，济南，山东教育出版社，1988。

恢复和发展各级各类教育为和平建国服务，成为摆在中国面前的迫切任务。在这方面，国民党政府也曾采取了一些积极的教育政策，并于1946年重新修改制定了《中华民国宪法》，其中规定了发展教育的基本原则和政策。但是，随着内战的全面爆发，教育发展的主题为"反共救国"所取代，中华民族的教育事业又遭受了空前严重的危机和灾难。

（一）教育复员

抗战胜利后前两年的主要工作，是做好收复光复区的教育和战时大量集中于后方的文化教育机关及人员的复员工作。

早在日本投降前夕，教育部就曾拟订教育复员计划12条，对内迁各级文化教育机关的复员，光复区、收复区专科以上学校及其他教育文化事业如何接收改组，教职员、学生如何甄别审查等问题，作了比较详细的规定。日寇投降的第二天，教育部一面通过广播令收复区教育界"暂维现状，听候接收"，一面电颁《战区各省市教育复员紧急办理事项》14条，其主要内容包括：限期恢复各级教育行政机关；立即将战时临时使用的教育工作人员改派复员；立即派员接收敌伪各级文化教育机关，尽先接收敌伪档案；迅速清理各项教育资产；立即组织甄审委员会，甄审教育行政人员、学校教职员及社教人员；在半年内恢复战前各级学校及社教机关；各级学校教科书应采用战前审定本，销毁敌伪教科书及一切宣传品。与此同时，又在收复区分设教育复员指导委员会，按照《教育复员及接收敌伪教育文化机关等紧急处理办法要项》，协助各区当局办理善后工作，其任务包括：接收国立性质的教育文化机关，保管其财产器物，对有关教职员、学生进行登记甄审等。

为进一步做好复员与接收工作，教育部于1945年9月20日至22日召开全国教育善后复员会议，由各有关部会、专科以上学校、国立中等学校，各省市教育厅局、学术教育机关所推代表及部聘专家40人参加。会议的主要议题有：①如何利用各级学校复员的机会，使各级学校在地域分布上更加合理，使全国教育平衡发展；②如何肃清收复区敌伪奴化教育流毒，逐渐恢复正常教育；③如何使来自沿江沿海一带后方各校中的教职员仍能安心工作；④如何救济鼓励参加抗战工作及受战事影响而失学的青年，使其获得复学机会。讨论结果共分如下5类：

第一，关于内迁教育机关复员。其主要内容有：专科以上学校及研究机关应根据各地人口、经济、交通、文化等条件，一面注重全国教育文化重心之建立；一面顾及地理上之平衡发展，酌予调整，使分布合理。国立中等学校一般应交由省市办理，其有特殊原因者与国立职业学校及师范学校一道，仍暂为国立。奖励后方8省内迁专科以上学校仍留在后方继续任教之教员。

第二，关于收复区教育复员与整理。收复区敌伪所设立的专科以上学校，由教育部统一处理。收复区之教职员应严格甄审，区别对待，其甘心附逆者，依法严惩；其余审理合格者，发给证书准予继续服务。调整各收复区之教育行政机关及经费。教育部专门成立"东北区教育复员辅导委员会"，按规定办理该区复员事宜。对收复区各级学校学生及民众实施公民训练。

第三，关于台湾区教育复员与整理。因台湾沦陷达50年之久，为肃清其奴化教育之影响，按照中华民国现行制度，从教育行政、学制、教材、教育经费等各个方面，对台湾教育进行全面整顿。

第四，关于华侨教育之复员。

第五，关于其他教育之复员。其中包括中等以上学校战时服役学生的复学与转学，提高小学教员待遇，改进社会教育工作，举办中小学师资训练班，奖励边地各级教员继续服务，收容战后失学青年，训练各种专业人才等。[①]

由于政策明确，措施具体，组织比较得当，再加上全国人民为抗战胜

---

① 教育部教育年鉴编纂委员会：《第二次中国教育年鉴》第1编第3章，《复员时期之教育》，上海，商务印书馆，1948。

利所鼓舞积极予以配合，使教育的接收和复员工作进行得十分顺利。至1947年4月，该项工作宣告完成。

（二）《中华民国宪法》中的教育条款

以法律特别是宪法的形式，对教育的基本方针和原则做出规定，是现代民主国家发展教育的重要保证之一。早在"九一八"事变后，处在以国民党一党专政的"训政"牢笼下的中国人民，就提出了结束"训政"改行"宪政"的民主要求，并要求国民党迅速组织召开国民大会，制定宪法。但部分是由于战争的原因，更重要的是国民党对宪政缺乏诚意，制宪大会被一拖再拖。1946年6月，国民党发动全面内战，同年11月，又召开了没有民盟和共产党参加的非法国民大会，炮制出了《中华民国宪法》，于1947年元旦公布。自12月25日起施行。

《中华民国宪法》共14章175条，涉及文化教育者共2章12条，其具体内容如下：

第二章　人民之权利义务

第12条　人民有言论、讲学、著作及出版之自由。

第13条　人民有受国民教育之权利与义务。

第十三章　基本国策

第158条　教育文化应发展国民之民族精神、自治精神、国民道德、健全体格、科学及生活智能。

第159条　国民受教育之机会一律平等。

第160条　6岁至12岁之学龄儿童，一律受基本教育，免纳学费。其贫苦者，由政府供给书籍。

第161条　各级政府应广设奖学金名额，以扶助学行俱优、无力升学之学生。

第162条　全国公私立之教育文化机关，依法律受国家之监督。

第163条　国家应注重各地区教育之均衡发展，并推行社会教育，以提高一般国民之文化水准。边远及贫瘠地区之文化教育经费，由国库补助之，其重要之教育文化事业，得由中央办理或补助之。

第164条　教育科学文化之经费，在中央不得少于其预算总额之15％，在市县不得少于其预算总额之25％。其依法设置之教育文化基金及产业，应予以保障。

第165条　国家应保障教育科学艺术工作者之生活，并依国民经济之进展，随时提高其待遇。

第166条　国家应奖励科学之发明与创造，并保护有关历史文化艺术之古迹古物。

第167条　国家对于①左列事业或个人，予以奖励或补助：一、国内私立经营之教育成绩优良者；二、侨居国外国民之教育事业成绩优良者；三、于学术或技术有发明者；四、从事教育久于其职而成绩优良者。

从形式上来看，《中华民国宪法》关于教育的条款，体现了现代国家发展教育的一些基本要求。首先，它确认了教育机会均等的原则，即所有学龄儿童必须接受基本教育且免纳学费，其贫苦者由政府供给书籍；未受基本教育的国民，一律接受补习教育，免纳学费，由政府供给书籍；国家补助边远及贫困地区教育经费，以保障其有平等地接受基本教育的机会。其次，它确定了国家对于教育事业的监督管理权，并允许私人或团体依法办理各种教育。再次，统筹教育经费，确定了国家、省、县三级政府按比例分担教育经费的原则。最后，确认了国家对于教育、科学、文化工作者的生活保障及工作奖励制度。

不过，也应该看到，这个宪法在有关文化教育的一些重要条款上存在着明显的问题。我们知道，宪法作为现代国家的根本大法，其基本要义之

---

① 原书为从右到左排版，在本书中指如下几列。

一，就是保障人民的自由民主权利。在此前的政协会议期间，共产党和民盟代表坚持宪法应以保障人民的自由民主权利，而不应以限制自由为目的。但《中华民国宪法》在罗列了人民的自由和权利之后，又以总括的一条规定道："以上各条列举之自由和权利，为防止妨碍他人自由，避免紧急危难，维持社会秩序或公共利益所必要时，得以法律限制之。"这实际上是以"法律"取代"宪法"，以"维护社会秩序"为借口，取消了对于自由和权利的承诺。[1] 这种情况同样也表现在有关文化教育的条款中。此前的政协决议中曾提出的文化教育应发展国民的"民主精神"，在《中华民国宪法》第158条中则被改成了"自治精神"；政协提出的"保障学术与思想"的自由，则被完全取消，代之以所谓的"全国公私立之文化教育机关，依法律受国家之监督"。而"法律"和"国家"则完全操纵在国民党手里，蒋介石和国民党事实上是凌驾于宪法之上的。[2] 因此，这个宪法的实质价值是：对外迎合美国的需要，争取其对国民党发动全面内战的支持；对内欺骗各民主党派和全国人民，掩盖国民党一党专政的真实面目。更何况，忙于内战的国民党政府，既无意也无暇将其付诸实施。"和平建国"事实上已被"反共戡乱"所取代。

---

[1] 徐茅：《中华民国政治制度史》，第342页，上海，上海人民出版社，1992。
[2] 李华兴：《民国教育史》，第475页，上海，上海教育出版社，1997。

第三章　三民主义教育制度（中）

第一节　"新学制"的修订

在学制方面，国民党政府基本上沿用了1922年的新学制，但也根据新的需要，作了一些变通。1928年5月，大学院举行第1次全国教育会议，通过了《整理中华民国学校系统案》，即"戊辰学制"。该案分原则、学校系统表及说明三部分。它以1922年的学制为基础，提出了"依据本国国情""适应民生需要""增进教育效率""谋个性之发展""使教育易于普及""留地方伸缩可能"等6条原则。其与"新学制"相比，主要的变化是：在师范教育方面，改6年制师范为6年或3年，取消师范专修科及师范讲习所等名目，添设乡村师范学校；在职业教育方面，除在高级中学设职业科外，可单独设立高级职业学校及初级职业学校，与初级中学和高级中学相对应，并在小学中增设职业科；大学采用多院制，取消单科大学。但除了同年8月公布的《学校系统表》外，该学制并未正式公布。其学校系统如后图。

此后，又对学制作了局部的修改与变动，特别是1932年后随着各种教育法令如《小学法》《中学法》《师范学校法》《职业学校法》《大学法》《专科学校法》等的颁布，出现了一些重要的变化。主要变化如下所示。

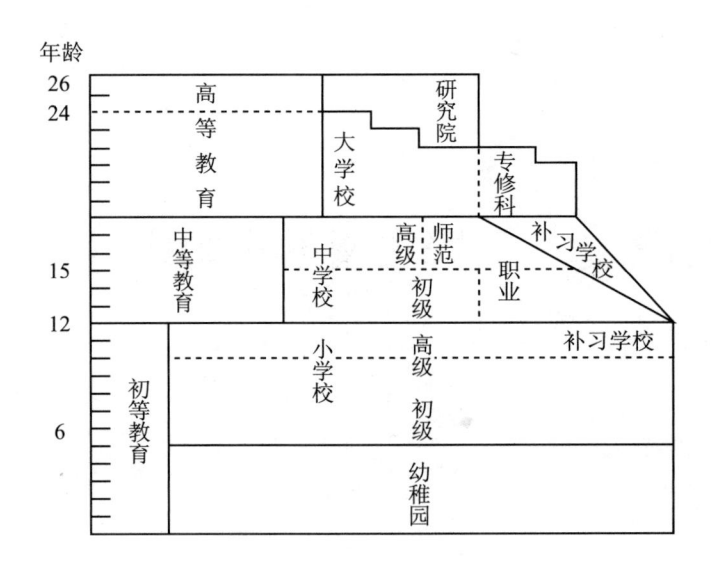

"戊辰学制"学校系统图

第一，在学前教育方面，对入幼稚园者的年龄要求逐步放宽到3周岁以下。如1939年公布的《幼稚园规程》规定：幼稚园收受4～6周岁幼儿，必要时经主管教育行政部门批准可提前到3周岁；1933年公布的《幼稚园设置办法》又规定：3周岁以下婴儿经批准亦可入园。

第二，在初等教育方面，根据《小学法》（1932年）和《小学规程》（1933年），小学的修业年限为6年，前4年为初级小学，后2年为高级小学；小学的入学年龄为6周岁，有特殊情况者可延缓至9周岁。此外，各地可依具体情况设置"简易小学"和"短期小学"。实施新县制后，小学改称乡镇"中心国民学校"和保"国民学校"，将儿童教育和失学民众补习教育合并进行。

第三，在中等教育方面，根据1932年公布的《中学法》《师范学校法》《职业学校法》及1933年公布的上述3类学校规程，废除综合中学，中学、职业学校、师范学校3者分别设立。

第四，在高等教育方面，1929年7、8月间先后公布了《大学组织法》《专科学校组织法》《大学规程》和《专科学校规程》，对大学及专科学校的修业年限及招生对象作了明确的规定。1948年1月，国民政府公布《大学法》及《专科学校法》，规定大学修业年限，医学院为5年，其余皆为4年，医学生及师范生还须另加实习1年；专科学校修业年限为2年，医科3年，但医科生及师范生另加实习1年。1938年7月公布的《师范学院规程》，对高等师范教育制度进行了重大的改造。《大学研究院暂行组织规程》（1934年5月公布）、《大学研究所暂行组织规程》（1946年12月公布）及《学位授予法》（1935年施行），则对高等学校的研究组织及学位，做出了明确的规定。

1947年的学校系统如下图：

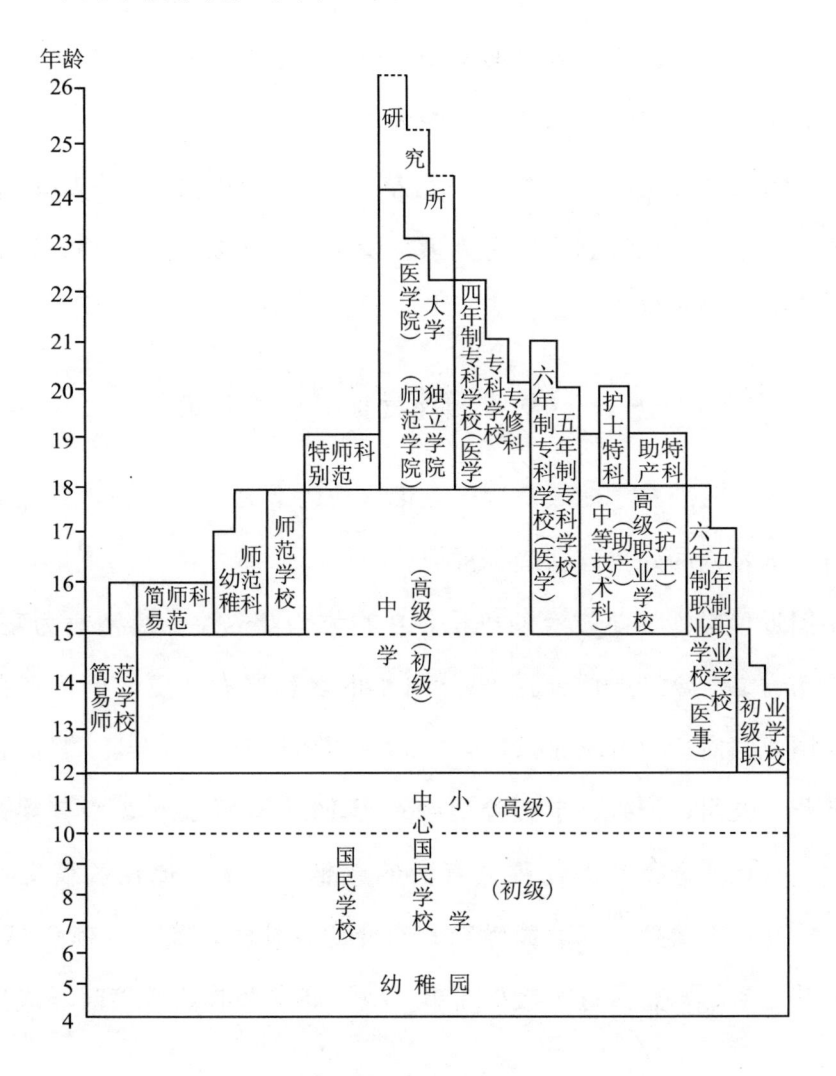

1947年学校教育系统图

总起来看，国民党政府对1922年新学制的修订，基本上保持了"六三三"制的主体部分，但学校类型更加多样化，修业年限根据各种情况作了更加灵活的处理，使整个学制系统更加完善，更符合中国的实际。

第二节　初等教育制度

初等教育是整个国民教育的基础。国民政府时期的初等教育包括学前教育、小学教育和失学民众补习教育几个方面。其发展过程，大致分为两个阶段。实行国民教育制度以前为第一阶段，此阶段的主要特点是在三民主义教育宗旨指导下，重新确定小学的培养目标，通过对于小学学制的调整逐步推行义务教育，并通过一系列教育法规的制定使小学教育标准化、规范化。实行国民教育制度以后为第二阶段，其主要特点是将儿童教育与失学民众教育同步推进。

一、学前教育——《幼稚园课程标准》的制定

国民政府时期在学前教育制度方面取得的最大成绩之一，是建立了一个具有中国特色的幼稚园课程标准。

中国近代实施学前教育的机构，在清末为蒙养院，民初改为蒙养园，1922年新学制又改为幼稚园。虽然机构的名称屡有变更，但都存在着严重的外国化倾向。教育家张宗麟（1899—1976）于1925年10月间曾到南京、苏州、杭州、绍兴、宁波等地调查了16所幼稚园和2所育婴堂，于次年6月写成《调查江浙幼稚教育后的感想》一文。他在这篇文章中指出："吾国新式教育——学校教育——皆仿自外国，此尽人所公认者也。幼稚教育之来华，尤为近十数年间事，故一切设备教法抄袭西洋成法，亦

势所难免。"① 这种外国化的倾向表现在幼稚教育的方方面面，在幼稚园里，"耳之所闻，目之所见，多为外国玩具……其中外国气最甚者虽一纸一笔亦非外国式样、外国材料者不用"②。儿童所唱的歌曲，多为外国译歌，如英文歌或《圣经》上的赞美诗等，却连自己的国歌都不教授，"在如此重要之音乐课程中，如此缺乏国家精神，专务外国化者，其危险岂可胜道哉"?③ 不仅如此，在节假日及庆祝活动中，热衷于纪念耶稣的圣诞节，对中国的国庆却相当冷淡。幼稚园的教材、教法更是取法于外国："所有的幼稚教师，非宗法福禄培尔（Froebel）必传述蒙台梭利（Montessori）。两派虽时有入主出奴之争，然而其不切中华民族性，不合中国国情，而不能使中国儿童适应则一也。"④ 为了建立符合中国实际的幼儿教育体系，以陈鹤琴、张宗麟等为代表的一批教育家，以东南大学教育科实验幼稚园为实验中心，进行了长期的实验研究。1932年教育部公布的《幼稚园课程标准》就是在此基础上形成的。

《幼稚园课程标准》共分"幼稚教育总目标""课程范围"和"教育方法要点"3方面内容。幼稚教育的总目标是："①增进幼稚儿童身心健康。②力谋幼稚儿童应有的快乐和幸福。③培养人生基本的优良习惯（包括身体、行为等方面的习惯）。④协助家庭教养儿童，并谋家庭教育的改进。"将身心健康、幸福快乐和培养优良的日常行为习惯作为幼儿教育的基本培养目标，适应了幼儿身心发展的特点；同时，该目标还把协助与改造家庭教育列入幼稚园教育的基本任务，体现了用现代教育精神改进家庭教育的愿望。

课程标准将幼稚园的教育活动规定为音乐、故事和儿歌、游戏、社会

---

① 张沪：《张宗麟幼儿教育论集》，第425页，长沙，湖南教育出版社，1985。
② 同上书，第426页。
③ 同上书，第427页。
④ 同上书，第425页。

和自然、工作、静息、餐点等项内容，体现了寓教育于娱乐和活动之中的精神。每一门课程，还比较具体地规定了教学目标、内容大要和最低限度要求。如对"社会和自然"课的规定是：

1. 目标

（1）引导对于自然环境和人民活动的观察和欣赏。

（2）增进利用自然、满足生活、组织团体等的最初步的经验。

（3）引导对于"人和社会自然的关系"的认识。

（4）养成爱护自然物和卫生、乐群等的好习惯。

2. 内容大要

（1）关于衣、食、住、行等生活需要、卫生方法，以及家庭、邻里、商铺、邮局、救火组织、公园、交通机关等社会组织的观察研究，与本地名胜古迹的游览。

（2）日常礼仪的演习。

（3）纪念日和节日（如元旦、国庆、总理忌辰诞辰、五九、五卅、儿童节，以及其他节令）的研究举行。

（4）身体各部的认识和简易卫生规律（如不吃担上的糖果，不吃杂食，食前必洗手，食后必洗脸，不随地便溺，不随地吐痰，不吃手，不用手挖耳揉眼，早睡早起，爱清洁等）的实践。

（5）健康和清洁的查察。

（6）党旗、国旗、总理遗像……的认识。

（7）习见的鸟、兽、虫、鱼、花草、树木和日、月、雨、雪、阴、晴、风、云等自然现象的认识和研究。

（8）月份、星期、日子和阴、晴、雨、雪等逐日天象的填记。

（9）附近或本园内动植物的观察、采集，并饲养或培植。

（10）集会的演习（以培养公正、仁爱、和平的态度精神为主）。

3. 最低限度

（1）认识自己日常生活所用的主要衣、食、住、行各项物品。

（2）略知家庭、邻里、商铺、工场、农田以及地方公共机关的作用。

（3）知道四肢、五官的机能作用。

（4）认识家禽、家畜及5种以上植物，并太阳、风、雨的作用。

（5）认识总理遗像和党旗、国旗。

（6）对于师长、家长有相当的礼貌。

（7）有爱好清洁的习惯。①

在"教育方法"方面，该规程共开列了17项要点，其主要精神是：①各种教育活动——音乐、游戏、故事和儿歌、社会和自然、工作等，不是各自独立的教学课目，而是相互联系的活动，应在一定的时间内（一日或两三日内）围绕着特定的教育材料——这些材料均取自幼儿的日常生活和实际活动，如节假日、自然现象或事物、周围环境中所发生的事情等——来系统地、连贯地进行。这体现了形成儿童完整的直接经验的精神。②各种活动和作业，除了每日一次的团体作业外，应由儿童各从所好、自由活动。教师是儿童活动中的把舵者和最后裁判者，但儿童的问题应由儿童自己解决，到儿童的确不能解决时，教师才可从旁启发引导。园中的事务，凡儿童能做的，如扫地、揩桌子、拔草、分工管理园具等，应

---

① 顾明远：《中国教育大系·历代教育制度考》（下），第2216~2217页，武汉：湖北教育出版社，1994。

充分地由儿童去做。在教育过程中，教师应利用奖励的办法，鼓励儿童对于某种作业的兴趣。这体现了尊重儿童的自主活动和独立性的精神。③幼稚园的设备除利用户外的自然和社会外，应依据下述标准进行装备：要合乎我国的民族性，要合乎当地社会情形，要适应儿童的需要，要不背教育意义，要利用废物、天然物和日用品。④教师对于儿童的身体、性情、好尚，以及家庭、环境……都应注意，应该常常到儿童家庭去，或请家长到园中来，尽力联络感情，宣传幼稚教育和家庭教育的方法。①

二、义务教育制度

义务教育是按照法律的规定，对学龄儿童所施行的一定年限的强迫教育。在中国，正式提出试办义务教育是在1911年。政府在法令中明确规定义务教育，始于壬子·癸丑学制，它规定：初等小学4年为义务教育。1915年，北洋军阀教育部颁布《义务教育施行程序》；1920年，规定全国分期办理义务教育，从1921年开始至1928年完成。但因军阀割据、政局动荡，实行义务教育只能是一纸空文。国民党定都南京后，不能不旧事重提，重新做起。

1928年5月，第1次全国教育会议决定厉行义务教育。其具体办法是：在中央、各省区、各市县都建立义务教育委员会，协助教育行政机关计划和组织义务教育；各省应筹款补助义务教育，各地方应指定专门款项用于义务教育；在1928年以前，各地制定出推行义务教育计划，然后每两年使失学儿童减少20%。但此后两年，有关规定并未认真实施，义务教育也未见有何进展。根据1930年的统计，当时全国学龄儿童的入学率仅有21.8%。1930年召开的第2次全国教育会议通过了由国民党中央执行委员会提出的《厉行国民义务教育与成人补习教育》的提案，规定义务

---

① 顾明远：《中国教育大系·历代教育制度考》（下），第2219~2220页，武汉：湖北教育出版社，1994。

教育使全体学龄儿童接受初级小学 4 年教育，对不能连续 4 年在学的儿童，可酌量缩短在学时间，并可用补习学校和自修制度补足其应受义务教育年限；将普及小学 4 年的义务教育延长到 20 年，前 5 年重点用于培养师资，后 15 年着力普及。但因经费无着，此项计划也未能实施。

1932 年，国民政府公布《小学法》，次年又公布《小学规程》。其中，为了便于推行义务教育，将小学学制作了比较灵活的调整，分小学为 3 类：①完全小学。分初、高两级，6 岁入学，修业年限为 6 年；前 4 年为初级小学，可单独设立。②简易小学。为推行义务教育的变通办法，用来招收不能入初级小学的儿童。简易小学分全日制、半日制和分班补习制 3 种，前两种 4 年毕业，后一种需要修满 2800 小时。③短期小学。亦为办理义务教育的变通办法，招收 10～16 周岁的年长失学儿童，用分班制进行教学，每日受业 2 小时，时间为 1 年。1935 年 5 月，教育部又根据国民党中央执行委员会的决议，制定了具体的分期普及义务教育的办法及细则，通令全国执行。规定义务教育分 3 个阶段进行：第一阶段（1935 年 8 月至 1940 年 7 月），各省市厅广设一年制短期小学，招收 9～12 周岁的失学儿童，受教育 1 年，在本阶段结束时，至少应使 80％以上的学龄儿童接受相应的教育；第二阶段（1940 年 8 月至 1944 年 7 月），将一年制短期小学逐步改造为二年制短期小学，招收 8～12 周岁的失学儿童，本阶段结束时，接受相应教育的学龄儿童亦不少于 80％；第三阶段（从 1944 年 8 月开始），将二年制短期小学逐步改造为四年制初级小学，以便今后使全国学龄儿童接受至少 4 年的初等教育。教育部根据这些规定，还制定了义务教育施行细则。①

与实行义务教育相配套，国民政府还通过有关法令制定了一系列实施办法。首先是市县划分小学区。根据《市县区划分小学区办法》（教育部

---

① 教育部教育年鉴编纂委员会：《第二次中国教育年鉴》，总第 180 页，上海，商务印书馆，1948。

于1935年11月公布，1936年5月加以修正），每一小学区以约有人口1000人为原则（可酌量变通），每5～10个小学区合为一联合小学区。每个联合小学区设学董1人，每一小学区设助理学董1人，负责办理宣传义务教育，拟具区内实施义务教育计划，劝导区民集款兴学，调查学龄儿童，筹设学校，改良私塾等事项。地积较广、人口较多的市县，每3个以上联合小学区或每一自治区内，得设教育委员1人，秉承主管教育行政长官指导区内一切教育事宜。

其次是实施二部制和巡回教学。为了在最短的时间内充分利用学校空间教育大量失学儿童，教育部于1937年6月公布了《实施二部制办法》，规定在人口较为密集的区域，所有小学若不能容纳就学儿童时，以采用二部制为原则。其编制分如下几种：①全日二教室二部制，即由同一教员在两教室间往复施教；②全日一教室同时二部制，即以一教室同时容纳两班儿童，间时交替入教室，由一教员施教；③半日二部制，即以一教室容纳两班儿童，分上下午由同一教员施教；④全日半日混合部制，以二教室容纳两班或三班儿童，一班全日在校，余两班上下午交互在校；⑤间日二部制，以一教室容纳两班儿童，间日轮流施教。为了在人口稀少、村落分散的区域内推行义务教育，教育部于1937年6月公布了《实施巡回教学办法》，规定各地方有下列情形之一者，得在2个以上地点设置巡回教学班：区域辽阔、村落星散，交通不便，儿童不易集中者；地方贫瘠，人口稀疏，无力设置学校者；附近学校学额已满而无力扩充，失学儿童未能尽量容纳者；儿童因交通及生活或职业关系，不能全日或半日在校者。巡回教学分长期集合与临时集合两种。巡回教学班的课程，以依照短期小学班课程办理为原则；其设备不拘形式，或由儿童家庭自备，或借用公共原有物件。

最后是对私塾进行改良。在经济及教员困乏的情况下，为了利用私人或私人联合设立的私塾普及教育，教育部于1937年6月订颁《改良私塾办法》，规定各地现有或新设立的私塾，应于每学期开学前填具设塾许可证，由当地主管教育行政机关核准设立。设塾必备的条件是：①不违背中华民国教育宗旨及其实施方针；②塾师文理清通、常识丰富；③塾舍宽敞，光线空气充足，并有空场足资学生运动；④能遵用教育部审定的教科书；收容学龄儿童及失学儿童，不妨碍当地小学学额的充实。其改良的具体办法是：主管机关在寒暑假或相当时期，举办塾师训练班或讲习班训练塾师，并随时向私塾介绍进修读物，令塾师参加当地小学研究会，指派塾师在附近小学作艺友，参观优良小学，并由主管人员、教育委员、中心小学及优良小学教职员等组织辅导网，随时予以辅导。核准设立的私塾，经主管机关考核成绩优良者，除核准改称"改良私塾"外，还可酌改短期小学、简易小学或代用小学，并酌予补助经费。

三、国民教育制度

抗日战争时期，国民政府在推行新县制的同时，将义务教育与民众教育合流，推行国民教育制度。

1939年9月，国民政府颁布《县各级组织纲要》，正式实施"管教卫合一""政教合一"和"三位一体"的新县制。其主要措施是将乡镇一级的乡镇长、中心小学校长、壮丁队长定为一人担任，将保一级的保长、国民学校校长、壮丁队长定为一人担任；同时，由小学教师分掌乡镇保的经济、文化、卫生、警卫等项建设事业，以小学为中心实行"自治"。次年4月，教育部根据《县各级政府纲要》制定了《国民教育实施纲领》，开始推行国民教育制度，其主要内容如下。

（1）县政府设教育科，主管全县的国民教育。在乡镇设立中心学校，以保为单位设立国民学校（但在人口稠密的地方，如一村一街为自然单位不可分离的情况下，可就2保或3保联合设立国民学校1所）。乡镇中心学校兼负辅导各保国民学校的职责。二者均应举办各种教育事业。

（2）国民教育分为义务教育和民众补习教育两个部分，在乡镇中心学校和保国民学校同时实施，二者均设立"小学部"和"民教部"两部分。国民小学的小学部以办理四年制小学为原则，亦可办理一年制或二年制的班级，招收6～12周岁的儿童，实施义务教育。民教部以办理初级成人班和初级妇女班为原则，招收15～40周岁的失学民众，进行补习教育。中心学校小学部以办理六年制小学为原则，民教部以办理高级成人班及高级妇女班为原则。对于12～15周岁的失学儿童，应根据当地情况及儿童身心发育状况，施以相当的义务教育或民众补习教育。

（3）用5年的时间普及国民教育，分3个阶段进行。第一阶段从1940年8月至1942年7月，此间各乡镇均应设立中心学校1所。至少每3保设立国民学校1所。本阶段终了时，须使入学儿童达到学龄儿童总数的65％，入学民众达到失学民众总数的36％以上。从1942年8月至1944年7月为第二阶段，其间保国民学校应逐渐增加，或就原有国民学校增加班级。本期终了时，须使入学儿童达到学龄儿童总数的80％，入学民众达到失学民众总数的50％以上。从1944年8月至1945年7月为第三阶段，此间应在增加国民学校或增加原国民学校班级的同时，使入学儿童达到学龄儿童总数的90％以上，入学民众达失学民众总数的60％以上。①

《国民教育实施纲领》颁布后，教育部指定四川、云南、贵州、广西、广东、湖南、福建、浙江、江西、陕西、甘肃、河南、湖北、重庆等14省市普遍实施；1941年，又指定安徽、青海、西康、新疆等5省市于1942年起实施。1944年3月，国民政府公布《国民学校法》，其中新的规定主要有："中心学校"改称"中心国民学校"；允许私人或团体设立小学；国民学校的儿童教育部和成人补习教育部均设初、高两级，并对修业年限作了具体的规定。同年12月，教育部根据国民党中央关于限期扫除

---

① 教育部教育年鉴编纂委员会：《第二次中国教育年鉴》，总第180、192页，上海，商务印书馆，1948。

全国文盲的建议，又制定了《普及失学民众识字教育计划》，规定除重庆各区同时实行外，全国其他省区根据各自情况分为5类地区，分期实施，3年内完成。抗战胜利后，国民政府教育部制定了全国实施国民教育第二次五年计划，于1946年1月颁布实施。

抗战时期开始实行国民教育制度，其主要目的"在于配合《县各级组织纲要》，促进地方自治，以奠定革命建设之基础。故必须政治与教育合为一体，发挥政教人员互助合作之精神，以教育方法促进地方自治，并运用政治力量，以发展地方教育"①，即用国民党的基层行政组织直接控制教育，用教育来加强地方政权，特别是强化保甲制度。因此，让乡镇长兼任中心小学校长，保长兼任国民学校校长，就顺理成章地成了国民党政府实行政教合一的重要选择之一。虽然《县各级组织纲要》规定"乡镇中心国民学校校长，保国民学校校长，以专任为原则"，但同时又规定"在经济教育不发达之区域，乡镇长、保长、乡镇中心学校校长、壮丁队长，暂以一人兼任之"，从而事实上为基层行政掌权者兼任小学校长、控制学校教育提供了便利。这固然有利于强化对于民众和学校的行政控制，但对于小学教育的破坏作用却是巨大的。由于乡镇长、保长之流，不仅不懂教育，且大都知识浅薄，他们往往利用自己的地位把持学校，选拔不合格的亲戚故吏为教员，并让乡镇公所的职员挂名兼任教员，结果使学校的一切设施无法改进，导致原有的校长、教员纷纷职辞，使原已导入正轨的县级教育陷入混乱。它既使中心小学和国民学校在行政上的隶属关系发生混乱，也使原来法定的小学校长专任制度遭到破坏。这遭到了教育界的强烈反对。有鉴于此，1942年春，国民党九中全会不得不做出决议："中心国民学校校长以专任为原则。"由行政院转国防最高委员会核准，通令各省政府遵照执行。后来，除教育、经济不发达地区外，大多数中心国民学校

---

① 教育部教育年鉴编纂委员会：《第二次中国教育年鉴》，总第180、192页，上海，商务印书馆，1948。

校长都改为专任。

四、小学课程

在三民主义教育宗旨的指导下，为了进一步加强对于教育的统一领导与控制，从1928年起，国民政府便致力于中小学课程的统一化与标准化。至1949年的20年间，课程设置、教学目标及标准根据有关法规屡有变化。体现这些变化的法规、法令如下表所示。

法规名称	《小学课程暂行标准》	《小学课程标准》	《修正小学课程标准》	《小学课程修订标准》	《小学课程第二次修订标准》
公布时间	1929年8月	1932年10月	1936年7月	1942年1月	1948年1月

以下，我们将从课程设置、教学目标两方面，对小学课程的变化情况作一简要分析。

（一）课程设置

1928年全国教育会议后，教育部就组织成立了中小学课程标准起草委员会，由小学各科教学方面的专家经过1年多的研究与讨论，制定了《小学课程暂行标准》，于次年8月公布。该标准规定，初、高级小学均开设党义、国语、社会、自然、算术、工作、美术、体育、音乐等9科。与先前的设科相比，其主要变化是将课程简化，能合并的尽量合并，如初小的"社会""自然"2科合并为"常识"，高小的"社会"包括公民、卫生、历史、地理4项内容。当时所以称其为"暂行标准"，目的是要通过一定时间的试行与讨论，再修订成为正式的标准。同时教育部还通令各省组织实验，以1年为期将实验结果上报教育部，但应者无几，只得将实验又推迟了1年。

1932年10月，教育部根据各方面情况，制定并颁布了正式的《小学课程标准总纲》。它规定小学设公民训练、卫生、体育、国语、社会、自然、算术、劳作、美术、音乐10科。其变更情况是，取消党义科，将党义教材融化于国语、社会、自然等科中，另加公民训练作为实施训育的标准；同时划出社会、自然两科中的卫生教材，增设卫生科；工作改为劳作，并将教材分为家事、校事、农事、工艺4项。1932年的《小学课程标准总纲》经过了较长时间的酝酿和讨论，相对于以前的课程标准来说，比较全面、具体、可行。但在实施过程中，也暴露出一些问题。从当时人们的反映来看，主要问题有：教学内容与儿童的生活经验和心理发展水平不相适应，整个课程缺乏灵活性，教学课目太多，教学时间太长，致使有些地方的学校难以实施。此外，一些教育团体如职业教育社、儿童教育社、生活教育社在有关教育理论指导下所开展的研究活动，以及在20世纪30年代达到高潮的乡村教育运动，在初等教育的课程方面都进行过有益的探索，并积累了一定的经验，对有关经验进行总结吸收也势在必行。在这种情况下，国民政府教育部组织有关专家就《小学课程标准总纲》进行了讨论，《教育杂志》第26卷第1号还开辟专栏请专家发表意见。在此基础上，形成了1936年7月颁布的《修正小学课程标准》。其主要变化是取消卫生科，将卫生习惯部分归并到公民训练中，将卫生知识部分初小归并到常识科中，高小归并到自然科中。此外，初小的社会、自然合并为常识科，一、二年级的劳作、美术合并为工作科，体育、音乐合并为唱游科。

1942年《小学课程修订标准》适应实行国民教育制度对团体生活的强调，将公民训练改为团体训练，作为实施训育及训练卫生习惯的课目，美术又改为图画。同时，一、二年级音乐与体育、图画与劳作仍实行分科教学。初小常识包括社会、自然，高小社会包括公民（知识部分）、历史、地理3科，以分科教学为原则。历史、地理由原来的混合教学改为分科教学，是为了提高历史、地理在小学教育中的地位。

1948年，本着重视简化课程、提倡联络教材、提高小学程度以及切合生活需要的原则，《小学课程第二次修订标准》恢复了初小一、二年级音乐与体育（合称唱游）、美术与劳作（合称工作）混合教学的做法；算术科一、二年级随机教学，不特定时间，自三年级起始规定教学时间；常识科仍包括社会、自然。高小的社会包括公民知识部分及历史、地理两科，以混合教学为原则。此外，团体训练中的训育、卫生两项又合并为一，改称公民训练。

从以上的变化不难看出，国民政府时期小学课程设置的变化，除了部分课程名称的变更之外，主要体现在音乐与体育、美术（图画）与劳作、社会与自然等课目的分分合合上，体现在是分科教学还是混合教学上。其实质是，在小学教育阶段，究竟是按照儿童生活经验的完整性还是按照学科知识的系统性进行教学，更能适应儿童的心理特点，提高教学的质量与效率。事实是，1948年最后形成的课程标准采用了混合教学的原则。

(二) 教学目标

重视教育、教学目标的厘定，是国民政府时期制定小学课程标准的一个重要特点。当时所制定的教学目标分为两个层次：小学教育总目标和各门课程的具体目标。

关于教育的总目标，1932年的《小学课程标准总纲》作了如下规定："小学应根据三民主义，遵照中华民国教育宗旨及其实施方针，发展儿童身心，培养国民道德基础及生活所必需的基本知识和技能，以养成知礼知义爱国爱群的国民。"这一目标包含了如下几个方面：①培育儿童健康的体格，陶冶儿童良好的品性。②发展儿童审美的兴趣。③增进儿童生活的知能。④训练儿童劳动的习惯。⑤启发儿童科学的思想。⑥培养儿童互助团结的精神。⑦养成儿童爱国爱群的观念。这个总目标基本上照顾到了学生德、智、体、美的全面发展，但更注重对于学生的思想品德教育。此后，教育总目标经过了3次比较大的修正。

1936年的《修正小学课程标准》增加了"总纲"一项，规定小学教育的总目标为各科教学目标的依据，其内容是：

小学应遵照《小学规程》第二条之规定，以发展儿童身心，并培养儿童民族意识、国民道德基础以及生活所必需的基本知识技能为主旨,兹具体列举如下。

(1) 关于发展儿童身心

①培育健康的体格与健全的精神

(2) 关于培养民族意识

①养成爱护国家,复兴民族的意志与信念

②培养爱护人群,利益大众的情绪

(3) 关于培养国民道德基础

①培育公德及私德

②启发民权思想

③发展审美及善用休闲的兴趣和能力

(4) 关于培养生活所必需的基本知识技能

①增进运用书数及科学的基本知能

②训练劳动生产及有关职业的基本知能

1942年对小学教育总目标的修订,是以《小学法》为基础进行的,它除强调"以期养成修己善群、爱国之公民为目的",并将关于培养公民道德的目标改为"养成公民良好习惯"与"培养我国固有道德"外,其他与1936年的规定基本相同。1948年的修订是以《国民学校法》第一条"注重国民道德之培养及身心健康之训练,并授以生活必需之基本知识技能"为依据进行的,突出了"发展中国民族固有的国民道德","培养爱护国家协和世界的公民理想","增进理解、运用书数跟科学的基本知识和技能"。①

以下简单介绍各门课程的教学目标。

---

① 教育部教育年鉴编纂委员会:《第二次中国教育年鉴》,总第209~210页,上海,商务印书馆,1948。

1. 公民训练的教学目标

公民训练一科，是从清末的修身科演变而来的。1922年新学制课程标准改修身为公民。1928年在此基础上增加三民主义，次年根据三民主义教育宗旨合三民主义和公民而为党义，1932年又改党义为公民训练。1936年的《修正课程标准》开始为公民训练制定教学目标。这一教学目标是根据发扬中国民族固有的道德以及新生活运动的精神制定的，它包括4个方面：

（1）关于公民的体格训练：养成整洁的卫生习惯，快乐活泼的精神；

（2）关于公民的德性训练：养成礼义廉耻的观念，亲爱精诚的德性；

（3）关于公民的经济训练：养成节俭劳动的习惯，生产合作的智能；

（4）关于公民的政治训练：养成奉公守法的观念，爱国爱群的思想。

1942年修订课程标准时虽将公民训练改为团体训练，但目标并无太大的变化，只是在上述4条之后，分别加上了"使能自卫卫国""使能自信信道""使能自育育人"以及"使能自治治事"，以配合实施新县制的政治需要。上述两个目标，基本上可以被看成是近代资产阶级民主民治观念与中国传统政治道德观念的机械拼凑。1948年第2次修订课程标准时，大概是出于实施宪政的考虑，国民党的党化意识形态有所淡化，同时将有关教学目标简化为习惯、能力以及观念3个基本方面和层次：

（1）养成儿童关于卫生实践、道德力行等的公民良好习惯；

（2）增进儿童关于个人生活、团体活动等的公民基本能力；

（3）培育儿童关于人民权责、国际了解等的公民基本观念。

这在形式上使公民训练课更接近它的本来面目，体现了人们对有关问题认识的深化。

2. 音乐、体育唱游科的教学目标

音乐和体育课分别来自于清末的唱歌和体操。但音乐课在清末极不受重视，设科随意，民初始将其改为必修课程，1929年改唱歌为音乐。当时制定的音乐课教学目标，不仅注重知识技能的演练，且注意到了感情、想象力及思想观念方面的涵养。虽然音乐课的教学目标在表述上不断有所变化，但大体上都是从3个方面进行规定的，其变化的主要趋势是越来越突出音乐的自身特性与儿童心理发展的结合。1948年所确定的中、高年级音乐教学目标是：

(1) 增进儿童爱好音乐、欣赏音乐、学习音乐的兴趣跟能力；

(2) 增强儿童吟唱歌曲、演奏简单乐器的兴趣跟技能；

(3) 发展儿童快乐活泼的身心、进取团结的精神。

与音乐课不同，体操与德育、智育课一样与富国强兵的政治目标有着直接的关联，故自清末以来即受到重视，清末民初均制定有体操要旨。1929年，体操改称体育，这不只是名称的变化，其中也体现了由过去比较片面地强调军事体育向促进学生身心全面发展的学校体育转变的精神。1948年规定的中、高年级体育目标是：

(1) 促进儿童身体各部分机能的平衡发育，培植他们的健美体格；

(2) 增进儿童游戏运动的兴趣跟技能，充实他们的康乐生活；

(3) 发展儿童勇敢、公正、守法、合群等的习性。

把促进儿童的身体发育和健美体格放在第一位，把运动技能及与体育训练有关的道德品质的培养建立在健康健美身体的基础上，是符合学校体育的一般规律的。

此外，低年级的音乐、体育合为唱游课，单独规定教学目标，体现了尊重儿童心理发展水平与特点的精神。1948年规定的唱游课教学目标是：

（1）增进儿童爱好音乐以及演戏的兴趣；

（2）发展儿童听音、发音、表演以及游戏运动的能力；

（3）促进儿童身体适当的发育；

（4）培养儿童康乐的生活习惯，并且陶冶他们的快乐、活泼、互助、团结等的精神。

3. 国语科教学目标

国语科源自清末民初的国文科。当时的国文教学要旨规定的教学目标主要是儿童学习普通语言文字，养成发表思想的能力，兼以启发其智德，比较偏重语言的形式训练，忽视学生的实际探求与应用能力培养。自1923年改国文为国语后，教学目标开始从说话、读书、作文、写字4个方面进行全面规定，并强调读书作业应注重欣赏儿童文学，培养阅读能力与兴趣。

国民政府时期的小学国语科教学目标历有变更，但总的趋势是使语言文学自身的规律与儿童心理发展规律取得日益紧密的结合。在所有教学目标中，以1948年制定的第2次修订课程标准最为完备。它从说话、阅读、写作、写字4个方面，对国语教学的目标进行了规定。对说话教学的要求是"指导儿童熟练标准语，使他们发音正确、语调和谐而且流利"，阅读教学的要求是"指导儿童认识基本文字，欣赏儿童文学，培养他们阅读的态度、兴趣、习惯及理解声速的能力"，写作教学的要求是"指导儿童运用语言文字，培养他们发表情意的能力"，写字教学的要求是"养成他们（儿童）书写正确、迅速、整洁的习惯"。

4. 算术科的教学目标

清末民初的算术科教学要旨，均在使学生掌握日常计算、增进生活必需的知识技能，兼使思虑精确。自1923年以后，算术教学的目标在内容上没有根本的变化，只是做出了更加具体详细的规定。国民政府时期算术教学上最大的变化，是从三年级正式开始算术的教学，一、二年级只是随机教学，不特定教学时间。1948年规定的算术科教学目标是：

（1）指导儿童了解日常生活中关于"数"的意义，培养他们"数"的观念；

（2）指导儿童解决日常生活中关于"数"的问题，培养他们计算的能力；

（3）养成儿童计算正确迅速的习惯。

5. 社会自然常识科的教学目标

清末民初，初、高级小学的修身、历史、地理、理科等均实行分科教学。历史、地理在清末初设时称史学、舆地，但很快改为今名；理科原称格致，民国元年改为理化博物，后并称理科，1923年又改称自然，同时将初级小学的卫生、公民、历史、地理4科合并为社会科。1936年，初级小学的社会、自然2科合并为常识科。后来在修正课程标准时，分别制定了初小的常识与高小的社会、自然教学目标。至于社会自然常识科的教学内容，清末仅注重文字教学，在国文教材中灌输社会自然常识。自从分为社会、自然两科以后，教学内容开始沿着由近及远、由具体到抽象、由个人到社会的逻辑顺序不断扩展，从而囊括了文化、政治、经济以及史地、自然等众多的知识在内。

除了抗日战争时期社会科比较注重历史地理教育，自然科比较重视战争常识的教育之外，整个国民政府时期的社会、自然常识科教学目标几经变化。大体说来，社会科的教学目标由原来的庞杂无统、大而无当，逐步走向简化集中、平易实际。如1942年修订课程标准时规定的中、高年级教学目标是：

（1）指导儿童明了个人与社会国家的关系，并培育其参加社会活动及服务国家的知能；

（2）指导儿童明了我国历史演进、地理状况的大概，并培养其爱护国家、复兴民族的信念；

（3）指导儿童明了人类进化、国际形势的大概，并培育其促进世界大同的愿望。

1948年，则将有关目标简化为文化、政治、经济3个主要方面：

（1）指导儿童明了文化演进的概况，培养他们团结民族，发扬文化，达成民主平等的理想；

（2）指导儿童明了政治演变的大要，培养他们维护其基本民权，力行自治，实现民主宪政，达成政治平等的信念；

（3）指导儿童明了经济发展、民生演进的过程，培养他们发展生产，改善人民生活，力求经济社会化，达成经济平等的愿望。

自然科的教学目标中培养儿童的卫生习惯基本上是一以贯之的，其他方面的目标在内容上也大同小异，但各项具体目标之间的关系却由开始时的比较杂乱走向按学生的心理发展顺序进行排列。1929年暂行课程标准规定的自然科目标是：

（1）启发儿童理解自然的基本知识，养成对于科学的研究态度和试验精神；

（2）增进利用自然以解决物质和精神生活问题的智能；

（3）培养欣赏自然、爱护自然的兴趣和理想。

1948年对中高年级自然科的教学目标则从研究自然的兴趣、利用自然的知能以及科学探究的方法、态度等方面，做出了比较系统的规定：

（1）指导儿童观察自然界的现象，培养他们研究自然的兴趣；

（2）指导儿童明了人生跟自然界的关系，增进他们利用自然改进生活的知能；

（3）指导儿童获得生理卫生、公共卫生以及医药等常识，养成他们卫生的习惯；

（4）指导儿童探求科学知识的基本方法，培养他们科学的态度。

6. 美术、劳作工作科

美术、劳作工作科源自清末民初的图画、手工2科。当时的教学要旨比较单纯，主要是要求儿童能摹写实物形体、制作简单物品，同时养成儿童心思习于精细及勤劳的习惯。1923年后，图画、手工分别改为形象艺术与工用艺术。1929年复改为美术、劳作，教学范围扩大，目标更加明确具体。美术科注重引起儿童研究美术的兴趣，提高欣赏、鉴别美的程度，并陶冶发表创造美的能力；劳作科注重养成儿童劳动的身手和发展、计划、制造的能力。1936年后，美术、劳作在低年级合并为劳作科，与中、高年级的美术、劳作分别制定了教学目标。1942年一度改美术为图画，并在低年级实行图画、劳作分科教学。但多数人认为当时的图画科内容过于狭窄，低年级的图画、劳作均为初步陶冶，并无明显之分别，应联合教学，于是，又恢复了美术的名称，低年级仍将这两科合并为一科进行教学。但有关教学目标前后没有大的变化。

1948年第2次修订课程标准中对中、高年级美术教学目标的规定是：

（1）顺应儿童爱美的天性，启发欣赏美术、学习美术的兴趣；

（2）增进儿童审美的识力，培养美化环境、美化生活的知能；

（3）发展儿童关于美的发表力跟创造力；

（4）指导儿童对于美的原则以及民族固有艺术的了解跟应用。

对中、高年级劳作教学目标的规定是：

（1）训练儿童劳动的身手，养成他们勤劳俭朴的习惯；

（2）发展儿童制作创造的能力，养成他们与人合作、为人服务的精神；

（3）指导儿童明了生产跟人生幸福的关系，启发他们改进农业、工业、家事的志愿。

对低年级工作教学目标的规定是：

（1）培养儿童服务爱美的习惯；

（2）发展儿童发表创造的能力；

（3）增进儿童欣赏的程度及生产的兴趣。

此外，自新学制课程标准颁布实施以来，课程纲要也是小学课程标准的一个重要组成部分。其后经过不断地修正，从《小学课程暂行标准》《小学课程标准》到《修正小学课程标准》，都制定有"各科作业类别"和"作业要项"。至1942年修订课程标准时，删去了"作业类别"一项，并为主要教学科目增订了分年教材要目及教材要目单元排列顺序举例。但此前的课程纲要失之简略，编选教材时繁简难易出入很大。《修订课程标准》所订的教材要目又失之太详，使教材的编选受到了很大的束缚，不能适应环境的变化进行活动伸缩。第2次修订课程标准时，汲取了以往的经验教训，明确了课程纲要应为编制课程的标准和根据，不是课程本身，也不是课程要目的指导思想，使以往的缺点得到了一定的克服。

总而言之，国民政府时期是重视小学课程标准的制定的。这一方面是为了克服《新学制课程标准》由于缺乏权威性而带来的全国小学教育参差不齐的状况，以提高小学教育的整体水平；另一方面也是为了加强对于全国小学教育的集中统一控制。其结果，是用整齐划一取代了各地小学教育的自由发展。

五、小学教职员

国民政府时期，对于小学教职员的登记、检定、任用、培训等方面，也形成了比较详密的制度。教育部于1933年3月公布、1936年7月修正的《小学规程》第11章，对于教职员的人数、资格、登记、检定、任用、服务、待遇、进修、辅导等，都有明确的规定，此后公布的有关教职员的法令、法规，也大都以此为依据而做出了详密细致的规定。20世纪40年代，随着国民教育制度的推行，《国民学校法》于1944年3月公布，同时废止原先颁布的《小学法》。1945年9月，又颁布了《国民学校及中心国民学校规则》，同时废止原《小学规程》。该规则对小学教职员的名额、职掌、资格及辅导研究等做出了明确的规定；关于教职员的登记、作用、待遇、保障、进修、训练等，也通过相应的法规做出了规定。以下从有关教职员的资格检定、研究辅导进修等方面，作一简要分析。

（一）检定与任用

小学教员的任职资格，1936年修正小学规程第62条规定，小学级任教员或专科教员须具备下列条件之一：①师范学校毕业者；②旧制师范学校本科或高级中学师范科或特别师范科毕业者；③高等师范学校或专科师范学校毕业者；④师范大学或大学教育学院教育科系毕业者。事实上，由于中国当时的师范教育尚不能与初等教育师资的培养有效配合，故具有法定资格的教员供不应求。故《修正小学规程》第63条又规定："小学级任教员及专科教员无前条所列资格之一者，应受主管教育行政机关所组织之小学教员检定委员会之检定。"为调整小学师资，教育部于1936年12月公布了《小学教员检定规程》，1943年12月又将该规程修订为《小学教员检定办法》，其中所规定的小学教员任职资格如下：

（1）合于修正小学规程第62条之规定者；

（2）检定合格取得长期合格证者；

（3）无试验检定合格者；

（4）试验检定合格者。

各地实行的结果，合格人员的数量仍然十分有限，为弥补小学教员的不足，只得以代用教员补充。关于代用教员的任职条件，1940年教育部公布的《各省小学教员总登记办法大纲》作了规定："各地方因合格教员登记人数过少不敷支配时，得举行代用教员登记，并由县教育行政机关举行代用教员甄别试验，将录取人员呈报省教育厅核准后，分别派充职务。""合格教员登记核定后，由主管教育行政机关发给甲种登记证，其代用教员发给乙种登记证。"①

1936年11月，教育部根据《国民学校法》订颁《国民学校教员检定办法》。该办法规定，凡未具有《国民学校及中心国民学校规则》第19条第一款资格之一（与《小学规程》第62条内容基本相同）者，应一律接受检定。检定分无试验检定与试验检定两种，并规定了参加每一种检定所需要的条件。

关于小学教员的任用，《小学法》规定："小学教员由校长聘请合格人员充任。如合格人员有不敷时，得聘任具有相当资格者充之。均应呈请教育行政机关备案。"《修正小学规程》进一步规定：小学教员由校长按《小学法》的规定，在学年开学前1个月聘任，聘期以1学年为原则，以后续聘任期为2学年。聘定后，应立即呈报主管教育行政机关备案。若有不合格者，主管教育行政机关得令原校更聘。师范学校毕业生分配于各地方，小学校长得尽先聘用。小学教员经校长聘定后，中途如有自请退职情事，须商请校长同意或得有替人后，方得离校。小学教职员不随校长或主管教育行政人员之更迭为进退，非有下列情形之一者，不得解雇：①违犯刑法，证据确凿者。②行为失检或有不良嗜好者。③任意旷废职务者。④成绩不良者。⑤身体残废或身有痼疾不能任事者。不是因为上述原因而被解职的小学教员，可呈请教育行政机关查明纠正。此后，除聘任期限有所变化外，任用的其他方面规定没有大的更动。

---

① 教育部教育年鉴编纂委员会：《第二次中国教育年鉴》，总第223页，上海，商务印书馆，1948。

(二) 进修与训练，辅导与研究

进修与训练，是提高在职小学教师水平的重要手段。1941年3月，教育部订颁《各省市中心国民学校及国民学校教员进修办法大纲》，通令各省市按照当地实际情形拟定实施办法，举办进修刊物、巡回辅导、通讯研究、进修班或函授班、教员假期训练等各项业务。教育部国民教育司特设国民教育指导月刊社，编辑有关全国性的教育材料，分发各省市教育厅局，各教育厅局自行征集有关一省市的共同材料，以及一县、一校的特殊材料，先后编次印行。其内容主要有：教育讲座、行政计划、教材教具、教导方法、实况介绍、实验报告、检查统计、书报介绍、通讯研究、教师园地等栏目。此类刊物的印刷都有专门的经费予以保障。

"巡回辅导"是部分省市县采用的一种教师进修方式。其方法是设立巡回辅导团或辅导队，以有丰富教育教学经验的优良教师到各学校做示范教学或举行座谈会，以研讨困难问题。不设辅导团者，均责成中心国民学校负责巡回辅导的任务。《国民学校及中心国民学校规则》规定：

第一，中心国民学校辅导各保国民学校应办理下列各事项：①召集各保国民学校校长会议，讨论各校应兴应革事宜，是项会议每月应举行一次。②督促各保国民学校教员研究改进教材教学及训育等事宜，第二个月召集各校教员，举行乡（镇）国民教育研究会一次，以中心国民学校校长为主席，讨论关于教学及训育等问题，得举行某种成绩展览会或讲演会等。③由中心国民学校及国民学校教学方法优良教员，轮流担任示范教学以供各校教员观摩，并举行批评会以讨论教学方法的改进。是项示范教学，每3个月至少举行1次。④由中心国民学校校长择定科目，规定日期，延聘教学专家讲演教育问题，以资各校改进。⑤由中心国民学校选购各种教学参考图书及教师进修用书，巡回递送各校阅览。⑥其他有关事项。

第二，各省市为实施层级辅导起见，除各级师范学校分区辅导国民学校及中心国民学校外,并得组织省市巡回辅导队(或团)、县(市)辅导队(或团),逐级辅导国民教育之实施。

第三,各省市为督导国民教育研究改进起见,除组织乡(镇)国民教育研究会外,应分别组织下列各项国民教育研究会:①省市国民教育研究会。②省市师范学校区国民教育研究会。③县市国民教育研究会。

"通讯研究"是根据1936年订颁《学校附设小学教育通讯研究处办法大纲》规定所建立的一项旨在增加小学教师进修机会的制度。它规定,国立大学师范学院及各省指定的师范学校暨附属小学或其他优良小学,用通讯的方法,一方面,研究解答小学教育的实际问题;另一方面,根据当地小学教员的需要,每学期在规定的学程内指导有关教员研究、自修,并于相当期内予以考核。

此外,进修班与函授学校、国民学校师资短期训练班与假期训练班等,都是对在职小学教师进行培训的重要形式。

六、实施与问题

在中国社会近代化的过程中,国民科学文化素质的普遍低下,始终是一个不容忽视的重要制约因素。新文化运动以后,人们逐渐把提高全体国民素质与救亡图存的民族解放运动紧密联系起来。3.2亿失学国民的存在,成了人们不得不关注的严酷事实之一。普及教育以唤起民众,遂成为教育界人士的普遍呼声。国民政府执政以后,先是提出普及初等义务教育,继而推行国民教育制度,从总体上讲,是适应这一历史发展的需要的。

鉴于当时的国力和师资条件的限制,国民政府在实施过程中不断调整制度,主张分期分批、因地制宜地普及四年制义务教育,并为此采用了多种灵活的学校形式和教学形式,从而使义务教育制度逐渐地与中国社会实际相接近。特别是在抗日战争时期,严峻的战争形势迫使国民党不得不进一步将教育制度与中国实际相结合。国民教育制度尽管存在着严重问题,但它理应被看作是国民政府将现代教育制度与中国农村实际相结合的产物。

从普及义务教育到推行国民教育制度的十几年中，中国的初等教育确实取得了比以往更大更快的发展。1929～1936年，全国小学的发展情况如下表①所示。

学年度	1929	1930	1931	1932	1933	1934	1935	1936
学校数（所）	212 385	250 840	259 863	263 432	259 095	260 665	291 452	320 080
儿童数（人）	8 882 077	10 943 979	11 720 596	12 223 066	12 383 473	13 188 133	15 110 199	18 364 956

由上表可以看出，1936年度的学校数和学生数分别比1929年增加50％和106％，实施义务教育制度之后，增长速度明显加快。同时，学校的规模也有所扩大，由原来的每校42人增加到每校57人。

抗日战争时期，小学教育继续得到发展，其情况见下表②。

学年度	1937	1938	1939	1940	1941
学校数（所）	229 911	217 394	218 758	220 213	224 707
儿童数（人）	12 847 924	12 281 837	12 669 976	13 545 837	15 058 051
学年度	1942	1943	1944	1945	1946
学校数（所）	258 283	273 443	254 377	269 937	290 617
儿童数（人）	17 721 103	18 602 239	17 221 814	21 831 898	23 813 705

另据统计，1946年全国实施国民教育的19省市，平均每4保设校3所，入学儿童超过了76％。③ 这个数字肯定掺杂了不少的水分④，但国民教育制度的推行推动了初等教育的发展则是确定无疑的。

当然，国民政府的初等教育制度在实施过程中也存在着一系列的问题。首先是存着一定的封建性色彩。这表现在教学目标、教学内容、教学

---

① 教育部教育年鉴编纂委员会：《第二次中国教育年鉴》，总第1455页，上海，商务印书馆，1948。

② 同上。

③ 《抗战时期教育》，载《革命文献》第58辑，中国国民党中央委员会党史资料编纂委员会刊行，1972。

④ 如有的以私塾充小学，以私塾的学生充作小学生。

方法以及初等教育行政等许多方面。仅就教育行政而言，国民教育制度的推行体现的是政教合一的精神。这一制度虽然体现着国民政府与中国农村实际相结合的努力，但由于在中国近代化的过程中，各种基层组织特别是乡村基层组织是封建主义残留最为严重、文化最为落后的地方。国民政府在没有对农村的土地制度进行根本变更的情况下，实行政教合一，在很大程度上是使国民教育与农村的封建势力相结合。代表封建势力的乡镇长、保甲长往往会把国民学校当作发展自己势力的重要手段，从而使小学教育遭到摧残。1946年2月26日《新华日报》发表的《生活在雾中的小学教师》，就披露了这样的事实："当一个被委做乡村中心小学的校长去接收的时候，地方上派了代表来和他谈判。他们提出8个教员中须有6个是本地人的条件，否则呢，另有办法对付。那是用地方搬掉由地方捐助的课桌、板凳；在学校附近设立私塾，拉走学生，以及种种捣乱的方法来加以威胁。小学教师、小学校长遭受地方上部分顽固分子的诬蔑和污辱也成了司空见惯的事情……"很多教师的生活漂浮不定，没有保障。教师职位的获得往往不在教学成绩的好坏，而在是否有好的社会背景，如果亲朋是校长，教育科里有熟人，即便水平不高也可当教师，否则只能听天由命。①

其次，教育经费短缺，众多的小学教师素质不高，小学特别是农村小学办学条件差，教育质量低下。教育经费严重不足，始终是困扰中国近代教育发展的一个关键因素，抗战时期尤甚。"一个教师极力俭约，只顾自己的生活，就已入不敷出，无法维持，何况他们大批是贫苦的子弟，大部分有父母、弟妹、妻儿的系累，等待他们赚钱去奉侍抚养呢？"② 为了解决生计问题，"许多教师，不是改行去做生意，就是考入什么短期训练班，受训后就可以在下层政治机构里做个小官"③，使本已十分短缺的小学教

---

① 《抗战中的中国文化教育》，第141页，上海，上海人民出版社，1961。
② 吉明：《小学教师生活谈》，载《群众》，1940，4（13）。
③ 赵浩生：《小学教育近影》，载《新华日报》，第2版，1940年11月6日。

师更加缺乏。乡村小学办学条件很差，随便走到一些乡下，就能看到这样的景象：在一座颓毁的古庙中的大殿里，摆着几张残断不整的桌椅，那就是一个初级小学了。教师是蓬头破衫上了年纪的人，学生是一身褴褛、满脸鼻涕的孩子。学校是没有组织的，一个校长，也就兼做教师、工友、伙夫等各种工作。学校的经费说起来更可怜，每年只不过是几十石稻子。穷苦的教师住在那破庙里，简直与乞丐没有什么两样。① 条件差，教师又少，往往是一个教师教一个甚至多个不同水平班级的所有课业，只能穷于应付。再加上当时的小学多数只重视"文字科学"（如国文、史地、算术等），对于学校的四工科（图画、音乐、劳作、体育）等都非常地轻视，名之曰"豆芽科学"，只是为了照顾门面随便由一个教师去应付一下甚至停授。即便是"文字科学"，也重在背诵考试，很少与实际相联系——既不与农村经济与生活相联系，又不与抗战的民族斗争形势相联系。这自然就难以保证教学的质量，教学目标的全面实现也只是一句空话。因此，国民政府时期义务教育入学率的提高，数量的意义是大于质量的意义的。

最后，设想与实施的情况之间反差太大。1940年教育部《国民教育实施纲领》计划至1945年7月保国民学校的数量达到每保1校，适龄儿童的入学率达到90%以上。1946年对实施国民教育的19省市的水分颇大的统计，也只达到了每3保设1校，入学率在76%强。如果用国民教育制度中所规定的设立国民学校的标准去衡量的话，符合标准的学校要大大地低于这个数字。产生计划与实施两者之间的差距原因是多方面的，如战争的影响、师资的匮乏、经费的短缺等，都是重要的制约因素。但同样不可忽视的是整齐划一的初等教育制度对于中国社会的适应性问题，即它主要适应于经济文化比较发达的大中城市及沿海地区，而不大适应落后贫穷、情况千差万别的中国广大农村地区。1946年度按地域对全国小学生数所

---

① 赵浩生：《小学教育近影》，载《新华日报》，第2版，1940年11月6日。

作的统计，就反映了这一情况。①

第三节　中学教育制度

中学是继小学教育之后施行普通教育的中等教育机构。抗战前，以《中学法》（1932年12月）和《中学规程》（1933年3月）的颁布实施为标志，国民政府的中学教育制度，已基本实现了规范化和定型化。抗战时期，适应"抗战建国"的需要，创建国立中学并实行中学分区制，并曾一度试行中学六年或五年一贯制。现将其中学教育制度的主要方面及其变更情况分述如下。

一、综合中学的废止及新中学的设置

南京国民政府成立后，曾一度沿用新学制的中学制度。1928年颁布的《中学暂行条例》规定，高中采用综合中学制度，分设普通、师范、农业、工业、商业、家事等科，普通科仍采用文、理分组的办法。综合中学制度的主要精神，在于通过增加学制的弹性，实现高中阶段的专业分化，以达到适应学生的个别差异和各个地区不同情况，加强中等职业教育的目的。但在实施过程中，却出现了一系列的问题。由于当时的中学无论规模还是数量都很有限，从学生到教师大都致力于为升学做准备，因而形成了名义上强调职业教育，实质上职业教育受冷落的局面。学生选择普通科多的结果，导致了其他科科多人少，无法经济有效地开展教学；普通科与师范科、职业科混设一处，后两科无法进行专业训练；职业科所需要的设备、师资、实习场所和经费，无法满足。因此综合中学制实施后，遭到了人们越来越多的批评。1931年，国际联盟派一专家考察团来中国考察教育，也对高级中学分科太多的做法提出了批评，并提出了3条重要建议：教育部确认某地确有设立普通高级

---

① 教育部教育年鉴编纂委员会：《第二次中国教育年鉴》，总第1466页，上海，商务印书馆，1948。

中学的必要，否则不得再设普通科的高级中学；把所有可以发展中等教育的人力和财力，集中用于增设注重实用课程的中学；教育部应令所有高级中学在一定期间内证明其具有举办职业课程的完善设备，否则撤销其立案。[①] 虽然这个教育考察团因其成员主要来自欧洲，难免有向中国推销欧制之嫌，但它所提上述建议无疑有其中肯的一面。国民政府教育部也认为："过去中学、师范、职业学校全一制度，足使设施混淆，目的分歧，结果中学固无从发展，而师范与职业教育，亦多流于空泛……至谋生、任教、升学三者目的，均不能达。"

鉴于上述情况，1931年12月，国民党中央执行委员会议决了《确立教育目标与改革教育制度案》，决定对现有中学加以整理淘汰，对请求新设中学者严加考核；高中不分文、理科，将现有农工商等高中改为职业学校；师范学校脱离中学单独设立。遵照此规定，教育部于次年决定废止综合中学制度，将职业、师范和中学三者分别设立，并分别制定和颁布了《师范学校法》《职业学校法》《中学法》。

关于中学的设置，按照《中学法》的规定，中学由省或直隶于行政院的市设立，但在不妨碍小学教育设施的前提下，各地方可根据需要设立中学；按办学主体的不同，中学可分为省立、市立、县立、联立（由两县以上合设者）和私立（由私人或团体设立者）；中学的设立、变更及停办，由省或直隶于行政院的市设立者，由省、市教育行政机关呈请教育部备案，其他中学呈由省、市教育行政机关核准转呈教育部备案。关于中学的命名，1933年公布的《中学规程》规定：省立中学以所在地的名称命名，县市立中学称某某县市立中学；一地有2所以上公立中学时，得以数字顺序命名；联立中学称某某县联立中学，私立中学应采用专有名称所不得以地名命名。此外，1933年颁布并于1947年修订的《中学规程》还规定，

---

① 国联教育考察团：《中国教育之改进》，第2章，国立编译馆，1932。

公立初级中学及高级中学可分别附设简易师范科及特别师范科，但需要符合如下条件："一、原有中学各年级已办齐，教学设备均完善者；二、确有需要者；三、经费系另行增筹，且足敷办理者；四、经主管教育行政机关事先核准者。"

中学的修业年限为6年，分初级中学和高级中学两段，各3年。值得一提的是，1939年，教育部曾召集第3次全国教育会议，决议试验五年一贯制中学和六年一贯制中学，要求国立中学及川、渝等12省市教育厅（局），各指定一二所办理优良的公私立中学先试行，并于次年颁布《六年一贯制中学课程标准草案》。设立一贯制中学的主要目的，是能从严选拔学生和采用连续一贯的课程编排方式，提高学科程度，加快人才培养，以为高等学校输送高质量的人才。但试验并不成功，未能予以推广。

抗日战争时期，在中学制度上的重要变更，一是设立国立中学；二是推行中学分区制。中学原以地方设立为原则。抗战以后，为了救济和收容战区撤退的公私立中学教师和学生，国民政府在后方设立了部分临时国立中学。随着流亡后方中学师生的增加，为了规范有关中学，教育部于1938年2月颁布《国立中学暂行规程》，取消校名中的"临时"字样。次年3月，又公布《修正国立中学暂行规程》，规定用数字对各国立中学进行命名，如"国立第一中学""国立第二中学"等。至1944年，共创立国立中学34所，它们在使流亡师生得到收容的同时，也对中等教育发展和人才培养起了促进作用。抗战胜利后，全国教育善后会议议决中学仍以地方办理为原则，国立中学相继复员。

中学分区制创立于1938年。它依据各地交通、人口、经济、文化及现有学校情况，在省内分若干区，分别办理中学教育。其实施要求是：每区以有1所高初中合设的中学为原则，无省立中学者，应设立联立中学1所，或选择1所私立中学加以整顿充实，无联立私立中学时，应选择1所公立或私立初级中学予以充实改造；每区内还应设立女子中学1所，或先在中学或初级中学附设女生部；区内教育比较发达、经济比较富裕的县份，得设县立中学1所或联合数县设立初级中学1所；如区内财力不足，应由省选择适当地点，酌量设立初级中学1所或数所。中学分区的目的，是使中学教育在各地得到比较均衡的发展，从而为培养抗战建国人才服务。

二、教育目标与课程

自清末兴学至民国初年，中国的中等教育一直以预备升学为目标。1916年全国教育联合会曾建议将"完足普通教育为主，而以职业教育为辅"作为中学的教育目标，要求中学教育兼顾升学与就业两个方面。1922年新学制实施后实行的综合中学制度，在某种程度上体现了这一精神。国民政府也试图统筹兼顾中学升学与就业的双重目标。1932年公布的《中学法》将中学的教育目标规定为："中学应遵照中华民国教育宗旨及其实施方针，继续小学之基础训练，以发展青年身心，培养健全国民，并为研究高深学术及从事各种职业之预备。"1935年修正公布的《中学规程》将这一目标分解为如下7个方面：锻炼强健体格，陶冶公民道德，培养民族文化，充实生活知能，培养科学兴趣，养成劳动习惯，启发艺术兴趣。

抗日战争前，国民政府曾3次公布课程标准：《中学暂行课程标准》（1929年）、《中学课程标准》（1932年）、《修正中学课程标准》（1936年）。《中学暂行课程标准》规定，中学实行学分制，初中及高中分列，高中实行选科制。其教学课目及学分数如下所示。[①]

初中：党义（6），国文（36），外国语（20或30），历史（12），地理（12），算学（30），自然（30），生理卫生（4），图画（6），体育（9），工艺（9），职业课目（15或5），党童子军（不计学分），3年共计180学分。

[①] 教育部教育年鉴编纂委员会：《第二次中国教育年鉴》，总第351页，上海，商务印书馆，1948。

高中：党义（6），国文（24），外国语（26），数学（19），本国历史（6），外国历史（6），本国地理（3），外国地理（3），物理（8），化学（8），生物学（8），军事训练（6），体育（9），选修课目（18），3年总计150学分。

《中学暂行课程标准》仍保留了此前课程标准的弹性特点，并作了如下改变：①在初中方面，以"党义"取代"公民"课，并加设"党童子军"；外语学分大幅度减少；用职业课目代替自由选修的课目。②在高中方面，取消了公共必修课目"人生哲学""社会问题"和"文化史"，增加"党义"及"军训"；"科学概论"改为"物理""化学"及"生物"等课目；增加"国文"及"英文"的学分，减少选修课目的学分。

上述标准经试行后，教育部令各省市组织"中学课程标准研讨会"，并指定学校进行研究试验工作，在限定时间内将有关情况上报。教育部根据上报的资料，成立了"中小学课程及设置标准初订委员会"，汇集各方意见，将其修订为正式的标准，于1932年加以公布，这就是《中学课程标准》。其所订教学课目有较大变化：

初中：公民、体育、卫生、国文、英语、算学、植物、动物、化学、物理、历史、地理、劳作、图画、音乐，每周教学总时数为34～35小时。

高中：公民、体育、卫生、军训、国文、英语、算学、生物学、化学、物理、本国史、外国史、本国地理、外国地理、论理、图画、音乐，每周教学总时数为31～34小时。

主要变化是：①因中学有固定的修业年限而不得提前毕业，采用学分制实无必要，固以时数单位制代替学分制。②每周学生的工作时间为48小时，初中在34（或35）小时以外、高中在31～34小时以外的时间，均为学生自习时间。③改"党义"为"公民"，教学内容除党义外，增加道德、政治、法律及经济等教材，以完成公民训练。④在初中部分，改"工艺"为"劳作"，并增加教学时数。⑤英语改为3年课程，取消原来的第3

学年选修办法；"自然"改为"植物""动物""物理""化学"4科。⑥在高中部分，取消选修课目，加强语文、算学、史地等科的分量。

《中学课程标准》颁行后，各地中学普遍认为教学总时数太多且高中的算学课程繁重。为此，教育部于1935年组织对其修订，并于次年颁布《修正中学课程标准》，在减少教学总时数的同时，对其他课程也作了一些调整。其主要变化是：①将每周教学总时数降低，从而增加学生自习的时间。②修改劳作课程。因正式课程标准中的男生劳作分工艺、农业2种，由学校任意选设1种，这使学生不能兼习二者。修正标准将其并为一种，第一年为木工，第二年为金工，第三年学生可从金木工、竹工、土工及农业畜养4组中任选1组修习。女生仍只设家事。③确定职业课目的地位与时数，以加强职业训练。④自习时间不再列入课程表。

抗日战争时期，为适应战争需要，教育部又于1940年对中学课程标准进行了修订，其主要内容是：①进一步减少教学总时数。②在初中部分，选修课分甲、乙两组，甲组为升学组，统选英文；乙组为就业组，选修国文、历史、公民、职业。③高中自第二学年开始，分甲、乙两组，前者侧重理科，后者侧重文科，事实上等于恢复了高中文、理分组的做法。

教育部为了实验试办六年一贯制中学及五年一贯制中学，还制定了《六年一贯制课程草案》。六年一贯制课程试验的目的，是通过用直线式课程编制的方式取代初中与高中两段间的螺旋式编制方式，避免教材重复以节省教学时间，加深教材内容以提高学生程度。但实验结果表明，修业年限六年一贯时间太长，一般学生家庭无法负担学生费用；直线式编制课程的方式，因课程无法衔接，使中途转入初中或高中的学生难以适应；此种制度纯系为升学者而设，成了中途改变学习计划想转入职业学校的学生的重要障碍。而五年一贯制中学的设想，主要是从经济的观点着眼，想把中学6年的课程压缩到5年内完成，难免揠苗助长。因此，二者均未能推广。①

抗战胜利后，为了适应"宪政"的需要，又对中学课程进行过修订，并于1948年12月予以公布。当时修订所依据的原则是：①中学课程本体，是中学德、智、体、群全部教育与校内校外各种作业的整个活动，非仅包括各学科教材。对于发展女子的特长及美德，尤应注意；②中学学科的设置，须重视中学生实际生活经验，并顾及国内各民族语言及通习各国语文等多方面需要而定；③中学各科教材，应注重日常实际生活知能。按照上述原则制定的初、高级中学教学课目及其时数安排见下表。与以往相比，1948年的中学课程标准具有如下特点：

第一，它明确了德、智、体、群四育的整体性并力图体现于课程之中，按照不同学科的教学内容，把学生的课外作业、课外活动以及自习等的内容、时数、实施方法等，分别予以规定，并把训育列入公民教材大纲中，使其成为其中的一部分，以期达到"教训合一"的效果。

第二，调整教学课目，男女教学内容有所区别。初中的物理、化学合并为理化，英语改为必修。高中外国语分英语和其他外国语两类，取消矿物、军训2科。图画、算学分别改为美术和数学。从初中二年级起，女生的劳作改习家事。女生的公民课程在初中加授"妇女与家庭"，在高中加授"妇女问题"，并酌减女生的体育课教学时数。

第三，取消分类选修制度，规定选习时数，每周总教学时数有所减少。

---

① 孙邦正：《六十年来的中国教育》，第357页，台北，台湾正中书局，1974。

初中教学课目及每周教学时数表（1948年12月定）

学年 \ 课目		国文	外国语	公民	历史	地理	数学	理化	博物	生理及卫生	体育（女生）	音乐	美术	劳作（女生家事）	童子军	选习时数	每周总时数
第一学年	上学期	5	3	1	2	1	3		3		2	2	2	2	1		27
	下学期	5	3	1	2	1	3		3		2	2	2	2	1		27
第二学年	上学期	5	3	1	2	2	3	4		2	2	2	2	2(3)	1		31(32)
	下学期	5	3	1	2	2	3	4		2	2(1)	2	2	1(3)	1	2	32(34)
第三学年	上学期	5	4	1	2	2	3	4			2(1)	2	1	1(3)	1	4	32(33)
	下学期	5	4	1	2	2	3	4			2(1)	2	1	1(3)	1	4	32(33)

高中教学课目及每周教学时数表（1948年12月定）

学年 \ 课目		国文	外国语 英语	外国语 其他外语（英语）	公民	历史	地理	数学	物理	化学	生物	体育（女生）	音乐	美术	劳作（女生）	选习时数	每周总时数
第一学年	上学期	5	5	(6)	3			2	4			3	2	1	1	2(3)	25/29 (26/30)
	下学期	5	5	(6)	3			2	4			3	2	1	1	3(2)	25/29 (26/30)
第二学年	上学期	5	5	(6)	3	2	2	4			5	2(1)	1	1	1(2)	2	30/34
	下学期	5	5	(6)	3	2	2	4			5	2(1)	1	1	1(2)	2	34/34

续表

课目\学年		国文	外国语 英语	外国语 其他外语（英语）	公民	历史	地理	数学	物理	化学	生物	体育（女生）	音乐	美术	劳作（女生）	选习时数	每周总时数
第三学年	上学期	5	5	(6)	3	2	2	4	5			2 (1)				4	29/33 (28/32)
第三学年	下学期	5	5	(6)	3	2	2	4	5			2 (1)				4	29/33 (28/32)

总之，国民政府时期的中学课程经过不断的调整，其结构日趋合理。这表现在：数学和自然较以前有了明显的增加，所占教学时数的比重有了较大的提高，如1932年初中数学和自然科学的教学时数占总时数的27%；国语课的地位得到了加强（初中1948年国语教学时数约占总课时的16%），外语课的比重有所下降（初中1948年占总课时的10.5%）。中学职业课程的设置起落较大，两起两落。1929年的中学暂行课程标准在初中三年级设置职业课目，1932年的正式课程标准又将其取消；1936年的修正课程标准又增设职业课程，但设置时间不长，1940年的修正标准规定职业课仅在部分学生中开设，至1948年职业课又不再列入正式课程。这说明，民国时期在对普通中学如何兼顾就业与升学的双重任务方面，尚未形成比较稳定、行之有效的制度与措施。

三、毕业会考制度

中学毕业会考制度是中等教育制度的一个重要组成部分。1932年5月，教育部颁布了《中小学学生毕业会考暂行规程》，规定从当年起，全国中小学应届毕业生经原校考核合格者，一律参加由各省、市、县、区组织的会考委员会举行的毕业会考。其考试课目如下：

小学：以国语、算术、社会、自然、体育为主。

初中：以党义、国文、算学、历史、地理、自然、体育、外国语（三年级不选修者免考）为主。

高中：党义、国文、算学、历史、地理、物理、化学、生物学、外国语、体育。

其考试程序是，会考前1个月，各学校将本校应届毕业学生，造具名册，连同各科成绩表呈报主管教育行政机关。各会考委员会统一命题、设立考点、组织考试。会考结束时，分别以学生个人和学校为单位，根据平均成绩分别等级予以公布。最后，主管教育行政机关还要将所辖地区实行会考的情况向上一级教育行政机关呈报。

会考的成绩决定学生能否毕业。考试成绩一般分为甲、乙、丙、丁4个等级。甲等为优秀，丁等为不及格。会考各科成绩全部合格者始准予毕业。有1～2科不及格者，可补考1次，仍不及格者，允许补习1年并参加下一个年度的会考，但只限1次；3科以上不及格者须留级，也以1次为限。

国民政府实行毕业会考有着双重的目的。一是它所公开宣称的，"为整齐小学、初级中学、高级中学普通科学生毕业程度，及增进教学效率"。由于当时社会动荡、教育管理混乱，各学校的设置与水平相差悬殊，学生毕业程度也参差不齐，因此，通过举行统一的考试。可以在一定程度上起到提高教育效率、统一毕业生学业程度的作用。二是它所不愿公开承认、却是路人皆知的，那就是要加强国民党对学校的控制，从而达到抑制学潮、整顿学风的目的。应该说，国民政府在这两方面均有所收获。但由于会考进行得十分仓促，缺乏应有的酝酿准备、试验推广，从而一开始就遭到了教育界的抵制和反抗，请愿、罢考之事在全国多有发生。尽管教育当局态度强硬，但抗议之声还是不绝于耳，其间当然也有对毕业会考的利弊得失进行分析批评者。[①] 于是，教育部不得不根据第一次会考的情况和有关批评意见，对暂行规程进行修改和完善，并于1933年12月2日同时公布了《中学毕业会考规程》和《中学毕业会考委员会规程》，其变化如下。

---

① 张永平：《民国中学毕业会考之始末》，载《华东师范大学学报》（教育科学版），1992（3）。

1. 废除小学毕业会考

因为小学生年龄太小，集中组织考试困难很大，同时会加重学生负担，影响身心健康。且小学生年幼无知，并无以会考形式钳制其思想行为之必要。

2. 制定了中学毕业会考委员会组织细则

该委员会由各省市区教育行政机关在考试日期1个月前成立，并于会考事项结束时撤销。委员会设置有命题委员会及监试委员，由6~12名委员组成，分任命题与监试事项。各省市区的教育行政长官为委员会长。

3. 统一会考时间，严格会考程序

会考时间定为每年6月份最后一个星期及1月份第一个星期。各地在会考前1个月，由各学校将应届毕业生名册呈报主管教育行政机关。参加会考的学校，应在会考日前两星期内举行毕业考试，其各科毕业成绩表，应于会考开始日前呈报上述行政机关。

4. 对会考的课目、命题及记分方法作了新的规定

会考免考体育，将党义改为公民。考试命题应延聘富有学识及教学经验者，依据部颁课程标准及各科教材大纲进行，题目应覆盖各科教材的全部内容，但不得超出课程标准及大纲范围。考试成绩的核算，以百分制取代等级制，60分为及格。其中，学生各科毕业成绩（即3学年成绩之平均数，各科学年成绩在各科毕业成绩内占60％，各科毕业考试成绩占40％）与会考各科成绩合并计算，分别占40％和60％。

5. 在会考结果的处理上，规定各科成绩及格始得毕业

3科以上不及格者，应令留级并以2次为限。因故不能留级者，得由原校给予证明书，载明毕业会考各科成绩，并注明会考不及格字样。初中有2科或1科不及格者，准其参加下届该科会考，及格后方得毕业。高中有2科或1科不及格者，准其参加下届该科会考，如有愿意升学者，得由主管教育行政机关核发投考升学证明书，载明毕业会考各科成绩，准其先行投考，经录取后，准作为试读生，非俟参加下届该科会考及格后得有毕业证明书时，不得作为正式生。

1934年，教育部公布了《经会考及视察之公私立中学成绩低弱或成绩恶劣之处置办法》，规定："凡会考成绩过低或经视察认为成绩低弱者，应限制其招生额数或停止招生，限期责令改善。其有成绩恶劣难以改进者，应勒令停闭。"① 1935年，教育部又对《中学学生毕业会考规程》进行了修改，公布了《修正中学学生毕业会考规程》，其修正的主要内容有：①各省教育行政机关对于所属各初级中学应届毕业学生，如有特殊困难情形时，呈准教育部后，得就全省初级中学抽取一部分举行会考，但此项抽考学校须占全省初中校数半数以上。②会考1科或2科不及格学生如赴他省市升学或服务者，得由该生原校呈请主管教育行政机关转请该生升学或服务所在地主管教育行政机关令准其参加当地毕业会考，补行该科考试。1936年4月，又将中学的考试课目定为国文、外国语、数学、理化（物理、化学）、史地（历史、地理）5科。抗日战争时期，由于时局的变化，毕业会考只能在全国部分地区有选择地进行。从1945年起，随着国民党控制全国局势能力的日益减弱，毕业会考因无力进行而被迫终止。

四、教职员与行政管理

自近代兴学以来，由于受师资缺乏影响，中国难以按照国际通行标准对中学教员的任用资格做出严格的规定。只是到了民国9年以后，随着高等教育及师范教育的发展，中学教员的任用资格规定才日渐成熟。国民政府时期，1935年公布的《中学规程》首先对中学教职员的任职资格及任用办法做出了明确规定。

关于中学教员的任职资格，按《中学规程》，初级中学教员应品格健全，所任学科为其专习学科，并符合如下规定之一：经初级中学教员考试或检定合格者；具有高级中学教员规定资格之一者；国内外大学本科、高等师范本科或专修科毕业者；国内外专科学校或专门学校本科毕业后，具有1年以上教学经验者；与高级中学程度相当学校毕业后，曾任中等学校

---

① 杨学为：《中国考试制度史资料选编》，第708页，合肥，黄山书社，1992。

教员3年以上，于所任学科确有研究成绩者；具有精练技能者（专门适用于劳作教员）。高级中学教员须品格健全，所任教科为其所专习学科，且符合下列规定资格之一：经高级中学教员考试或检定合格者；国内外师范大学或师范学院毕业者；国内外大学本科、高等师范本科毕业后有1年以上教学经验者；国内外专科学校或专门学校毕业后，有2年以上教学经验者；曾经发表有价值的专门著作者。从上述中学教员的任职资格可以看出，它比较重视接受有师范教育学历及教育教学经验者（特别是对非师范专业毕业的从教人员）。

关于中学校长的任职资格，按《学校规程》，初级中学校长须品格健全、才学优良，且具备如下条件之一：①国内外师范大学、师范学院、大学教育学院、教育科系毕业或其他院系毕业而曾学习教育学科20学分，从事教育职务2年以上卓有成绩者；②国内外大学本科、高等师范本科或专修科毕业后，从事教育职务4年以上卓有成绩者；③国内外专科学校或专门学校本科毕业后，从事教育职务4年以上卓有成绩者。高级中学校长须品格健全、才学优良，除符合初级中学校长资格之一外，还须符合下列资格之一：①曾任国立大学文理师范或教育学院或科系教授，或专任讲师1年以上者；②曾任省及直辖市教育行政机关高级职务2年以上卓有成绩者；③曾任初级中学校长3年以上卓有成绩者。可见，中学校长的任职资格，突出的是有教育专业高等学历、学术水平及其工作实绩。

中学校长的任用，按办学主体的不同而有所差异。国立中学校长由教育部委派。省（直辖市）立中学校长由教育厅（局）提出合格人选，经省（市）政府委员会议通过后任用。县市立中学校长由县市政府选荐合格人员，呈请教育厅核准任用。联立中学校长由联立中学理事会选荐合格人员，呈请上级教育行政机关委任。私立中学校长由校董会遴选聘任，但须呈请主管教育行政机关备案。中学教员的任用，国立中学教职员由校长聘任，公私立中学职员除军训教官及会计人员由主管机关指派充任外，其余均由校长任用。公私立各科教员由校长开具合格人员详细履历径呈主管教育行政机关核准后，由学校备具聘书聘任；遇有不合格人员，主管教育行政机关应令原校更聘。初任教员聘期为1学年，续聘以2学年为期。各科主任及教务、训育主任，须由专任教员兼任。

在行政管理方面，中学设校长1人，综理校务并担任教学，其教学时间不少于专任教员的二分之一。设教导主任1人，协助校长处理教务、训育事项。6学级以上中学，经主管教育行政机关核准，得设教务、训育主任各1人，协助校长分理教务、训育事项。7学级以上中学，得设事务主任1人，处理教务及训育以外之事务。此外，每校还可根据学级之多少，设校医、会计，及图书馆、仪器、药品、标本及图表管理员、事务员及书记若干人。中学应设置两种委员会：训育指导委员会和经费稽核委员会。前者由校长、各主任、各教员及校医组成，以校长为主席，负责指导学生的一切工作，每月开会1次；后者由专任教员公推3～5人组成，委员会成员轮流担任主席，每月开会1次，负责审核收支账目及单据。中学须举行4种会议：①校务会议，由校长、全体教员、校医组成，校长任主席，讨论学校一切兴革事项，每学期开会1～2次；②教务会议，由校长、各主任、各级主任及校医组成，校长为主席（校长缺席时，由教导主任或教务主任任主席），讨论一切教学及图书设备购置事项，每月开会1次；③训育会议，组成人员同教务会议，校长为主席（校长缺席时，由教导主任或训育主任任主席），讨论一切训育及管理事项，每月开会1～2次；④事务会议，以校长、各主任及全体职员组成，校长为主席（校长缺席时，事务主任任主席），讨论一切事务进行事项。从形式上看，国民党统治时期的中学内部教育行政与管理，体现了3个重要原则：其一，是实行校长负责制；其二，专任教员兼任行政管理工作；其三，重视训育工作。

值得一提的是，国民政府时期不仅制定了相应的中学教员任职资格，而且形成了具体的资格检定办法。根据1944年3月公布施行的《中学及师范学校教职员检定办法》，各省市成立专门的中学及师范学校教职员检定委员会，办理检定工作。其检定分试验（即考试）检定与无试验（即非考）检定两种。无试验检定由委员会审查各种证明文件来决定。试验检定除审查有关证明文件外，尚须进行考试。试验检定的考试课目分共同应试课目和专科应试课目。共同应试课目包括：①教育概论；②教学法；③总理遗教及总裁言论。专科应试课目分为18科，包括公民、国文、体育、英语、数学、生物、矿物、博物、生理及卫生、化学、物理、历史、地理、图画、音乐、师范学校教育科、幼稚教育科、师范学校地方自治等，每一科由5~6门课程组成。申请专任教师资格者可从中选择1科参加考试，满60分为及格。经检定合格者，由各省市教育行政机关发给检定合格证书（注明科目），证书有效期为6年，期满重行检定。

为了提高在职教师的业务水平，国民政府时期还形成了中学教师进修与教学研究方面的制度。关于教师进修，教育部曾颁布《奖励中等学校教员休假进修办法》（1942年2月），规定中学及师范学校专任教员及中等学校主管训导人员连续在校服务满9年者，可休假1年，从事研究或考察，休假期间支付原薪，期满回原校工作。在教学研究方面，自1935年起，每年令颁《中等学校各科暑期讲习讨论会办法》；1946年5月，还颁发了《中等学校各科教学研究会组织通则》（以下简称《通则》）。《通则》规定，中等学校各科教员平时在校教学时，应通过参与中等学校各校教学研究会，从事教学研究以改进教学。该研究会的组织按照所设学科，分为一般的与专业的两种，一般的如国文学科教学研究会、数学科教学研究会、社会学科教学研究会、自然学科教学研究会等，专业的有教育学科教学研究会（师范学校得分组设置）和技术学科教学研究会（职业学校得分组设置）。其研究的主要内容包括：①讨论课程标准实施结果；②研究教学方法；③选择补充教材；④编辑乡土教材；⑤选定教科用书及参考书；⑥预定每学期教学进度；⑦规范及指导实验实习；⑧规划教育实验及实习设备；⑨报告及讨论教员进修阅读的图书杂志；⑩调查及指导学生课外读物；⑪规划及指导学生课外作业。①

五、学生的管理与训育

在清末的中学制度中，以管理为训育，中学设管理员（或称监学、舍监），专门负责对于学生的管理。民国元年公布的《学校管理规程》规定教师除教学以外，对学生负有训导的责任。五四运动以后，中学训育在理论上由以往的消极管理转向积极的指导，监学、舍监易名为训育主任，道德格言改为训育目标或信条，并采行"级任制"（即每学级设一专任教师负责训导该学级学生）；学生中盛行"自治会"等自治团体，在学校内成立各种机构处理各项事务，由教职员予以指导。国民政府成立后，高中实施军事训练，训育主任规定由检定合格人员担任，并陆续公布了《学生团体组织原则》《学生自治会组织大纲》，根据三民主义教育宗旨规定学生团体本三民主义精神，作校内自治生活锻炼。1936年，教育部颁布《高中以上学校军事管理办法》，1938年教育部订颁《中等以上学校导师制纲要》（于1944年修订为《中等学校导师制实施办法》）。1938年以后，中学训导制度均采用导师制。1938年和1939年还分别颁布《青年训练大纲》和《训育纲要》。

（一）《青年训练大纲》主要内容②

《青年训练大纲》包括"基本观念""训练要项"和"训练方式"3部分内容。"基本观念"规定了训练青年应树立的人生观、民族观、国家观和世界观的基本目标及其实施要点。人生观重在使青年认清生活的目的、生命的本源，并树立为主义、民族、国家而牺牲的精神；民族观旨在使学生认清中华民族对于世界文化的独特贡献及其创造精神，养成民族自信自尊的信念；国家观旨在使学生认清个人与国家的关系，确立国家高于一切的信念；世界观旨在让学生认清世界各国的现状、近代国际社会的性质、

---

① 教育部教育年鉴编纂委员会：《第二次中国教育年鉴》，总第357~358页，上海，商务印书馆，1948。

② 同上书，总第359~361页。

我国在国际上的地位，说明我国恢复自由独立平等的斗争是维护世界和平、促进世界大同的努力。

"训练要项"规定了信仰训练、德行训练、生活训练和服务训练应达到的目标及其实施要点。信仰训练以"信仰三民主义""信仰或服从领袖"为目标，德行训练以实现"四维""八德"和涵养公诚朴拙之精神为目标，生活训练以使生活军事化、生产化和艺术化为目标，服务训练以去除自私自利心，确立为社会为他人服务之人生目的为目标。

"训练方式"包括日常生活和教学课程两项。日常训练的方式主要有小组讨论、野外远足及聚餐、农村服务、救济服务、露营训练及省外旅行。

(二)《训育纲要》主要内容[①]

《训育纲要》（以下简称《纲要》）包括"训育之意义""道德之概念""训育之目标""训育之实施"4个部分。虽名为纲要，其实其内容与表述均十分烦琐。现择要分述如下。

关于"训育之意义"。《纲要》指出："训育之意义在于陶冶健全之品格，使之合乎集体生存（民生）之条件，而健全品格之陶冶，在于培养实践道德之能力……训育在教育上之功能实为显示智育与体育之目的与意义，使之用得其当，以提高人生之价值，而为完成知识技能的教学效果之保证；而究其实践，则在使德智体三者相互为用，以完成健全品格之基础也。"这基本上是把训育归结为道德训练。

关于"道德之概念"。《纲要》把道德理解为"人类行为规范之一"，其内容包括"修己"与"善群"两个方面。其中，善群为修己之表现，修己为善群之基础。

关于"训育之目标"。《纲要》根据国民党管、教、养、卫合一的政策，把训育目标确立为"自信信道""自治治事""自育育人"和"自卫卫国"4个方面。"自信信道"，即使青年确定"高尚坚定的志愿与纯一不移的共信"，

[①] 教育部教育年鉴编纂委员会：《第二次中国教育年鉴》，总第361～365页，上海，商务印书馆，1948。

实质是以三民主义为信仰对象，主要与文化教育生活（教）相联系；"自治治事"，即培养"礼义廉耻的信守与组织管理的技术"，主要与政治生活（管）相联系；"自育育人"，即"刻苦俭约的习性与创造服务的精神"，主要与经济生活（养）相联系；"自卫卫国"，即"耐劳健美的体魄与保民卫国的智能"，主要与军事及体育相联系。《纲要》还指出："自信信道为诚的工夫，自治治事为仁的工夫，自育育人为智的工夫，自卫卫国为勇的工夫。"

关于中等学校训育的实施。《纲要》列举了12条，把讲解三民主义及总理与总裁的言行放在首位。它还根据不同的课程与教育活动、不同类型的学校及女子的情况，提出了实施训育的基本要求。统观《青年训练大纲》及《训育纲要》，国民党政府所制定的训育目标及其基本内容以政教合一为根本特点，它突出表现为在政治教育与道德教育之间没有做出明确的区分。这一方面使政治道德化，如三民主义作为国民党一党的意识形态，本为政治教育而非道德教育之内容，以之作为人生观基础并与总裁、总理之言行相并列，实际上是用党化意识形态来统一道德，这为国民党在学校教育中推行道德专制提供了基础；另一方面也使道德政治化，把道德仅仅理解为人类的行为规范，无视道德包括以利益调节为实质的规范层次和以意志自由、自由选择为基础的超越层次，从而把道德教育主要理解为对于规范的服从。这样一来，道德教育与政治训练就没有什么两样了。此外，国民党的训育目标与内容力图与传统道德相沟通，且在沟通之先，对于传统道德与现代道德的分野有一定的认识。如《训育纲要》说："过去言道德，多着重于个人私德之修养，而忽于团体生活之训练；偏于静止工夫之修习，而忽于进取精神之培养；涉于因果报应之迷信，而忽于科学观念之启迪。"但在实际沟通过程中，传统的德目并未获得新的意义。下面的"中等学校训育科目系统图"[①]就很好地说明了这一点：

---

① 教育部教育年鉴编纂委员会：《第二次中国教育年鉴》，总第365页，上海，商务印书馆，1948。

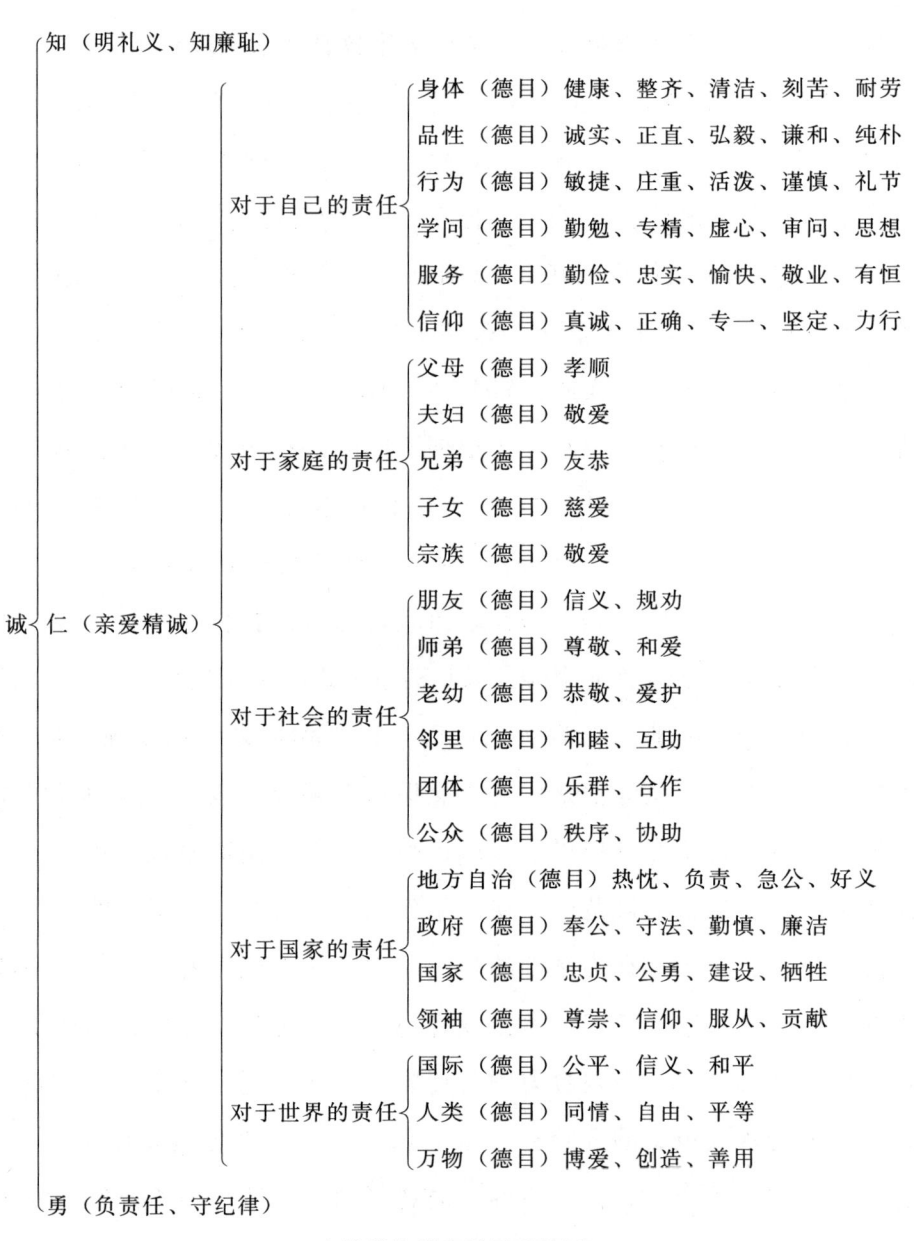

```
                                      ┌ 身体（德目）健康、整齐、清洁、刻苦、耐劳
                                      │ 品性（德目）诚实、正直、弘毅、谦和、纯朴
                            ┌ 对于自己的责任 ┤ 行为（德目）敏捷、庄重、活泼、谨慎、礼节
                            │                │ 学问（德目）勤勉、专精、虚心、审问、思想
                            │                │ 服务（德目）勤俭、忠实、愉快、敬业、有恒
                            │                └ 信仰（德目）真诚、正确、专一、坚定、力行
   知（明礼义、知廉耻）     │
                            │                ┌ 父母（德目）孝顺
                            │                │ 夫妇（德目）敬爱
                            │ 对于家庭的责任 ┤ 兄弟（德目）友恭
                            │                │ 子女（德目）慈爱
                            │                └ 宗族（德目）敬爱
                            │
   诚 ┤ 仁（亲爱精诚）┤     │                ┌ 朋友（德目）信义、规劝
                            │                │ 师弟（德目）尊敬、和爱
                            │                │ 老幼（德目）恭敬、爱护
                            │ 对于社会的责任 ┤ 邻里（德目）和睦、互助
                            │                │ 团体（德目）乐群、合作
                            │                └ 公众（德目）秩序、协助
                            │
                            │                ┌ 地方自治（德目）热忱、负责、急公、好义
                            │                │ 政府（德目）奉公、守法、勤慎、廉洁
                            │ 对于国家的责任 ┤ 国家（德目）忠贞、公勇、建设、牺牲
                            │                └ 领袖（德目）尊崇、信仰、服从、贡献
                            │
                            │                ┌ 国际（德目）公平、信义、和平
                            └ 对于世界的责任 ┤ 人类（德目）同情、自由、平等
                                             └ 万物（德目）博爱、创造、善用
   勇（负责任、守纪律）
```

中等学校训育科目系统图

（三）导师制与训育处

自1938年以来中等以上学校实行的导师制，是和合中西古今的产物。它吸收了中国古代教育特别是私塾与书院制度中师儒在小团体生活中全面负责传道授业的传统做法，以及英国的牛津、剑桥等大学的一些做法，由学校专任教师兼作负训育责任的导师。据说此举的目的在于"矫正现行教

育之偏于知识而忽于德育指导，及免除师生关系之日见疏远而渐趋于商业化"①。《实施导师制应注意之点》对此作了更详细的说明："我国过去教育，本以德行为重，而以知识技能为次要。师生关系，亲如家人父子；为师者之责任，非仅授业解惑而已，且以传道为先。自行新教育以来，最初各校犹列修身伦理为教科；而老师宿儒，流风未泯，人格熏陶，收效尚巨。自迨至近十余年前放任主义与个人主义之思潮，泛滥全国，遂影响于教育制度。修身伦理既不复列为教科，而教育功能亦仅限于知识技能之传授。师生之关系，仅在口耳授受之间。在讲堂为师生，出讲堂则不复有关系。师道既不讲，学校遂不免商业化之讥。"②

关于导师指导学生的范围，《中等学校以上导师制度纲要》规定："各学校应将全校每一学级的学生分为若干组，每组人数以5人至15人为度，每组设导师1人。"③ 1944年6月公布的《中等学校导师制实施办法》则修改为："各校应于每级设导师1人，由校长聘请专任教员充任之，各校专任教员皆有充任导师之义务。"④ 导师对于学生的训练与指导是全方位的，"各级导师对于学生之思想行为学力及身心摄卫，均应体察个性，依据训育标准表之规定及各该校教导计划，施以严密之训练"。训导的方式包括个别指导以及谈话会、讨论会、远足会、交谊会等有关团体生活之指导。其训导办法是，由导师对学生之性行、思想、学业、身体状况各项情况作详细记载，针对学生特点提出改进意见，每学期报告训导处2次，并于可能范围内举行学生家庭访问及学生家长或监护人通讯，训导（教导）处于每学期结束，根据考查结果及导师报告，通知家长，如平时发现学生

---

① 《中等学校以上导师制度纲要》，见延安时事教育研究会编：《抗战中的中国文化教育》，第55、57页，上海，上海人民出版社，1961。
② 同上。
③ 同上。
④ 教育部教育年鉴编纂委员会：《第二次中国教育年鉴》，总第366页，上海，商务印书馆，1948。

不良之习性或其他特殊事项，应即时通报。各级导师应每月出席一次由训导（教导）处召集、校长主持的训导会议，报告各训导实施的情形，并研究关于训导的共同问题。

为对训育工作进行集中统一领导，中等学校中设立训育（训导）处。训育处设主任1人，秉承校长综理全校训导事宜，训育主任兼任主任导师。训育处设训导会议，以训导主任、级任导师及体育、卫生、军训、童子军等有关学生训导之主管人员组成。训导主任由各中等学校校长就中学训育主任、公民教师检定委员会所检定合格教师中聘任后，呈报主管教育行政机关备案。但必要时可由主管教育行政机关遴选检定合格之教员，呈请教育部备案后发交各校聘任之。训育处可设训导员协助训导事宜，训导员须具备下列资格：中国国民党党员，专科以上学校毕业，品学兼优。训导处的任务包括如下几个方面：①关于训导计划之拟定；②关于导师之分配；③关于学生之分组；④关于学生思想之训导；⑤关于社会服务之策划（包括推行社教）；⑥关于课外体育活动之指导，卫生营养及军事管理或童子军管理之监督；⑦关于学生团体之登记与指导；⑧关于党部或童子军理事会之委托事项。①

六、实施与问题

在继承新学制优点的基础上，国民政府时期的中学制度实现了由综合中学到普通中学、职业学校与师范学校分立的转变。这一变化基本上适应了当时的情况，有利于中等教育的健康发展。此外，20世纪三四十年代还通过一系列法律和法规的建设，基本上实现了课程、考试、教师、训育、管理等方面的统一化、标准化和规范化，在制度建设方面取得了明显的进步。与此同时，中学教育也不断发展。1928～1945年间，全国中学

---

① 《第三次全国教育会议决议案提要》，载《教育通讯》第2卷第44、45期合刊，1929年11月18日。

教育的发展如下表①所示。

学年度	学校数（所）	班级数（个）	学生数（人）	毕业生数（人）
1928	954	—	188 700	—
1929	1225	—	248 668	—
1930	1874	—	396 948	—
1931	1893	10 360	401 772	74 865
1932	1914	10 677	409 586	73 902
1933	1920	11 002	415 948	68 028
1934	1912	10 892	401 449	73 878
1935	1894	10 541	438 113	73 878
1936	1956	11 393	482 522	76 864
1937	1240	6919	309 563	48 264
1938	1246	8472	389 009	52 532
1939	1652	10 024	524 395	64 285
1940	1940	13 063	642 688	89 398
1941	2060	14 392	703 756	126 673
1942	2373	17 575	831 716	179 111
1943	2573	19 229	902 163	202 209
1944	2759	20 122	929 297	212 783
1945	3727	28 352	1 262 199	255 688

由上表可以看出，自1928年以来，中学校和中学生的数量除个别时期（如抗战初期）有所减少外，基本上呈递增趋势。在17年的时间里，中学数增加到原来的3.9倍，学生数则增加到原来的6.7倍。

但是，由于中学教育作为过渡阶段的特殊性质，以及中国近代教育发展先是重视高等教育，后又推行义务教育，中等教育处于相对来说比较受忽视的地位上。因此，中等教育制度相对于小学教育与高等教育来说，成熟程度要低一些。例如，中学教育虽分初、高两级，但教育教学目标却没有做出分别适合二者特点的明确区分。此外，升学与就业双重目标的合理

---

① 李华兴：《民国教育史》，第631、634页，上海，上海教育出版社，1997。

安排，一直是困扰中学教育制度的一个重要问题。国民政府对于这个问题，虽有兼顾二者的目标指向，并有向普通教育渗透职业教育的政策，但在制度特别是课程标准的制定上，并未形成行之有效的措施，以至于职业课程时有时无，1948年的课程标准甚至没有提及职业课程的问题。在实践中，升学始终是主导的甚至是唯一的方面，中学教育事实上是高等教育的预备阶段。这在中国人力财力十分有限、高等学校招生数量还很少的情况下，无疑是一种巨大的浪费。仅以1945年为例，中学毕业生有255 688人，而高校在校学生总数只有83 498人，绝大多数毕业生是无法直接升入高校的。有鉴于此，黄炎培1947年在《对于中国今后教育设施的意见》中指出，"现在中学目标不清"，应从如下几个方面予以改进："①中学不应专以准备升大学为目标，中学的基本目标是在培养大量建设干部。升学准备与就业准备必须合一。②初级中学不必分科，但应注意基本生活知能的训练。③高级中学必须分科。④普通中学应该减少。"①

此外，毕业会考与训导制度也是国民政府时期中学教育颇受诟病的两个重要方面。人们对中学毕业会考制度的指责，除了其所隐藏着的束缚思想、消灭学生民主精神的政治意图之外②，还有如下几点：①养成投机取巧的不良学风。由于会考制度的建立，市场上便流行起了"考试必读""会考指南""各科考试问答"之类的书籍。一些人不仅将历年考试问答年年编印以投学生所好，甚至还盗窃试题预先发售。学生在短时间内准备大量的课程，仔细研读课本是不可能的，于是只能取法乎其下，以上述书籍代替课本，甚至为了取得好成绩而不惜作弊。②严重地损害了学生的身心

---

① 《教育与职业》，1947 (203)。
② 如王钧在《抗战时期中会考制度的商榷》一文中说："我们认为会考制度的建立……它直接间接都是为了这一目的——在思想发生激剧分化的过渡时期，要用来束缚思想，消灭思想上的自由，这同时，联系到限制了行动上的自由。如果说会考制度曾经收到如何的效果的话……也只是收到了不过是青年学生的思想和行动被相当的束缚了而已。……甚至就说它是科举制度的变相，也并非过激。"（载《星芒、救亡联合周刊》第1期，1937年11月13日）

健康。在考试之前，学生唯有夜以继日、寝食俱废，以求一逞；考试之后，不免形销骨立，甚至失眠重听，造成神经衰弱。加以社会动荡，个人及社会问题始终盘桓脑际，结果使许多人麻木苟且，失去了生活的情趣和健康的体魄。③会考不能充分考虑不同课程的特点，一律以笔试进行，重在书本知识的记忆，无法考查和培养学生的学习能力，促进学业水平的提高。①

至于训导制度，多数有思想的人都认为它没有成效或消极效应大于积极效应。原因何在？中国近代以来的新教育，确有倚重知识、忽视德育之流弊，教学与训导分家即其重要表现之一。② 借鉴西方的导师制，吸取传道与授业合一的传统经验，以实现教、训合一，作为一种尝试当然也是有其可取之处的。问题在于，国民政府的训导制度是建立在以道德为本、以知识技艺为末的传统思维模式之上的，为了突出训育而对智、德关系作了不恰当的处理，所谓"七分德育，三分智育"，这是违背现代德育的理性化精神的。更重要的是，该训导制度把国民党的党化意识形态的灌输放在核心位置上，强调国民党党员在训育中的核心作用，以养成学生服从的行为为主要目的。③ 导师名为指导学生，实际上成了学生思想行动的最严密的监视者。学生自治组织名为自治，实际上是国民党政治组织在学生中的延伸。抗战时期，有的地方还一度禁止学生自治组织的存在与活动。这又是违背现代德育的自律精神的。

这是对国民党整个党化教育的评判，看来也十分适用于评价其训导制度。所以，当时的人们谈到对训育制度的改革的时候，大都十分隐晦却也十分清楚地表示："各级各类学校都应实行学生自治，养成学生自律自动、合作互助的习惯。"

---

① 社评：《论总考制》，载《大公报》，1940年6月1日。
② 现代新儒家如梁漱溟等对此有过比较精辟的分析。
③ 如陈立夫在《教师节致各校导师书》中说："教，效也；上所施，下所效，亦步亦趋，所效法者及于动作云谓之细微。"

第四节 师范教育制度

在中国近代教育史上，大力发展师范教育，对于提高师资水平、普及和发展各级各类教育，具有十分重要的意义。民国初年，经过整顿和提高，中国的师范教育有了较大的发展。但是，从新学制实施到1932年10年间，师范教育制度屡屡变更。其中最重要的变化有两个：一是将高师并入大学，使原来独立设置的高师成了大学中的一个系科，取消了高等师范的独立地位；二是中学设立师范科，不少师范学校相继并入中学师范科，由于综合制中学的内在缺陷，中等师范教育的水准大大降低了。国民党政府定都南京后，第一次全国教育会议出于"谋教授、设备之经济，学生择业之便利，兼为师范学生获得丰富之陶融起见"，乃实行中师合一的办法，以师范学校并入中学，列为高级中学之一科，初级中学中则停止办理。这样，中等师范教育的地位进一步被削弱。只是从1932年起，由于对师范教育及对中国国情的特殊性的认识，师范教育的独立地位才重新得到了肯定。

抗战前，以《师范学校法》（1932年12月）和《师范学校规程》（1933年3月）的颁行为标志，师范教育重新获得了其独立地位，并从办学体制、学校制度、课程设置等方面走向规范化和标准化，师范教育制度逐渐配套定型。抗战时期，以1938年7月公布的《师范学院规程》为标志，高等师范教育制度得以重建，也走向了规范化和定型化的阶段；同时，国民政府根据战时需要，积极推进中等师范教育。抗战胜利后，除了短期的恢复与整理外，随着国民党政权的瓦解，师范教育也陷入了混乱状态。

以下分中等师范教育与高等师范教育两部分，对国民政府时期的师范教育制度加以叙述。

一、中等师范教育

（一）培养目标与学校设置

1929年4月国民政府公布的《中华民国教育宗旨及其实施方针》，将整个师范教育的地位与培养目标规定为："师范教育为实现三民主义的国民教育之本源，必须以最适宜之科学教育及最严格之身心训练，养成一般国民道德、学术上最健全之师资为主要之任务。于可能范围内使其独立设置，并尽量发展乡村师范教育。"《三民主义教育实施原则》（国民党"中常会"于1931年9月通过）对师范教育目标作了更具体的阐述："一、应根据三民主义的精神，并参照社会生活之需要，施以最新式科学教育及健全的身心训练，以培养实施三民主义教育师资；二、学校应与社会沟通，并造成'教''学''做'三者合一的环境，使学生对于教育事业，有改进能力及终身服务的精神；三、乡村师范教育应注重改善农村生活，并适应其需要，以养成切实从事乡村教育或社会教育的人才。"作为师范教育主要形式之一的师范学校，其培养目标在《师范学校规程》（1935年6月修正并公布实施）中作了具体的规定："师范学校为严格训练青年身心、养成小学健全师资之场所，依照《师范学校法》（1932年12月公布）第一条之规定，实施下列各项之训练：一、锻炼强健身体；二、陶融道德品格；三、培育民族文化；四、充实科学知能；五、养成勤劳习惯；六、启发研究儿童教育之兴趣；七、培养终身服务教育之精神。"

根据《师范学校规程》，承担中等师范教育任务的机构以师范学校为主体，修业期限为3年。师范学校可附设特别师范科（1年制）及幼稚师范科（2~3年制）。专收女生的师范学校称女子师范学校，以培养乡村小学教师为主要目的的师范学校称乡村师范学校。各地为了培养实行义务教育所急需的师资，可以设立简易师范学校，或在师范学校或公立初级中学内附设简易师范科，至小学教师足敷分配时将予以取消。师范学校均设附属小学，设有幼稚师范科的学校还可设立幼稚园，作为实习基地。师范学校招收初中毕业生经考试合格者，入学年龄为15～22岁。特别师范科招收愿当小学教员的高中毕业生或职业学校毕业生。简易师范学校及简易师范科招收小学毕业生，入学年龄为15岁，修业时间为4年。

师范学校由省、直辖市或县市设立，或由两县以上联合设立，私人或团体不得设立师范学校。各省教育厅应根据各地情况，将全省划分成若干个师范区，每区应设立师范学校和女子师范学校各1所，并从各师范区内招收学生。师范学校应分设于城市或乡村，但于可能范围内，应多设于乡村。简易师范学校以县市立为原则，其设在乡村者称简易乡村师范学校。抗战时期，为收容流亡后方的青年和教职员，改变了过去师范学校单纯由省或地方设立的办学体制，由政府统筹规划，设立国立师范学校。同时，为了解决边疆地区师资比内地更加缺乏的状况，教育部特别注重设立边疆师范学校，1939～1945年，先后设立了西南、贵州、西宁、西北、大理、肃州、丽江、绥宁、巴安9所国立边疆师范学校。

（二）课程

抗战前，国民政府对师范学校的课程曾有过几次调整。1930年公布了高级中学师范科的课程标准，1934年和1935年又分别颁布了《师范学校课程标准》和《简易师范学校课程标准》。按照有关法规，当时各类师范学校及师范科的教学课目分别如下。

1. 师范学校的教学课目

公民、国文、历史、地理、算学、物理、化学、生物学、体育、卫生、军事训练（女生习军事看护）、劳作、美术、音乐、论理学[①]、教育概论、教育心理、教育测验及统计、小学教材及教学法、小学行政及实习等，基本课目及专业课目兼顾并重。乡村师范学校则增设关于乡村及农业

---

① 指逻辑学，非"伦理学"。

课目。为培养专科教员,各省市应批定省、市立师范学校一二所,在进行一般训练之外,修习小学体育、劳作、音乐、美术等专科课目。师范学校教学课目及教学时数表如下①:

师范学校教学课目及教学时数表

学期课程	第一学年		第二学年		第三学年		第四学年	
	1学期	2学期	1学期	2学期	1学期	2学期	1学期	2学期
公 民	2	2	2	2	2	2	2	2
体 育	2	2	2	2	2	2	2	2
卫 生	2	2	1	1	1	1		
国 文	6	6	6	6	5	5	5	3
算 学	4	4	4	4	3	3		
地 理	3	3	3	3				
历 史			3	3	3	3		
植 物	4	4						
动 物	4	4						
化 学			4	4				
物 理					4	4		
劳作 农艺 工艺 家事	2	2	2	2	3 2	3 2	3 2 3	3 2 3
美 术	2	2	2	2	2	2		
音 乐	2	2	2	2	2	2	2	2
教育概论			3	3				
教育心理					3	3		
乡村及民众教育				3				
教育测验及统计								3
小学教材及教学法							6	6
小学行政							3	

---

① 孙邦正:《六十年来的中国教育》,第557~558页,台北,台湾正中书局,1974。

续表

学期课程	第一学年		第二学年		第三学年		第四学年	
	1学期	2学期	1学期	2学期	1学期	2学期	1学期	2学期
实习						3	9	12
每周教学总时数	33	33	34	37	32	35	37	38
每周在校自习及课外运动总时数	21	21	20	20	19	19	20	19

注：①女生于第4学年应习家事，免习劳作科之工艺。②实习包括参观、见习、试教3项。③简易师范学校学生每日上课、自习及课外运动总时数为9小时。每星期以54小时计算。④每日除上课时间外，以1小时为早操及课外运动时间。余为自习时间。⑤在校自习及课外运动时间，均须有教员督促指导。⑥在校自习，无论住校学生或通学生均须参加。

2. 招收高中毕业生的特别师范科的教学课目

国文、体育、图画、音乐、劳作、教育概论、教育心理学、小学教材及教学法、小学行政、教育测验及统计、地方教育行政及教学视导、民众教育及乡村教育、实习等。招收高级职业学校毕业生的特别师范科，教学课目为：公民、国文、体育、算学、图画、历史、地理、珠算、初中及小学应用农艺、初中及小学的应用家事、初中及小学的应用商业、教育概论、教育心理学、教育测验及统计、职业教育、实习等。

3. 简易师范学校的教学课目

公民、体育、卫生、国文、算学、地理、历史、植物、动物、化学、物理、劳作、美术、音乐、教育概论、教育心理学、乡村教育及民众教育、教育测验及统计、小学教材及教学法、小学行政、实习等。简易乡村师范学校增加农业及实习、水利概要、农业经济及合作等。简易师范科的教学课目为：国文、算学、历史、地理、自然、劳作、图画、音乐、体育、教育概论、教育心理学、小学教材及教学法、小学行政、实习等。

4. 三年制幼稚师范科的教学课目

公民、体育及游戏、卫生、军事、看护、国文、算学、历史、地理、生物、物理、化学、劳作、美术、音乐、论理学①、教育概论、儿童心理、幼稚园教材及教学法、保育法、幼稚园行政、教育测验及统计、实习等。二年制幼稚师范科的教学课目是：公民、体育及游戏、卫生、国文、算学、地理、生物、理化、劳作、美术、音乐、教育概论、儿童心理、幼稚园教材及教学法、保育法、幼稚园行政、实习等。

上述课程设置与以前的师范教育相比，有几个重要特点。首先，从培养目标上看，它不仅着眼于培养能够在课堂上从事教学的教师，而且也注意培养学生将来从事民众教育、农村工作、地方教育行政的知识与能力。其次，男女师范训练的课程基本上没有什么区别。最后，特别注重教育课目，种类繁多，如教育概论、心理学、教学法、教育行政、教育测验与统计等。但也因此产生了新的问题，即课时量大幅度增加，学生课业负担加重，专业训练与师范训练的课程比例不够平衡。

抗日战争时期，为适应抗战建国的需要，教育部在1939年第3次全国教育会议后，召集有关人员讨论修订各类师范学校课程。这次修订依据如下8条原则：①须适应抗战建国需要；②须符合国民教育意义与目标，使师范生具有完成国民教育任务的充分智能；③须适应管教养合一的宗旨，使师范生能以教育力量为中心，推动地方政治、社会、经济、文化等建设，完成地方自治；④须表现师范学校的特殊性能，顾及师范生专业需要；⑤须使师范生具有兼教儿童及成人的能力；⑥各科教材须切合实际需要，并须顾及中心国民学校、国民学校各科应用教材及教法；⑦各科教材应避免不必要的重复，并顾及各科相互间的联系；⑧各科教材可采取其他方法另行组织，以求完善。由此不难看出，这次课程修订的主要目的，一是要为国民教育制度的推行培养合格的师资；二是要把每个师范生都培养

---

① 指逻辑学，非"伦理学"。

成推行乡镇保甲制度的骨干力量。① 根据上述原则，教育部于1941年2月将师范教育课程整理成文史、自然、教育、地方自治和技术学科5类科目的课程标准。并于1943年6月正式确定，后来又公布了一些特种师范科的教学课目。

师范学校与简易师范学校的课程设置大体上分为3种课目：①基本（基础）课目，如语文、数学、物理、化学、历史、地理、公民、体育等；②师范专业课目，如教育通论、教育行政、教育心理、教材教法、测验与统计等；③为实行新县制而设置的课目，如地方自治、农村经济及合作、实用技艺等。增设第三类课目是其与战前师范课程相区别的主要特点之一。此外，根据师范生将来服务的需要，设置了分组选修课目。选修课目自第二学年开始，共分甲、乙、丙、丁4组：甲组包括社会教育、地方行政、地方建设和教育辅导，乙组包括美术和实用技艺，丙组包括音乐、体育，丁组包括卫生教育学、医学常识。各学校可根据当地实际情况选设1种或数种，学生必须选习1种且中途不得变更。特种师范科如音乐、美术、体育、社会教育、劳作、幼稚、童子军教育等课目设置各有侧重，主要是减少其他课目而增加专业课目。

总起来看，抗战时期的师范课程较前有较大变化，与当时政治经济条件变化的联系更加紧密，师范教育的特点更加突出，师范教育与专业教育课程的比例也更加合理。抗战胜利后，由于中等师范学校的教育目标被重新确立为培养健全的小学教师，与战时政教合一体制相配套的有关课程，如地方自治、地方建设及地方行政等课目又被删除，课程的其他方面则大体如旧。

（三）师范生的训练、待遇与服务

国民政府对于师范生的训练与管理，采取的是"严格主义"政策。

---

① 毛礼锐、沈灌群：《中国教育通史》第5卷，第117页，济南，山东教育出版社，1988。

1932年公布的《师范学校法》第1条规定："师范学校应遵照中华民国教育宗旨及其实施方针，以严格之身心训练，养成小学之健全师资。"1935年公布、1947年修正的《师范学校规程》根据这一法律，规定对师范生实施如下几方面的严格训练：锻炼强健身体，陶融道德品格，充实科学知能，养成勤劳习惯，启发研究儿童教育兴趣。培养终身服务教育精神。1944年，教育部通令各省市加强对师范生的训练："今后对师范生之训练，务须提高其程度，特别注重其精神之修养，与人格之造就。并切实注意严肃整洁，自动自治，积极服务之生活习惯。以新生活教条为师范教育之基本与实践标准……"[1] 这种严格主义的训练与管理，既是由师范教育的特点所决定的，也是按照三民主义教育宗旨和方针对学生进行严格的思想控制和组织控制的必然产物。

对于师范生的训练，国民政府特别重视学业成绩考核和实习。根据《师范教育规程》，学业成绩的考核分日常考查、临时试验、学期考试和毕业考试（或毕业会考）。各科日常考试成绩与临时试验成绩合并为平时成绩，各科平时成绩与各科学期考试成绩合并为各科学期成绩，各科学期成绩平均分为该生的学期成绩，两学期的学期成绩平均分为学年成绩，各学年成绩与毕业考试成绩合并为毕业成绩。在实习方面，有明确的实施办法[2]，各学校成立实习指导委员会来计划和指导学生实习。其实习范围比较广泛，包括参观见习、教学实习和行政实习（分别占实习总数的30％、40％和30％）。参观见习的范围包括：学校行政、教学及训导实施、社会教育事业、县及乡镇教育行政、乡镇保一般自治及行政事务。教学实习须有充分实习小学部及民教部各级各科教学的机会，并以普遍实习单式复式单级等学级为原则，实习教学的时间不得少于1800分钟。行政实习包括

---

[1] 教育部教育年鉴编纂委员会：《第二次中国教育年鉴》，总第925页，上海，商务印书馆，1948。

[2] 教育部：《师范学校（科）学生实习办法》，1941年公布。

学校行政实习、社会教育行政实习、地方自治及行政实习。实习成绩的评定，见习分"事前准备""进行状况"及"报告"3项指标；教学实习分"教学准备""课间教学"和"课后处理"3项指标；行政实习分"事前准备""行政处理"和"报告"3项指标。这种实习制度，实习时间长，范围广，要求全面，对于丰富师范生的知识经验，全面提高从事教育工作的技能和能力是有一定意义的。

在师范生的待遇方面，国民政府建立了公费师范制度。早在清末民初，为了表示优待，师范生均实行公费。至1923年中学与中师合并以后，各地以经费困难为借口，停止发给师范生公费，公费制度无形中被中止。1932年，国民党三中全会决议："师范学校与师范大学概不收学费，师范学校应以政府供给食宿、制服为原则。"同年公布的《师范学校法》规定："师范学校及其特别师范科、幼稚师范科均不征收学费。"至此，公费制得以恢复。1944年行政院公布的《全国师范学校学生公费待遇实施办法》，对有关待遇作了详细的规定。师范生公费待遇包括两部分：应享受公费部分和得享受公费部分。前者包括免缴学费、膳食费、宿费，以及图书、体育、医药卫生等杂费，所用教科书由学校供给；后者包括：学校每3年供给每个学生单制服2套、棉制服1套，第三年按规定进行的外出参观费用由学校供给，实习材料费由学校供给或予以补助，新生到校及毕业生经分派服务者，应按路程发给或补助旅费。师范生公费待遇所需经费，国立学校由中央负担，省立学校由省款负担，县级学校由县款负担，分别列入预算。

师范生享受公费待遇，自然也要承担相应的义务。为此，教育部于1937年7月公布了《师范学校毕业生服务规程》（后于1946年修订），其主要内容如下：

师范学校毕业生服务年限一律定为3年。在规定的服务期限内，不得升学或从事小学教员以外的职务，其毕业证书由教育行政机关验印保存，服务期满后加盖"服务期满"字样，由原校转发本人。

各师范学校应组织成立师范生服务指导委员会，处理师范生中途休学、转学、退学及毕业后分配服务及指导服务等项事宜，其指导时间从入学时起，至服务期满为止。教育行政机关应在所属师范学校应届毕业生毕业前预计服务处所，毕业时予以分配。师范学校毕业生无论服务期限已满与否，均应由省市教育行政机关予以登记，分配服务。

师范学校毕业生在服务期间有下列情形之一者，应由各省市教育行政机关追缴其在修业期间历年给予的全部公费：①无正当理由拒绝服务者；②展缓服务时间已满2年仍不服务者；③改就他业或擅自升学者。上述所追缴的公费，在该师范生继续服务时即免予追缴。

为了防止其他部门或团体截用师范生，国民政府于1943年通令严禁各机关团体招用服务未满期限的师范毕业生与师范生。这些措施对于稳定处于人员匮乏状态的教师队伍具有一定的作用。

抗战时期，为鼓励优秀青年从事教育教学工作，国民政府制定了师范毕业生保送升学办法，规定各省市教育行政机关每年可于师范学校及简易师范学校毕业生中，选择服务期满成绩优良而有志升学深造者，经教育部核准，免试保送至师范学院及师范学校肄业。其申请保送的资格有如下几条：①师范学校毕业，服务3年以上；②毕业成绩平均在75分以上，操行、体育均列乙等以上；③服务成绩优良，并有证明文件；④申请保送时仍在国民学校服务；⑤体格健全，思想纯正；⑥其保送入学年龄，入师范学校者不超过25岁，入师范学院者不超过30岁。

（四）师范学校辅导地方教育与师范教育运动

1935年6月，教育部公布了《修正师范学校规程》，规定各省教育厅得依各省实际情况划分若干师范区，每一区设师范学校及女子师范学校各1所，以使各地区的师范教育得到均衡发展。抗战时期，为了使师范教育与国民教育紧密结合、相互配合，国民政府逐步建立起了师范学校辅导地方教育制度。在这一制度下，中等师范学校不仅承担着培养和培训合格的国民教育师资的任务，更通过设立地方教育辅导委员会，发挥着辅导地方教育行政及国民学校教育的功能。1939年，教育部订定《各省市师范学校辅导地方教育办法》。它规定，实施辅导的学校，应先组织地方教育辅导委员会。该委员会的职责包括教育辅导和行政辅导两个方面。在地方教育辅导（主要是国民教育辅导）方面，其任务是：召集辅导会议，设置地方教育指导员，指导教育实习，办理通讯研究，供给乡土教材，开办暑期讲习会或短期师资训练班，发行教员进修刊物，以及其他关于国民教育辅导事项。在行政辅导方面，要求师范学校每年将辅导计划及预算呈请省教育厅核定，必要时可函请县市政府将辅导要点令各校遵照改进；每3个月将办理辅导的情况向主管教育行政机关呈报，并随时向该区省督学提供辅导经过材料。1943年，教育部又对上述办法进行了修正，进一步规定了辅导联系、程序和范围，规定了考核及相互研究事项，要求国立师范学校辅导地方教育，还规定了同区内师范学校如何分担辅导工作。1944年，教育部制定了各省师范学校视导各县市国民教育办法，委托师范学校代行县市国民教育视导之责。

举行师范教育运动，是国民政府从抗战中期开始所采取的一项推动师范教育发展的新举措。1941年国民党五届八中全会做出了在全国举行师范教育运动的决议。教育部根据此项决议，于同年12月制定了推进师范教育8条原则，规定从1942年开始，每年的3月29日至4月4日为推进师范教育运动周。通过举行有关活动，使全国人民了解师范教育的重要性，使教育界人士重视师范教育并提高研究与实际从事师范教育的兴趣，让学生家长及有关教育工作人员能鼓励并指导小学及初中毕业生积极升学到师范学校，坚定师范生的教育信念，激励其为国民教育服务，听取各界人士对于师范教育的批评与建议，从而消除其与师范学校、教育行政部门间的隔阂，并借此机会对每年的师范教育工作进行反省与总结。

按规定，师范教育运动周期间，应举行如下活动：①召集师范教育会议或研讨会；②刊发师范教育专号；③印发师范教育辅导小册子；④举行师范教育广播讲演或普通讲演会；⑤举行师范生效忠国家、献身教育事业宣誓；⑥举行师范学校成绩展览会或工作竞赛；⑦颁给师范学校教员服务奖状，给清贫优秀师范生颁发奖学金。

二、高等师范教育

国民政府最初不重视高等师范教育，曾一度有取消当时中国唯一的一所师范大学——北平师范大学的动议，但遭到教育界有识之士的反对。直到1932年，国民党四届三中全会才提出要对现有师范大学进行整理与改革，使其区别于普通大学。1937年6月，国民政府为提高中等师资的水平，颁布了训练中等师资暂行办法。真正着手重建高等师范教育制度，是在抗日战争时期。

1938年4月召开的国民党临时全国代表大会通过《战时各级教育实施方案纲要》，指出："对师资之训练应特别重视，而急谋实施。各级学校教师之资格审查与学术进修之办法，应从速规定。为养成中等学校德智体三育所需要之师资，并应参酌从前高等师范之制而急谋设置。"教育部根据这一纲要拟定了《战时各级教育实施方案》，规划新的高等师范制度。1938年7月，颁布《师范学院规程》作为实施高等师范教育的准则，由国家根据各地情况分别设立师范学院。到1947年年底，全国共有师范学院15所，其中包括单独设立和附属于国立大学两类。1948年，又对师范学院规程进行了修订。现根据有关规程及《大学法》（1948年）对当时的师范学院制度概括叙述如下。

（一）设立与学制

师范学院以养成中等学校健全师资为目的，由国家根据各地情形划区设立，或独立或附属于国立大学。得分男、女部，或设立女子师范学院。

师范学院招收公立或立案私立高级中学或同等学校毕业，或师范学校毕业服务 3 年期满，或具有高级中学毕业同等学力，经考试及格者，修业年限一律为 5 年（学科学习 4 年，实习 1 年）。期满考试及格，经教育部核准，由院（校）授予学士学位。

师范学院得设第二部，招收大学及专科学校毕业生，授予教育专门课目及专业训练，修业 2 年（学科和实习各 1 年），期满考试及格，经教育部核准，由院（校）授予高级中等学校某科教员证书。

师范学院得附设专修科，招收高级中学或同等学校毕业生，或具有高级中学毕业同等学力者，修业年限 3 年（学科 2 年、实习 1 年）。期满考试及格，经教育部核准，由院（校）授予初级中等学校某科教员证书。其毕业生毕业成绩在 80 分以上并服务 2 年期满成绩优良者，得投考师范学院 3 年级。

师范学院得设教育研究所，招收教育系毕业的非师范生及师范学院毕业服务 2 年，或大学其他院系毕业而有 2 年以上教学经验者，研究期限 2 年，期满经硕士学位考试及格授予硕士学位。

其系科设置，独立师范学院分国文、英语、史地、数学、理化、博物、教育、体育、音乐、家政等学系，及体育、音乐、劳作、图画、家政等专修科。大学师范学院分设教育、体育、艺术等学系，并得在文理学院相当学系内招收师范生。

（二）课程及考试

师范学院的课程分 3 类：基本课目，专门课目，教材教法研究及教学实习。基本课目及教材教法研究及实习为各学系共同必修课目，专门课目依其性质为各学系必修或选修。大学文理学院师范生按照文理学分系必修及选修课目修习，惟各学系专为高深研究而设的课目，与中等学校教学关系甚少者，应予免修，外加修习教育专门课目以补充之。师范学院学生除主系以外，得另选一辅系，大学师范学院学生则以文理学院有关中等学校教学的学系为辅系。师范学院共同必修课目及分类必修课目如下表：

师范学院共同必修课目表

科 目	学分	第1学年 1学期	第1学年 2学期	第2学年 1学期	第2学年 2学期	第3学年 1学期	第3学年 2学期	备 注
党义	2	1	1					①政治学、经济学、社会学、法学通论各6学分，任选2种；物理学、化学、生物学、人类各6学分，任选1种 ②音乐、军训为共同必修课目，不计学分
国文	8	4	4					
外国文	8	4	4					
社会学科	12	3	3	3	3			
自然学科	6	3	3					
哲学概论	4			2				
本国文化史	6	3	3					
西洋文化史	6			3	3			
教育概论	6	3	3					
教育心理	6			3	3			
中等教育	6			3	3			
普通教学法	4				2	2	2	
总 计	74	21	21	14	14	2	2	

师范学院课程分类设置及学分总表

学科类别	课程设置		学 分
共同必修课目	普通基本课目	党义、国文、社会科学、自然科学、哲学概论、本国文化史、西洋文化史	52
	教育基本课目	教育概论、教育心理、中等教育、普通教学法	22
	其他	音乐、体育、军训	不记学分
分系专门课目	根据各系专业性质设置，有必修课与选修课		72
专业训练课目	分科教材教法研究		8
	教学实习		16
学分总计			170

师范学院的考试分为入学考试、平时考试、学期考试和毕业考试4种。入学考试除了体检及笔试外，还应注重口试，通过口试考查学生之思想、仪容及应对、演说能力。平时考试由各学系教员随时举行，每学期不得少于1次。平时考试要与听课笔记、读书札记、参观报告及练习、实习、实验等成绩分别合并计算，作为学生的平时成绩。学期考试由院长会同各学系主任及教员于每学期期末举行，其考试成绩与平时成绩合计为学生的学期成绩。学

科毕业考试由院长聘请校内教员及该区内教育行政机关长官、校外专门学者组织委员会举行，院长（校长）为主席，必要时教育部可派员监试。学科毕业考试分笔试与口试两种。笔试就所学3类课目分类综合命题，口试侧重考查学生的思想、学力、态度、修养与讲话方式。此外，师范学院的学生还要在第4学年第1学期开始时选定毕业论文题目，受系主任及任课教员指导进行撰述，并于学科毕业考试期前提交毕业考试委员会评定。毕业总成绩由各学期平均成绩、毕业考试成绩、毕业论文成绩及实习成绩合并而成。

（三）教学实习

根据《师范学院学生教学实习办法》（1944年12月教育部公布），教学实习分见习、试教及充任实习教师3部分内容。

教学见习应在第3学年教材及教法课内进行。试教在第4学年教学实习课内进行，由各该课目教授担任指导。试教时数为每个学生每周3小时。充任实习教师在第5学年内进行。

学生在第4学年结束时完成所有学业。此前3个月，各院校应会同所在区内省市教育厅局，拟定将要分发实习生的学校名称（以本师范学院所在区内办理优良的公私立中等学校为限），将各实习生所任教科目及其他相关材料（如肄业学系、以往各学期之学科、体育、操行等项成绩平均分数等）上报教育部，呈请分发充任实习教师。实习教师每周教学时数与各该校专任教员相同，并比照国立中学教职员支薪标准所规定的高中专任教员最低薪级领取薪水，其他补助与一般教师相同。

实习教学须将所任教学课目编为教学预订表，并须按照教学程序逐周编为教案，逐日填写教学进度表。这些预订表、进度表、教案均须于学期终了时汇集成帙，经原校指导实习教授、所在学校校长、教导主任及该课目首席教师，加具考语签名盖章后，汇送各该校院批阅核定其教学成绩。此外，实习教师还须每日详细记载本人生活情形及服务观感，径送各该校院，作为实习成绩的一部分计算。教育学系及公民训育学系学生在充任实习教师时，除担任教学工作外，还须特别注重实习学校行政及学生训导工作。实习教师任教满1年后，其服务成绩经由原校审核，转呈教育部复核无异者，准予毕业并发给毕业证书及教师资格证明书。

此外与实习有一定联系的，是学生在寒暑假的社会服务与调查活动。《师范学院规程》第52条规定，师范学院的学生必须在寒暑假期间从事社会服务或劳动服务，如社会教育、义务教育、新生活运动、工厂实习、社会调查等。服务时间不得少于4周。没有此项服务证明者，不能毕业。

（四）学生的训导、待遇及服务

在训导方面，为了对师范生进行严格的身心训练，实行导师制，即各师范院校的每个教员除了教学以外，均须兼任学生导师，各指导学生若干人。学生入学后，主任导师[①]按照其兴趣、志愿及学科，指定其导师。学生一律住宿学校，实行集团生活，严格训练。导师须全面负责学生的品德修养、学术研究及专业训练。学生每个学期的选科，须经系主任及导师认可并签字。对于学生的性行、思想、学业、生活规律、身体状况等各方面情况，导师应依照格式详细记录，每月报告学校1次，由主任导师汇集整理。学生导师每月举行训导会议1次，报告训导实施情况，并研究训导中面临的共同问题。会议由院长主持，院长缺席时，由训导主任主持。在导师认为学生不堪训导的情况下，可请求训导主任予以退训，训导主任可将被退训的学生，交由从其他教员中选出的导师训导，如再经退训，学校将开除该生。学生毕业的时候，导师应出具训导证书，对学生的思想行为及学业各项详加考语。学生就业时，有关方面可随时调阅相关材料。

关于师范学院学生的待遇及服务，《师范学院规程》有明确的规定。师范学院的学生，一律免收学费、膳食费。其无故退学或被学校开除学籍者，应追缴其在学期间全部学膳费及补助费。其服务年限，师范学院毕业

---

① 按《师范学院规程》第22条的规定，每个师范学院设主任导师1人，综理全院训导工作。由院长推荐两人经教育部选定后加以聘任。

生为5年，初级部及专修科毕业生为3年，第二部及职业师资科毕业生为2年。在规定的服务期内，师范学院毕业生一律不得从事教育以外的职务，违者追缴其在学期间的所有学膳费及各种补助费。有特殊情况者，经教育部核准，可展缓其服务期限。

（五）师范学院区与中等教育辅导制度

在民国师范教育史上，值得一提的还有师范学院区制与师范学院所履行的中等教育辅导制度。1938年7月，国民参政会第1次会议通过的"各级教育实施方案"，建议训练中等学校师资，视全国各省市之需要，于全国划分若干区，设立师范学院，施行德智体三育所需专业师资的训练。同年10月，全国高级师范教育会议议决了《师范学院与省市教育行政机关合作推进中等教育办法》。该办法建议：①全国划分若干师范学院区，负责推进区内中等教育；②各师范学院应会同区内各省市教育行政机关，组织中等教育辅导会议，研究各省市教育之重要设施，讨论各省市之中等教育问题等；③师范学院应商同各省市教育行政机关，指定若干中学、师范及职业学校为实习学校，供师院学生实习之用；④鼓励在职教师及行政人员之进修等。

1940年，教育部公布了《师范学院辅导中等教育办法》及《各师范学院区中等教育辅导委员会组织通则》，对中等教育辅导委员会的任务作了如下规定：①商讨中等教育辅导计划及实施方案；②研究区内中等教育设施，商讨中等教育改进计划；③调查中等学校各科师资供求实况，核定师范学院招生数额及协助师范学院学生实习及参观事项；④规划师范学院毕业生服务计划；⑤协助省市内各中等教育研究会，研究各项中等教育问题；⑥办理中等学校教员暑期讲习讨论会；⑦发行中等学校教员进修及研究刊物；⑧推荐专门人员由教育厅局聘请协助视导中等教育；⑨其他有关中等教育辅导事项。

上述规定的主要目的，在于把师范学院办成各区内中等师资培养与培训的中心，并通过与省市教育行政机关的紧密配合，使师范学院发挥全面推进该区中等教育发展的作用。此项制度确立后，各师范学院大都设立中等教育辅导委员会，从事该区内中等教育的各种设计，协助在职教师进修，出版中等教育季刊，举办暑期讲习会等。

三、实施与评价

从20世纪30年代初到40年代末，国民政府建立了一个包括中等师范教育（以师范学校为主体）和高等师范教育（以师范学院为主体）在内的比较完备的师范教育制度体系。这一体系的特点是：①学校类型比较齐全。在中等师范教育方面，除师范学校（包括女子师范学校、乡村师范学校等）外，为适应快速培养大量小学师资的需要，还设有简易师范学校、简易师范科及特别师范科等。在高等师范教育方面，除单独设立或附设于国立大学的师范学院外，还在师范学院内设立第二部（招收大学或专科毕业生，进行师范训练，培养高中教师）以及专修科（培养初中教员）。它在一定程度上加快了师资培养的步伐，缓解了中小学尤其是普及义务教育与师资匮乏的矛盾。②实现了师范生培养的标准化、规范化。对涉及师范生培养与训练的重要方面，如课程标准、训导制度、教育教学实习等，都通过有关制度和措施加以确定。特别是其训导制度采用导师制及教学实习的全面长期化，是很有借鉴意义的做法。前者有利于充分调动专业教师教书育人的积极性，加强了导师的责任心，使专业教师全面关注学生的发展，避免了思想教育与业务课教学相互脱离的现象（它在制度上对国民党的党化教育有所削弱），而学生与导师的经常性接触和单独指导，有利于提高师范生的业务水平和研究能力。后者一方面把学生的实习与见习分配到各个学期，保证了师范生能有较多的机会了解实际教育情形；另一方面在毕业前的实习中注重学校行政、学生管理和教学等多方面的训练，有利于在短时间内培养师范生的实际工作能力。③师范生的公费待遇及其服务等制度，在鼓励学生从事教育工作的同时，也明确了师范生为国家服务的义务。④学校内部管理在一定程度上体现了由专任教师及专家兼任校内重要行政职务的原则，它有利于调动专家的积极性和按照教育自身规律办学。

与此同时，还针对不同时期师范教育发展的具体问题，制定了推进师范教育方案，并把师范教育列为优先发展对象。例如，在中等师范教育方面，曾3次制定师范教育推进方案。第1次师范教育方案始于1938年5月教育部颁布的《确定师范教育设施方案》，并于1941年对该方案进行了修改与补充，规定自下学年（1939年）起至第1期义务教育完成时为止。这一时期师范教育的发展要点是：统一小学师资标准，划定师范区并按规定设立各类师范学校，培训不合格小学教员及私塾教员，以适应推进国民教育需要。第2次师范教育方案于1941年12月颁行，包括"实施原则"8条和"工作要项"18条，要求各省把师范教育作为中等教育的优先发展对象，使师范教育与国民教育密切配合。其工作要点是在扩展数量（包括学校数量与学生数量）的同时，实现师范教育在课程、设施、管理方面的标准化。1946年5月，根据战后教育发展的需要，又制定了《战后五年师范教育方案》，要求各省据此各自制定第3次师范教育方案。其要点是：提高师范学校水平，提高师范生素质，加强师范生精神训练，改善师范生待遇，管理师范毕业生的服务，辅导地方教育，推进师范教育运动。

这样，从20世纪30年代中后期到抗战结束时，师范教育经历了从战前的复兴到战时的发展两大时期。在中等师范教育方面，从1936～1946年，其学校及学生数量的变化如下表①：

---

① 教育部教育年鉴编纂委员会：《第二次中国教育年鉴》，总第929～930页，上海，商务印书馆，1948。

类别\学年	学校数（所）师范及简师	学校数（所）简师及简乡师	学校数（所）合计	班级数（个）师范及简师	班级数（个）简师及简乡师	班级数（个）合计	学生数（人）师范及简师	学生数（人）简师及简乡师	学生数（人）合计	毕业生数（人）师范及简师	毕业生数（人）简师及简乡师	毕业生数（人）合计
1936	198	616	814	979	1443	2422	37 785	50 117	87 903	11 225	12 937	24 162
1937	267	97	364	544	825	1369	19 889	28 904	48 793	4394	5002	9396
1938	100	212	312	625	913	1538	22 923	33 756	56 679	4594	6606	11 200
1939	107	232	339	548	1040	1588	19 760	39 671	59 431	5511	6967	12 478
1940	130	244	374	633	1356	1989	22 011	56 331	78 347	4437	14 527	18 964
1941	152	256	408	687	1614	2301	23 849	67 390	91 239	6107	16 958	23 065
1942	182	273	455	914	1893	2807	31 713	77 296	109 009	6713	16 218	22 931
1943	195	303	498	995	2228	3223	36 286	94 709	130 995	7491	17 034	24 525
1944	221	341	560	1206	2634	3840	44 976	112 830	157 806	9438	17 370	26 808
1945	318	452	770	1692	3488	5180	62 786	139 977	202 163	13 069	15 094	28 163
1946	373	529	902	1975	4025	6000	76 991	168 618	245 609	16 253	31 531	47 784

从上表不难看出，中等师范学校数及学生数除抗战初期较战前有所下降外，抗战中期迅速恢复和发展。到1940年，各类学校较1936年增加了18所，学生数则将近战前的3倍，毕业生数也将近战前的2倍。

在高等师范教育方面，随着师范学院制度的建立与发展，其教育规模也得到了扩展，其具体情况如下表[①]：

类别\学年	学院数	学系数	专科及专修科数	学生数（人）大学生	学生数（人）专科及专修科生	学生数（人）合计	毕业生数（人）大学生	毕业生数（人）专科及专修科生	毕业生数（人）合计
1938	6	45	—	996	—	996	—	—	—
1939	6	48	—	1591	—	1591	44	—	44
1940	7	55	—	2217	—	2217	119	6	125
1941	9	68	37	2653	642	3295	98	55	153
1942	9	69	40	3604	1765	5369	642	206	848
1943	10	73	49	4017	2359	6376	545	488	1033
1944	11	82	55	4622	3236	7858	803	540	1343

---

① 教育部教育年鉴编纂委员会：《第二次中国教育年鉴》，总第929～930页，上海，商务印书馆，1948。

续表

类别\学年	学院数	学系数	专科及专修科数	学生数（人）			毕业生数（人）		
				大学生	专科及专修科生	合计	大学生	专科及专修科生	合计
1945	11	55	50	5672	3390	9062	674	712	1386
1946	15	91	67	9775	4723	14 498	—	—	—

注：①师范学院制度创始于1938年。②1945学年度各临时大学补习班毕业生数未计入。③注有"—"符号者系无统计数字。

从上表可以看出，1938～1946年短短七八年的时间里，高等师范教育有了长足的发展，学校数量成倍增长，在校学生数及毕业生的数量更是发生了巨大变化。虽然它与中国的人口总数相比是微不足道的，但毕竟在高等师范教育方面迈出了重要的一步，奠定了今后发展的基础。

总之，师范教育是国民政府时期发展最快的部分，它在地区分布上也远较其他类型的教育为合理。这当然与国民政府重视师范教育并将其纳入国家的整体规划有关。

第五节 职业教育制度

发展职业教育是中国教育近代化的一个重要方面。洋务运动时期，在"中体西用"原则的指导下，最早发展起来的一批近代学校就是与军事国防紧密相关的西艺学堂。从清末到民初，中国仿照德国与日本的做法，在普通教育之外设置实业教育，以实业学校的形式进行农、工、商等职业技术教育。从1916年起，随着教育界对职业教育的提倡，到1922年新学制公布，职业技术教育开始在整个学制系统中占有了一席之地。但是，从中国国情出发，具体组织和落实职业技术教育的理想，并不是一件容易的事。加上主政的北洋军阀忙于争战而无暇顾及国计民生，故除了民间教育团体的不懈努力外，在整个国家教育发展中，职业教育基本上是被束之高阁的。

真正重视并积极扩展职业与技术教育，是从国民政府成立以后才开始的。早在广州国民政府教育行政委员会时期，教育行政委员会委员许崇清和韦悫分别在其所拟《教育方针草案》《国民政府教育方针草案》中，就强调要把"产业教育组织的建设"列为国民政府的重要教育方针之一。①1928年教育部成立后，逐渐着手从制度层面对职业教育进行整顿，通过《专科学校组织法》《修正专科学校规程》《职业学校法》《职业学校规程》等法律、法规的制定与实施，在将职业教育纳入正轨的同时，还加强了普通中小学的职业技术教育以及职业补习教育，使此前的职业教育脱离社会实际、普通教育忽视职业技术训练的状况有所改变。抗战时期及战后初期，国民政府总结了以往兴办职业教育的经验教训，针对抗战的需要，制定了诸如推行建教合作、分区辅导职业教育、奖励职业教育等制度，职业教育有了较大发展。

一、专科职业技术教育

　　专科学校是培养高级职业技术人才的重要场所。但民国初年公布的《专门学校令》，将专门学校的培养目标规定为"教授高等学术，养成专门人才"，并没有突出专门学校人才培养的职业技术特点。要使专科教育更能适应国家经济建设的需要，就有必要对专科学校的性质及功能进行重新界定。1929年4月，国民政府公布《中华民国教育宗旨及其实施方针》，强调"专门教育必须注重实用科学，充实学校内容，养成专门知识技能，并切实陶融为国家社会服务之健全品格"。同年7月公布的《专科学校组织法》在将"专门学校"改称"专科学校"的同时，更加明确地将专科学校的培养目标界定为：依照《中华民国教育宗旨及其实施方针》，"教授应用科学，养成技术人才"。根据这一目标，随着《专科学校规程》等法律、

---

① 舒新城：《近代中国教育史料》第4册，上海，中华书局，1928。

法规的陆续公布实施，逐步形成了专科职业技术教育制度。

（一）学制及学校类型

据《专科学校组织法》及《专科学校规程》，专科学校的修业年限为2～3年，各学校可根据其学校类型分别确定，但须呈经教育部核准。其中，医学专科学校须在修完3年课程后，外加1年的实习。专科学校的招生对象，为公立或已立案私立高级中学或同等学校毕业，或具有高级中学毕业同等学力，经入学考试及格者。但各校录取的同等学力学生，最多不得超过录取总额的五分之一。

专科学校分甲、乙、丙、丁4类。甲类包括矿冶、机械工程、电机工程、化学工程、土木工程、河海工程、建筑、测量、纺织、染色、造纸、制革、陶业、造船、飞机制造等16种，以及其他工业专科学校。凡设立上述两种以上专科者，可以称为工业专科学校。乙类包括农艺、森林、兽医、园艺、蚕桑、畜牧、水产等7种，以及其他农业专科学校。凡设有上述两种以上专科者，可称为农业专科学校。丙类包括银行、保险、会计、统计、交通管理、国际贸易、税务、盐务等8种，以及其他商业专科学校。凡设上述两种之专科者，可称为商业专科学校。丁类包括医科、药学、艺术、音乐、体育、图书馆、市政、商船等8种，以及其他不属于甲、乙、丙3类的专科学校。

抗战时期，对专业技术人才的需要更加迫切。1938年3月，国民党第1次临时全国代表大会确定的《抗战救国纲领》，提出要"训练各种专门技术人员，予以适当之分配，以应抗战需要"。为了扩大专科学校的数量和规模，国民政府对专科学校的招生对象及学制做出了新的补充规定。①按照这一规定，专科学校可以增设招收初中毕业或具有初中毕业同等学力学生的五年制、六年制学校。这些专科学校应以技艺专科为主，并从

---

① "党史会"：《抗战建国六周年纪念丛刊》，第111页，台北，"中央文物供应社"，1926。

1939年6月起试行。试行后很有成效，后推行于工科学校。医科学校因课程较为繁重，也有定为六年制的，修业5年，实习1年。

（二）课程及考试

按照《专科学校规程》，专科学校课程必要时可分成若干组。其中，党义、军事训练、国文、外国文为共同必修课目。其课程采用学分制，但学生每学期所修学分有一定限制，不得提早毕业。后来，随着五年制和六年制专科学校的试行与推广，对必修课目的规定也有所区别。

至20世纪40年代末，规定专科学校的课程设置，医学、农业、法院书记官、监狱官专修科等的课目由教育部确定，其余专科学校和专修科，由各校自行确定并报教育部备案。教育部审核时依据下列标准：①五年制专科共同必修课程为：公民、三民主义、伦理学、国文、外国文、数学、中国史地、体育，总学分为200学分；②二年制和三年制专科的共同必修课目为三民主义、伦理学、国文、外国文及体育等，总学分为100~120学分。③各校在拟定专业课目时，须注重培养技术人才，以教授应用科学为主，不必将高深理论科学列为必修，使与大学课程有所区别。[①]

专科学校的考试分为入学试验、临时试验、学期试验和毕业试验4种。入学考试由校务会议组织招生委员会于每学年开始以前举行。临时考试由各科教员随时举行，每学期内至少须举行1次，并需要同听讲笔录、读书札记及实习实验等成绩分别合并计算，作为平时成绩。学期试验由校长会同各教员于学期终举行，并需要同平时成绩合并计算，作为学期成绩。毕业试验为最后一学期的学期试验，考试科目须在5种以上，至少须有3种包含全学期的课程。毕业试验由教育部派校内教员及校长、专门学者组织委员会举行，校长为委员长。每种课目的考试须于可能范围内有一校外委员参与，必要时教育部得派员监试。

---

① 教育部教育年鉴编纂委员会：《第二次中国教育年鉴》，总第504~505页，上海，商务印书馆，1948。

此外，甲、乙、丙 3 种专科学校学生，还须在每年的暑假或寒假期内在相当场所实习若干星期，没有此项实习证明者不得毕业。实习程序由各个学校自己确定，但须呈经教育部核准。

除上述制度外，专科学校的其他方面，诸如训导、学校内部行政与管理等，基本上与大学及独立学院相同，兹不赘述。

二、中等职业技术教育

民国时期，中等职业技术教育是职业技术教育中最重要的组成部分。1929 年 3 月，中国国民党第三次全国代表大会的报告，曾对当时中等职业技术教育的现状进行了总结。报告认为，中国单独设立的职业学校很少，即使普通中学中所设立的职业科，为学生就业做准备的也不多见。而中学毕业生的绝大多数（约占四分之三）不能继续升学，他们难以适应社会生产与生活的需要。因此，加强中等职业技术教育，乃是当务之急。但鉴于国家财力有限，报告建议先通令已有的高级中学，应按照地方生产、社会需要，添设一二职业科，使学生收到学以致用的功效。[①] 后来，鉴于职业教育的发展在其并入普通教育系统后受到了限制，国民政府乃于 1932 年 12 月公布《职业学校法》，使单独设立的职业学校成为职业技术教育的主要承担者。其后，《职业学校规程》及与之相关的法规相继公布，为中等职业技术教育的实施提供了重要的条件。

（一）学校设置

《职业学校法》将职业学校培养目标规定为"遵照中华民国教育宗旨及实施方针，以培养青年生活之知识与生产之技能"。其具体的训练目标，在《职业学校规程》中被规定为如下 6 点：锻炼强健体格，陶融公民道德，养成劳动习惯，充实职业知能，增进职业道德，启发创业精神。

---

① 吴家莹：《中华民国教育政策发展史》，第 115 页，台北，五南图书出版公司，1990。

职业学校分为初级职业学校与高级职业学校。初级职业学校的作用在于授予青年较简易的生产知识与技能，以养成其从事职业的能力，故应特别重视熟练技术能力的培养。其入学资格为小学毕业或具有相当程度，年龄在12足岁至18岁者，修业年限为1～3年，必要时可酌情缩短。高级职业学校授予青年较高深的生产知识与技能，以养成其实际知识及管理能力，并培养其向上研究的基础。训练中应注意锻炼学生技术、经营及管理能力。其入学资格和修业年限为：①曾在初级中学毕业或具有相当程度，年龄在15足岁至22岁者，修业年限除法律另有规定者外，一律为3年；②小学毕业或具有相当程度，年龄在12足岁至20岁者，修业5年或6年。职业学校可根据地方需要附设职业补习班或职业补习学校。

职业学校由省或直隶于行政院的市设立，但根据需要也可由地方设立，私人或团体亦可设立职业学校。职业学校以就某业中一科单独设立为原则，如工业中的制陶、制革、染织，农业中的畜牧、森林、蚕桑等。经主管教育行政机关特别核准，得兼设同一业数科或合设数业。虽然《职业学校规程》规定职业学校以地方设立为原则，但由于职业科目种类繁多，地方财力有限，教学设备及师资延揽困难，某些科目又非地方迫切需要，故仅让地方办职业教育是不行的。于是，教育部从1936年起创设国立职业学校，至国民党政府退居台湾前，全国共有国立职业学校13所。

（二）学校分科、课程及教学

初级职业学校分下列各科：①关于农业方面的有：普通农作、蚕桑、森林、畜牧、养殖、园艺等；②关于工业方面的有：藤竹木、钣金、电镀、简易机械、电机、电气装置及修理、钟表修理、汽车驾驶及修理、摄影、印刷、制图、染织、丝织、棉织、毛织、陶瓷、简易化学工业等；③关于商业方面的有：普通商业、簿记、会计、速记、打字、广告等；④关于家事方面的有：烹饪、洗濯、造花、缝纫、刺绣、护士、助产等。高级职业学校分以下各科：①农业方面有：农业、森林、蚕桑、畜牧、水产、园艺等；②工业方面有：机械、电机、实用化学、染织、丝织、棉织、毛织、土木、建筑、测量等；③商业方面有：银行、簿记、会计、文书、速记、保险、汇兑、运输等；④家事方面有：缝纫、刺绣、护士、助产等。后来，初级和高级职业学校均增加了海事、医事及其他（如艺术、图工）科目。职业学校的课程，最初多由各校参酌欧美、日本成例及校内情形自行制定。为了统一课程标准，提高教学水平，教育部于1934年刊布《职业学校各科课程表、教材大纲、设备概要汇编》。抗战时期，教育部又召集专家通过征集各方面意见，厘定了各种"教学课目及每周教学时数表""教学大纲""教学要点"等，还组织编写了各种职业技术教育教材。为了鼓励这项工作，教育部于1942年5月制定了《奖励编译职业技术教材暂行办法》，对应用于高级职业学校、初级职业学校、职业补习学校的优秀教材予以奖励。

在教学方面，《职业学校规程》规定，职业学校每周教学40~48小时，职业学科占30%，普通学科占20%，实习占50%。各科教学应遵循先实习后讲授的原则。实习方式分为个别实习、分组实习和共同实习3种，每次实习的时间以连续3小时或4小时为度。实习时需要依照预定实习方案次第进行，并记录实习经过。在实习时，教员应实际参加工作及指导。实习教材的分配，应先进行基本练习，后进行应用练习。应用练习应以正确精细并含有商品价值为主。职业学校还应在每级学生修业期间最后的暑假举行假期作业，将学生平时所学习的各种技术方法融为最有效的总练习。

对职业学校学生毕业成绩的考查分以下3种，临时试验、学期考试和毕业考试。临时试验由各科教员随时举行，每学期至少为2次；学期考试于学期终举行，毕业考试于修业期满时举行。学生的平时成绩，由日常作业成绩和临时试验成绩合并计算，前者占三分之二，后者占三分之一。学生各科学期成绩，由各科平时成绩与学期考试成绩合并计算，前者占三分之二，后者占三分之一。学生毕业成绩，由各学期成绩平均与毕业考试成绩合并计算，前者占三分之二，后者占三分之一。实习学科得免除各种试验，其成绩以平时成绩累积计算。学生实习、操行或体育成绩不及格者，不得晋级或毕业。职业学校学生修业期满、成绩及格者，由学校发给毕业证书，并得由学校分配至职业机关见习。

（三）教职员与校内行政管理

职业学校设校长1人，综理校务。校长之下，设教导主任1人，学级较多的职业学校经主管教育行政机关核准，可分设教务、训育主任各1人，实习主任1人；设科较多的职业学校可设事务主任1人，事务主任同时兼任营业主任；职业学校兼设数科者，可设科主任若干人。上述各主任及负责学生训育工作的训育员，均由专任教员兼任。

校长及主任必须承担教学任务，其中校长的教学时间不得少于专任教员教学时数的三分之一，主任、训育员不得少于专任教员教学时数的三分之二。

职业学校教员包括专任教员和兼任教员2种，以专任教员为主，兼任教员不得超过专任教员总数的四分之一。按照任教课目的不同，职业学校教员又可分为普通科教员和职业科教员。普通科教员任职条件与普通中学相同。至于职业科教员，《职业学校规程》规定，高级职业学校职业科教员须品格健全，对于所任教科有专长学识，且符合下列资格之一：①职业师资机关毕业，有1年以上职业经验者；②国内外专科学校、专门学校或高等师范专修科毕业后，有2年以上职业经验者；③有专门的职业技能，曾任职业机关相当职务4年以上，卓有成绩者。初级职业学校职业科教员须品格健全，对于所任教科有专长学识，且符合下列条件之一：①具有高级职业学校规定资格之一者；②国内外大学、专科学校、专门学校或高等师范专修科毕业，有1年以上职业经验者；③高级职业学校或与高级职业学校程度相当学校毕业，有2年以上职业经验，卓有成绩者。

在学校行政与管理方面,职业学校须设3种委员会,举行4种会议。3种委员会是:①训育指导委员会,由校长、主任、专任教员及校医组成,以校长为主席,每月开会1~2次,负责一切指导学生之事宜;②职业指导推广委员会,由校长、主任及实习科教员组成,以校长为主席,每学期开会1~2次,负责指导毕业生及推广职业知能;③经费稽核委员会,从专任教员中公推3或5人组成,由委员轮流担任主席,每月开会1次,负责审核收支账目及实习产品销售情形。职业学校举行的4种会议分别是:①校务会议,以校长、全体教员、校医及会计组成,校长为主席,讨论学校一切兴革事宜,每学期开会1~2次;②教务会议,由校长及全体教员组成,校长为主席,每月开会1次,讨论一切教学、实习及图书设备购置等项;③训育会议,由校长、各主任及校医组成,校长为主席,讨论一切训育及管理事项,每月开会1~2次;④事务会议,由校长、各主任及全体教员组成,校长为主席,讨论一切事务进行事项,每月开会1次。

我国技术人才缺乏,且大多数因待遇关系而为生产和事业机关所吸收。为了鼓励有关专业人才从事职业教育,教育部曾通令规定,职教师资薪俸应较同级初高级中学教员提高30%~40%。1940年,又颁布了《津贴职业学校专科教员及导师薪给暂行办法》和《国立职业学校职业课目教职员补助金办法》等。

(四)师资培训

为了加强对于职业学校师资的培养与训练,1933年教育部制定颁布了《各省市职业学校职业学科师资登记检定及训练办法大纲》。该大纲第8条规定,职业学校师资训练班分以下2种:①高级职业学科招收以下两种学生:甲,高级中学、师范旧制中学、师范、高级职业学校、甲种实业学校毕业学生,予以3~4年之训练;乙,高级职业学校、甲种实业学校毕业生对于原习职业学科为继续之研究者,予以2年的训练。②初级职业学科招收下列两种学生:甲,初级中学及三年制乡村师范学校,或初级职业学校毕业生，予以3年训练；乙，初级职业学校毕业生对于原习职业学科继续进行研究者，予以1～2年训练。该大纲第9条规定了有关训练科目及时间分配。其中，适合第8条甲款资格者，其训练科目及时间分配是：普通学科，10%；职业理论学科，30%；职业技术学科，50%；教育学科（如教育学、教育心理、职业教育、职业教学法、教育实习等），10%。适合第8条乙款资格者，其普通学科、职业理论学科、职业技术学科和教育学科的时间分配分别是10%、30%、50%和10%。

1940年，教育部又颁布了《职业学校职业教员进修暂行办法》，对于符合进修条件者，由教育部给予进修奖学金，使有关教员休假到学术或事业机关进行半年至1年的学习或进修。此外，还通过暑期讲习会，邀请有关专家联系职业学校实际进行学术与技术方面的指导。

三、初级职业技术教育

对所有从业人员进行基本的生产知识技术与技能的训练，是初级职业技术教育的基本目的与功能所在。国民政府时期，初级职业教育主要按如下3种形式予以实施。

（一）职业补习教育

职业补习教育，在城市以增进场厂商行机关职工的知识技能、服务道德为主要目标；在乡村，以改良地方农业及手工业为主要目标。同时，农村与城市均应重视家事补习教育。1933年9月，教育部订颁《职业补习学校规程》，其后又公布《职业补习学校法》。1936年2月，又颁布了《各省市推选职业补习教育办法大纲》。上述法规要求：①大学与农、工、商等专科学校，职业学校，乡村师范学校，中学，师范学校以及中学师范科有特殊劳作设备者，均应利用其原有的设备和人才，尽力办理与学校设科性质相同的各项职业补习学校；②大学及专科学校，应举办高级职业科目补习班或短期职业培训班。对于已有职业者，予以高深学科补习；③各职业团体均应与职业学校及其他相关学校合作，利用学校的设备，举办与本业有关的职业补习学校或职业训练班；④大学、专科学校、职业学校、乡村师范学校，应把职业补习教育列为推广事业，举办地点不限于本校；⑤各学校所附设的职业学校补习科目，除应与学校设科性质相同外，还应切实注意当地需要。

因为职业补习教育是对在职人员的培训与教育，故必须与有关工厂企业及相关单位取得联系并进行合作。为此，教育部在抗战时期曾与经济、农林、社会等部合商，拟定了《公私营工厂矿场农场推行职业补习教育并利用设备供给职业学校学生实习办法》，于1943年9月公布。1944年，教育部提出了各省推行职业补习教育办法要点，要求各省市加强对于职业补习教育的宣传工作，并成立补习教育推行委员会，督促各公私立职业学校举办职业补习教育，对于已成立的职业补习学校在详细考察的基础上，分别予以调整、推行、奖励和补助。

（二）初级实用职业学校

初级实用职业学校，以训练实用技能及从事当地小工业的改良推广为主要目的。1938年7月，教育部颁发了《创设县市初级实用职业学校实施办法》。要求各省教育厅会同建设厅、民政厅，调查各县市主要农业及日常生活必需品的产销与供求实况，分类编制统计，然后选择一地生活最需要而最感缺乏的职业，决定办理学校地点及设置课目。其学校设置以与生产机关合作办理为原则，并遵循先试点后推广的原则。

此外，该实施办法还规定了初级实用职业学校的设科、师资、教学、经费及其应承担的职业技术推广任务。

（三）职业短训班与技工培训

1935年，教育部颁布《短期职业训练班办法》，规定分甲、乙两类对初中毕业生（或具有同等程度者）和高中毕业生（或具有同等程度者）进行3个月至1年的职业培训，以造就相应的职业技术人才。但此办法公布后遵办者很少，教育部乃指定已有职业学校办理各种短训班，至抗战胜利后逐渐结束。

1939年，为适应抗战的需要，在蒋介石的亲自干预下，由国防工业委员会筹设技工训练处办理技工培训。该处于1940年10月正式成立，后改为经济部技工练处。技工训练分3年制的"特别技工训练"、2年制的"普通技工训练"和1年制的"速成技工训练"3种进行。招收16～20岁的高小毕业男性，并经考试录取，其训练程度分别相当于初级工业职业学校毕业、修业2年或修业1年的水平。

四、职业教育向普通教育的渗透

国民政府对于职业教育的推广与实施，不仅体现在对各级各类职业教育机关的设立，而且体现在用职业教育的精神对于普通教育（包括大、中、小学教育）的改造。1929年4月公布的《中华民国教育宗旨及其实施方针》中明确规定：普通教育须以"养成国民之生活技能，增进国民生产能力为主要目的"。从此，国民政府就开始比较自觉地将职业教育渗透到各级普通教育中去。

在小学教育方面，鉴于绝大多数小学生尚不能继续升学这一现实，国民政府一再强调："小学教育应体察当地之社会情况，一律以养成独立生活之技能与增加生产之能力为中心，务使大多数不能升学之学生，皆有自立之能力。"职业技术教育对小学教育的渗透主要是通过调整教学课目进行的。《小学课程暂行标准》（1929年9月）就把"工作科"列入教学课目中。1936年7月公布的《修正小学课程标准》，除了将小学一、二两个年级的美术科、劳作科合并为工作科外，还在算术科中加授珠算，以配合学生就业的需要。

在中学教育方面，国民政府一方面通过规定普通中学与职业学校的发展比例；另一方面通过把生产劳动作为重要的训练内容之一，来加强职业教育。在1930年召开的第2次全国教育会议上，人们一致主张各级教育应注重科学实验，培养生产能力和职业技能，并建议：各省普通高中校数超过3所以上者，应分别改办农科或工科；现在未设立高中的省份，每省各设10所，其中普通高中4所，农业高中5所，工科1所；全国已有初中百余所，以后每年添15所，初中及职业学校各半。第二年，教育部就通令全国，限制普通中学的数量，并要求在普通中学内设立职业科或职业科目，县立初中应附设或改设乡村师范或职业学校。表现在课程上，1929年颁布的中学暂行课程标准，曾将工艺和职业科目列入教学课目。1932年公布的正式课程标准，取消了选修职业科，改工艺科为劳作科，劳作科分工艺（略相当于工业技术）、农业、家事3种，供学生选修。抗战时期教育部颁发的《国立中学课程标准纲要》（1938年2月），规定国立中学各科各年级学生均须受生产劳动训练，平均每天以1小时为度，令每一学生就农业及工业范围内尽量学习，务求确实娴熟，以期养成劳动习惯，增进生产能力。

在大学教育方面，强调大学应注重与国家物质建设密切相关的实用科学。① 为了克服民国初年以来文科、法政类大学纷立的毛病，《大学规程》（1929年8月）规定，大学必须具备3个学院，其中必须包括理学院或农、工、医学院之一。1932年12月，国民党四届三中全会决议，各省市及私立大学或学院，应以设立农、工、商、医、理各学院为限，不得添设文、法学院。1933年5月，教育部公布的《大学及独立学院招生办法》规定，各大学兼办甲类学院（包括文、法、商、教、艺术）及乙类学院（包括理、工、农、医）者，如果甲、乙两类学院所设学院数目不同，则任何甲类学院各系所招新生及转学生的平均数，不得超过乙类学院各系所招新生

---

① 如《中华民国教育宗旨及其实施方针》中规定："大学及专门教育，必须注重实用科学，充实学科内容，养成专门知识技能……"《确定教育设施趋向案》（1931年）中规定：大学教育以注重科学及实用科学为原则。

及转学生的平均数。从那时开始一直到抗战爆发前，国民政府一直通过裁并文法院系、增设实科院系以及限制文法科招生数量、增加实科招生数量的办法，解决大学教育适应国家生产需要的问题。

五、分区辅导与建教合作制度

鉴于以往职业教育课程设置脱离地方生产建设实际，学生就业困难，生产建设所需人才又得不到有效的培养等情况，推行分区辅导职业教育制度与建教合作制度，是抗日战争时期国民政府为发展职业教育所推行的两项重要制度。

1938年11月，国民政府将陕、甘、宁、青、川、康、云、贵、桂9省分成西北、西南和川康三大职业教育区，实行分区辅导职业教育制度。第二年2月，教育部颁布《各省市实施分区辅导职业学校办法》，规定各省依照省内职业、物产、交通、文化及已设与拟设各科职业学校分布情形，划分职业学校区。各区内的高等学校、生产建设机关、军事工业机关等，应协同当地教育部门，对该区内职业学校的教学、实习、教员进修、教材教具等各个方面，予以辅导。每一职业学校区必须于一二年内成立高级职业学校1所，初级职业学校2所或3所，以期与地方生产经济及卫生事业相配合。其已设有学校的区域，应调整科别，加强内容，充实学额。各县每年小学毕业生达200人以上者，应单独或联合邻县筹设初级实用职业学校。

也是在1938年，教育部会同中央有关部委，分派代表组成了中央建教合作委员会。该委员会的工作由教育部具体组织、其他各部委予以协调。其主要工作是，统计调查各项技术人才、职业介绍、专科大学设科计划及其毕业生的分派、教育与建设机关的联络。接着，各省也由教育厅会同建设、行政、技术、事业机关组成省建教合作委员会。1941年，教育部又会同有关部委，制定并颁布了《农林技术机关与农林教育机关联系与合作大纲》《农林建教合作初步实施办法大纲》《公私营工厂矿厂农场推行职业教育并利用设备供给职业学校学生实习办法纲要》等,对建教合作予以规范。

上述两项制度,对于促进职业教育与国家和地方建设间的联系起了重要作用,有力地推动了抗战时期职业教育的发展。

六、实施与问题

综上所述,自南京国民政府建立以来,通过有关法律和法规的制定,中国逐步建立起了一个从初等教育到高等教育、从职业学校到普通教育、从正规的学校教育到各种职业培训班等在内的多层次、多类型的职业教育制度体系。它推动了中国的职业教育的发展,进而推动了中国经济的发展。下面的统计数字或许能部分地反映一些问题。

1928年以后职业学校及专科学校发展概况

类型 年度	职业学校		专科学校	
	学校数(所)	学生数(人)	学校数(所)	学生数(人)
1928	157	16 640	25	7406
1929	232	26 659	26	7803
1930	272	29 647	27	8889
1931	266	40 393	30	10 201
1932	265	38 015	27	7070
1933	312	42 532	29	5336
1934	352	46 355	31	4511
1935	408	50 637	28	4150
1936	494	56 822	30	4592
1937	292	31 592	24	3262
1938	256	31 897	27	3997
1939	287	38 977	28	5170
1940	332	47 503	33	5241
1941	344	51 557	46	7590
1942	359	61 849	47	9709
1943	384	67 929	44	11 023

续表

类型 年度	职业学校		专科学校	
	学校数（所）	学生数（人）	学校数（所）	学生数（人）
1944	424	76 010	55	13 640
1945	576	102 030	52	13 449
1946	724	137 040	68	18 898
1947	—	—	77	23 897

资料来源：教育部教育年鉴编纂委员会：《第二次中国教育年鉴》，第14编《教育统计》，上海，商务印书馆，1948。

由上表可以看出，自1928年以来，职业学校发展很快，至1946年，学校数和学生数分别增加到原来的4.6倍和8.2倍。专科教育也有较大的发展，特别是在抗战中期以后，发展速度明显加快，至1947年，学校数和学生数均为1928年的3.2倍。

有关统计数字也表明，虽然国民政府采取了一系列限制普通中学、发展职业学校和师范学校的政策和措施，但从20世纪30年代初至40年代末，普通中学与职业学校之间的比例仍相差悬殊：1928年，职业学校与中学的校数比为16∶100，学生数比为9∶100；1936年，其比例分别是25∶100和12∶100；到1946年，其比例分别为12∶100和9∶100。[1] 这也就是说，虽经近20年的发展与调整，中学与职业学校的数量及学生数一直基本保持在10∶1左右，整个教育的结构并没有发生适应社会经济发展和人才培养需要的根本性变化。这种情况的出现，既有教育制度自身的问题，也受其他众多社会因素的影响。

我们知道，职业教育的发展一方面能够促进社会经济的发展；另一方面又必须基于社会经济对教育提出的客观要求。这后一方面预示着，单靠政府的行政命令，是不足以真正解决职业教育发展问题的。西方发达资本主义国家的近代职业教育，是在科学发展、职业发达而产生对职

---

[1] 教育部教育年鉴编纂委员会：《第二次中国教育年鉴》，第14编《教育统计》，上海，商务印书馆，1948。

业技术人才之需求的基础上产生与发展起来的，产业需要教育，教育又促进了产业的发展，两者相得益彰。相反，中国近代是为了发展实业而办实业学堂，当时实业不发达，旧式师傅带徒弟和手工业观念根深蒂固，要办实业学校不能不借鉴西方的教育制度。这样一来，就很容易造成生产机构与实业教育机构的脱节，毕业生的出路很成问题，再加上传统的官本位观念的影响，广大民众、尤其是农民很难产生接受职业教育的愿望与需要，这就大大地制约了职业教育的发展。① 民国时期此一情况虽有所改观，但并没有发生根本的转变。所以，整个中国近代职业教育，只是政府提倡有余而民众参与不足，虽每每变更学制，始终不见职业教育的蓬勃发展。

第六节 大学教育制度

国民政府时期，中国的高等教育有了长足的发展，学校的数量不断增加，办学质量日益提高，办学体制逐步完善。从高等教育制度上来看，国民政府通过制定一系列法令和法规，加强了对于高等教育的统一规划和控制，抗战前10年有关制度基本上得以定型。高等教育可分为3个系列：一是大学和独立学院，即当时所说的大学教育；二是进行高等职业技术教育的专科学校；三是进行师范教育的高等师范院校。在这一节中，我们集中分析的是大学和独立学院制度。

一、培养目标与学校设置

南京国民政府成立之初，在蔡元培等人的积极倡导和组织下，曾本着使教育管理学术化的精神，试行过大学院与大学区制。在此制度下，大学

---

① 杨玉厚：《中国课程变革研究》，第250页，西安，陕西教育出版社，1993。

不仅是高等教育与学术研究机关，也是组织和实施大学区内各级各类教育的教育行政机关。但此制实行仅1年即被中止。

1929年，随着《中华民国教育宗旨及其实施方针》的公布，大学教育便进入了按照三民主义教育方针进行立法与管理阶段。同年7月26日，颁布《大学组织法》；8月14日，公布《大学规程》。

《大学组织法》规定，大学应依照三民主义教育宗旨及其实施方针，以研究高深学术、养成专门人才为宗旨。这就意味着，大学（包括独立学院）与其他高等学校的不同之处，就在于其学术性。按办学主体的不同，大学分为国立、省立、市立及私立4种。国立大学由教育部审察全国各地情形予以设立。省立大学由各省政府设立，市立大学由市政府设立，私立大学由私人或私法人设立。但不管哪一类大学，其设立、变更及停办，都需要经教育部批准，从而确立了教育部对于全国大学的组织权与规划权。

为了克服1922年新学制允许设立单科大学后出现的滥设大学的弊端，《大学组织法》明确规定：大学分文、理、法、教育、农、工、商、医各学院，必须具备3个以上学院者始得称为大学，《大学规程》进一步补充为"大学须具备三学院，并遵照中华民国教育宗旨及其实施方针'大学教育注重实用科学之原则'，必须包含理学院或农工医各学院之一"。不符合上述条件者为独立学院，独立学院得分两科。大学各学院及独立学院各科，得分若干学系，各学系遇有必要时得再分组，大学医学院或独立医学院不分系科。大学各学院及独立学院得设专修科。大学得设研究院。大学的修业年限，医学院为5年，其他科系均为4年。

1948年1月12日国民政府公布的《大学法》在大学设置方面的一项新规定是：师范学院由国家独立设立，但国立大学可附设师范学院。本法实行前设立的教育学院可继续办理。

二、内部行政管理

《大学组织法》对大学的内部行政作了规定。在校级组织上，大学设校长1人，综理校务。独立学院设院长1人，综理院务。上述校长或院长，国立者由教育部聘任，省立、市立者由省政府商请教育部聘任。他们除担任本校教科外，均不得兼任其他职务。作为议事和决策机构，大学设校务会议，由全校教授、副教授所选出的代表若干人以及校长、各学院院长、各学系系主任组成。校务会议审议下述事项：①大学预算；②大学学院学系的设立及废止；③大学课程；④大学内部各种规则；⑤关于学生试验事项；⑥校长交议事项。校务会议得设各种专门委员会。

大学各学院设院长1人，综理院务，由校长聘任；大学各学系各设主任1人，办理该系教务，由院长商请校长聘任。独立学院设科主任1人，综理各科教务，由院长聘任；独立学院各系系主任由院长聘任。大学各学院设院务会议，以院长、系主任及事务主任组成，院长为主席，计划本院学术设备事项，审议本院一切事宜。各学系设系教务会议，以系主任及本系教授、副教授、讲师组成，系主任为主席，计划本系学术设备事项。

1939年，第3次全国教育会议认为各学校内部行政系统多自行拟定，名称分歧，影响行政效率，于是提出要规定专科以上学校行政组织系统以健全学校机构。教育部根据这一决议，于同年5月制定并公布了《大学行政组织补充要点》，对大学的行政机构作了如下明确规定：

第一，教务处。设教务处长1人，由教授兼任，秉承校长主持全校教务。下设注册、出版等组及图书馆，各组及图书馆各设主任1人，组员或馆员若干人。

第二，训导处。置训导长1人，分设生活指导、军事管理、体育卫生等组，各设主任1人，并设指导员、军事教官、医士、护士若干人。训导长及各组主任要根据有关条例进行资格审查。

第三，总务处。设总务长1人，由教授兼任，秉承校长主持全校总务。分设文书、庶务等组，各置主任1人及组员若干人。

第四，会计室。设会计主任1人，佐理员及雇员若干人，由国民政府主计处任命，依法受大学校长指挥，办理本校岁计会计事宜。

第五，大学校长室置秘书1人。

第六，教务会议，以全体教授、副教授所选出的代表若干人（每10人至少选举代表1人）及校长、教务长、训导长、总务长、各学院院长、各系科主任、会计主任组成。校长为主席，讨论一切教务事项。

第七，训导会议，由校长、训导长、教务长、主任导师、全体导师及训导主任、各科主任组成，校长为主席，讨论一切训导事项。1937年该会议被训育委员会取代。

第八，总务会议，总务长为主席，由总务长及总务处各组主任组成，讨论一切关于总务事项。

第九，大学设图书、出版及其他各种委员会。

此后，有关大学基本依此规定设立相应的机构。从形式上看，国民政府时期的大学内部行政管理，是以校长负责、专家治校为原则的。尽管国民党通过不断强化党化意识形态、强化训育工作来加强对于大学的控制，但至少在制度层面上，它并没有给国民党在大学的组织以凌驾于校长及校内各级行政组织之上的权力。这是值得引起注意的。

三、课程

从1922年新学制公布至南京国民政府成立以前，正值高等学校扩充数量的时期，各大学的自主权很大，往往自行制定各系科课程，从而造成了全国大学课程设置标准混乱零杂的局面。为了加强对于大学的控制，提高大学程度，从1928年第一次全国教育会议起，就开始讨论课程标准问题。

在抗战以前，国民政府统一课程标准方面所做的主要工作，是确立共同必修课、主辅修制及学分制。1929年的《大学规程》规定：①大学各学院及独立学院各科，须以党义、国文、体育、军事训练，第一、第二外国语为共同必修课目。②一年级学生不分系，但须修习基本课程。③课程的修习采用学分制，但学生每学年所修学分应有限制，不准提前毕业。对于聪明、勤奋的优秀学生，可允许他们在完成应得学分的情况下，在最后一学年学习特种课目以资深造。关于学分制，1932年公布了学分制划一办法，规定从当年开始，各学校一律采用学年兼学分制，大学学生除医学院外4年须修满132学分始准毕业。其学分计算办法，需课外自修的课目以每周上课1小时满1学期者为1学分，无须课外自修的课目以2小时为1学分。此外，从1930年开始，教育部着手组织大学课程及设备标准起草委员会，但因思想不统一及大学课程繁杂，直到抗战爆发，只公布了医学院暂行课目表。

抗战爆发、陈立夫继任教育部部长后，十分重视教材与师资问题，再次组织整理大学课程标准，制定了《文、理、法三学院各学系课程整理办法草案》，奠定了大学课程整理的基础。草案分"整理原则"及"整理要项"两部分，整理原则有3个。

第一，规定统一标准。先从规定必修课目着手，为给各学校留有变通余地，暂不规定选修课目。统一标准，既是为了提高一般大学的水准，也是为了与国家的文化及建设的需要相吻合。

第二，注重基本训练。先注意广博的学术基础的培养，将文、理、法3科的基本学科定为共同必修课。在修完共同必修课的基础上，再使学生专精一科，以避免过分专业化所带来的偏枯之弊。

第三，注重精要课目。一般大学课目的设置应力求统整与集中，使学生对于一学科的精要课目能充分修习、融会贯通，其他琐碎课目应予删除。

整理要项有9点：

第一，全国大学各院系的必修与选修课程一律从教育部规定范围内，参照各自的实际需要进行损益。

第二，大学各学院第一学年注重基本课目，不分学系；第二学年起分系，第三、四学年视各院系性质酌设实用课目，以为学生出校就业做准备。

第三，国文及外国语为基本工具学科，第一学年终了时应举行严格考试，不达标者需要继续修习，合格后方能毕业。

第四，各大学仍采用学分制，各学科学习分量以学分计算。

第五，各科教学除教师上课讲习外，对于自习讨论与习作或实验应同时并重，考试范围包括上述全部内容。

第六，各课目应由教师详细规定自习书目与其他参考资料，督令学生按时阅读并作杂记。文学院学生应研究古今名著 1 种或数种，培养学生独立研究精神。

第七，各课目须确实规定学生习作或实习次数，其习作及实习报告应由教师按期批阅。

第八，各学系应在高年级课程中规定重要课目数种，指导学生作学科论文，其题目应由教师指定或核定。

第九，学生毕业考试应包括各院系 4 学年中重要课目，课目种类可由各校自由规定，但不得少于 5 种。①

1938 年 9 月，教育部召开第一次课程会议，参加会议的有关专家对于上述原则和要项基本表示赞同，但也提出了一些重要意见：课程应有伸缩的余地。教育部只定最低标准，各校可根据自己的具体情况增加课程内容；各科学分数不宜规定太严；一年级可不分系，但应增加一些初步学程。会议对于共同必修课程的名称、学分、数目、修习年限等也进行了详细的讨论。讨论结果被整理成文、理、法三学院共同课目表，于 9 月正式予以公布，要求各学校从当年一年级新生起开始施行。农、工、商各学院

---

① 教育部教育年鉴编纂委员会：《第二次中国教育年鉴》，总第 495～496 页，上海，商务印书馆，1948。

的共同必修课目表也于10月公布，并从当年一年级新生开始施行。兹将大学文、理、法、农、工、商六学院共同必修课目及学分数列表如下①：

表1　文学院共同必修课目表

课　目	学　分	备　注
三民主义	4	
伦理学	3	
国文	6	至少每2周需交作文1次
外国文	6	至少每2周需交作文1次
中国通史	6	注重文化之发展
世界通史	6	注重各国文化发展及各国与中国的关系
哲学概论	4	
理则学	3	
科学概论、普通数学、普通物理学、普通化学、普通生物学、普通心理学、普通地质学、地学通论（选习1种）	6	
社会科学概论、法学概论、政治学、经济学、社会学（选习1种）	6	
总　　计	50	

表2　理学院共同必修课目表

课　目	学　分	备　注
三民主义	4	
伦理学	3	
国文	6	至少每2周作文1次
外国文	6	至少每2周作文1次
中国通史	6	注重文化之发展
普通数学、微积分学（选习1种）	6～8	包括大代数、解析几何、初等微积分。数、理、化3系学生必须学习微积分学，必要时得先学习普通数学
社会科学概论、法学概论、政治学、经济学、社会学（选习1种）	6	必需时得在第二学年设置

---

①　教育部教育年鉴编纂委员会：《第二次中国教育年鉴》，总第496～503，上海，商务印书馆，1948。

续表

课　目	学　分	备　注
普通物理学、普通化学、普通生物学、普通地质学、普通心理学、地学通论（选习2种）	12～20	必要时得同在第一学年设置，每课目6～10学分
总　计	49～59	

表3　法学院共同必修课目表

课　目	学　分	备　注
三民主义	4	
伦理学	3	
国文	6	至少每2周作文1次
外国文	6	至少每2周作文1次
中国通史	6	注重文化发展
世界通史	6	包括西洋及亚洲各国史
哲学概论	3～4	
理则学	3	
科学概论、普通数学、普通物理学、普通化学、普通生物学、普通心理学、普通地质学、地学通论（选习1种）	3	经法学系必选数学，法律学系免修自然科学
法学概论、政治学、经济学、社会学（选习2种）	12	法律学系学生免习法学概论，其余3科均须修习，但得由各校院自行酌减该3课目学分数。法学概论一课目的内容包括公、私等法学各部门
总　计	52～53	

表4　农学院共同必修课目表

课　目	学　分	备　注
国文	4	每2周须作文1次
外国文	6～8	每2周须作文1次
化学	6～8	农业化学系得增加学分，另授
植物学	6	
动物学	3～6	畜牧兽医学系、蚕桑学系及植物病虫害学系得增加学分，另授。畜牧兽医系免修

续表

课　目	学　分	备　注
地质学	3～4	
农业概论或农艺	4	
经济学及农业经济	4～6	
农场实习	2	每周工作3小时
总　　计	38～48	

表5　工学院共同必修课目表

课　目	学　分	备　注
国文	4	每2周须作文1次
外国文	6	每2周须作文1次
数学	8	
植物学	8	每周讲授3小时,实习3小时
化学	8	每周讲授、实习各3小时,建筑工程系不授此课
应用力学	4	
材料力学	4	
经济学	3	
投影几何学	2	每周上课6小时
工程画	2	每周上课6小时,建筑工程系不授此课
工厂实习	2	每周实习3小时,建筑工程系不授此课
徒手画	4	除建筑工程系其他系不授此课
建筑初则及建筑画	2	除建筑工程系其他系不授此课
初级图案	3	除建筑工程系其他系不授此课
阴影法	2	除建筑工程系其他系不授此课
木工	1	除建筑工程系其他系不授此课
总　　计	63	

表6　商学院共同必修课目

课　目	学　分	备　注
国文	6	每2周须作文1次
外国文	6～8	每2周须作文1次
商业史	3～4	包括中国及世界两部分
经济地理	3～4	
数学	6	注重商业应用及练习

续表

课 目	学 分	备 注
经济学	6	
法学通论	4～6	
财政学	6	
会计学	8～10	
总　计	48～56	

需要指出的是，除表中所列者外，三民主义、体育和军训为当然必修课目，虽不计学分，但不合格者不能毕业。

单纯从课程设置的方式来看，这种大学课程显然是受了美国博雅教育的影响，注重文理相互渗透，培养学生比较广阔的学术知识视野；第一学年不分系科，旨在避免单纯及过早专业化所带来的弊端，有利于学生在接触多种专业领域的基础上，选择适合于自己的专业发展方向；注重学术基本功，特别是作为基本工具学科的语言（包括国文和外文）实际应用能力的培养，文科还强调引导学生研读古今学术经典，这体现了在高等教育的课程设计上的深谋远虑。在打好宽厚扎实的知识技能基础上实现专业化，这一指导思想至今仍不失其重要价值。

但是，从其对共同必修课目设置的数量及内容来看，也存在着一些比较突出的问题。首先是其共同必修课目与专业课程间的比例不当。如果以4年制大学的总学分为132计算，那么共同必修课目再加上当然必修课目，就占50％左右，这显然弱化了专业知识与能力的培养，容易使学生在各个方面都浅尝辄止，缺乏大学教育应有的专业深度。这与美国大学的做法相似。但美国大学毕业生50％以上有升入研究院的机会，中国大学毕业生能入研究院深造者不到1％。如此模仿美制，不符合中国的大学教育以培养英才为目的的实际。其次，共同必修课目自身的设置显得过于凌杂、琐碎，目的不够明确，中心不够突出，这就难以发挥共同必修课目所应有的作用。此外，为了加强思想控制，国民政府还特别重视三民主义课程，视之为控制学生思想的重要手段,1941年公布三民主义为各类学校的共同必修科目,计4学分,分别在第一学年两学期实行。其实,这类课程除了加重学生负担外,很难说会有什么实际价值。

1944年8月,教育部召开第2次大学课程会议,对有关课目作了调整。当年修订完成了文、理、法、师范学院,次年完成了农、工、商、医学院的修订工作。抗战胜利后,教育部为提高大学程度以配合宪政建国需要,决定对大学课程按照如下原则再做调整:

①注重主要课目;②课目集中;③学分数酌减;④凡属不十分必要的课目均列为选修;⑤选修课目亦不必太多。但因抗战胜利后的复员及继之而来的内战,国民政府已无暇在课程方面做出努力了。

四、教员

按照1929年《大学组织法》,大学、独立学院之教员均分教授、副教授、讲师、助教。关于大学教员的任职资格,《大学及独立学院教员资格审查暂行规程》(1940年10月公布)作了如下规定:

第一,助教。须有如下任职资格之一:国内外大学毕业,有学士学位且成绩优良者;专科或同等学校毕业,曾在学术机构研究或服务2年以上且卓有成绩者。

第二,讲师。须具有下列条件之一:在国内外大学或研究院所研究,得有硕士或博士学位或同等学历证书,且成绩优良者;任助教4年以上,卓有成绩并有专门著作者;曾任高级中学或其同等学校教员5年以上,对于所授学科确有研究并有专门著作者;对于国学有特殊研究并有专门著作者。

第三,副教授。须具有下列条件之一:在国内外大学或研究院所得有博士学位,或同等学历证书,且成绩优良并有有价值之著作者;任讲师3年以上,卓有成绩并有专门著作者;具有讲师第一款资格,继续研究或执行专门职业4年以上，对于所习学科有特殊成绩，在学术上有相当贡献者。

第四，教授。须具有下列资格之一：任副教授3年以上，卓有成绩并有重要著作者；具有副教授第一款资格，继续研究或执行专门职业4年以上，有创造发明，在学术上重要贡献者。

符合上述任职条件的人员，在各高校任教者，由各院校呈送教育部提交学术委员会审查确定；不在职人员，可自行提交有关材料由教育部审查。此外，在学术上有特殊贡献而其资格不合于教授或副教授规定者，经教育部学术审议委员会表决，有四分之三以上委员同意，可担任教授或副教授。

专科以上教员，由校长根据教育部审查合格等级聘任。第一次试聘1年，第二次续聘1年，以后每次续聘期为2年。教员资格等级未经教育部审查核定者，可在聘任后办理审查手续，但此聘期不得超过1年，这1年在审查合格后可作为年资计算。在教员聘约有效期间，除教员违反聘约及有重大事故经教育部核准者外，学校不得解除聘约。

教员以专任为原则，应于学校办公时间在校服务。教授、副教授、讲师的授课时间以每周9～12小时为准；不满9小时者，只能享受兼任教员的待遇。

大学教员的薪水，不同级别与职务之间的差别是很大的。这在某种程度上体现了对于高级知识分子的重视。根据1940年公布的《大学及独立学院教员聘任待遇暂行规程》，大学及独立学院教员薪俸如下表（单位：元）：

级别 职别	第1级	第2级	第3级	第4级	第5级	第6级	第7级	第8级	第9级
助教	160	140	120	110	100	90	80		
讲师	260	240	220	200	180	160	140		
副教授	360	340	320	300	280	260	240		
教授	600	560	520	480	440	400	370	340	320

除校长以外的其他大学职员，薪水共分为29级。自55元至490元不等。

此外值得一提的是，教育部于1931年5月订颁《国立专科以上学校教授休假进修办法》，规定国立专科以上学校教授满7年以上，成绩卓著者，应予以离校考察或研究半年或1年。

五、研究机构与学位制度

1929年，教育部公布了《改进高等教育计划》，其中规定国立大学符合下述条件者，可以设立研究机关：①每年经常费在100万元以上；②有充实的图书、仪器、标本等设备；③校内教授对某种学术有特殊贡献；④校内学生程度业已提高。研究机关有研究学部、研究所和研究院。有3个以上的研究学部时，称研究所；有2个以上研究所时，称研究院。同年8月公布的《大学组织法》规定"大学得设研究院"。1934年教育部颁布并经1939年修正颁发的《大学研究院暂行组织规程》，对研究院的具体组织作了如下更具体的规定：

研究院的设立，旨在为大学本科毕业生研究高深学术及大学教员从事研究活动提供方便。研究院分文、理、法、教育、农、工、商、医各研究所，分别称为"文科研究所""理科研究所"等。具备3个研究所以上的可设立研究院，但未设立3个以上研究所之前，一律不准使用研究院的名称。研究所依其本科所设系分若干部，称研究所某部（如"理科研究所物理部"）。上述各项机构的设立，均须经教育部核准。

设立研究院、研究所的大学，须具备下列条件：除大学本科经费外有确定充足的经费专供研究所用；图书、仪器、建筑等设备堪供研究工作之需；师资优越。

大学研究院设院长1人，可由校长兼任。研究所及所属各部各设主任1人。

研究院招收的研究生，以国立、省立及立案的私立大学与独立学院毕业生公开考试及格者为限，并不得限于本校毕业生。在国外大学毕业者亦可应前项考试。各大学依本规程所招收的研究生，应于取录后1个月内连同资格证件报教育部审核备案。在学位法颁布以前，研究生研究期限至少为2年。期满考核成绩及格，由大学发给研究期满考试及格证书。这种考试应有经教育部核准的校外人员参加。研究生应修课程及论文工作由各校详细拟订，呈经教育部核定。研究生不得兼任校内职务，成绩优异者得给予奖学金，其名额及金额由各校自己确定。

独立学院依照上述规定设立研究所。[①]

1939年对研究院组织机构的修正，主要是采用系所合一的制度。即废除原来的研究院与研究学部，一律改为研究所，使与学系打成一片。系内教授、副教授、讲师、助教等，均为研究所工作人员，不另支薪水，也不因此而减少教学时数。到1948年，全国34所院校共设立166个研究所。

1935年4月，国民政府公布《学位授予法》。同年5月，教育部发布了《学位分级细则》，其主要内容如下：学位分学士、硕士、博士3级。凡曾在公立或立案的私立大学修业期满，考试合格，并经教育部复核无异者，由大学或独立学院授予学士学位。受有学士学位，曾在公立或立案私立大学或独立学院的研究院或研究所继续研究2年以上，经该院所考核成绩合格，提出于教育部审查许可者，得为硕士学位候选人。硕士学位候选人考试合格，并经教育部复核无异者。由大学或独立学院授予硕士学位。受有硕士学位，再继续在研究院或研究所研究2年以上，经该院所考核成绩合格，提出于教育部审查许可者，得为博士学位候选人。同时，具有下列资格之一，经教育部审查合格者，亦得为博士学位候选人：在学术上有特殊的著作或发明者；曾任公立或立案私立大学或独立学院教授3年以上

[①] 阮华国：《教育法规》，上海，大东书局，1946。

者。博士候选人经博士学位评定会考试合格者，由国家授予博士学位。硕士学位及博士学位候选人，均须提交研究论文。

六、实施与问题

20世纪30年代，是中国大学教育制度定型时期，也是大学教育取得重大发展的时期。其间，国民政府在大学教育方面的主要政策，一是加强对于大学的国家控制，其中包括利用收回教育权运动迫使教会学校进行登记、加强或建立国立大学、大学校长直接（国立大学）或间接（省市立）地任命等；二是加强大学教学尤其是课程的标准化与规范化；三是调整文、法科与理、工科的比例。

这些政策从总体上来看，对于大学教育的发展是有利的。加强对教会大学的管理，客观上适应了民主革命时期教育民族化的发展趋势，使教会学校势力的膨胀在一定程度上得到了遏制。建立和加强国立大学，有利于将高等教育纳入国家和社会发展的总体规划之中，使之成为培养各类高级人才的主要阵地。大学课程的规范化与标准化，则有利于整齐大学水平，提高大学质量。调整文法科与理工科的比例，则使二者比例关系日趋合理。[①] 其大学内部行政管理中所体现的专家治校原则，吸引了大批高水平的专家学者进入大学执教，有利于他们在高等教育各个领域中发挥更大的作用。再加上知识界为国家的统一所鼓舞，共同促成了20世纪30年代高等教育质量的提高，从而涌现出了一批学风严谨、师资队伍优良、在国内声誉很高的著名大学。早已蜚声学坛的北京大学姑且不论，如中央大学（南京）、复旦大学（上海）、南开大学（天津）、厦门大学（厦门）、四川大学（成都）、浙江大学等，都是这个时期涌现出来的佼佼者。这里仅以南开大学为例加以说明。

---

① 较详细的分析，请参见李华兴：《民国教育史》，第603～604页，上海，上海教育出版社，1997。

南开大学是著名教育家张伯苓在1919年秋天主持创办于天津的一所私立大学。到了20世纪30年代，南开大学才形成了自己的办学特色。联系中国实际，解决中国问题，是南开大学的基本特色。1927年，鉴于日寇觊觎东北，张伯苓亲自带人到东北进行实地考察，搜集资料，进行研究。1931年和1932年，南开大学为了以近代科学技术研究中国经济和工业，先后设立了经济研究所和化学研究所，并取得了重要的研究成果。德、智、体三育并举，不仅是南开的办学方针，也是其重要的办学特色。在智育方面，以重视基础训练、教学严谨著称，学生的课外社团及学术活动活跃，培养了大量优秀学生；在德育方面，制定了"允公允能"的校训，重视日常生活与学习习惯培养，学生训练有素，良好的精神风貌深受社会欢迎；在体育方面，将"体"与"育"相结合，其运动水平处于当时全国领先地位，为推动全国体育运动做出了贡献。

抗战时期，大学教育虽然遭受了暂时的挫折，但沿江沿海大学向内地、后方的迁移和重组，有力地推动了内地高等教育的发展，促成了教学科研力量、办学思想方法的优势互补，从而涌现出了像西南联合大学和西北联合大学那样一些集中了大批名师名家、思想自由、学术研究与人才培养成就斐然的著名学府。抗战8年，大学与独立学院不仅没有萎缩，而且得到了进一步的发展，学校数由战前的78所增加到89所，学生数增加了1倍左右。[①] 抗战胜利后，虽然大部分大学和独立学院返回了原籍，但仍有部分学校及师生留在了云南、四川、甘肃、陕西等地，这在一定程度上使中国近代大学地域分布的不合理状况有所改观。但是随着内战的爆发，大学及其他高等学校陷入了深深的困境之中。

当然，大学教育在实施过程中也暴露出一系列问题，主要有如下几点。

---

① 教育部教育年鉴编纂委员会：《第二次中国教育年鉴》，总第1400页，上海，商务印书馆，1948。

首先是大学数量不能满足国家与社会的需要。根据教育部1947学年度的统计，全国共有大学55所，其中国立31所，私立24所，在校学生总数为93 398人；独立学院有75所，国立、省立、私立分别为23所、21所和31所，在校学生总数为42 340人。大学及独立学院学生总数合计为135 738人。其中，在校研究生也只有36人。① 如果按照在总人口中的比例来看的话，接受大学教育的人只有总人口的1/3000，无法满足国家建设对高等人才的需求，是显而易见的。

其次是国内政治斗争直接影响了大学教育的发展。自南京政府建立以来，中国一直处于存在多重政治实体的不稳定状态。如果不考虑外国势力影响的话，那么，在抗战前它主要表现为中央政府与地方实力派之间的斗争。国民党政府扩张高等教育，加强对于国立大学的控制，其潜在意图之一就是把大学作为中央权力向地方扩张的一个重要渠道。1931年，成都大学、四川大学和成都高等师范学校合并为国立四川大学，就是一个显著的例子。② 这固然使大学扮演了一个沟通中央与地方的桥梁角色，但地方实力派对中央政府的不信任甚至敌视，也往往容易转嫁到大学身上，使大学受到地方政府的冷落。此外，各个省内的政治派系斗争也很激烈，它在导致地方政权不稳定的同时，也往往使大学的人事更动频繁，从而导致了大学的不稳定，如安徽大学。当国民政府企图实现在安徽的真正权威，并开始通过国民党机构和政治教育计划把省立安徽大学与国家的权力结合起来时，形势就更加复杂了。③ 在解放战争时期，随着反对国民党一党专制和要求和平民主的学生运动的风起云涌，高等学校成了国统区政治斗争的重要阵地之一。在这种情况下，国民党早已把充实、发展高等教育的规划

---

① 教育部教育年鉴编纂委员会：《第二次中国教育年鉴》，总第1400页，上海，商务印书馆，1948。

② ［美］费正清、费维恺：《剑桥中华民国史》（下卷），第442、448～449页，北京，中国社会科学出版社，1993。

③ 同上。

弃置一边，把主要精力用在了对大学的思想、政治与组织控制以及如何对付学生的民主运动上了。虽然这一斗争最终是朝着有利于新民主主义革命在全国胜利的方向发展的，但就大学教育自身的发展来讲，无疑是弊大于利的。故1946年著名学者李建勋在《中国今后高等教育应循之途径》一文中说："虽然教育与政治有不可分之关系，但政党却不可在学校公开或暗中进行活动。教授和学生除了坚持教学与授业的职分外，因其亦为国家的公民，自可随意参加政党活动，此乃一般民主国家应有之现象。不过学校是研究学术的机构，是教育机关，学术和教育都是无党派的，是超然的，神圣的，所以任何党派都应自动退出学校。"[1]

更为严重的还是教育经费问题。由于各方面因素的影响，国民政府从来没有按照它所制定的规章严格履行对大学教育经费的承诺。这一方面使中国的大学及整个高等教育在一个很小的规模上运行，设备不足，图书、仪器匮乏，学校尤其是理工科学校难以进行正常的科学研究；另一方面也使大学在维持正常运转时步履维艰，导致了大学教员的频繁流动。其经费的详细情况将在后面的"教育经费"部分再详作探讨。

此外，大学教育还存在着区域分布上的严重不平衡问题。据1947年统计，全国共有各类大学及独立学院129所，其分布情况如下：

全国大学及独立学院区域分布表（1947年）

地域别＼类别	大学（所）	独立学院（所）	合计（所）
江　苏	1	5	6
浙　江	2	1	3
安　徽	1	1	2
江　西	1	1	2
湖　北	3	3	6

---

[1] 重庆版《世界日报》，第4版，1946年4月12日。

续表

地域别＼数字＼类别	大学（所）	独立学院（所）	合计（所）
湖 南	2	3	5
四 川	3	6	9
西 康	0	0	0
河 北		3	3
河 南	1	1	2
山 东	1	0	1
山 西	1	0	1
陕 西	0	1	1
甘 肃	1	2	3
福 建	2	4	6
广 东	0	1	1
广 西	1	3	4
云 南	1	1	2
贵 州	1	2	3
新 疆	0	1	1
辽 宁	2	2	4
吉 林	1	1	2
台 湾	1	3	4
南京市	3	2	5
北平市	5	6	11
上海市	11	9	20
天津市	2	4	6
青岛市	1	0	1
重庆市	1	3	4
西安市	1	1	2
广州市	5	4	9
合 计	55	74	129

资料来源：教育部教育年鉴编纂委员会：《第二次中国教育年鉴》，第14编《教育统计》，上海，商务印书馆，1948。

由上表不难看出，大学和独立学院主要集中在江苏、湖南、湖北、四川、福建、辽宁、台湾等省及几个大城市中，仅南京、北平、上海、天津、重庆、广州6市，就有54所，占全国总数的43％。如果不是抗战时期的大批高校内迁及战后利用复员之机进行调整的话，高等学校区域分布不合理的情况会更加严重。

还必须提及的是，大学（包括专科学校）的训导制度，以加强对于大学生的思想与组织控制为目的，严重地败坏了高等学校的风气。对于大学生在道德方面是否需要类似于中等学校那样的训练与管制，国民政府时期在高等教育界是存在着争议的。不少人认为，大学生的年龄大都在20岁左右，身心发展已趋成熟，已有相当的自治能力，且大学以培养英才为目的，必须予以自动及创造的机会，以使其自由发展。但国民政府则认为大学生阅历尚浅、血气方刚，感情冲动大于理智支配，如无训管极易出轨，以大学生为主体的学潮就是其主要表现之一。故大学训导制度的主要意图，是为了制止学潮，以加强对大学生的思想与组织控制。

为达此目的，国民党在大学中大力发展党团组织，对学生进行军事化管理。1938年，各个大学校长被任命为三民主义青年团中央监察会的委员，各大学也开始成立三民主义青年团中央直属分团部或国民党直属区党部，许多大学的校长都成了各该校分团部的直接领导人，而团员和党员成了学校内的一个特权阶级。他们在学校的公费免费中享有优先权，可以任意钳制所有校内的学生组织，用警察的方式去干涉他们认为不顺眼的团体和个人。学校团体的负责人多数由党团员充当，一些大学不顾教授的反对将党团员留下当助教。于是，一些大学的党团组织迅速发展起来。例如，中央大学的600名新生，每个学生在1个月以内都经过了导师和军事教官的个别谈话，三青团员因此增加不少。为对全校学生实行军事化管理，政府特派一连教官，每个教官管20个学生，按时检查学生的书籍、信件、日记等一切东西。四川大学把所有学生编成小组，组长由学校指定，对同学具有监督权；学校编制了一种表格，让学生回答包括个人隐私在内的许多问题，如"你经常和什么人接近，为什么和他接近"，"你最爱谁（包括学生和教授）"等。国立师范学院的公民训育系主任兼导师则强迫全系学生加入国民党。教育部向全国各级学校颁发的"注重精神训练"的训令，则规定向专科以上学生颁发青年守则，而"青年守则即党员守则"，要求各校训育人员严加考核，要求学生能熟背成诵。① 因此，这种训育根本无关于学生道德水准的提高，只是思想控制的工具，只能养成学生进行政治投机的心理。

在导师制下，学生的一切思想行动在训导规则中无不有详细的规定，处于导师的严密监督与管制之下。而导师给学生写的操行评语往往具有决定学生前途的作用。故导师的权威极大，师生关系犹如旧时的父子关系一般。导师制把师生会餐列为导师与学生共同生活、个别谈话以进行训导的方式之一。为了将牛津大学的做法模仿得更像一些，有些导师也常找学生聚餐，少数学问、人格都有问题的教员则借此名义与学生酒食征逐，以博得学生的好感而稳固自己的地位。有些学生也乐得交结教员而不必为学分发愁，遂给学校造成一片颓风。难怪马寅初先生在中央大学讲演时要痛骂导师制是反动的制度，束缚学生思想与人格的独立发展了。②

---

① 参见延安时事问题研究会：《抗战中的中国文化教育》，第75～77页，上海，上海人民出版社，1961。
② 同上。

第四章 三民主义教育制度（下）

第一节 教育行政制度

从1926年2月《国民政府教育行政委员会组织法》颁布实施以后，教育行政制度屡有变化。在大学院与大学区制的短暂试行之后，教育部得以重新恢复。从此，国民政府在教育行政方面的总的指导思想，是通过教育行政组织的调整，逐步强化中央政府的权能，使教育朝着由国家集中统一控制的方向发展。

一、大学院、大学区制的试行与废止

试行大学院与大学区制，是中国近代教育行政制度的一次重要创新。早在北洋军阀当政时期，中国的教育事业就备受摧残。各地军阀都把扩充军备、发展个人势力当作头等大事。同时，教育行政权力也把持在政客、军阀手中。由于教育经费匮乏，各级各类教育连维持现有局面也已大成问题，更不用说由国家按规划有步骤地加以发展了。这样，从"五四"前后开始，以教育经费问题为导火线，逐步演变成一场教育独立运动。教育独立运动所关注的核心问题之一，就是成立一个独立于军阀政府之外的、强有力的教育机构，统一筹措和支配教育经费，维持和

发展各级各类教育。①

为了适应教育界的要求，加强对于教育的集中统一领导，国民政府于1926年2月颁布《国民政府教育行政委员会组织法》，3月1日在广东设立国民政府教育行政委员会。按照《国民政府教育行政委员会组织法》，教育行政委员会的职责是掌管中央教育机关，指导监督地方教育行政。该委员会设委员若干人，从中选出2人为常委，处理日常事务。委员会下设行政事务厅，内分秘书、参事和督学3个处。由于教育行政委员会存在的时间比较短，且以广东为根据地，故未能发挥对于全国教育的领导作用。1927年4月，蒋介石在南京成立国民政府。为了与武汉国民政府对抗，他召集广州教育行政委员到上海，并增派蔡元培、李煜瀛、汪铭3人为委员。同年5月，推选蔡元培、李煜瀛、褚民谊为常委。此时的教育行政委员会就成为南京国民政府的最高教育行政机关。1927年6月13日，根据蔡元培等人的提议，国民党中央执行委员会第105次会议决定，取消教育行政委员会，组织中华民国大学院为全国最高学术教育机关，并通过组织大纲，函请中央法制委员会起草《大学院组织条例》。17日，任命蔡元培为大学院院长。27日，第109次政治会议通过了法制委员会起草的《中华民国大学院组织法》，行政院于7月4日公布，同时还颁布了大学院所辖各部门组织条例。10月1日，大学院正式成立。

大学院组织法和大学院组织条例等规定，大学院为全国最高学术教育机关，承国民政府之命，管理全国学术及教育行政事宜。大学院设院长1

---

① 如庄泽宣在《教育基金团与教育独立》（载《教育杂志》，第13卷第10号，1921年）一文中说："我主张现在应该赶紧设一个教育基金团。这个基金团应该分设四大部：①董事部；②顾问部；③监察部；④执行部。这教育基金团的好处很多，如：①教育可以独立，这董事会不是轻易换的，也不易为政客军人操纵，像现在的教育行政机关一样；②教育权可操于专家之手。"李石岑在《教育独立议》（载《教育杂志》，第14卷第2号，1922年）一文中也说："鄙意在今日研究此问题，首在教育行政机关根本改造。改造之法，在中央废教育部，在地方废教育厅……另轫一省县市城镇乡教育行政委员会，其职权尽举学校教育行政之职权而有之……特将立法、行政两部合为一炉……"至于蔡元培的《教育独立议》，就更为人所熟知了。

人，综理院务，院长同时也是国民政府委员。大学院的最高评议机关为大学委员会，它由各学区中之大学校长、本院教育行政处主任及本院院长所选聘国内专家学者5~7人组成，以院长为委员长。它负责议决全国学术、教育上之一切重要问题，并有推荐大学院院长的权力。大学院同时设立中央研究院、图书馆、博物院、美术馆、观象台等国立学术机关。按照精兵简政原则，大学院的办事机构只设秘书处和教育行政处。秘书处置秘书长1人，秘书若干人，承院长之命办理本院事务；教育行政处设主任1人，处员若干人，负责处理各大学区的相互联系及不属于各大学区之教育行政事务。① 大学院与以往的教育部相区别的最大特色，是大学委员会的设立。由于大学委员会拥有讨论全国教育及学术重大方案之权，与国民政府其他部门相比，就具有更大的独立性和自主权。故大学院不称"国民政府大学院"，而称"中华民国大学院"。

谈到大学院成立的缘起，蔡元培曾作过这样的说明："大学院最初组织法之起草，远在去年秋间，约在大学院成立前两三个月，当时国民政府方以全力应付军事，对于教育事业尚无计划。余与李（石曾）、张（静江）、吴（稚晖）诸先生以教育不可无主管机关，又不愿重蹈北京教育部以官僚支配教育之覆辙，因有设立大学院之主张。其特点有三：①学术教育并重，以大学院为全国最高学术教育机关；②院长制与委员会制并重，以院长负行政全责，以大学委员会负议事及计划之责；③计划与实行并重，设中央研究院实行科学研究，设劳动大学提倡劳动教育，设音乐院艺术院实行美化教育。此三点为余等主张大学院制之根本理由。"② 由此可见，大学院制及其最初实施方案的提出，是在国民政府尚无暇顾及教育问题的情况下，由蔡元培等著名学者和教育家协力促成的。其理论基调是蔡

---

① 参见《申报》，1927年6月30日。
② 《关于大学院组织之谈话》，见高平叔：《蔡元培全集》，第5卷，第126页，北京，中华书局，1989。

元培等人所主张的教育独立思想，旨在摆脱民初以来的教育行政官僚化倾向，谋求学术教育独立化及教育行政学术化。但是，随着大学院制的实施和政局的逐步稳定，一方面，大学院制自身对学术研究的重视冲淡了其对于全国教育的有效行政管理职能，这突出地表现在其所设行政机构过于简化上；另一方面，国民政府对于教育的控制逐步加强，因为早在教育行政委员会时期，就有人强调教育行政革新的根本方向，是集中教育行政权力，强化国家监督学校执行教育方针的能力。所以，在大学院制实行不久，就相继对《大学院组织法》进行了多次修订。1928年1月，以大学院内"组织与国府其他各部院相差太远，行政上不无窒碍"为由，进行了第一次修正。其要点是：添设副院长1人，教育行政处改设学校教育、社会教育、法令统计、图书馆、国际出版品交换、书报编辑等6个组，每组设主任1人、股长若干人。1928年4月，又以"全国教育行政事务纷繁，若仅以教育行政处下的学校教育和社会教育两组加以处理，实不足以应付实际的需要。而且教育行政向以学校教育为中心，而教育行政处仅以6组之一的学校教育组，处理全国各级学校一切行政事务，其职务之繁重远非其他各组可比，然而6组的地位却相当，其欠斟酌至为明显"为由，又对《大学院组织法》进行了第2次修正。其要点是变更教育行政处6组为高等教育处、普通教育处、社会教育处、文化事业处，每处设置处长1人，处分若干科，科置科长1人、科员若干人。同年5月，又第3次修正，将秘书处的一部分与其他事务合并而增设总务处。① 最后一次修正是在同年6月，对所设机构进行了调整，其组织机构如下图②。

按照1928年6月13日公布的《修正中华民国大学院组织法》，大学院为全国最高学术教育机关，直隶于国民政府，依法令管理全国学术及教

---

① 吴家莹：《中华民国教育政策发展史》，第308～309页，台北，五南图书出版有限公司，1990。
② 教育部：《第一次中国教育年鉴》，甲编《教育行政》，第45页，上海，开明书店，1934。

育行政事宜。对于自己主管的事务，大学院有权监督各省及各地方最高行政长官的执行情况；对于各省各地方最高级行政长官的命令或处分，大学院认为违背法令或逾越权限者，得呈请国民政府变更或撤销。大学院下设6个处，它们分别是：①秘书处，处理院长委办事务；②总务处，负责撰拟收发保存文件、本院会计、本院庶务、记录职员进退、典守印信，以及其他不属于各处的事务；③高等教育处，负责关于大学及专门学校、国外留学、学位考试、各种学术机关及其他高等教育事项；④普通教育处，职掌关于师范学校、职业学校、中小学事项及与之相关的各种学校事项，关于幼稚园、取缔与改良私塾、检定教职员、调查学龄儿童就学、地方学务机关的设立与变更、教育会议及其他关于普通教育之事项；⑤社会教育处，职掌关于公民教育、平民教育、低能及残疾者教育、公共体育、民众剧院、美化教育、博物馆及教育展览会事项，以及其他关于社会教育的事项；⑥文化事业处，职掌关于全国出版物征集保存及奖励、图书馆及保存文献、国际出版品交换、编制统计报告及公报、教科图书审查、教科书及其他教育上必要图书编纂等事项。在人员安排上，大学院设院长1人，承国民政府之命总理本院事务，并监督所属职员及所辖学术教育机关。设副院长1人，辅助院长掌理院务。置参事2～4人，承长官之命掌理拟定本院主管的法律法令事项。置秘书长1人，掌理秘书处一切事务。秘书处置秘书4～6人；置处长5人，分掌除秘书处以外其他各处，各处分科办事，各科置科长1人，科员若干人。

这样一来，大学院与后来的教育部在教育行政方面，就没有太大的差异了。即便如此，该制度仍然遭到各种非议而不得不流产。早在国民党二届四中全会时，中央执行委员经亨颐、朱霁青等人就在一份提案中说："国民政府所以舍教育部之名改为大学院，据公报蔡院长发刊词所称，仅仅因为教育部名词与腐败官僚为密切之联想。如此原因，大可不必。其他各部岂可任其腐败？应一律改为大什么院？"他们以"学术与教育是两件

大学院组织图

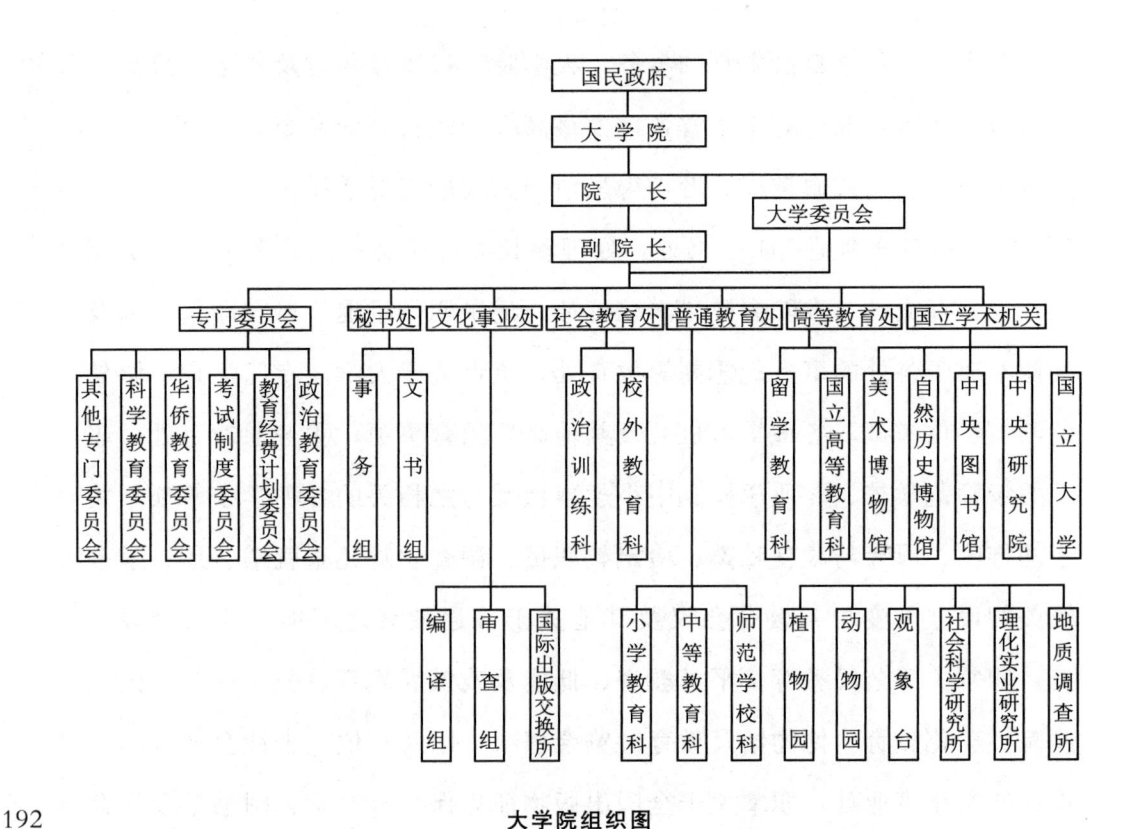

事……教育行政机关不是专管学术"为理由，提议废除大学院。在同年8月举行的二届五中全会上，经亨颐等人再次提出议案对大学院制度进行攻击。这次攻击直指大学院制度的理论基础——教育独立思想："难道教育独立，必须独立于国民政府之外？"中央候补监察委员郭春涛、中执委刘守中等人也提出了类似的方案，并明确提出取消中华民国大学院，改设国民政府教育部。会议议决依据《建国大纲》，国民政府设司法、立法、行政、考试、监察5院，行政院下设8个部，教育部乃其中之一。大学院制度即行废止。

几乎与实施大学院制同时，在地方教育行政方面也试行了大学区制，尝试以之取代原来的教育厅制。早在1922年，蔡元培在《教育独立议》一文中，就把实行大学区制作为实现教育独立的重要步骤。其设想是，每一地方都以大学为中心，集中一批有学问的人，一边从事学术研究，一边推行教育事业。同时，其他一些人也有类似的想法。1927年6月，蔡元培以国民政府教育行政委员会的名义，草拟《大学区组织条例》8条及《大学行政系统表》，经国民党第102次中央政治会议通过，交由国民政府核议实行。

《大学区组织条例》的主要内容是：全国依现有省份及特别区定为若干大学区，以所在省或特别区之名命名。每区设校长1人，总理区内一切学术及教育行政事项。大学区设评议会为本区最高教育立法机构；设研究院为本大学区研究专门学术最高机关，院内设设计部，凡关于省政建设的一切问题，都可临时提交该院研究。大学区设高等教育部，置部长1人，管理本部各学院及区内其他大学专门学校及留学事项；大学区设普通教育部，置部长1人，管理区内公立中小学校及监督私立中小学教育事项；大学区设扩充教育部，置部长1人，管理区内劳农学院及关于社会教育一切事项。

紧接着，教育行政委员会于6月23日召开会议，议决奉令筹划大学区，并就江苏、浙江两省区先行试办。7月，江苏第四中山大学区和浙江第三大学区相继开始试行大学区制。在此后的试行过程中，曾对《大学区组织条例》进行了两次修正。在1928年1月，鉴于各地的人力财力有相当差异，遍设大学会降低水准而流于形式，遂对大学区制进行了第一次修正，将原条例中"全国依现有之省份及特别区，定为若干大学区"改为"全国依各地的教育、经济及交通状况，定为若干大学区，每区设大学1所"。同年5月3日，再次予以修正并公布《修正大学区组织条例》，其修正的要点是将评议会由本区立法机关改为审议机关，从而缩小了评议会的权限。事实上，这一改动并没有什么太大的意义，因为评议会一直未予设立。1928年6月收复北平以后，为了扩大大学区的试验，国民政府于7月议决由北平国立各学校组成国立中华大学，9月又将国立中华大学改称国立北平大学，并通过了《北平大学区组织大纲》。于是，北平大学区成为管辖河北、热河两省和北平、天津两市的最大的实验区。

蔡元培等人组织试行大学区制的最初目的，在于使教育学术化，使教育行政不受政潮的影响而获得独立。但事与愿违，大学区制试行1年，不仅没有使教育学术化，反而使学术教育机关官僚化。原因在于，一些国民党政客并不真正把文化教育当作事业来办，而是利用试行大学区制的机会培植个人势力，获取对于各地教育、学术的支配权与控制权。且大学区制自身所具有的学术教育与行政一体化、人才的培养与人才的支配合为同一机关的做法，在为政客所把持的情况下，必然会造成一批学阀，从而极大地破坏教育与学术的健康发展。这在北平大学区的组织实施中表现得最为明显。① 于是，教育界群起反对，非难之声四起。反应最强烈的是中央大学区。1928年6月，中央大学区中等学校教职员联合会发表的一项宣言，对大学区制实施的弊端进行了深刻的揭露：

> 夫试行大学区制最大目标，厥为使政治学术化之一语。而一年以来，现象之呈露，无一而非为学术之官僚化。此为事实，良无可讳。盖以现社会实情言之，则学术之空气未浓，而官僚之积习方深。以学术机关与政治机关相混，遂使清高学府，反一变而为竞争逐鹿之场。组织愈大，纠纷愈多。把持垄断之风，操纵倾轧之习，一切兴风作浪，凡腐化官僚之伎俩，几于毕具毕肖。最近之事实，岂不为大学区制下教育易卷入政潮之一好证……夫大学自身既阢陧不宁，而中小学受其影响，又乌能完全发展？②

而北平大学区自成立以来，为了反对以李石曾为代表的中法系官僚对北方教育的控制，以北大为首的学潮风起云涌，从未停止过。国民政府同意试行大学区制的目的，主要是为了加强对于全国教育的集中统一控制，

---

① 详细情况，请参见周天度：《蔡元培传》，第279~285页，北京，人民出版社，1984。
② 《时事新报》，1928年7月1日。转引自周天度：《蔡元培传》，第279页，北京，人民出版社，1984。

招致如此之多的麻烦，也是始料不及的。于是，国民党三届二中全会第4次会议决定由教育部定期停止试行大学区制。1929年7月1日，北平大学区结束；7月30日，浙江大学区亦宣告停止。河北、浙江两省重设教育厅。9月初，中央大学区亦将地方教育行政之权移交给江苏省政府。至此，试行仅2年的大学区制被完全取消。

二、改设教育部后的中央教育行政

取消大学院改设教育部后，大学研究院改为中央研究院，直属于国民政府，教育行政事务移交教育部。1928年12月11日，国民政府公布《教育部组织法》，规定教育部设总务司、高等教育司、普通教育司、社会教育司和编审处，并设大学委员会策划全国教育及学术重要事项，必要时得加设各种委员会。其人员配置，设部长1人，总理部务；部长以下，设政务次长、常任次长各1人，秘书4~6人，参事2~4人，司长4人，编审处主任1人，科长、科员各若干人。

至1947年2月，《教育部组织法》先后经过10次修正，其修正的主要内容：一是增设新的机构，增加人员配置；二是将原有机构的职能加以分化，分设新的机构。根据1947年2月12日国民政府修正公布的《教育部组织法》，教育部的主要职能是管理全国学术及教育行政事务，对于各地方最高级行政长官执行本部事务有批评监督之责。此外，教育部在自己主管事务范围内，如果认为各地最高行政长官的命令或处分有违法令或逾越权限，可提请行政院院长提经行政院会议议决后，予以停止或撤销。教育部设7个司、处，它们分别是：

第一，高等教育司，职掌大学及专门教育事项，各种学术机关指导事项，学位授予事项及其他高等教育事项。

第二，中等教育司，职掌中学教育、师范教育、职业教育、地方教育机关的设立及变更事项。

第三，国民教育司，职掌小学教育、失学民众教育、幼稚教育及其他关于国民教育的事项。

第四，社会教育司，职掌家庭教育及补习教育、学校办理社会教育、低能及残废者教育、文化团体指导、民众教育馆、博物馆及科学馆、图书及保存文献、公共体育、音乐戏剧电影播音等社会教育事项。

第五，边疆教育司，职掌地方各级边疆教育的计划考核，部辖各边疆学校管理考核，边地青年入学奖励指导，边疆教育人才的储备训练，边疆教育调查研究等事项。

第六，总务司，职掌文件管理、部令公布、典守印信、编印公报，及发行、保管教育部官产官物，各种款项之出纳规划等事项。

第七，国际文化教育事业处，职掌国际文化团体合作，国际间交换教授及学生，国外研究及考察，国外留学生选派及指导，国际出版品交换等事项。

此外，教育部还置有人事处，依人事管理条例规定掌理人事管理事务；设会计处及统计处，按照国民政府主计处组织法的规定，分掌岁计、会计与统计事务。

根据《教育部组织法》第5条："教育部于必要时得设置各委员会"，当时设立的委员会有：

第一，教育研究委员会。设学制组、课程组、师资组、行政组。

第二，国民体育委员会。设学校体育组、社会体育组、研究实验组。

第三，国语推行委员会。掌理关于本国标准语言文字之推行编订、审核及语教人员训练辅导等事项，不分组。

第四，训育委员会。设第一组，掌理训育政策研究、训导人员的培养及指导事项；第二组，掌理军事教育、童子军教育督导及有关学生服务事项；第三组，掌理学生自治团体及课外活动指导及学生身心发展状况调查等事项。

第五，国民教育辅导委员会。设第一组，掌理各级国民教育研究会的筹组、通讯、指导、考核等事项；第二组，掌理各级国民教育研究会研究题材编拟、解答、实验等事项；第三组，掌理辅导国民学校、中心国民学校教员福利事业的筹划及其他事项。

第六，医学教育委员会。设医学教育组、药学教育组、护士教育组、助产士教育组、卫生教育组。

第七，学术审议委员会。掌理著作发明奖励、教授资格审查及审议高等教育改进等事项。

关于教育部的人员配置，组织法规定，教育部部长综理本部事务，监督所属职员及各机关；教育部政务次长、常务次长辅助部长处理部务。设司长6人、处长1人，分掌各司处事务。教育部设参事3～5人，撰拟审核关于本部的法案命令。设督学30～40人，视察指导全国教育事项。教育部的其他机关工作人员包括科长、科员、办事员及技士等。[①]

教育部组织系统见插页图。

三、恢复教育厅后的地方教育行政

地方教育行政分为省、县两级。省级教育行政在恢复教育厅以后，根据1931年国民政府《修正省政府组织法》，教育厅为省政府的一个部门。它所掌理的事务包括：①各级学校事项；②社会教育事项；③教育及学术团体事项；④图书馆、博物馆、公共体育场所事项；⑤其他教育行政事项。教育厅设厅长1人，由行政院就省政府委员中提请国民政府任命，综理该厅事务，指挥、监督所属职员及所辖机关。教育厅设秘书1～3人（荐任）；应根据事务之繁简，分科办事，每科设科长1人（荐任），科员4～12人（委任）；设督学若干人（荐任）。教育厅的具体办事机构，各地不一，但总起来看，与民国初年教育厅的建制大体相似。只是由于当时省

---

① 以上内容，均参见教育部教育年鉴编纂委员会：《第二次中国教育年鉴》，总第39～42页，上海，商务印书馆，1948。

政府实行委员制，教育厅厅长须由省政府委员兼任；同时，教育厅为省政府的一个组成部分，直接受省政府的领导，教育部对教育厅虽有指挥监督之权，但二者间没有直接的隶属关系。这两点是与民初教育厅的最大不同之处。

抗战爆发后，随着战区的日益扩大，教育厅的组织亦适应战时军政体制的变化而加以调整。以江苏省为例，当时它实行党政军一元制，省政府设总务、政务、军事3厅。政务厅下设第四科主管教育行政事宜，设科长1人，科员6人，督学4人，编审2人。抗战胜利后，战前的教育厅制又重新得以恢复。①

县级教育行政在国民政府时期则有比较大的变化。南京国民政府成立之初，未制定统一的县政府组织法规，全国多数地方仍沿用教育局为县级教育行政机关。1930年7月7日，国民政府修正公布《县组织法》，其第16条规定：县政府下设公安、财政、建设、教育各局。教育局设局长1人，由县长从考试合格人员中遴选。县级教育行政如有缩小范围必要时，得呈请省政府改局为科，附设于县政府内。因有此一比较灵活的规定，致使各省县级教育行政机构颇不一致，有设教育局者，有设教育科者，也有一省之内各不相同者。但总起来看，仍以教育局的建制为主体。

1932年以后，国民政府因水灾、日本侵华、"剿共"战争等原因，地方财政困难，因而实行减政，下令各县裁局改科。1933年的第2次内政会议决定："县政府以一律设科为原则。"1934年12月，蒋介石在南昌行营颁布《剿匪省份各县政府裁局改科办法大纲》，令鄂、豫、皖、赣、闽等省遵照办理。只有少数省区试行裁局改科，而教育界人士大都认为地方教育正须积极充实，纷纷请求维持原局，致使裁局改科并未普遍实施。②

---

① 教育部教育年鉴编纂委员会：《第二次中国教育年鉴》，总第156页，上海，商务印书馆，1948。

② 同上书，总第48页。

1937年6月，行政院颁布《县政府裁局改科暂行规程》。1939年9月，国民政府公布《县各级组织纲要》，共60条，规定在3年内各省均须按此纲要完成县政建设，这就是国民党当局所说的"新县制"。其后，又颁布了《县各级组织纲要实施细则》。《县各级组织纲要》第8项规定，"县政府设民政、财政、教育、建设、军事、地政、社会各科"，县教育行政改局为科之制才得以普遍实行，原有的教育局始被裁撤。裁局改科以后，县与省各厅的行文均以县政府名义对省政府进行。于是，省教育厅不再发挥对县教育行政机关的直接监督指挥作用，它事实上提高了县长的地位。原来的教育局长同时也降为佐治人员，教育事业的办理尤其是国民教育的推行受到了很大的牵制。在这种情况下，教育部为了加强地方教育行政力量，乃提请行政院恢复各县市教育局。1947年2月，行政院训令："各省得就地方需要，于文化发达事务繁剧之县，酌量恢复设置教育局。惟须将县名、人口、教育经费、中等学校及国民学校概况，咨由教育部呈院核定。"[①] 1948年，为谋国民教育的普及，教育部更通咨各省在文化教育发达县市立即恢复教育局，可能设局县市尽量设置。即便一时不能设局者，也应按规定扩充专办教育行政人员的员额，以力求组织健全。

值得注意的是，国民党政府在实施新县制时，一方面明确规定县为自治单位，另一方面又创设乡镇公所作为办理乡镇自治事项及执行县政府委派事项的一级机构。通过《县各级组织纲要》，国民政府把第一次国共内战时期推行于鄂、豫、皖、闽、赣等个别区域的保甲制度推广到全国，从而"纳保甲于自治之中"。而自治的具体内容，就是"管、教、养、卫"合一。其中"管"即对人民实行严格管制，它不仅包括清查户口，而且包括"联保联坐"等封建性规定。"教"除了文化学校教育、抗日的宣传教育外，还包括蒋介石所发起的以"四维八德"为核心内容的"新生活运

[①] 教育部教育年鉴编纂委员会：《第二次中国教育年鉴》，总第48页，上海，商务印书馆，1948。

动"，更包括国民党的党化意识形态教育。"养"主要是通过开办企业、陈报土地等整理财源。"卫"主要是通过训练壮丁、民团，加强地方治安，兼有抗日与反共双重政治意图。"管、教、养、卫"合一，名义上是要加强政教联系，实质上却为国民党政权实行自上而下的集权专制体制提供了重要基础。在这一体制中，所谓地方"自治"的一切工作，都被纳入了基层政权管制范围。乡镇长和保甲长得以集军事、教育、行政等权力于一身，如保长兼任民团团长、国民学校校长。于是，传统的政教合一式的教育体制得以在"乡村自治"的名义下重演。这是国民党基层教育行政组织的一个重大转折。

与实行政教合一国民教育管理体制密切相关的，是初等教育行政三联制。所谓"行政三联制"，是将各级政权机构分为计划、执行、考核3个部分。计划是对行政预先制订方案，作为行政执行的目标和规范；执行是指行政机构对计划、政策、方针等的贯彻落实；考核是对行政机关实行计划、贯彻方针政策情况的核实与监督，又是对下一个设计的反馈。如此环环相连，以形成一个有机的行政系统。这是国民党针对行政效率低下，不适应战争环境而从制度上进行的一项改革，后来又被确定为战后继续实行的国家基本制度之一。这一管理模式在初等教育行政方面的具体运用是：①在设计方面，教育部规定普及国民教育的期限，各省市按教育部的规定拟订本省市的普及计划及实施方案并呈报教育部，各县市教育主管部门在省教育厅的督导下拟订自己的计划并报教育厅审核。②在执行方面，教育部分派督学人员到各地进行普遍视导，同时，教育部、各省市、各县市分级视导。③在考核方面，县市主管教育行政机关负责考核各县市国民学校、中心国民学校等乡保文化事业的实施情况，省市教育厅和教育部则分别考核县市政府和省市政府办理国民教育的实际情况。教育行政三联制确立了中央、省市、县市分级管理机制，强调了行政管理环节的完整性，对规范管理程序、提高行政效率具有积极意义。①

四、实施与问题

国民政府时期，教育行政组织变化的基本趋势，是在逐步加强中央集权、强化中央政府对于教育集中统一领导的前提下，实行分层逐级管理。这是与国民党整个政治制度的发展趋势相一致的。大学院与大学区制也是以集权为特征的，其失败及被废止，根本原因在于它独立于国民政府的内在倾向。

从教育行政机关的组织来看，在中央教育行政方面，自1928年恢复教育部以来，其组织编制虽多有变更，基本组织结构并无大的变化：以各司处室为执行单位，以督学室为考核单位，以各种委员会为审议和咨询单位，而缺乏固定的从事研究与计划的单位。在省级教育行政方面，省教育厅的组织是以各科室为执行单位，以督学室为视导考核单位，以各种委员会为审议及咨询单位，也没有负责计划研究的专门人员。这一组织方面的欠缺，难以保证教育行政措施的科学化。

从行政活动的职能来看，按照当时教育行政理论的研究，教育行政机关的主要职能包括5个方面：①领导，即通过研究实际情况而提出具有针对性的解决方案，提倡各种教育事业并解决教育上的疑难问题；②法权，包括发布命令、订定规程、处理教育诉讼等项；③统合，即划一标准、统一方针政策；④会商，即与各级教育机关及其人员取得广泛的联系，以获得并总结办学人员的有效经验；⑤合作，与非直属机关合作，共同促进教育事业发展。② 而国民政府时期的教育行政活动，大多属于"统合"及"法权"方面的（约占80%），领导方面的不及10%。于是，人们对于教育行政机关的工作，遂有"等因奉此制造所"之讥。

---

① 李华兴：《民国教育史》，第469页，上海，上海教育出版社，1997。
② 李建勋：《论教育行政之改进》，载教育部编《教育通讯》周刊，1941，4（36、37）。

在教育行政人员构成上，受过教育训练的专业管理人员太少。教育行政管理人员必备的素质，应包括行政处理、教学指导、教育研究三个方面，这就需要接受一定的教育专业训练，并有较高的文化水准。但据粗略估计，当时符合此项要求的教育行政人员（除书记外），尚不及三分之一。[①] 这些不符合要求的人员不仅缺乏创造力，而且难以应付各项行政工作。

第二节 教育视导制度

教育视导是现代教育行政的重要组成部分。其基本职能是监督、指导各级各类教育机关执行国家的教育政策和法规，包括视察与辅导两个方面。国民政府时期，随着各项教育政策法规的制定与完善，至20世纪40年代，初步建立起了一个从中央到地方的教育视导网络。

一、各级教育视导机构

国民政府时期的教育视导机构，大致可分为教育部、省市及省市以下3个级别。现分述如下。

（一）教育部视导机构

1926年3月，国民政府教育行政委员会成立于广州，其下属的行政事务厅按规定应由参事、秘书、督学3个处构成，但督学处始终没有成立。次年10月大学院成立后一直到1931年，既无专任督学人员，也无专门的视导机构，只是临时派部员担当视导任务。直到1931年7月6日公布《第三次教育部组织法》，才规定设置督学4～6人，视察并指导全国教育事宜。同年9月公布的《教育部督学办事细则》规定："督学应置办公室，

---

① 李建勋：《论教育行政之改进》，载教育部编《教育通讯》周刊，1941，4（36、37）。

由部长于督学中轮流指定一人处理一切事务，并酌设科员、书记佐理之。"①

其后，督学人员不断增加。1935年，《第五次修正教育部组织法》规定设督学6~10人，1940年增加到8~16人，同时设视察员16~24人，社教督导员及服务团视察各4人。1943年，督学增至30~40人，其中4人简任，6人聘任，余为荐任，同时取消视察员名义，视导人员一律改称督学。关于督学的任职资格，1941年公布的《教育部视导规程》规定："有简任或荐任文官资格并曾任教育职务2年以上卓有成绩者，得任用为简任或荐任督学。有委任文官资格且曾任教育职务2年以上者，得任用为视察员。"②

关于教育部视导机构的名称，1931年公布的《教育部视导规程》称视导室。1943年11月，视导室又改称督学室，并规定督学室设科员一二人，书记一二人，由部长指定督学主持日常事务。

（二）省市教育视导机构

省市教育视导制度确立于民国六七年间，根据《教育厅暂行条例》（1917年）和《省视学规程》（1918年），教育厅设省视学4~6人，由厅长委任，掌管视察全省教育事宜。但在南京国民政府成立之初，各省设视学情况很不一致。1929年2月，教育部公布《督学规程》，规定省教育厅设督学4~8人，特别市教育局设督学2~4人。1931年，教育部公布《省市督学规程》，统一了督学名称，试图重建视导制度。当时各省市教育厅局设立视导机构者仍不是很多。《省市督学规程》规定，省市督学的任职

---

① 教育部教育年鉴编纂委员会：《第二次中国教育年鉴》，总第104页，上海，商务印书馆，1948。

② 教育部：《教育法规》，1942年10月。需要说明的是，国民政府时期官等官俸分为"特任""简任""荐任"和"委任"4等。特任是由国民政府主席特别任命的高级官员，特任官只设1级；简任即由政府主席选拔任命，官分8级；荐任官是由机关主管长官向政府主席荐报请求任命的官员，共12级；委任官是由机关主管长官（主要指5院各部、会及各省市）直接任命的官员。

需要具备下列条件之一："①国内大学教育学院或文学院教育系毕业,曾任教育职务2年以上者;②国内外专门以上学校毕业,曾任教育职务3年以上者;③高中师范科或师范学校毕业,曾任教育职务7年以上者。"

1942年,全国教育视导工作检讨会议决议:各省市教育厅局设督导室,秉承教育厅局长主持全省教育视导事宜;督学室设主任1人,由厅局长从督学中指定一人兼任,秉承厅局长主持室内一切事宜,督学室可视事务繁简酌设办事人员若干人。1946年1月,教育部根据全国教育善后复员会议关于《健全各级教育视导组织,增进辅导效能,以适应复员后改进教育之需要案》的决议,咨请各省市政府转饬各教育厅局处于厅局处内设督学室。督学室分中等教育、国民教育、社会教育3个股,室设主任1人,每股指定督学1人主持。这一规定的目的在于使省市教育组织健全统一,以发挥其视导效能。

(三) 省市以下教育视导机构

国民政府在省以下曾设有行政督察专员,他不是专门的教育视导官员,但兼有教育行政视导之责。在县一级,设有专门的教育视导人员。

1929年2月,教育部公布的督学规程规定,各县教育局得设督学,由各省教育厅另订县督学规程,呈部核准备案。各省所订的规程,大多沿用民国三年(1914年)以来的旧制,即每县设视学1~3人,但很少有达到3人者。

1946年1月,同省市督学的设置一样,也是根据全国教育善后会议的决议,教育部咨请各省市政府转饬各县市政府或教育局,于必要时设督学组,组设主任督学1人,督学人数以每二三乡镇设1人为原则,但可根据教育的发达情况酌予增减。

由上述情况可以看出,中央一级的教育视导机构比较完备,省市及其以下则较为简陋。

二、教育视导的内容、程序与标准

根据 1941 年 6 月 30 日公布的《教育部视导规程》，教育部督学视察员应视察及指导的事项包括："①关于教育法令的推行事项；②关于学校教育事项；③关于社会教育事项；④关于教育经费事项；⑤关于地方教育行政事项；⑥关于其他与教育有关事项；⑦关于部、次长特命视察与指导事项。"视导分定期与特殊两种，定期视导又分分区与分类两种，每年进行一次，特殊视导依部次长临时命令进行。其视导区域、时间及具体内容，应由部长次长核定施行。

《教育部视导规程》还对视导的具体程序作了如下规定：督学、视察员在出发以前，应就有关视导事项随时研究讨论，拟定标准，制成表册，并加具说明，会同各有关司处会室，呈请部、次长核定。督学视察员到达目的地后，应注意如下事项：①每到一个地方，应与当地主管教育行政机关及其他与教育有关人员接洽讨论，并得参加各种教育集会，了解当地教育的历史、现状及计划；②核查当地各种教育计划之是否符合需要及其实施情况；③详查报核地方教育经费及有无整理增加妥善办法，及其支配使用是否得当；④调阅地方教育视导人员报告，应就其最优、最劣者加以复核，对低劣者加以指导改进，对优良者的经验应予以介绍推广；⑤视导完毕后，应约集当地主管教育行政机关及其他与教育有关人员，开会商讨一切改进事宜；⑥应随时搜集各地教育实际材料及重要统计，报教育部以备参考。在视导过程中，督学人员可查点学生名额，考试学生成绩，并可调阅教育机关的各项簿籍表册。视导工作结束时，督学、视导员应将视导情况写成详细报告并附上改进意见、应予奖惩事项，送呈部、次长核阅后发交有关司处会室办理。该规程特别强调，督学等在视导时应注意宣传三民主义，讲述国家政策及中央政情。

《省市督学规程》对视导内容及程序的规定与此大致相同。[①]

为了使视导人员对教育行政机关、学校及社会教育机关的教育设施、活动等的评价与辅导有所依循，教育部从1942年5月起，先后委托国立中央大学师范学院、国立社会教育学院，拟定了中学、师范及社会教育视导标准。同时，还指定教育部内的督学和其他有关人员，拟定了职业学校、省市教育行政、县市教育行政及国民学校部分视导标准。订定之后，汇集整理，并将中学、师范、职业3部分合并为"中等学校视导标准"，于1946年4月作为《教育视导试行标准》颁行，其中分为地方教育行政、中等学校、国民学校及社会教育4个部分。如在省市教育行政方面，开列了组织机构、人事、工作效能、设计、经费款产、业务实施、视导考核、法令推行等8个方面的具体标准。中等学校视导标准，分成甲、乙两个方面：甲为中等学校行政，包括学校环境及一般行政处理、经费与事务管理、教务设施、训育、体育及医药卫生、推广工作；乙为中等学校教师教学，包括教学环境、教师特性、教室管理、教材准备、教学方法及技能。上述标准虽不尽完善，但有利于视导工作规范化，并有利于对教育工作进行全面的监督与指导。

三、教育辅导

教育辅导是教育视导的重要方面之一。1930年，第2次全国教育会议修正通过了《改进全国教育方案》，其第4章"改进初等教育计划"中第11项即为辅导制度。它标志着中国已开始建立教育辅导制度。此后，辅导的对象逐步扩展到中等教育（包括师范、职业、中学3类学校）和社会教育等方面。有关中等教育辅导的法规主要有：《各省市辅导职业学校办法大纲》（1939年2月公布），《师范学院辅导中等教育办法大纲》及《各

---

① 教育部：《第一次中国教育年鉴》，乙编《教育法规》，第21页，上海，开明书店，1934。

师范学院区中等教育辅导委员会组织通则》（均为1940年8月公布），《1931年度大学师范农工学院辅导中等学校办法大纲》（1942年公布，以后每年予以修订）。在国民教育辅导方面，建立了各级国民教育辅导研究组织，并确立了师范学校辅导地方教育、中心国民学校辅导保国民学校的制度。其主要法规除《小学规程》《国民学校法》等以外，还有《初等教育辅导研究办法大纲》（1935年10月公布）、《师范学校辅导地方教育办法》（1939年7月公布，1943年5月废止又重定公布）。

国民政府时期教育辅导制度的突出特点，是注重利用大学和师范学校的人才与学术优势，由教育行政机关人员与有关学校联合组成辅导委员会，使之发挥辅导中小学教育的作用。例如，《师范学院辅导中等教育办法》规定，师范学院为实施辅导工作，应分别与辅导区域内各省市教育行政机关联合设置中等教育辅导委员会。其成员由3部分人组成：师范学院院长及教授3人，省市教育厅局长、主管科科长及督学1人，省市教育厅局指定之中等学校校长1~3人。委员会会议由厅局长与师范学院院长轮流任主席，有关辅导决议案由师范学院及省市教育厅局共同核定实施，且委员会的办公地点设在师范学院。这一制度如能充分发挥效用，其优点是显而易见的。首先，它有利于发挥专家的作用，保证计划与实施辅导的科学性。虽然负责视导工作的督学也负有辅导与指导的责任，但其指导主要在于对国家政策与法令的执行方面，至于具体的业务指导，显然是个别督学所难以胜任的。让师范学院参与辅导计划的制订与实施，则弥补了这一缺憾。其次，通过辅导，师范学院与中等学校之间建立起了直接而广泛的联系。这不仅有利于中等教育质量的提高，也有益于师范学院师生了解中等教育实际，从而使师范学院的教育和教学更富有成效。

民国时期教育辅导的另一个重要特点，是通过组织各级教育研究会，帮助中小学教师进行独立性教育研究。例如，在国民教育方面，是各级国民教育研究会的设立。1933年，教育部规定，小学教师都要参加本地本校的教育研究会。1941年,规定组织各省市国民教育研究会、省直属行政区国民教育研究会、县市国民教育研究会、乡镇国民教育研究会。1942年,教育部将原来在部内设立的国民教育研究委员会改组为国民教育辅导研究委员会,以加强对于各级国民教育研究工作的领导。

第三节 教育立法制度与教育法规

教育制度是通过一系列的教育法律和法规来体现的。尽管有关法律、法规被认真执行落实者并不多,但国民政府还是比较重视教育立法的。这首先表现在众多的法律、法规上。1936年教育部公布的《教育法令汇编》中有法规350项,1946年和1947年汇编的教育法规分别为409项和295项。此外,其教育法规体系比较完整,立法程序比较完备,比较注意法规的稳定性和连续性以及法规文本的简练、明确、严谨。① 以下,将简单介绍国民政府的教育立法制度及各时期的主要法律、法规。

一、立法机构与立法程序

为了对立法工作进行规范,南京国民政府曾先后制定了《立法程序法》《法规制定标准法》和《立法程序纲领》等法律文件。国民党当局规定,法的议决及公布有两条途径:一是法律案由立法院三读程序通过,经国民政府公布者;二是国民党中央政治会议(中央政治委员会)议决,由国民党中央执行委员会交国民政府公布者。只有通过以上两条途径形成的法律,才能称之为"法"。它包括4个方面的内容:①关于现行法律的变更或废止者;②现行法律明文规定应以法律规定者;③关于国家各机关的组织者;④关于人民的权利义务者。

---

① 顾明远:《中国教育大系·历代教育制度考》,第2334~2341页,武汉,湖北教育出版社,1994。

法律之外，尚有条例，它是国民政府为执行法律或基于法律的委任所制定的施行法律之规则。有权制定条例之机关，除国民政府外，还有国民政府各院、部、委及省市政府，但须经国民政府核准。所有教育法令，应由教育行政机关核准施行。如1927年12月16日，大学院训令各国立大学校、各省教育厅及各特别市教育局，在拟订各种教育规章有关下列各项内容时，应经大学院复查或备案：①关于省区、市、县教育行政机关及其所属委员会等组织事项；②关于学制事项；③关于学校课程编制、设备等事项；④关于教育人员任免、待遇、考成事项；⑤关于私人教育事业奖励或取缔事项；⑥关于教育经费征收、保管、分配事项；⑦其他关于教育行政、学校教育、社会教育的重要事项。① 按规定，各级行政机构所制定的教育条例可不必经立法院三读通过，但其内容不能违反法律或与法律相抵触。国民政府时期，各种法规名目繁多，除了法、条例外，还有章程、规则、细则、准则、大纲、办法、须知、注意事项等。为了加以统一，1943年6月4日修正公布的《法规制定标准》规定，国民政府各机关可制定"规程""规则""细则""办法"4种，它们均属于"命令"的范围。②

　　值得注意的是，上述立法机构与立法程序存在着两个突出问题。其一，与"党治"国家相适应，作为国民党最高权力机构的中央政治会议及其常委会拥有立法权，它的决议在事实上具有超越法律的性质；其二，与西方民主国家的议会不同，作为专门立法机构的立法院是国民政府的一个组成部分，它的成员不由人民选举产生而由国民政府（事实上是国民党"中政会"）决定任命，因而它不是民意监督机关而是治权机关，从而只能按照国民党的意志从事立法活动。此外，处于"命令"层次的各种规章，按照各国通例，虽不须经立法机关完成立法程序，但必须遵循法律的规定并与法律相一致，且命令不能修改或废止法律。但由于集党政军大权于一

---

① 《大学院公报》，第1年（1928年）第2期。
② 徐茅：《中华民国政治制度史》，第252～253页，上海，上海人民出版社，1992。

身的蒋介石被赋予了"以命令作便宜处置而不受立法程序限制"的权力，以命令改变或修改法律的事情就屡见不鲜了。这体现了国民党立法制度的专制性质。

二、各时期主要教育法律和法规

抗日战争前的10年，国民政府以确立三民主义教育宗旨及其实施方针和原则为基础，致力于各级各类教育的规范化与标准化，先后制定了包括各级各类教育法、教育规程和课程标准在内的一系列教育法律、法规，初步建立起一个比较完备的近代教育法律、法规体系。

在教育宗旨及方针政策方面，主要的法律、法规有：①《中华民国教育宗旨及其实施方针》，1929年4月26日由国民政府公布。它规定了三民主义教育宗旨，并提出了实施三民主义教育宗旨的8项方针。②《三民主义教育实施原则》，于1931年9月3日国民党第三届中央执行委员会第17次常务会议通过。它包括"初等教育"（含幼稚园）、"中等教育"（包括初中、高中及相关程度学校）、"高等教育""师范教育""社会教育""蒙藏教育""华侨教育"和"关于派遣留学生"等8章，每一章大致都从"目标"及"实施纲要"（包括课程、训育和设备3部分内容）两个方面，规定了实施三民主义教育的基本要求。

在教育行政方面，主要的法律、法规有：①《中华民国大学院组织法》，1927年6月27日国民党中央政治会议通过，同年7月4日国民政府公布，次年6月13日国民政府又修正公布。该法共23条，对大学院的性质、职能、机构设置与职掌等做出了规定。②《大学区组织条例》，国民政府于1928年5月3日修正公布，共7条。它对大学院制度下的大学区组织作了原则规定。③《教育部组织法》，1928年12月11日国民政府公布，确定取消大学院制，恢复教育部。至1936年10月31日，先后6次补充修订，规定了教育部的职能、机构设置等方面的问题。④《教育部督学规程》，1931年8月教育部公布。此外，关于省级教育行政，国民政府在1931年3月23日公布的《修正省政府组织法》中，对省教育厅所掌管的事务及其机构和人员设置作了原则性规定。县级教育行政机构的设置，主要通过《县组织法》来加以确定，但前后变化很大。

在学制方面，大学院于1928年讨论制定了《中华民国学制系统》。此后，学制的大体框架没有什么显著变化，只是随着各级各类学校有关法规的颁布与实施，从微观方面有所调整。其中，中小学教育（含幼稚园）方面的主要法规有：①《幼稚园课程标准》，1932年10月教育部修正公布；②《小学课程标准》，1932年10月教育部公布；③《小学法》，1932年12月，国民政府公布；④《小学公民训练标准》，1933年2月教育部公布；⑤《小学规程》，1933年3月教育部公布，1936年7月教育部修正公布；⑥《实施义务教育暂行办法大纲》，1935年5月28日行政院修正通过；⑦《实施义务教育暂行办法大纲》，1935年5月28日行政院修正通过；《实施义务教育暂行办法大纲施行细则》，1935年6月14日教育部公布；⑧《学龄儿童强迫入学暂行办法》，1937年7月教育部公布；⑨《中学法》，1932年12月国民政府公布；⑩《中学规程》，1933年3月教育部公布；⑪《中学学生毕业会考规程》，1935年4月教育部修正公布。

在高等教育方面，主要的法律、法规有：①《专科学校组织法》，1929年7月国民政府公布；②《专科学校规程》，教育部1929年8月公布，1931年3月修正公布；③《大学组织法》，国民政府1929年7月公布，1934年4月修正公布；④《学位授予法》，1935年4月国民政府公布；⑤《学位分级细则》，1935年5月教育部令；⑥《大学研究院暂行组织规程》，1934年5月教育部颁发。

在职业教育方面，主要的法律、法规有：①《职业学校法》，1932年2月国民政府公布；②《各省市推行职业教育程序》，1933年9月教育部公布；③《职业学校规程》，1935年6月教育部公布。

在师范教育方面，主要的法律、法规有：①《师范学校法》，1932年12月国民政府公布；②《师范学校规程》，1935年6月教育部公布。

通过上述法律、法规的颁布不难看出，南京10年（1927～1937年）国民政府的教育立法，重点放在了各级各类教育的法律、法规的建立和健全上。它初步形成了一个以有关学校法和学校规程为核心的法律、法规体系。

抗日战争爆发后，教育立法基本上是在原有立法的基础上的修正、补充和完善。其新制定的主要教育法令有：①《国民教育实施纲领》，1940年教育部公布；②《国民学校法》，1944年3月国民政府公布；③《强迫入学条例》，国民政府1944年7月公布、1945年2月修正公布；④《国民学校及中心国民学校规则》，教育部于1945年9月公布；⑤《国立中学课程纲要》，1938年2月教育部颁发；⑥《初中各科课程标准目标》及《高级中学课程标准目标》，教育部于1940年7月公布；⑦《县市立中等学校设置办法》，1942年5月教育部公布；⑧《专科学校法》，1948年1月国民政府公布；⑨《教育部设置师范学院初级部办法》，1941年教育部公布；⑩《师范学校（科）学生实习办法》，1941年12月教育部公布；⑪《全国师范学校学生公费待遇实施办法》，1944年10月教育部公布；⑫《师范学校毕业生服务规程》，教育部1939年7月公布，1946年12月修正公布；⑬《师范学院规程》，1946年教育部修正公布。国民教育和师范教育，是这个时期教育立法的重点内容。

总起来看，除缺少教育基本法外（可能是用教育方针政策取代了教育基本法），国民党统治时期逐步形成了一个包括教育方针政策、教育行政管理和各级各类学校教育、社会教育在内的比较完整的法律、法规体系。尽管这些法律、法规都是在国民党一党专政条件下制定出来的，但它在一定程度上体现了教育界的智慧，借鉴了先进国家的经验，结合中国实际做出了有益的探索，为以后的教育立法工作提供了有益的经验。

第四节 教育经费制度

教育经费是发展各级各类教育事业的基本物质前提。对于近代中国来说，确立有效的教育经费制度，在发展教育事业方面显得尤其重要。这是因为，作为后发外生型现代化国家，相对说来，中国比其他国家需要更多的教育经费投入。一方面，中国人口众多，国民文化素质普遍低下，为了普及初等教育，从发展学校规模、增加学校数量，到扩大师资队伍，改善办学条件，都急需大量教育经费；另一方面，中国的中等技术人才和高等专业人才相当匮乏，要培养这一类人才，就必须扩大教育规模，提高教育质量，这也需要大量经费。国民党政府的教育经费制度，正是在这样一种背景下逐步建立起来的。

一、保障教育经费政策的演变过程

清末兴学以后，各级学校除少数完全由中央或省县政府支付经费以外，学校经费主要来自地方公产或公益捐，或沿袭过去书院以学产收入作为经费的办法。民国成立后，按照国家和地方税划分标准，确定了各级教育经费的负担。其大致情况是：中小学经费由省县地方负担；大学经费由中央负担或逐渐由中央负担；专科学校除少量直辖者由中央负担外，省设立者由省负担，私人设立的大学与专门学校以及各学术团体得由中央酌量补助。

北洋军阀时期，政局混乱，战事频仍，军费浩繁，教育经费常被挤占、拖欠与挪用，教育事业难以维持，教育界纷起谋求教育经费独立。鉴于这种情况，中国国民党在1924年1月第1次全国代表大会的宣言中宣告：保障及扩充教育经费是基本的施政原则；要增加高等教育经费并保障其独立，庚子赔款全划作教育经费。[①] 教育行政委员会成立后，进一步提

---

① 参见《中国国民党第一次全国代表大会宣言》，载中共中央党校党史教研室：《中共党史参考资料》，第1～11页，人民出版社，1979。

出将"义务教育的厉行及其国库补助",确定教育经费成数及中央对各省教育进行经费补助,提高并按时发放教职员薪金等,列入国民政府发展教育的基本方针政策。1927年12月,国民政府根据大学院的提议,通令各省市政府切实整理学制,并保障教育经费独立。1928年10月公布的训政时期关于教育的施政纲领,把"确定教育经费"列为重要纲领之一,其主要条目是:确定教育经费应占全国岁收的比率,实行教育经费会计条例,规定国库补助义务教育办法。① 1930年,教育部公布《确定教育经费计划及全方案经费概算》,规定了教育经费的来源及其分配办法。② 1931年公布的《中华民国训政时期约法》规定:"中央及地方应宽筹教育上必需之经费,其依法独立之经费,并予以保障。"③ 同年5月9日,国民政府将教育部制定的《地方教育经费保障办法》通令各省市遵行。该办法共有14条,其主要内容是:各省市及各县市政府对于现有的教育经费总额,应切实保障,不得任其减少;各项新增地方捐税,由省市政府酌定提留若干作为地方教育经费;各地方现有教育财产,应由各该地方教育行政机关按有关规定,切实加以整理;现有教育经费必须用于教育事业,无论何人及何种机关,均不得挪借或移作别用;对私人或私法人侵占教育经费、教育经费收支及保管人员舞弊、教育行政机关对经费管理使用不当等,要分别予以惩处;各地方政府应组织教育经费稽核委员会,稽核关于教育经费预算及一切账目。④ 实际上,教育经费独立在抗战前得到了部分的实行:在中

---

① 吴家莹:《中华民国教育政策发展史》,第308页,台北,五南图书出版有限公司,1990。

② 其中规定,完全用作教育经费的收入包括:沙田官荒收入和遗产税,以五成归中央、三成归省、二成归县市支配;屠宰税、牙贴税,完全归县市支配;寺庙财产,各按照其向来关系,由县市或地方团体支配;田赋教育附加税,完全归县市支配;烟酒教育附加税,以五成归省、五成归县市支配;庚款和其投资收入,地方原有的各种教育附加捐税,除另有法令规定外,按向例办理。部分用作教育经费收入的,包括出产各税、营业税、消费各税、房捐铺税和所得税等。(参见李华兴:《民国教育史》,第536~537页,上海,上海教育出版社,1997。)

③ 彭明:《中国现代史资料选编》,第3册(1927~1931),第73页,北京,中国人民大学出版社,1988。

④ 教育部:《第一次中国教育年鉴》乙编,第24页,上海,开明书店,1934。

央，因须由国库支付而无法实行；在地方，则有部分省市予以实行。战前完全实现教育经费独立的有江苏、浙江、江西、河南、福建、云南及南京市；部分实现独立的，有安徽、湖南、陕西、甘肃、贵州、绥远。① 为保障教育经费，各省大体上都设立了教育经费管理机构和稽核机构，各县也大都设有教育款产委员会或教育经费委员会。1936年5月5日公布的《中华民国宪法草案》第137条规定：最低限度的教育经费，在中央为预算总额之15％，在省区及县市为预算总额的30％，并保障依法独立的教育基金。其实，这是整个国民政府时期从未也远未达到的目标。

抗日战争爆发后，为救济从战区内迁的失业失学青年，国民政府先后设立国立中学、师范学校及职业学校多所，收容学生，并予以贷金及公费待遇。省立私立专科以上学校的内迁者，也根据需要予以补助，不能维持者逐渐改为国立。战区退出之专科以上学生，也给予贷金或公费待遇。此外，还在各学校设立会计制度。抗战时期，国民政府为实施新县制，曾一度改革财政收支系统，于1941年将原来实行中央、省、县三级制（在此一制度内，各级政府所办教育事业由各级财政收入负担经费），改为将全国财政分为国家财政与自治财政。国家统一税收，并统筹国家及省预算；自治财政以县市为单位，乡镇预算由县市政府统筹编制。在这一制度下，省级教育经费较过去更有保障，而县市教育经费则普遍地被侵占挪用，原来的教育经费保障制度遭到了破坏。原因在于，当时实行管、教、养、卫合一的新县制，所有经费由自治政府统收统支。当时各项事业均需要大量经费，地方经费来源少，地方财政当局又不能开源节流，便挪用教育经费以作他用。为此，国民政府不得不重申保障教育经费。但因教育部与国民政府其他部门对此一问题意见分歧，直至抗战结束也未达成一致意见、形成有效的解决办法。鉴于新财政系统带来的一系列问题（教育经费只是其

---

① 教育部教育年鉴编纂委员会：《第二次中国教育年鉴》，总第50页，上海，商务印书馆，1948。

中之一），1946年7月起又恢复了收支系统三级制。

抗战胜利后，国民党于1946年11月在南京召开国民大会，并于12月通过了《中华民国宪法》。宪法规定："教育科学文化经费在中央不得少于预算总额之15％，在省不得少于预算总额之25％，在市县不得少于预算总额之35％，其依法设置之文化教育基金及产业，应予以保障。"此后，国民政府在教育经费方面所要解决的主要问题是：①如何使各级教育经费达到宪法所规定的最低限度，以及达到最低标准后，应如何逐步增加；②过去教育经费大抵指学校教育及社会教育经费，现在宪法所定百分比统括教育、文化、科学三者，而教育中又包括高等、中等、初等及社会教育，应如何在各方面之间进行适当的分配；③如何使文化教育基金及产业不断增加扩充，以保证教育事业的稳定发展。①

二、初等教育经费制度

初等教育经费涉及范围广、数量大，其筹集和管理的难度相应地也就增加了。故国民政府时期，初等教育经费制度最为详密，前后变化也比较大。

（一）义务教育经费制度

《实施义务教育暂行办法大纲》规定："义务教育经费，以地方负担为原则，但对于边远贫瘠省份及其他有特殊困难之省市，得由中央酌量补助之。"《实施义务教育暂行办法大纲实行细则》作了更具体的规定，即：义务教育经费其在市区者，由政府统筹；其在省区各县市，以省县酌量分担为原则，中央可根据各省市的具体情况予以补助；对于边远省份及贫瘠省份，中央可给予特别补助。至于经费来源，在各省市，应按照各地情形，或在省市教育经费项下及省市总收入项下提出若干成，或指定专款充之；

---

① 教育部教育年鉴编纂委员会：《第二次中国教育年鉴》，总第50～51页，上海，商务印书馆，1948。

在各县市，应按照各地情形，或指定学产，或指定特种捐税收入充之，还可劝导民众尽力捐助。①

关于中央对于义务教育经费的补助，当时规定：中央义务教育经费，以国库支出义务教育、边疆教育及庚款机关扩充义务教育的经费拨充。其分配原则，抗战前侧重东南沿海各省市，各省市间分配差额不大；战后侧重内地发展，对西南西北各省补助特多，且每年均有增加。至1941年实施国民教育后，此项补助费即全部停止。②

各县市义务教育经费的筹集范围是：县市政府呈准省政府指定的学产及指定的合法捐税为附加税的收入，县市政府、乡镇或学区由整理原有学产增加的收入，热心教育人士对于义教经费的捐赠，县市或乡镇内人民自动公议依呈准分担的捐款。

关于小学教育经费的使用，1936年7月教育部修正的《小学规程》规定：小学经费分开办费与经常费两种。开办费包括校舍建筑费及设备费两种，二者的比例应为6∶4或7∶3。经费分下列项目按比例开支：教职员俸金约70％，图书、仪器、运动器具、教具等设备费及卫生费约15％，实验、文具、水电、医、薪炭等消耗费约9％，旅行、保险等特别费约3％，预备费约3％。预备费非经主管教育行政机关核准，不得动用。③

（二）国民教育经费制度

实施国民教育制度后，按照《国民教育实施纲领》的规定，国民教育经费以地方自筹为原则。其中，保国民学校的经费，应以保自行筹集为原则，不足时，得由县市经费下支给；乡镇中心学校经费，其校长、教员薪给由县市经费项下开支，办公费及设备扩充等费，应由所在地方自筹；各

---

① 教育部：《教育法令汇编》第1辑，上海，商务印书馆，1936。
② 教育部教育年鉴编纂委员会：《第二次中国教育年鉴》，总第194~195页，上海，商务印书馆，1948。
③ 顾明远：《中国教育大系·历代教育制度考》，第2247页，武汉，湖北教育出版社，1994。

县市筹设国民学校及中心国民学校经费不足时，应由省在省经费及中央拨助经费项下酌予补助。

国民学校经费筹集办法，前后变化很大。1943年，教育部对以前的办法、措施进行了修订，公布了《修正国民学校及乡（镇）中心学校基金筹集办法》，其主要内容是：

第一，筹集区域：国民学校为学校所在地之保，中心国民学校之初级部为学校附近不设国民学校之各保，高级部为学校所在地之乡镇。

第二，筹集数量：所筹基金之收益，以足敷学校经常费之1/3为最低额。

第三，筹集期限：分3期进行，每期3年，共9年。

第四，筹集方法：整理原有教育款产，劝勉当地寺庙祠会捐拨款产，分工生产，采集天然物品，征集买卖双方共同认捐之手续费，由居民依其富力自认捐款、劝募。各地可根据自己的情况斟酌上述方法办理。

第五，基金的动用与保管：基金已筹足时，可动用基金收益之90％，其余10％充积储金。基金未筹足时，收益应并入基金，不得动用；基金由中心学校乡镇保及地方人士组织委员会予以办理。

第六，基金的考核：筹集及运用基金时应用之收据要盖用县印，委员会保管之收支每年应有报告，并由全体保甲长签名盖章报核，由县督学及区教育指导员随时抽查。[①]

中央对国民教育经费的补助，从1940年下半年开始，历年都有增加。中央在拨付经费的同时，规定了该项经费的用途，即主要用于发展中心国民学校、培训师资、扫除文盲等。中央对各省市国民教育经费的使用情况进行全面考核，其考核范围为中央补助费及各地自筹经费。1944年3月，

[①] 教育部教育年鉴编纂委员会：《第二次中国教育年鉴》，总第198～199页，上海，商务印书馆，1948。

教育部制订《稽核各省市国民教育经费暂行办法》规定：各省市所领到中央国民教育补助费及其自筹国民教育费，应以各该省国民教育费专款名义存储省市金库或国省市银行；教育部国民教育视察人员遇有各省市国民教育经费管理使用不当或有严重问题时，应立即呈请核实办理，不按时呈报教育部者，应由教育部予以处分；各省对于县市教育经费的稽核，应由各省拟定具体办法，呈部核准施行；省教育行政机关应按月将国民教育经费收支情况通知视察员；等等。

虽然国民政府对国民教育经费的筹集、管理、使用、考核都定有比较严格的制度，但在抗战时期，各地方对国民教育经费的挤占、挪用的现象是普遍存在的。在很多情况下，一县全年教育、文化经费支出数尚低于全县全年学田租收入数，其他如田赋教育附加、教育捐税等，多被挪用。到1947年，各地侵占教育经费之风愈演愈烈，很多省份居然不将国民教育经费列入省预算而责令乡保自筹，这无异于停办地方教育。为解决这一问题，教育部拟定了《地方国民教育经费整理及增筹办法》，由行政院于5月4日通令各省市遵照执行。其主要内容是：国民学校依规定募集的基金，应限期完成捐赠手续并确定所有权；国民学校经常费在县级财政不敷开支的情况下，应依据下列规定增筹：举办学谷捐，以乡镇公有款产收益及乡镇造产收益的50%拨充国民学校经常费，专款专用，不得挪用；国民学校临时费不足时，应发动社会人士捐募；各县市应立即建立教育特种基金，其原有的学款学产应切实整理，将溢收归入特种基金。①

总起来看，初等教育经费制度在战前实行得较好，自抗战以来，由于军费大量增加，地方财政制度混乱，以及国民教育经费以地方自筹为原则，而地方能否筹得经费及其所筹经费的多少，往往因地因时而异，遂导致国民教育经费常被挪用、严重不足。这又大大限制了国民教育的普及和

---

① 教育部教育年鉴编纂委员会：《第二次中国教育年鉴》，总第204～205页，上海，商务印书馆，1948。

质量的提高。

三、中等教育经费制度

《中学规程》（教育部1933年3月公布，1947年4月修正公布）规定，中学开办、经常、临时各费，省（市）立者由省（市）款支给，县立或联立者由县或联立各县县款支给，私立者由其校董会支给。县立中学确因地方贫瘠及成绩优良者，得受省款补助；私立中学非确属成绩优良者，不得受公款补助；其补助标准，由各省市教育行政机关规定，并呈报教育部备案。中学经常费的支配，俸给不超过70%，设备费至少应占20%，办公费最多不超过10%。

《中学规程》还规定，中学可向学生征收如下费用：学费，图书费，体育费；私立学校可向寄宿学生收寄宿费；学校代办学生膳食，应核实收支。各学校在征收各项费用时，应根据省、市、县教育机关所定标准执行。图书费专门用于图书馆添购学生必需参考图书，体育费专为供给学生体育运动之用，均不得挪作他用。公立中学每会计年度应将全年度应向学生征收的一切费用，连同其他收入核实估计编列岁入概算，呈送主管教育行政机关层转最高核定机关核定，并按规定随时缴库。私立中学所征收的学费、寄宿费，为其全部收入的一部分，统收统支；图书费、体育费应分别造具收支清单，于每学期中公布之。

根据《师范学校规程》（教育部于1935年6月公布，1947年4月修正公布），师范学校与中学基本相同，其经费按办学主体的不同，分别由省或县支给，只是经费的使用与中学略有区别。其经常费增加了对学生膳食费的开支，除此之外，俸给最多不超过70%，设备费不超过20%，办公费不超过10%。

根据《职业学校规程》（教育部于1935年6月公布，1947年4月修正公布），职业学校的经费提供与中学基本相同，其他方面有所不同，职业学校的开办费须以能具有相当建筑物及充分设备为原则。职业学校每年扩充设备费至少须占经常费的20%，初级及高级职业学校单科一学级的每年经常费，应参照当地省立初级及高级中学，各以增加50%为原则。县立、私立职业学校如经费支绌，得视其办理成绩，由省市酌给补助金。其补助标准，得较高于补助中学的标准，并以供给指定职业设备及职业学科教员俸给为限。职业学校每年须有实习材料费。职业学校以不收学费为原则，但遇有必要时，得呈请主管教育行政机关核准征收，并可酌量征收最低额实习材料费，此外，不得向学生征收其他任何费用。

四、高等教育经费制度

公私立专科以上学校的岁入经费，可分为国省库款、庚款财产收入、捐助款、学生缴费、杂项收入等。国省立学校以国省库款（一部分）为主要财源，私立学校以财产收入、捐助款与学生缴费为主要财源。

国库补助省私立专科以上学校款，开始只限于专案呈准补助的少数学校，从1934年起，设置了专科以上学校补助费专款，对于办理成绩优良而经费困难的各私立学校，给予教席及设备费补助，由教育部根据各校申请，组织审查委员会审议分配。分配时依据的原则是：①理、工、农、医等实科补助费，至少应占专款总额70%；②各校所得补助费，应以70%补助扩充设备，以30%补助添设特种课目的教席；③每年以补助1次为限，各校支用情形如有不合规定条件者，得中途停止发给。

公私立专科以上学校经费分配标准，战前只有两项：①每年扩充设备费至少应占经费15%；②每年行政费不得超过经常费10%。抗战开始后，物价逐渐上涨，各校因经费支绌，实际上多未能遵照上项规定办理。教育部为谋各校支用经费合理化，从1941年开始，规定了国立专科以上学校支配经费应注意事项，其主要内容有：①应以添置教学研究设备用品为主要用途；②酌量分配一部分款项，为教职员考绩加薪之用；③裁汰冗滥员工；④各科系组事业费应公允分配；⑤建筑校舍应依照有关法令办理；

⑥医药用品及卫生设备应占一定比例。①

抗战以前，由于国民政府把高等教育纳入国家建设的整体规划之中，政局也比较稳定，高等教育经费基本上呈逐年递增趋势。但总的来说，高等教育的拨款还是远远不足的，并缺乏可靠的保障。存在的主要问题是，国立与省立学校主要依靠政府拨款，国民政府常规定用省税收入的某些部分支持国立大学，而这些省税收入始终处于不稳定状态。私立高校经费来源相对来说比较广泛，但大多主要依靠私人捐赠或学费、杂费，往往受国内外经济状况的影响较大；某些依靠政府拨款的学校，则面临着与公立大学同样的问题。②

抗日战争时期，因受战争影响，高等教育经费更成问题。从1937年9月起，国民政府对国立专科以上学校的拨款采取紧缩政策，按七成减发，且有一部分停发。省立专科以上学校有不少不得不停办。而私立专科以上学校，由于学生减少，其赖以生存的主要经费来源之一——学费自然也相应减少。这些因素，都大大影响了教育经费的数量。1939年，政府拨款开始回升。以后几年，呈数倍、数十倍甚至百余倍的速度增加，但远不及通货膨胀的速度。各校教职工糊口都成问题。战前，教师保持着较高的生活水准，但1943年重庆教师的工资仅及战前的17%，而昆明大学教授的工资实值在1945年仅及1937年的3%，绝大多数人在通货膨胀中开始赤贫化。至于办学条件的改善，当然更无从谈起了。③

解放战争时期，国民政府的财政状况持续恶化并走向崩溃，高等教育陷入极度混乱，各地高校学潮此起彼伏。1947年，有着光荣革命历史的北京大学，竟有五六百人退学，学生代表向北京行辕请愿，要求保障生

---

① 以上规定参见教育部教育年鉴纂委员会：《第二次中国教育年鉴》，总第508页，上海，商务印书馆，1948。

② 陈能志：《战前十年中国大学教育经费问题》，载台湾"国立师范大学"《历史学报》，1983（11）。

③ 许纪霖、陈达凯：《中国现代化史》，第553页，上海，上海三联书店，1995。

活。这对于文化重镇北平来说，真可谓一绝大的讽刺。物价飞涨、生活艰苦而无以为生，是高等教育混乱的重要原因之一。①

五、贷学金、公费与奖学金制度

抗战前，只有师范生享受公费待遇，在师范教育制度一节已述及，此处不赘。抗战初期，为救济沦陷区流亡后方的失学失业青年，国民政府设立了贷学金制度。1943年秋，鉴于贷学金制度不能适合一般学生的需要，又制定了国立中等以上学校、省私立专科以上学校公费生办法。战后，在继续实行公费制度的同时，还对新入学的学生广泛设立奖学金名额。

（一）贷学金制度

1938年2月，教育部订颁《公立专科以上学校战区学生贷金暂行办法》，规定公立专科以上学校毕业生，家在战区、费用来源断绝，经确切证明必须救济者，得向所在学校申请贷金。贷金分为全额与半额两种，按当时膳食价格、所在地生活费及学生实际需要决定具体数额。

1940年，鉴于物价上涨，乃重新修订贷金办法。确定以每人每月食米2市斗1升价值，另加燃料、油盐、菜蔬、厨工工资等费用为计算标准。对自费生亦补助膳食贷金（并视学生家庭经济状况分全额与半额两种）。此外，又定有零用贷金与特别贷金。1941年，又将上述规定予以综合，公布了《国立中等以上学校学生贷金暂行规则》。

（二）公费制度

贷金之设，意在救济。但各校在政策掌握上过宽过滥，致使一般学生群趋普通中学，给师范与职业两科的招生带来了困难。鉴于当时技术人才及师资缺乏的状况，为了补救贷学金所带来的流弊，教育部特加订《非常时期国立中等以上学校及省私立专科以上学校规定公费生办法》，于1943

---

① 社论《抢救大学教育》，载《南京新民报》，1947年2月24日。

学年度开始实施。其主要内容是：

第一，1943年度所招新生，贷金制度不再适用，另订公费生办法。公费生分甲、乙两种。甲种免膳食费，并分别补助其他费用；乙种免膳食费。

第二，国立、省立专科以上学校，按下列标准确定公费名额：师范、医药、工各院科系学生，全为甲种公费；理学院科系学生，以80%为乙种公费生；农学院学生，以60%为乙种公费生；文、法、商及其他各院科系学生，以40%为乙种公费生。

第三，私立专科以上学校新生享受公费的比例是：医药、工各院科系学生，以70%为乙种公费生；理、农各院科系学生，以50%为乙种公费生。

第四，国立大学或独立学院新旧研究生，一律比照甲种公费生办理。

第五，国立中等学校新生，照下述标准：师范、职业学校全为甲种公费生；国立中学新生，以70%为乙种公费生。

1944年冬至1945年春，战区扩大，流亡学生增多，原有办法难以适应，遂订定《战时国立中等以上学校及省立专科以上学校学生给予公费办法》，于1945年8月开始实施，公费的范围、名额有所扩大。

（三）奖学金制度

1947年1月1日公布的《中华民国宪法》第161条规定："各级政府应广设奖学金名额，以扶助学行俱优无力升学之学生。"根据此项规定，教育部制定并经行政院议决，于1947年7月12日公布了国立中等以上及省立专科以上学校学生奖学金办法。其主要内容如下：

第一，自1947学年度起，各校所招新生除公费生外，得以本办法规定核给奖学金。奖学金的发放对象须合于下列资格：家境清寒且于各该校考取新生中其总平均成绩在最前列40%者。其总名额不超过新生的20%。奖学金待遇为免除学费、膳宿费。其膳食费由教育部按月核发。凡接受奖学金的学生，每年考试总平均成绩不满70分者，取消其奖学金。

第二，享受公费的学生有：师范生、保育生、青年军复学生、边疆学生、革命及抗战功勋子女、就学荣誉军人。上述学生一律给予公费，不受名额限制。其膳食费每月由教育部核发。凡享受公费待遇之学生，其在学期间学业成绩有1项不及格者，应停止其公费待遇。凡享受公费待遇者，教育部必要时得指定其服务。

六、教师薪俸制度

民国初年，教师的薪俸制度有两个显著特点：一是教师的工资较高，最低也大约相当于工农收入的2倍以上，最高则与国家省部级官员相同；二是不同级别的教师之间差距很大，达三四十倍之巨。南京国民政府成立后，基本沿袭了这一制度，但抗战前与抗战后，其制度及实施情况有较大变化。

（一）战前的薪俸制度

小学教师的薪俸制度，在1933年3月公布的《小学规程》中有比较明确的规定。小学教员的工资，应根据其学历及经验而分别等级，但最低不得少于所在地个人生活费的2倍。产假及考察研究期间，仍领取原工资。因各地生活标准不一，小学教职员的俸给等级、年功加俸办法，由各省市教育行政机关规定，呈请教育部备案施行。如《辽宁省各县小学职教员年功加俸办法》[①] 规定：县属小学教职员分3等9级，一等一级为月薪44元，三等三级为12元。《北平市市立小学校校长教员俸给暂行标准》[②] 所列校长、教员俸给分级如下表所示：

校长俸给分级表 （单位：元）

级别 项别	一	二	三	四	五	六	七	八	九	十	十一	十二	十三	十四
完全小学	105	100	95	90	85	80	75	70	65	60	55	50	45	40
初级小学	100	95	90	85	80	75	70	65	60	55	50	45	40	35

---

① 教育部：《第一次中国教育年鉴》乙编，第179页，上海，开明书店，1934。
② 同上书，第205～207页。

小学教员俸给表　　　　　　　　　　（单位：元）

项别＼级别	一	二	三	四	五	六	七	八	九	十	十一	十二	十三	十四
级任教员	95	90	85	80	75	70	65	60	55	50	45	40	35	30
课任教员	90	85	80	75	70	65	60	55	50	45	40	35	30	25

北平市的办法规定，每个教职员依其学历、接受检定情况确定起薪标准。以国省立师范大学本科、高级中学师范科、师范大学、大学教育科、高等师范专修科毕业者为最高，定为十一级，以受本市小学教员检定委员会检定合格者为最低，定为十四级。晋级的基本原则，是按年功及成绩进行。

中学教师的俸给制度，按照《中学规程》（1933年3月公布），省、市、县立中学教员俸给等级表、年功加俸办法，由各主管教育行政机关规定，径呈或转呈教育部核准施行。私立中学参照各省市公立中学情形，于其校章中规定。教员俸给最低级应参照地方情形，以确能维持适当生活为标准。中学校长视专任教员进3～5级支俸，由教育行政机关或校董会确定。① 1932年11月公布的《中等学校教职员服务及待遇办法大纲》规定：中等学校废除钟点计薪制，教职员的月薪应分别等级，依次递进。②

事实上，各省一般仍采用时薪制和月薪制两种形式。由于各种条件不同，各省中学教师的俸给也有很大的差异。采用月薪制者，最高月俸260元（如安徽省），最低月俸15元（如江西省县立联立中学）；采时薪制者，高中每小时最高月计8元（如河南省），最低月计2元（如江西省），初中最高月计5.2元（如湖南省），最低月计2元（如江西省）。私立中学无论时薪月薪制者，均有1年按10个月计工资者。③ 现以《威海卫管理公署中等学校教

---

① 教育部：《第一次中国教育年鉴》乙编，第43页，上海，开明书店，1934。
② 同上书，第44页。
③ 教育部教育年鉴编纂委员会：《第二次中国教育年鉴》，总第370页，上海，商务印书馆，1948。

职员职务及待遇暂行规程》①（1933年2月）中的有关规定为例加以说明。

威海卫的中学教师，实行钟点计薪制，专任教员每周教学时间应为22~28小时，并不得在校外兼任职务。校长必须担任教学任务，其教学时间不得少于专任教员教学时间最低限度的1/2，并不得另支薪给。教务主任、训育主任和事务主任担任教学时间，得视专任教员酌减，但不得少于规定最低限度的2/3。有关薪级标准如下表所示：

级别 职别	第一级	第二级	第三级	第四级	第五级
校　　长	120	110	100	90	80
教务 训育　主任 事务	100	90	80	70	60
专任教员	80	75	70	65	60
教　务 训育员 事　务	32	30	28	26	24
书　记 文　牍	32	30	28	26	24

在大学教师方面，国民政府为了表示对高等教育的重视，从教育行政委员会时期开始，就着手提高教师的薪俸标准。1927年9月12日公布的大学教员薪俸表，规定大学教员分为4等，其中，教授月薪400~600元，副教授为260~400元，讲师为160~260元，助教为100~160元。各大学可根据自己的经济情形酌量予以增减。② 与北洋军阀政府1917年所规定的标准相比，大学教员的薪俸有明显的提高。这表现在，大学教授的最高月薪从400元增加到了600元，助教的最低月薪从50元增加到了100元。1932年1月，由教育部部长提议、行政院通过的高等教育经费指定办法，确定了大学教员的专任原则。如有兼任别校课程，必须征得院长或校

---

① 教育部：《第一次中国教育年鉴》乙编，第208~209页，上海，开明书店，1934。
② 同上书，第64页。

长的同意；专任教授如中途在校外任有职务，该教授的待遇将改为讲师。

此外，早在1926年国民政府就公布了《学校教员养老金及恤金条例》及其实施细则。① 领取养老金的条件是：凡服务年满15年以上、年龄在60岁以上，或年龄未满60岁而身体衰弱不胜任务者（以不任其他职务为限）；因公受伤以致残疾不胜任务者。领取恤金的条件是：连续服务10年以上，死亡；连续服务15年以上，死亡；连续服务20年以上，死亡；因公受伤或生病以致死亡。

（二）抗战以来的教师薪俸

抗战以前的教师薪俸制度是比较稳定的。1937年以后，由于受战争及其所导致的通货膨胀等的影响，教师的待遇（包括薪水）受到了很大的威胁。此时，国民政府一方面对教员薪俸发放作了更加详细具体的规定，另一方面采取了一些针对物价上涨的新措施。

1. 小学教员薪俸

抗战前所制订的关于小学教员以当地个人生活费2倍为最低标准，由于受各地财政状况的影响，并没有完全兑现。抗战以后，教育经费更加困难，本来就很困窘的小学教员的生活更受影响，改善小学教师的待遇成为当时一个非常迫切的问题。从1939年起，国民政府相继制定了一系列的小学教师待遇实施办法，主要措施如下。

规定最低薪给。小学教员薪给，每年均以12个月计算，其最低薪给，至少应以当地个人衣、食、住三者所需要生活费的2倍为标准，每3年修订1次，遇生活程度剧烈变化时，得随时予以修订。

薪俸晋级。晋级有4种形式：按资历（即按学历，如师范学校晋1级，高等师范学校晋2级）晋级，按职务（即承担任务的范围或程度，如单级小学及二级小学校长晋1级，二级以上小学校长每增二学级即晋1级工资；初级级任教员晋1级，高级级任教员晋2级）晋级，按所教学生数

---

① 教育部：《第一次中国教育年鉴》乙编，第96～97页，上海，开明书店，1934。

晋级，以及按年功加俸（规定每1年或数年为一年功级，每隔一年功级而成绩尚可的教员，晋1级加俸）。

供给食宿和津贴米谷。离家较远的教员在学期间，经主管教育行政部门批准，饬由乡镇长或保甲长商请儿童家庭（或轮流或长期）为教师提供膳食或食宿。津贴米谷是在薪给不能按照最低标准或晋级标准等规定支薪或加薪时，由学校呈请县市政府令饬乡镇保长，商请儿童家庭以米谷津贴小学教员。

发给代课薪金。小学教员在法定假期（如婚假、产假、服务满一定年限后的休假、丧假等）内，仍取原薪，代课教员薪给由学校另行支付。①

尽管制定了若干保障和提高小学教员待遇（包括薪俸）水平的法规，但自抗战以来，全国各地的生活程度一直处于剧烈变化之中，小学教员的最低薪给不仅一直没有按标准实施，且其增长幅度远不及物价上涨幅度，故小学教员的实际工资收入较战前大大降低了。直到国民党政府垮台，此种情形不断恶化。

2. 中学教员薪俸

抗战初期，因一般经费被用于战争，中学教师的薪水大都照战前标准的七成至九成发给，四川有的地方更以六折八扣发给，有的地方甚至以五折发放（如广东）。当时国立中学教员月俸为45~60元。② 1941年冬，教育部颁行《国立中学师范教员支薪标准》，调高了教员的薪俸数额。这个时期在薪俸制度上的主要变化是：各地除兼任教员采用时薪制外，大多采用月薪制，并实行按年晋级的办法。1943年10月，教育部制定了《国立中等学校教职员薪给表》（见下表），并命令各省市教育厅局参照该标准制定中等学校薪给表。③

---

① 教育部教育年鉴编纂委员会：《第二次中国教育年鉴》，总第225~226页，上海，商务印书馆，1948。

② 同上书，总第370页。

③ 同上。

国立中等学校教职员薪给表

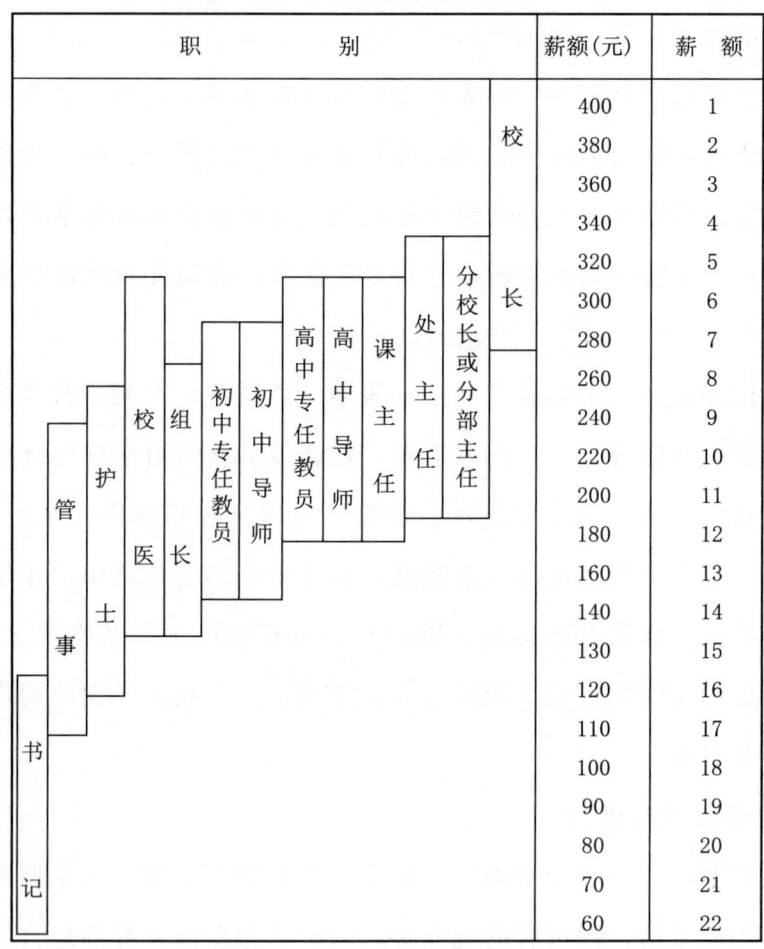

职　　别	薪额(元)	薪额
校长	400	1
校长	380	2
校长	360	3
校长	340	4
校长	320	5
校长／分校长或分部主任	300	6
分校长或分部主任	280	7
分校长或分部主任／处主任	260	8
处主任／课主任	240	9
课主任／高中导师	220	10
高中导师／高中专任教员	200	11
高中专任教员／初中导师	180	12
初中导师／初中专任教员	160	13
初中专任教员／组长	140	14
组长／校医护士	130	15
校医护士	120	16
校医护士／管事	110	17
管事	100	18
管事／书记	90	19
书记	80	20
书记	70	21
书记	60	22

上述薪给标准基本上体现了以专任教员为中心的精神,不同职务间的工资差别很大,结构比较合理,分级比较细密。但在战争末期,物价较战前已膨胀了数千倍,中学教员不同薪级之间看似区别明显的表面数字,已失去了实际的意义。

3. 大学教员薪俸

1940年8月,教育部公布了《大学及独立学院教员聘任待遇暂行规程》,规定大学及独立学院教授月薪标准。其中,教授月薪分9级,最高级为600元,最低级为320元。从副教授到助教,各分为7级。其最高级与最低级月薪分别为:副教授,360、240元;讲师,260、140元;助教,160、80元。初任教员时,以从最低级起薪为原则。任教卓有成绩者,由学校酌予晋级。专科学校教员与大学、独立学院基本相同，只是规定其教授月薪以第六级（即400元）为最高额，以显示与大学学术水平的差别。但在实施过程中逐渐将专科学校教授增至最高级为第三级（即520元），曾任大学或独立学院教授者，仍可支领原薪。1947年11月，教育部对专科以上学校教授实行年功加俸制，规定凡经审查合格的教授，年薪已达最高级、呈报教育部登记有案者，仍可按年功加俸，每年20元，并可按年递晋。但连同本俸不得超过800元，且按年功加俸者的名额不得超过已支领最高级薪俸教授总数的1/3。

1941年12月，教育部公布《大学校长独立学院院长及专科学校校长待遇及公费支给标准》，规定国立或省市立大学校长俸给按照所叙简任职等级规定支给。国立大学校长铨叙级次自简任五级至一级，省市立大学校长铨叙级次自简任七级至二级；由教育部按年功考绩，其卓有成绩者得晋一级支薪，至最高级为止，但须由教育部转咨铨叙部核定。国立或省市立独立学院院长之俸给由教育部核定支给，详如下表：

级别	第一级	第二级	第三级	第四级	第五级	第六级	第七级
月薪（元）	600	560	520	490	460	430	400

国立或省市立专科学校校长之薪给如下表：

级别	第一级	第二级	第三级	第四级	第五级	第六级	第七级
月薪（元）	520	490	460	430	400	380	360

国立或省市立独立学院院长及专科学校校长，初任者均以自最低级起薪为原则，但资历特优或在学术上有特殊贡献者，经教育部核定得自较高级起薪。此等校院长还由教育部按年考绩，其卓有成绩者得晋1级支薪，至最高级为止。

高等学校的职员薪给，按教育部于1947年6月公布的《国立专科以上职员薪级表》，分29级，自55元至490元。这些职员包括秘书、组

（馆）主任、训导员、医士、体育指导员、组（馆）员、技术员、护士、事务员等。

为了解决因物价上涨所造成的教职员生活困难问题，教育部制定了《非常时期改善教职员生活办法》，规定从1941年10月1日起，发给平价粮食代金，凡教育部所办学校的教职员及其符合规定条件的家属，每人每月可领取一定数量的代金。从抗战胜利起，废止战时生活补助办法，按照行政院规定的标准，发给生活补助费基本数及加成数。从1948年1月起。又改照生活指数发给薪津。此外，从1943年10月起，国立专科以上学校教员还发给学术研究补助费。①

应该说，国民政府时期的高等学校教员的薪俸制度，在一定程度上体现了尊重知识、尊重人才的观念。抗战以来，国民政府为维持高等学校教员的生活，不断采取一系列办法和措施，但快速变化的政策总也赛不过以天文数字激增的物价。在内战正酣的1947年3月，大学一级教授的600元月薪，只能买到不足3两白糖或不足1.5市斤食盐，已到了难以维持基本生活的地步。一级教授如此，其他教职员的生活情况更可想而知了。如果说抗战时期的生活困难还是可以谅解的话，那么，国民党政府为了打内战而使广大教育工作者在死亡线上挣扎，无论如何都是让人难以忍受的。更何况，即使在抗战时期，一方面是广大民众的饥寒交迫，另一方面则是国民党官场的灯红酒绿、奢侈腐化。二者间的巨大反差，使许多知识分子感到心灰意懒，被迫走上了革国民党之命的道路。②

第五节　私立学校制度

在中国教育近代化的过程中，私立学校扮演了十分重要的角色。

---

①　以上内容均参见教育部教育年鉴编纂委员会：《第二次中国教育年鉴》，总第515～518页，上海，商务印书馆，1948。

②　费正清：《费正清对华回忆录》，第295页，北京，知识出版社，1991。

自清末迄民国，历届政府对私立学校基本上都采取了提倡与鼓励的政策。民国以来，国民政府一方面对私立学校加以鼓励和扶持，另一方面又通过有关法令、法规加以规范和引导。民国私立学校的发展大致可分为两个阶段：

1912～1927年为第一阶段。这个时期，鉴于国家财政困难，新式学校数量少且分布不广，各种人才匮乏，政府积极鼓励私人或私法人在遵守有关教育法令的情况下，设立学校特别是高等学校。在私立学校制度方面，主要是确立了国家和各级政府对于各级学校的管理、监督之权。《小学校令》规定，凡私立小学校设置、变更及废止，须经县行政长官许可，私立小学校还要接受县行政长官的监督。《中学校令》规定："私人或私法人得依本令之规定设立中学校，为私立中学校。""中学校之设立、变更、废止，须经教育总长认可。"《专门学校令》规定："公立私立专门学校之设立、变更、废止，均须呈报教育总长认可。"相对而言，民国初年对高等教育比较重视，相关的制度规定也较细致，形成了诸如《公立私立专门学校规程》（1912年11月教育部公布）、《私立专门学校等报部办法布告》（1913年教育部订定）、《私立大学规程》（1913年1月教育部公布）、《私立大学立案办法布告》（1913年1月教育部公布）、《整顿私立大学办法布告》（1913年12月教育部公布）等。值得注意的是，从1917年教育部发布第8号布告开始，第一次把外国人办的学校确定为我国私立学校的一部分，并逐步把教会学校纳入中国政府的管理之下。随着收回教育权运动的展开，中国政府开始强制教会学校接受管理，并于1925年11月16日发布《外国捐资设立学校请求认可办法》规定：凡外国人捐资设立的学校，遵照教育部所颁布的各等学校法令规程办理者，得依教育部所颁关于请求认可各项规则，向教育行政长官请求认可；学校名称上须冠以"私立"字样；校长须为中国人，如校长原为外国人者，必须以中国人充任副校长，作为请求认可时的代表人；学校设有董事会者，中国人应占董事名额过半数；学校不得以传播宗教为宗旨，学校课程须遵照部定标准，不得以宗教课目列入必修课。① 但从总体上看，这个时期政府对私立学校缺乏明确严密的制度化管理，加之国内政局动荡，有关制度也难以有效实施。从积极方面来讲，这有利于私立学校的自由发展，从而使私校的数量较清末有了大幅度的增加；从消极方面来说，私校的设立过于宽滥，难以保证教育质量。

1927～1949年为第二阶段。这是私立学校的整顿与发展时期，国家通过有关法令对私立学校的设立和运作进行了规范，将其置于较为严密的管理与控制之下。加强对于私立学校管理与控制的政策，早在教育行政委员会时期就已经初步形成。这一方面是为了解决北洋军阀时期私立学校设立过多过滥而带来的弊端②，另一方面也是适应日益高涨的民族主义潮流以收回教育权的需要。1926年10月18日，教育行政委员会公布了《私立学校规程》《私立学校董事会设立规程》及《私立学校立案规程》，但由于国内政治条件限制，有关法令在当时并未强制执行。大学院时期，为了使有关法令更具有约束力，对它们进行了修订，1927年12月公布了《私立学校及专门学校立案条例》《私立中等学校及小学校立案条例》，1928年2月又公布了《私立学校条例》和《私立学校董事会条例》，对私立学校从立案到办理做出了更明确而严格的规定。教育部成立后，将上述法令加以合并，修正成综合性的《私立学校规程》，于1929年8月29日公布。此后，又相继于1933年、1943年和1947年3次加以修订，但没有大的变化。以下，将以1933年10月19日教育部修正公布的《私立学校规程》③为依据，对国民政府时期的私立学校制度加以论述。

---

① 参见《政府公报》第3459号，1925年11月20日。
② 王炳照：《中国古代私学与近代私立学校研究》，第338～347页，济南，山东教育出版社，1997。
③ 顾明远：《中国教育大系·历代教育制度考》，第2288～2292页，武汉，湖北教育出版社，1994。

一、《私立学校规程》主要内容

《私立学校规程》共分 5 章 38 条。第一章为"总纲";第二章为"校董会";第三章为"私立专科以上学校";第四章为"私立中等学校及小学暨其同等学校";第五章为"附则"。

(一) 总纲

"总纲"规定,私立学校指私人或团体设立的学校,外国人设立的学校也包括在内。私立学校的开办、变更与停办,须经主管教育行政机关核准。按学校程度的不同,其在行政上的隶属关系分别是:私立专科以上学校,以教育部为主管机关;私立中等学校,由省、直辖市教育行政机关主管;私立小学及其同等学校,以市县教育行政机关为主管机关。私立学校须经主管教育行政机关立案,受主管教育行政机关监督及指导。其组织、课程及其他一切事项,均须遵照现行教育法令办理。私立学校办理不善或违背法令时,主管教育行政机关得撤销其立案或令其停办。其开办 3 年尚未立案者,主管教育行政机关得令其停办,并撤销其校董会的立案。外国人不得在中国境内设立教育中国儿童的小学,私立学校不得以宗教课目为必修课及在课内作宗教宣传;由宗教团体设立的学校内,如有宗教仪式,不得强迫或劝诱学生参加;在小学及其同等学校不得举行宗教仪式。私立学校校长应专任,不得兼任其他职务。外国人设立的私立学校,须以中国人充任校长或院长。

(二) 校董会

私立学校的最高权力机构是校董会,它是设立者的代表。关于校董会的组成,规程规定:第一任校董由设立者聘请相当要员组成,设立者为当然校董,校董名额不得超过 15 人;校董中至少须有 1/4 的人由曾经研究教育或办理教育者充任,在特殊情况下聘请外国人作校董,其名额不得超过校董总数的 1/3;现任主管教育行政机关及其直接上级教育行政机关人员，不得兼任校董；校董应互推1人为董事长，且董事长必须为中国人。

校董会成立后，应开具名称、目的、事务所所在地、校董会章程、资产资金或其他收益详细项目及其确实证据、校董的详细情况（姓名、年龄、籍贯、职业及住址）等，呈请主管教育行政机关立案。已核准立案的私立中等学校校董会，应由该管省市（直辖市）教育行政机关转呈教育部备案；已核准立案的私立小学及其同等学校校董会，应由该管县市教育行政机关转呈教育厅备案。校董会解散时，须经主管教育行政机关许可。

校董会的主要职权有两项。在学校财务方面，负责经费筹划、预算及决算的审核、财务的保管和监督，以及其他财务事项。在学校行政方面，校董会有权选任校长或院长，所选校长或院长应征得主管教育行政机关的认可。如校长或院长失职，校董会可随时改选。校长或院长对学校行政负完全责任，校董会不得直接参与学校行政。

校董会在每学年终结1个月内，应将学校校务情况，前年度所办重要事项，前年度收支金额及项目，校长、教职员、学生一览表等，详细开列，连同财产项目分别径报或转报主管教育行政机关备案。主管教育行政机关每学年须查核校董会的财务及事务状况1次，必要时可随时查核。此外，为保护私立学校及其财产，规程特别规定：私立学校及其财产不得收归公有。

（三）私立学校的开办与立案

私立学校应在校董会立案后申请开办；经核准后，试办1年，然后呈请立案；符合条件并准予立案的，才成为正式的私立学校。现以专科以上学校为例，对其开办与立案的手续及条件加以说明。

私立专科以上学校开办的条件是："大学或独立学院按所设学院或科之数目及种类，至少须有大学规程第十条所规定开办费及每年经常费"；"专科学校按所设专科之数目及种类，至少须有修正专科学校规程第十条所规定之开办费及每年经常费"；"开办费及第一年经常费均须以现款照数存储银行"。开办前，应先向主管教育行政机关呈报下列事项及全校平面图及说明书：①学校名称及种类；②学校所在地；③校地及校舍情形；④经费来源及经常开办各费预算表；⑤组织、编制及课程；⑥参考书和教科书目录；⑦图书馆全部图书目录及实验室全部仪器、标本目录及其价值；⑧校长或院长及教职员履历表。经主管教育行政机关核准后始得开办。

开办1年之后，应呈请立案。呈请立案时，应开列下列各事项送查：①开办后的经过情形；②开办时所呈报的第4～8条事项；③各项章程规则；④学生一览表；⑤训育实施情况。立案时须具备下列条件：①呈报事项查明确实者；②对于现行教育法令切实遵守，并严厉执行学校章则者；③教职员合格胜任，专任教员占全数三分之二以上者；④学生入学资格合格，在校学生成绩良好者；⑤设备足敷应用者；⑥资产或资金之租息连同其他确定收入（学费收入除外）足以维持其每年经常费者。

呈报开办与呈请立案的时候，均应由该校董事会备具呈文及附属书类，呈由该省市教育行政机关转呈教育部核办。转呈时对于所列各事项应切实调查，开具意见以备审核。

由上述规定不难看出，私立学校是否允许开办，主要取决于它是否具有足够的办学经费，这是学校得以存在和发展的基本物质条件。此一规定的主要目的，在于杜绝以学敛财现象的发生。立案的条件。除经费设备外，还注重私立学校遵章守法情况、教职员的数量与质量、教学的质量。

二、《私立学校规程》实施情况

《私立学校规程》颁布后，教育部要求所有私立学校限期立案，对不合格的学校严加取缔。从执行的情况来看，对中国人自己所办学校执行立案是比较顺利的，但在教会学校方面最初则遭到了抵制。这不仅涉及外国势力对中国政治的控制问题，也涉及世俗价值观与宗教价值观何者应居于支配地位的问题。针对这种情况，国民政府对私立学校的限制日趋严格，对不立案的私立学校采取了惩戒措施。1929年暑假，教育部在一项取缔私立学校的通令中说："各私立大学举行入学考试时，查验投考者之毕业证书，如遇未立案大学预科及高级中学毕业证书及无证书者，得勒令其停止考试。"① 1933年10月颁行的《修正私立学校规程》还在"附则"中规定："未照本规程完成立案手续之私立学校，其肄业生及毕业生，不得与已完成立案手续之私立学校学生受同等待遇。"限制学生的出路，就是减少私立学校的生源。在这种情况下，一些在中国从事办学的西方人有着比较清醒的认识："如果大学在可能的时候不向政府登记，它的毕业生就会被关在公共事业的门外，而且他们不会得到允许在登记过的学校或学院里任教。因此教师和学生双方都有被孤立于国家教育生活之外的危险，从而失去其影响力。"于是，到1933年，所有主要教会大学和学院都完成了向国民政府的登记。②

限制私立学校学生的出路，作为迫使私立学校立案并接受中国政府监督和管理的措施是有效的，但对于那些就学于私立学校的合格的毕业生来说，则是不公正的。为了加以补救，一些地方采取了对未立案和已停闭私立学校学生进行甄别测验的措施，使其毕业生通过甄别考试，合格者得以升学和就业。③

为了维护中国的教育主权，《私立学校规程》要求教会学校应由中国人担任校长并组成由中国董事占优势的校董会。但由于教会学校主要是由外国资本家或财团提供经费的，这使得中国政府对教会学校所拥有的管理权很难具有实质性意义。在有的教会学校，它导致了学校管理系统二元

---

① 《中华教育界》，1930，18（8）。
② [美]费正清、费维恺：《剑桥中华民国史》（下卷），第440～441页，北京，中国社会科学出版社，1994。
③ 王炳照：《中国古代私学与近代私立学校研究》，第433页，济南，山东教育出版社，1997。

化。燕京大学就是这样，其"在纽约的美国理事们在校长司徒雷登的领导下，掌握预算的主要部分和外国教员，而在中国的管理委员会（1928年后中国人占多数）在中国校长领导下负责其他政策事务。吴雷川于1929年就任后一职务，因政策分歧于1934年辞职"[①]。有的学校，中国人只是形式上的主管，如南京金陵大学，"由于当时金大的经济命脉掌握在美国教会手里，校长和主管财物人员，都直接由美国教会指派。主管财力人员初称司库，立案后改称会计主任。坐这把交椅的是美国女教士毕律斯。她来华时才20岁左右，解放初离开南京时，已年逾花甲……"[②] 立案后虽由中国人担任校长，但外国人仍是事实上的主管。这说明，只要中国还带有殖民地国家性质，就不会拥有完全的教育主权。

需要指出的是，国家对于私立学校的立法，一方面在于使私立学校教育教学规范化，从而达到保证和提高教育质量的目的；另一方面也应该为高质量的私立学校提供自由创造和发展的空间。就前一方面来说，它虽取得了一定的效果，但由于有关法规多是被动地弥补漏洞，加上政治的不稳定和严重腐败，使得国民政府时期仍有大量不合乎标准、质量低劣的私立学校存在。就后一方面来说，国民政府往往过多地干涉学校内部事务，如向私立学校指派军事教官，阻止有关学校设立合法的课程，限制私立中等学校招收女生，强制学校当局干涉学生的民主活动等。这些无端的干涉，大大限制了私立学校的发展。

当然，从总体上看，国民政府时期的私立学校制度与以往相比，还是比较健全的。它基本上把私立学校的发展纳入了规范化、法制化的轨道，强化了中国的教育主权意识，使教会学校的传道意志有所削弱，这些都是应当肯定的。

---

① ［美］费正清、费维恺：《剑桥中华民国史》（下卷），第441页，北京，中国社会科学出版社，1994。

② 陈裕光：《回忆南京金陵大学》，载《上海文史资料》，第43辑。

第五章　新民主主义教育制度（上）

五四运动标志着中国革命进入了新民主主义阶段。此后，新民主主义教育制度从无到有，不断完善和发展，逐步取代了半封建半殖民地教育，最终担负起了领导中国教育走向现代化的历史使命。

新民主主义教育制度，是以马克思主义教育思想在中国的传播以及早期共产主义者和中国共产党人的教育实践活动为基础，在苏区初步建立起来的。抗日战争时期及以后，中国共产党人自觉地以新民主主义理论为指导，使新民主主义教育制度得到了进一步发展和完善，并在抗日民主根据地和解放区有效地实施，探索出了一条在经济、文化落后的农村地区发展教育的新道路。

第一节　新民主主义教育制度的萌芽

新民主主义教育制度并不是凭空产生的。早在"五四"时期，一部分接受了马克思主义的早期共产主义者，就开始用马克思主义的观点考察和分析教育问题，并积极投身于改造社会的教育实践活动。中国共产党在其成立初期及第一次国内革命战争时期，就提出了自己的教育方针，积极开展工农教育和干部教育。这些富有开创性的教育实践活动，为以后的革命根据地教育提供了重要的借鉴，标志着新民主主义教育制度的萌芽。

一、早期中国马克思主义者的教育思想

俄国十月革命和中国五四运动的结合,开辟了中国人接受马克思列宁主义的道路。以李大钊、陈独秀等为代表的一批先进知识分子,正是在这种情况下实现了从民族主义者、民主主义者向共产主义者的转变。正如毛泽东所说:"中国人找到马克思主义,是经过俄国人介绍的。在十月革命以前,中国人不但不知道列宁、斯大林,也不知道马克思、恩格斯。十月革命一声炮响,给我们送来了马克思列宁主义。"① 值得注意的是,中国人所接受的马克思主义,是以列宁主义为媒介的唯物史观,特别是阶级斗争和国家学说。李大钊说:

> 马氏社会主义的理论,可大致为三部:一为关于过去的理论,就是他的历史观,也称社会组织进化论;二为关于现在的理论,就是他的经济论,也称资本主义的经济论;三为关于将来的理论,就是他的政策论,也称社会主义运动论,就是社会民主主义。离了他的特有的唯物史观,去考察他的社会主义,这是不可能的。因为他根据他的史观,确定社会组织是由如何的根本原因变化而来的……预言现在的资本主义的组织不久必然移入社会主义的组织……他的这三部理论,都有不可分的关系,而阶级斗争说恰如一条金线,把这三大原理从根本上联络起来。②

因而,以唯物史观为思想方法来解释教育问题,便是中国马克思主义教育思想的最本质特点。其突出表现之一,就是将教育与社会的关系纳入到经济基础与上层建筑总体结构中予以考察。1919 年,李大钊在那篇宣传马克思主义的著名文章《我的马克思主义观》中曾经指出:"一切社会

---

① 《毛泽东选集》第四卷,第 1470 页,北京,人民出版社,1991。
② 《李大钊文集》第三卷,第 18 页,北京,人民出版社,1978。

上政治的、法制的、伦理的、哲学的,简单地说,凡是精神上的构造"都是社会的"表面结构"(即"上层建筑"),它由社会的"基础结构"(即"经济基础")决定,并依据基础结构而转移。陈独秀进一步明确指出:教育与思想、知识、言论一样,都是"经济的儿子",而不是"经济的弟兄";教育等"都是经济基础上面的建筑物,而非基础本身"。[①] 把教育看作是上层建筑的一个组成部分,就意味着教育由经济基础所决定并随着后者的变化而变化,确认一切社会问题的根本解决在于经济问题的解决。但是,如果没有阶级斗争"这个学理作工具,为工人联合的实际行动,那经济的革命,恐怕永远不能实现"。这样,中国马克思主义的唯物史观,从一开始就与阶级斗争理论密切结合在一起。陈独秀指出:"阶级战争的观念确是中国人应该发达的了","在生产方面废除了资本私有和生产过剩,在分配方面废除了剩余价值,才可以救济现代经济的危机及社会不安的状况,这就是我们所以要讲社会主义之动机"[②]。

以阶级斗争的理论为武器,马克思主义者对教育的阶级性及教育与政治的关系作了深入的剖析。陈独秀曾经指出,只有政治发展到了一定的水平,教育才有发展的可能。"今日之中国政象如斯,吾人有何方法从事于教育、实业之发展乎?……而今而后,国民生活倘不加以政治色彩,倘不以全力解决政治问题,则必无教育实业之可言,终于昏弱削亡而已。"[③] 毛泽东也说:办教育"一要有钱,二要有人,三要有机关。现在世界,钱尽在资本家的手","现在世界的教育,是一种资本主义的教育","教育所以落在资本家手里,则因为资本家有'议会'以制定保护资本家并防制无产阶级的法律;有'政府'执行这些法律,以积极地实行其所保护与所禁止;有'军队'与'警察',以消极地保障资本家的安乐与禁止无产者的

[①] 《陈独秀文章选编》(中),第377、399页,北京,生活·读书·新知三联书店,1984。

[②] 同上书,第98、87页。

[③] 《陈独秀文章选编》(上),第225页,北京,生活·读书·新知三联书店,1984。

要求；有'银行'以为其财货流通的府库；有'工厂'以为其生产品垄断的机关"。无产阶级只有取得政权，才能掌握教育权；而要取得政权，只有采用"俄国式革命"的方法。① 因此，政治问题的解决是解决教育问题的前提。没有政治问题的根本解决，无产阶级和广大劳苦大众便无从获得受教育的权利和机会。

当然，强调经济基础决定教育的发展，政治问题的解决是发展文化教育事业的前提，并不意味着否定教育在社会历史发展中的作用。陈独秀指出，我们反对将知识、思想、言论、教育说成"可以变动社会、解释历史、支配人生观，和经济立在同等地位"，但并不抹杀它们的重要作用，它们都是"社会进步的重要工具"。② 李大钊更提出了"灵"与"肉"的同时改造，他说："不改造社会经济组织，单求改造人类精神，必致没有结果。不改造人类精神，单求改造经济组织，也怕不能成功。我们主张物心两方面的改造，灵肉一致的改造。"③ "这个精神的改造，实在要与物质的改造一致进行，而在物质的改造开始的前期，更是要紧。"④ 通过改造人的精神而使教育发挥服务于社会革命和经济变革的工具作用，正是中国马克思主义教育功能观的重要结论之一。

为了使教育发挥社会革命的工具作用，早期的中国马克思主义者强调，知识分子尤其是青年知识分子，要在关心政治、学习马克思主义、努力对自己进行思想改造的基础上，到民间去，走与工农相结合的道路。李大钊说："要想把现代的新文明，从根底输入到社会里面，非把知识阶级与劳工阶级打成一气不可。我甚希望我们中国的青年，认清这个道理。""我们青年应该到农村去，使当年俄罗斯青年在俄罗斯农村宣传运动的精

---

① 王树山、王健夫：《毛泽东书信赏析》，第133～134页，济南，山东人民出版社，1997。
② 《陈独秀文章选编》（中），第379页，北京，生活·读书·新知三联书店，1984。
③ 《李大钊文集》（下），第68页，北京，人民出版社，1984。
④ 同上书，第43页。

神,来做些开发农村的事,是万不容缓的。我们中国是一个农国,大多数的劳工阶级就是那些农民。他们若是不解放,就是我们国民全体不解放……去开发他们,使他们知道要求解放、陈说痛苦、脱去愚暗、自己打算自己生活的利病的人,除去我们几个青年,举国昏昏,还有哪个?"[1]知识分子与工农民众的结合,不仅是解放劳工阶级的社会革命的需要,也是知识分子改造自我、发展自我的需要。李大钊认为,青年知识分子如果满足于做隔绝于人民大众之外的"文化游民",不仅弄不到饭碗,而且会消磨自己的斗志,沦为"穷愁嗟叹"、迷失道路的人。而一旦深入到农村,"劳心也好,劳力也好……一日把8小时做些与人有益、与己有益的工活,那其余的工夫,都去做开发农村、改善农民生活的事业,一面劳作,一面和劳作的伴侣在笑语间商量人生向上的道理",才能找到安身立命的地方。[2]

以马克思主义教育思想为基础,早期中国马克思列宁主义者在教育实践方面,一方面利用旧学校这一教育场所,建立马克思主义研究组织,积极宣传马克思主义和反帝反封建的革命思想。如李大钊于1920年在北京大学发起组织"马克思主义学说研究会""社会主义研究会",并亲自讲授"社会主义与社会运动""唯物史观研究"等课程;另一方面,在平民教育运动中坚持革命方向,并进一步举办工人补习学校,开展工人教育。如邓中夏等在北京大学平民教育讲演团的基础上,为了使马克思主义和中国工人运动相结合,于1920年在长辛店铁路工场附近筹办劳动补习学校,于次年1月1日正式开学,成为北京共产主义小组开展工人运动的据点。学校招收附近工人和工人子弟入学读书,分日、夜两班。日班为工人子弟开设,课程略同于普通国民小学;夜班为工人开设,学习科学常识、社会常

---

[1] 华东师范大学教育系:《中国现代教育文选》,第208~209页,北京,人民教育出版社,1989。
[2] 同上书,第211~212页。

识、铁路常识、国文等。办学经费靠募捐获得，学生读书不收学费。其教学结合工人生活，先教文字、知识，再讲革命道理，使工人在学习文化知识的同时，接受革命思想的熏陶。此外，刘少奇筹办的上海沪西小沙渡劳动补习学校，湖南共产主义小组办的工人夜校，广州共产主义小组办的工人学校等，都是最早的工人补习学校，也是我国教育史上第一批工人自己的学校。它开创了马克思主义与工人运动相结合的一种重要形式。①

二、中国共产党早期的工农教育实践活动②

马克思主义在中国的传播，导致了两个重要的历史结果：一是中国共产党的建立；二是知识分子到民间去。二者相辅相成，推动了工农运动的开展，而工农教育则是其中的一个重要方面。

中共成立之初就提出，应该在一切工业部门成立工人学校，这种学校的基本方针是"提高工人的觉悟，使他们觉得有成立工会的必要"③，从而把工人教育和工人运动结为一体。1922年，共青团第一次全国代表大会通过了《关于教育运动的决议》，指出要开展6项教育运动，第一项就是开展青年工人和青年农民的特殊教育运动，从而把工农教育放在各项教育工作的首位。以第一次国共合作为基础，1925年，中共第四次全国代表大会通过了工人运动决议案和农民运动决议案，都提出要对工人和农民加强宣传教育，提高其阶级觉悟，引导其积极参加革命。在上述策略的指导下，工农教育运动迅速开展起来。

在工人教育方面，中国共产党成立后，各地的党组织仿照长辛店劳动补习学校的模式，在广州、上海、武汉、济南、湖南等地办起了工人学

---

① 毛礼锐、沈灌群：《中国教育通史》第5卷，第76~78页，济南，山东教育出版社，1988。
② 本部分主要参考了宋荐戈：《中国共产党领导下的早期工农教育》，载中央教育科学研究所：《教育史研究》，1993（1）。
③ 解放军政治学院：《中共党史参考资料》（二），第200页。

校。其中影响最大的是安源路矿工人夜校。这所学校是1922年以毛泽东为书记的湘区区委以湖南平民教育会的名义创办的。办学4个月后成立了工人俱乐部，俱乐部制定了《补习教育强迫入学章程》，规定30岁以内的青壮年工人必须入学接受教育。因此，学校规模很大，设立了7个分校，并在工人比较集中的地方设立了6个读书处和30多个公共阅报处。夜校按照学生的不同文化程度开办了初级班、中级班和高级班，开设了国文、算术、常识、图画等课程。为防止当局破坏，学校对内、对外采用两套教材。教师在教学过程中自觉地把文化科学知识的传授与宣传革命思想融会在一起。在办工人夜校的同时，俱乐部还通过与路矿当局的斗争，开办了工人子弟学校，由当局拨款，学生免费入学。这在当地是史无前例的，是共产党领导工人教育的一个成功范例。

1925年，第二次全国劳工大会通过了《工人教育决议案》，决议在总结了各地创办工人教育经验的基础上指出："我们的教育方针，一方面虽是注意他们日常生活的需要，如识字、常识等，但最重要的是要用这些日常生活知识材料说明其原因结果，引用他们生活困苦之根源及现社会之罪恶，以唤醒其阶级觉悟……我们办教育的最终目的，就是促进工人阶级的觉悟。"决议案还提出：补习学校、工人子弟学校、工人阅书报社、化装讲演及公开游艺等，是工人教育的重要形式；在自己办教育的同时，党还应打入其他工人教育组织中，以转变其性质。此后，党在其所领导的各级各类工会中设立了宣传部或教育部，负责工人教育事宜。工会不仅办成年工人教育，也办工人子弟教育。这样，工人教育日趋正规和普及。

在农民教育方面，中国共产党也给予了高度重视。中共领导的农民教育运动最先兴起于广东的海丰、陆丰地区。为了把农民组织起来，在著名共产党员彭湃等的领导下，组织成立了农会。农会设有教育部，创办农民学校。农会为农民学校代请老师，学校向地主批耕土地作为学田，以解决教育经费问题。学校的教育内容，一是教农民读书识字、能写会算；一是对农民进行革命教育，启发阶级觉悟，使农民出来办农会。湖南也是党领导的农民教育发展较早的地区之一。1924年毛泽东在韶山领导农民运动时，在20多个乡建立了农民协会，办起了农民夜校。农民把夜校当作他们自己的学校，投入了极大的热情，使夜校发展很快，到1927年，平均每乡有1所农民夜校。通过农民组织来办农民自己所需要的教育，正是党所领导的农民教育运动的本质特点。

中国共产党所领导的农民教育，极大地推动了湖南、广东等省的农民教育，使农民教育逐步向着规范化方向发展。1926年5月，广东省第二次农民代表大会通过了《农村教育决议案》，提出"农村教育方针，一面可使农民于教育中养成其革命思想；同时，也要增进其农业之知识与技能"。为提高农民的文化水平和政治觉悟，决议案还对农民教育的形式、经费、教师、课程等作了规定。同年12月，湖南第一次农民代表大会也有类似的规定。此外，第一次国共合作时期所举办的农民运动讲习所，也是当时农民教育运动的重要组成部分。它除了对农民协会会员和佃农子弟进行教育外，还把培养农民运动干部放在了重要地位，培养了一大批农民运动的骨干力量。这些讲习所实际上大都是由共产党员具体负责和领导的。

中国共产党所领导的早期工农教育，提高了处于社会底层的工农群众的素质。培养了一批工农出身的干部，促进了工农革命运动的开展，为此后革命根据地的教育提供了重要的历史经验。它标志着新民主主义教育制度的萌芽。

第二节　苏区教育方针政策

1927年第一次国共合作的破裂，迫使中国共产党人走上了武力对抗国民党的统治、独立领导中国革命的道路。这条道路就是通过建立和发展农村革命根据地，以农村包围城市，最后夺取城市。中国共产党领导的革命根据地教育，包括3个阶段：①1927～1937年土地革命的10年，是新民主主义教育制度得以初步确立和发展的苏维埃地区的教育；②1937～1945年抗日战争8年，是在新民主主义文化教育方针的指导下，新民主主义教育制度的全面完善和发展的抗日民主根据地的教育；③1946～1949年的解放战争，是随着人民解放战争的不断胜利，将新民主主义教育逐步推向全国的解放区教育。

从1927年10月毛泽东等在井冈山领导创建第一个农村革命根据地开始，到1937年抗日战争爆发以前，中国共产党先后创建了十几块农村革命根据地。其中包括：井冈山革命根据地、赣南和闽西苏区、湘赣苏区、湘鄂赣苏区、闽浙赣苏区、左右江革命根据地、鄂豫皖苏区、川陕苏区、湘鄂西苏区、湘鄂川苏区、广东革命根据地、陕甘宁苏区等。这些根据地的政权都采用苏维埃代表大会的形式，因而简称苏区。它们以江西中央苏区为中心，建立起了以瑞金为首都的中华苏维埃共和国。在工农革命政权之下，建立起了新民主主义教育制度。尽管由于国民党政府的封锁，各根据地之间联系困难，各地的情况颇有差异，教育状况也各不相同，但其教育方针和政策却是基本相同的。大致说来，苏区的教育方针政策包括如下几项主要内容。

一、教育为革命战争服务

"教育为革命战争服务"，这是苏区教育的一项基本方针。1933年4月15日，《中华苏维埃共和国临时中央政府教育人民委员部训令》指出："苏区当前文化教育的任务，是要用教育与学习的方法，启发群众的阶级觉悟，提高群众的文化水平与政治水平，打破旧社会思想习惯的传统，以深入思想斗争，使能更有力的动员起来，加入战争，深入阶级斗争，和参加苏维埃各方面的建设。"① 这一基本方针，为从中央到地方的各根据地所一再重申和强调。

1932年秋，《闽浙赣省苏大会文化工作决议案》中说："在目前日益开展的国内阶级战争中，加紧工农群众的革命的阶级的政治教育，提高工农群众的文化水平，激励工农群众的斗争情绪，坚定工农群众对革命斗争的胜利信心与决心，粉碎反动统治阶级麻醉工农群众的精神工具——封建迷信和国民党教育，团结工农群众在革命的阶级战线上，争取革命战争的完全胜利，这是文化教育工作的中心任务。"②

1933年7月，中央教育人民委员部在第4号训令中指出："在目前一切给予战争，一切服从斗争利益这一国内战争环境中，苏区文化教育不应是和平的建设事业，恰恰相反，文化教育应成为战争动员中一个不可少的力量，提高广大群众的政治文化水平，吸引广大群众积极参加一切战争动员工作，这是目前文化教育建设的战斗任务，各级教育部必须以最大的努力，来完成这一战斗任务。"③

1933年8月30日，少共中央局中央教育人民委员部联席会议的决议中也说："把教育为着革命战争就是说满足战争需要，用教育工作帮助战争的动员、战争的发展……需要经过教育的工作去提高广大工人与劳苦大众的阶级觉悟。"④

苏区强调"教育为革命战争服务"，不仅因为苏区处于"围剿"与反"围剿"的战争环境之中，保卫苏维埃政权、争取劳苦大众解放的革命战争是苏区工作的核心任务，而且因为只有通过革命战争，才能使广大劳苦大众获得解放，从而获得充分的受教育的权利和机会。"教育为革命战争

---

① 顾明远：《中国教育大系·马克思主义与中国教育》（下），第1033页，武汉，湖北教育出版社，1994。
② 同上书，第1031页。
③ 同上书，第1036页。
④ 同上书，第1037页。

服务"方针的实质，就是要通过提高人们的文化水平和政治觉悟，充分发挥教育在发动群众支持和参加革命斗争中的动员、教育作用。

为了坚持这一方针，苏区政府一方面反对不顾斗争需要、脱离斗争实际的教育方式；另一方面更反对强调斗争而忽视教育的倾向。后一种倾向相当普遍，尤以县区政府为甚。"省苏第一次代表大会后，县区苏维埃政府仍没有了解文化教育工作在革命过程中的重要意义，对文化教育工作是忽视的态度，甚至认为在斗争环境中。只要斗争，不要文化，把文化与政治分离开来；或者认为文化工作的建立要在革命成功以后，视文化工作为和平建设事业。在这一忽视与不了解文化工作重要的条件下，使苏区的封建思想、迷信观念，中心苏区群众的太平保守，边境苏区群众的悲观情绪，都没有从文化工作去克服与肃清，以致工农群众的斗争情绪、文化政治水平，不能适应斗争环境的需要而充分的提高。"① 针对这种情况，中央教育人民委员部在第 1 号训令中严肃指出："目前帝国主义国民党用其全力来对付革命，战争日益扩大激烈，打破敌人进攻……成了苏维埃十分紧急的任务，这就越发加重了……教育上动员群众的责任，对于文化教育怠工，简直是革命战争的罪人。"② 1934 年 4 月，教育人民委员部修正公布的《教育行政纲要》也强调要"消灭过去把政治斗争和教育工作对立起来的错误，应该以战争动员做教育的中心目标，同时为着战争的需要，更要加紧我们的阶级教育和消灭文盲运动"③。

"教育为革命战争服务"的方针表现在教育的培养目标上，就是把培养革命的干部人才和具有革命觉悟的群众放在首位。1930 年，闽西苏维埃政府在目前文化工作总计划中指出，目前教育的方针是"养成在革命环境中所需要的革命工作的干部人才"，"普遍而深入地提高群众阶级觉悟，

---

① 顾明远：《中国教育大系·马克思主义与中国教育》（下），第 1031 页，武汉，湖北教育出版社，1994。
② 同上书，第 1033～1034 页。
③ 同上书，第 1050 页。

政治水平，文化程度"①。毛泽东在《直罗镇战役同目前的形势与任务的报告》中说："教育首先是干部教育，只有提高了干部的军事政治程度才能使战斗员的军事政治程度真正提高，提高老干部的程度，创造许多新的干部，这是摆在红军面前的迫切任务。"② 在处理普通教育与成人教育的关系问题上，就是优先发展成人教育。对于这个问题，中共党内在毛泽东与博古之间曾经有过争论。争论的结果是，毛泽东优先发展成年青年教育的意见占了上风。

表现在教育的内容上，就是强调以马克思主义的观点进行阶级斗争教育，以提高干部群众的阶级斗争觉悟和政治觉悟。按照马克思主义的观点，暴力革命实际上不过是阶级斗争的极端表现形式。因此，通过教育增强干部群众的阶级意识，提高阶级斗争的觉悟，自然也是贯彻"教育为革命战争服务"的方针的重要形式之一。

二、保障工农群众优先享受教育的权利

苏维埃政权作为人民民主政权，始终把保障工农劳苦群众接受教育的权利作为一项基本方针。1931年11月，中华苏维埃第一次全国工农兵代表大会宣言中宣布："工农劳苦群众，不论男子和女子，在社会、经济、政治和教育上，完全享有同等的权利和义务。一切工农劳苦群众及其子弟，有享受国家免费教育之权。"③ 1934年第二次全国苏维埃代表大会通过的《中华苏维埃共和国宪法大纲》中对此做出了更明确的规定："中华苏维埃政权以保证工农劳苦民众有受教育的权利为目的，在进行革命战争许可的范围内，应开始施行完全免费的普及教育，首先应在青年劳动群众

---

① 顾明远：《中国教育大系·马克思主义与中国教育》（下），第1025页，武汉，湖北教育出版社，1994。
② 《中共党史参考资料》（七），第234页，北京，人民出版社，1979。
③ 顾明远：《中国教育大系·马克思主义与中国教育》（下），第1029页，武汉，湖北教育出版社，1994。

中施行，应该保障青年劳动群众的一切权利，积极引导他们参加政治的和文化的革命生活，以发展新的社会力量。"①

值得注意的是，苏区的教育不仅以保障工农劳苦大众受教育的权利为目的，而且把这一权利放在比其他阶级和阶层优先考虑的地位："这里一切文化教育机关，是操在工农劳苦群众的手里，工农及其子女有享受教育的优先权。"② 因此，作为义务教育阶段的小学教育，虽然原则上"对于一切儿童，不分性别与成分差别"，但在当时，首先予以保证的是"劳动工农的子弟得受免费的义务教育"③。在其他类别的学校中，也将工农子弟与富农、地主子弟加以区别对待，如《短期职业中学试办章程》规定："学生一概免纳学费，但对富农地主子弟，得酌收学费。"④ 1931年，鄂豫皖区第二次苏维埃代表大会关于文化教育政策指出："苏维埃政府在共产党领导之下，发展苏区的无产阶级的文化教育，对于工农分子实行免费的教育，对于地主商人及一切依靠剥削别人劳动去生存的分子，征收特定额的学费。"⑤

此外，强调男女平等，重视女子教育，也是这一教育方针政策的重要方面。

三、教育与生产劳动相联系

教育与生产劳动相联系，是马克思主义教育理论的一个重要原则。苏区教育始终反对把教育与生产劳动对立起来的倾向，坚持教育与生产劳动相联系。

---

① 顾明远：《中国教育大系·马克思主义与中国教育》（下），第1055页，武汉，湖北教育出版社，1994。
② 陈元晖：《老解放区教育资料》（一），第18页，北京，教育科学出版社，1981。
③ 同上书，第308页。
④ 顾明远：《中国教育大系·马克思主义与中国教育》（下），第1047页，武汉，湖北教育出版社，1994。
⑤ 同上书，第1027页。

湘鄂赣省苏维埃政府第 1 号训令规定："教育与工业生活农业生活结合，即劳动与教育结合，劳心与劳力结合，理论与实际结合，达到消灭精神劳动与肉体劳动的对立。"① 1934 年 2 月，中华苏维埃共和国临时中央政府人民委员会第 8 号命令也强调："要消灭离开生产劳动的寄生阶级的教育，同时要用教育来提高生产劳动者的知识和技术，使教育与劳动统一起来。"②

1934 年 4 月，教育人民委员部修正公布的《教育行政纲要》第二章《反对文化战线上的错误倾向的斗争》，批评了教育与生产相对立的错误倾向，提出要"消灭过去生产工作和教育工作对立起来的错误：在农忙的时候，要有计划的有定期的休业，使儿童参加生产"③。由上述规定不难看出，苏区教育与生产劳动相联系的教育方针，其根本意义，是指体力劳动与脑力劳动的结合。其根本目的是要消灭体、脑对立。④ 当然，它也包含一定的使教育与工农业生产通过知识、技能结合起来的意思。

四、用共产主义精神教育工农群众

以马克思主义（共产主义）为指导来发展文化教育事业，用共产主义精神教育工农群众，是苏区教育与当时中国其他区域教育的根本区别之一。在新民主主义革命阶段，用共产主义精神教育工农群众的真实含义，应该是指用马克思主义阶级斗争的观点和方法教育群众，激发广大群众反

---

① 顾明远：《中国教育大系·马克思主义与中国教育》（下），第 1030 页，武汉，湖北教育出版社，1994。
② 同上书，第 1041 页。
③ 同上书，第 1050 页。
④ 凯丰在 1933 年 10 月苏区教育大会上所作的题为《苏维埃的教育政策》的报告中说得更加透彻明白："在旧的社会把劳心与劳力分离得很远。这种分离也是阶级社会内不可避免的。他们的目的是达到'劳心者治人，劳力者治于人'。在苏维埃的教育中，就是渐次去消灭这种分离，因为共产主义的社会是'各尽所能，各取所需'，要达到这种健全的人类社会，就要把劳心和劳力联系起来，所以我们的教育应当是达到劳动与教育的统一。"（参见顾明远：《中国教育大系·马克思主义与中国教育》，第 1063～1064 页，武汉，湖北教育出版社，1994。）

帝反封建的阶级觉悟，反对帝国主义的教育、封建主义的教育，带有浓重的封建色彩的国民党"党化教育"和"三民主义教育"，当然也在反对之列。1931年11月通过的《中华苏维埃共和国第一次全国工农兵代表大会宣言》中的有关规定，如"取消一切麻醉人民的封建的、宗教的和国民党的三民主义的教育"，"取消各种宗教团体的特别权利……教育机关与宗教事业绝对分离，但人民有信仰宗教和反对宗教的自由"，是比较符合这一精神的。1933年中华苏维埃共和国临时中央政府教育人民委员部的第1号训令说："苏区当前文化教育的任务，是要用教育与学习的方法，启发群众的阶级觉悟，提高群众的文化水平与政治水平，打破旧社会思想习惯的传统，以深入思想斗争，使更有力地动员起来，加入战争，深入阶级斗争，和参加苏维埃各方面的建设。"也是与这一精神基本吻合的。

不可否认的是，由于对中国新民主主义革命的性质、对象、任务还缺乏比较充分和自觉的认识，苏区教育在以共产主义精神教育劳动群众这一问题上，一开始就存在比较模糊的认识。如1932年5月，《中华苏维埃湘鄂赣省苏维埃政府训令》明确提出要"废除反动统治阶级占为工具的教育"，在反对"帝国主义的教育""帝国主义的教会教育""国民党的党化教育"的同时，也把"资本主义的教育"作为彻底废除的对象。1933年1月中共临时中央从白区迁到苏区后，"左"倾路线逐渐占据统治地位。1933年8月，在临时中央的领导下，少共中央首先出面对教育部过去的方针进行批判，指责"教育部工作中存在资产阶级思想的倾向，把教育工作限制在反封建思想与迷信的范围内"[①]。1933年9月，洛甫（张闻天）在《论苏维埃政权的文化教育政策》中，批评教育部1号训令中对苏维埃文化教育任务的解释模糊不清："没有明显地指出以马克思列宁主义的教育，来教育广大的工农群众。因此，在我们现在微弱的文化教育工作中，已经

---

① 顾明远：《中国教育大系·马克思主义与中国教育》（下），第1037页，武汉，湖北教育出版社，1994。

在不少的地方表现出资产阶级教育的倾向,把苏维埃的教育当作了资产阶级的启蒙运动。"① 凯丰在同年 10 月苏区教育大会所作的题为《苏维埃的教育政策》的报告中,则明确提出:"苏维埃政府教育的基本原则,是以共产主义的教育来教育群众。""我们努力于建设一切教育事业,使他们能够正确地造就许多具有共产主义观点、习惯的新后代。各级学校成为培养新社会的建设者及镇压仇视我们的资产阶级及小资产阶级思想的武器。"② 在这种情况下,中央文化教育建设大会将"苏维埃的教育应当是共产主义的教育"列入了大会决议:

> 在工农民主专政的苏维埃共和国内,一切教育事业的设施,无论在政治教育范围内,或在普通的工艺的教育范围内,或文艺的范围内,都应当从阶级斗争出发,从争取工农民主专政的胜利,从推翻地主、资产阶级的统治出发,从为着转变到社会主义的革命出发,从消灭阶级、从消灭人剥削人的制度,从为着共产主义社会的斗争出发。因此,苏维埃的教育应当是共产主义的教育。③

同年 10 月 24 日,由毛泽东、项英、张国焘联名签署的《中华苏维埃共和国临时中央政府成立两周年纪念对全体选民工作报告》中也确认:"中央政府最近已宣布以马克思共产主义为苏维埃文化教育的基本方针。"④ 1934 年 1 月,毛泽东在第二次全国苏维埃代表大会报告中,提出了"苏维埃文化教育的总方针":

> 苏维埃文化教育的总方针在什么地方呢?在于以共产主义精

---

① 顾明远:《中国教育大系·马克思主义与中国教育》(下),第 1058 页,武汉,湖北教育出版社,1994。
② 同上书,第 1061 页。
③ 同上书,第 1039 页。
④ 《红色中华》,1933 (122)。

神来教育广大的劳苦民众，在于使文化教育为革命战争与阶级斗争服务，在于使教育与生产劳动联系起来，在于使广大中国民众都成为享受文明幸福的人。①

这个总方针没有提"以共产主义为教育基本方针"，只提出了"以共产主义精神来教育广大劳苦民众"。但这里对以什么样的共产主义精神来教育民众并没有给出一个明确的界定，而且在报告的其他地方，却明确地把资产阶级与地主阶级并列，并指出：地主资产阶级是过去的统治者，他们对于苏维埃怀有极端深刻的仇恨，他们虽被推翻，但还有深刻的社会基础，时时企图复辟、恢复原来的旧制度。在国内革命战争时代，敌人不断对苏区举行的军事进攻，更使这些被推翻的剥削者时刻企图以反革命的行动响应进攻的敌人，因此，苏维埃政府不能不从各方面对于这些分子施行严厉的制裁与镇压。这表明，毛泽东所说的"以共产主义精神教育广大劳苦大众"，也隐含着强烈的反资产阶级倾向，它同"以共产主义为教育原则""以共产主义教育为基本方针"，并无太大的差别。

苏区所确立的以共产主义为内容的教育政策，既是急于超越民主革命阶段的"左"倾思想的反映，也是不顾国情机械地抄袭列宁共产主义教育理论的结果。只是到了20世纪40年代初，在自觉总结新文化运动历史经验的基础上，随着系统的新民主主义文化教育方针的提出，这一"左"的倾向才得到了初步的纠正。②

五、发动群众走多种形式办教育的道路

在苏区，广大劳动群众既是教育的对象，也是教育的主体。发动和依靠广大劳动群众办教育，既是苏区教育的基本方针政策，也是苏区教育的基本特点所在。

---

① 《中央革命根据地史料选编》（下册），第331页，南昌，江西人民出版社，1983。
② 陈桂生：《中国教育史上的一桩公案——苏区教育方针争议述评》，载《上海高教研究》，1987（2）。

苏区发展文化教育的两个极为不利的因素，是文化经济条件落后和师资匮乏。如何在这一困难的条件下积极发展文化教育事业呢？从1931年到1933年间，毛泽东曾经作了许多调查研究工作。在《兴国调查》《长冈乡调查》和《才溪乡调查》中，他提出了文化教育工作要走群众路线，即依靠群众办学，因人、因时、因地制宜地采取灵活多样的方式和方法，进行普及教育和扫盲教育。

1934年4月，中央教育部在第1号训令中指出：文化运动是广大群众自己的事业，要发挥政府与群众两方面的积极性，这就是政府领导，发动群众来干。地方教育行政干部，也要从群众中调集，调集那些积极而稍为识字的分子。即使不识字，只要他是积极能发动群众的，都可以做文化教育的领导工作。① 同年10月，《中央文化教育建设大会决议案》强调：苏维埃教育工作发展需要吸收工人、农民和红色战士，以及一切劳动者积极参加教育事业，特别是参加一切国民教育和社会教育事业。② 1934年公布的《教育行政纲要》规定："要利用一切群众的力量，群众的物质条件，来帮助教育工作；尤其是消灭文盲协会会员、日夜学校的学生和教员，必须用组织的方法，吸收他们参加工作，反对脱离群众、专靠政府供给经费的主张。""要消灭离开群众的工作方式，例如以前的工农剧社，必须利用群众所了解的形式（不论新旧），充实以革命的内容，去教育群众。"③

依靠群众办教育，首先是要调动群众办学的积极性，不是单纯依靠政府拨款，还要通过在群众及民间团体中募集教育经费，解决经费困难的问题。"文化教育的发展，尤其是社会教育，如消灭文盲……俱乐部、夜学等工作，必须尽量经过社会团体与群众的协助与努力。如青年团，工会，少先队，工农剧社，赤色体育会，消灭文盲协会，赤色教育联合会，赤色

---

① 顾明远：《中国教育大系·马克思主义与中国教育》（下），第1034页，武汉，湖北教育出版社，1994。
② 同上书，第1039页。
③ 同上书，第1049页。

学生联合会……在这方面都应该用极大的力量,完成一定的文化教育上的任务。"① 其次,要加强学校与其他群众团体的联系,发挥群众对于学校的监督与评价作用,推动学校教育的改革。如《小学管理法大纲》(1934年4月教育人民委员部颁布)规定:"学校须与工会或贫农团合作社等建立经济的关系,工会、贫农团、消费合作社以及女工农妇代表会是最基本的群众组织,事实上组织了最大多数的学生家长,小学经费的来源固然要靠这些团体动员群众每月或每学期募集经费建立经常的地方教育基金,而且小学教员的成绩,也须由这些团体经常地从旁督促和推动,所以学校应定期地约会这些团体派代表参观或开联席会议,讨论学校的改良问题。"②

依靠群众办教育,更体现在从群众的工作生活特点与需要出发,采取灵活多样的教育形式。在苏区,除了比较正规的学校教育,如劳动小学校、列宁师范学校、职业学校、政治学校、蓝衫团学校、大学之外,还有许多非正规的办学形式,如夜校、星期学校、短训班等,更有大量的群众教育、社会教育形式,如识字组、俱乐部、剧团、学习比赛等。

六、利用旧知识分子

为了建设苏区的新文化,从强烈的阶级意识出发,苏维埃政权始终把培养工农出身的知识分子放在重要位置上。但是,苏区都是文化教育十分落后的地区,知识分子、技术人才十分缺乏。在这种情况下,不争取和利用现有的知识分子,其中包括地主、富农出身的知识分子以及来自国民党统治区的知识分子,就无法培养工农出身的知识分子及其子弟。因此,利用旧知识分子,理所当然地应成为苏区教育的一项基本政策。

在如何对待旧知识分子的问题上,由于受狭隘的小农意识影响,苏区

---

① 顾明远:《中国教育大系·马克思主义与中国教育》(下),第1060页,武汉,湖北教育出版社,1994

② 同上书,第1054页。

曾一度出现过"左"的思想和做法。这种"左"的思想不问本人思想和立场，简单地认为，知识分子是"属于资产阶级的"，是不可靠的和不能被信任的，"教师的劳动不是劳动"，"从前的那些学究先生，因为他们思想陈腐，不许他们再过教员生活"，"对于无条件利用地主、富农的知识分子观点"应给予最严厉的打击。在这种思想的指导下，肃反运动中搞扩大化，动辄"残酷斗争，无情打击"，使不少知识分子遭受迫害，给苏区造成了不可挽回的损失。有些工人、农民也因此"害怕受了教育成为知识分子"，从而看轻读书、轻视教育，甚至把农民出身而读书毕业的学生看成是坏分子。这无疑给苏区的教育产生了严重的不良影响。

针对这一倾向，洛甫在《论苏维埃政权的文化教育政策》明确指出："为了发展苏维埃的文化教育工作，为了养成工农自己的知识分子，旧的知识分子的利用是绝对必要的。"对于教育人民委员部第1号训令"不要那些地主、富农、资本家出身而思想不正确、工作不积极的分子做教育部的工作。思想正确，工作积极，有革命斗争历史，而非工农分子出身的，自然不拒绝他们参加文化工作，但须开明履历，报告上级文化部以至本部，经过审查与批准"等的提法，洛甫指出，这实际上就是要求每一个知识分子都成为老布尔什维克，而且即便是这些人也施与那样严格的限制，当然不会有一个过去的知识分子到文化教育界来工作了。他说：

> 这种"左"的倾向必须立刻纠正，我们不但应该尽量地用这些知识分子，而且为了吸收这些知识分子参加苏维埃的文化教育工作（其他工作也是如此），我们还可给他们以优待，使他们能够安心地为苏维埃政府工作。……我们决不希望他们变成布尔什维克，但是我们要利用他们的所长来教育我们，造成我们自己的知识分子。[①]

[①] 顾明远：《中国教育大系·马克思主义与中国教育》（下），第1060页，武汉，湖北教育出版社，1994。

他还指出，不要害怕旧知识分子中的某些人从事反革命活动，强大的苏维埃政权完全有能力控制他们。

毛泽东在第二次全国苏维埃代表大会的报告中也强调指出：

> 为了造就革命的知识分子，为了发展文化教育事业，利用地主、资产阶级出身的知识分子为苏维埃服务，这是苏维埃文化政策中不能忽视的一点。①

苏区所形成的利用知识分子的政策，一方面是基于苏区文化教育落后的实际需要；另一方面也是基于马克思主义关于知识分子不是一个独立的阶级的理论。在利用的过程中，既要控制，又要优待，以使他们心甘情愿地为苏维埃政权工作。

第三节　抗日根据地教育方针政策

七七事变之后，在中华民族生死存亡的紧要关头，在中国共产党和其他爱国团体的共同努力下，促成了第二次国共合作，结成了抗日民族统一战线。在艰苦卓绝的抗战时期，中国共产党领导的抗日民主根据地根据抗战的需要，在总结苏区历史经验的基础上，形成了新的、更符合中国社会实际的教育方针政策，有力地推动了抗日根据地教育的发展。

一、教育为抗战服务

1937年7月，毛泽东发表了《反对日本进攻的方针、办法和前途》，提出："根本改革过去的教育方针和教育制度。不急之务和不合理的办法，一概废弃。"② 同年7月22日，中共中央政治局在洛川开会，公布了《中

---

① 陈元晖等：《老解放区教育资料》（一），第20页，北京，教育科学出版社，1981。
② 《毛泽东选集》第二卷，第348页，北京，人民出版社，1991。

国共产党抗日救国十大纲领》，提出要实行抗日的教育政策。1938年4月，毛泽东在陕甘宁边区国防教育会第一次代表大会上，发表了题为《教育与战争》的演讲，进一步重申要"用教育来支持抗战。目前的抗战是规定一切的东西，我们的教育也要听抗战的命令，这就叫做抗战教育"。

为抗战服务的教育政策，首先就是要"改变教育的旧制度与旧课程，实行以抗日救国为目标的新制度与新课程"①。其任务是"提高民众的民族觉悟、胜利信心和增加抗战的知识技能，以动员广大民众参加抗战，训练千百万优秀的抗战干部，培养将来独立、自由、幸福的中国建设者，争取中华民族独立、自由和解放"②。具体内容是：①改订学制，废除不急需与不必要的课程，改变管理制度，以教授战争所必要的课程及发扬学生的学习积极性为原则；②创设并扩大、增强各种干部学校，培养大批的抗日干部；③广泛发展民众教育，组织各种补习学校、识字运动、戏剧运动、歌咏运动、体育运动，创办敌前、敌后各种地方通俗报纸，提高人民的民族文化与民族觉悟；④办理义务的小学教育，以民族精神教育新后代。

为抗战服务的教育政策，还要求与一切抗日爱国的知识分子结成广泛的革命统一战线。这既是中共在政治上的一项重要政策，也是当时文化教育上的一项重要政策。1939年12月1日，毛泽东在《大量吸收知识分子》一文里，深刻地论述了吸收知识分子对于民族解放战争的重要性。他说："在长期的和残酷的民族解放战争中，在建立新中国的伟大斗争中，共产党必须善于吸收知识分子，才能组织伟大的抗战力量，组织千百万农民群众，发展革命的文化运动和发展革命的统一战线。没有知识分子的参加，革命的胜利是不可能的。"他认为，过去对知识分子的吸收与使用是远远

---

① 顾明远：《中国教育大系·马克思主义与中国教育》（下），第1240页，武汉，湖北教育出版社，1994。
② 《陕甘宁边区教育资料》（上），第1页，北京，教育科学出版社，1981。

不够的，这是"由于不懂得知识分子对于革命事业的重要性，不懂得殖民地半殖民地国家的知识分子和资本主义国家的知识分子的区别，不懂得为地主、资产阶级服务的知识分子和为工农阶级服务的知识分子的区别，不懂得资产阶级政党正在拼命同我们争夺知识分子，日本帝国主义也在利用各种方法收买和麻醉中国知识分子的严重性，尤其不懂得我们的党和军队已经造成了中坚骨干，有了掌握知识分子的能力这种有利的条件"①。与苏区时期相比，抗日战争时期，中共的知识分子政策有3个显著进步：第一，把吸收知识分子作为建立革命的文化教育统一战线的重要内容，从而由过去的"利用"发展到现在的"合作"。第二，提出尊重学术思想研究的自由，如林伯渠在《把握统一战线的政策》中说："顽固分子在文化教育上采取愚民政策，摧残进步的文化运动，边区要尊重学术思想研究的自由，奖励私人办学，保护一切抗日的知识分子，欢迎他们来边区与我们合作。"② 1941年2月，《共产党人》刊物发表了《各抗日根据地文化教育政策讨论提纲》（草稿），提出在服从抗战、坚持长期斗争的前提下，主张思想自由、言论出版自由，一切抗日党派、各界名流学者都有办文化教育事业的权力，允许他们办报、办刊物、办书店和其他一切文化教育事业。③第三，由以往的简单"利用"发展为"充分信任，大胆提拔和使用"。如1940年12月25日，毛泽东在《论政策》中说："关于文化教育政策。应以提高和普及人民大众的抗日的知识技能和民族自尊心为中心。应容许资产阶级自由主义的教育家、文化人、记者、学者、技术家来根据地和我们合作，办学、办报、做事。应吸收一切较有抗日积极性的知识分子进我们办的学校，加以短期训练，令其参加军队工作、政府工作和社会工作；应

---

① 《毛泽东选集》第二卷，第618～619页，北京，人民出版社，1991。
② 陕西省档案馆、陕西省社会科学院：《陕甘宁边区政府文件选编》第3辑，第88页，北京，中国档案出版社，1987。
③ 董纯才：《中国革命根据地教育史》第2卷，第76～77页，北京，教育科学出版社，1991。

该放手地吸收、放手地任用和放手地提拔他们。"① 这说明，中共的知识分子政策随着统一战线理论的提出，正在逐步走向成熟。

生产（工作）与教育（学习）并重，也是抗日民主根据地教育为战争服务政策的重要组成部分。抗日根据地大都建立在贫穷的乡村，那里经济条件落后，又经常遭受自然灾害；长期而残酷的战争，消耗了大量的物资；再加上随着一批批抗日爱国人士不断从国统区和敌占区加入根据地抗日斗争的行列，人口急剧增加。这一系列的因素结合在一起，使根据地的物质条件日趋困难。在这种情况下，为了争取抗战的胜利。把生产与教育结合起来，生产与教育并重，就成了抗日根据地的一项重要政策。不进行生产自救，根据地就无法生存；不进行广泛而深入的教育运动，就无法团结各阶层人民将抗战引向胜利。

1939年1月和5月，中共中央先后召开了生产动员大会和干部学习动员大会，各抗日根据地从机关到学校，都积极投入到大生产运动中去。同年6月，毛泽东在延安高级干部会议上发表《反投降提纲》，提出了干部学习与生产结合的制度，即党政军民各机关的在职干部，都要一边工作，一边生产，一边学习。1942年，毛泽东发表了题为《经济问题与财政问题》的报告，认为"在目前陕宁边区的条件下，大多数人做工作，讲革命，除了经济与教育（理论教育、政治教育、军事教育、文化教育、技术教育、业务教育、国民教育均在内）两件工作以外，究竟还有什么工作值得称为中心工作或所谓第一位工作的呢？不错，其他工作是有的，而且还有许多，但是中心的或第一位的工作，就目前边区条件下来说，确确实实地就是经济工作与教育工作。其他工作都是围绕着这两项工作而有其意义。我们如果认真地做好了这两项工作，我们就算很好地援助了前方的战

---

① 《毛泽东选集》第二卷，第768页，北京，人民出版社，1991。

争，也就是很好地协助了大后方的人民"①。从而把生产与学习、经济与教育并举，确定为根据地的重要教育方针。

为了使教育更好地满足抗战的需要，根据地还确立了"干部教育第一、国民教育第二"的方针。1942年2月，中央政治局通过的《中共中央关于在职干部教育的决定》指出："在目前条件下，干部教育工作，在全部教育工作中的比重，应该是第一位的。而在职干部教育工作，在全部干部教育工作中的比重，又应该是第一位的。这是因为一切工作，包括国民教育工作在内，都须经过干部去做。'在政治方针决定之后，干部就是决定一切的因素。'如不把干部教育工作看得特别重要，把它放在全部教育工作中的第一等地位，就要犯本末倒置的错误了。"② 1944年1月，林伯渠在陕甘宁边区第四次会议上进一步指出：确立"干部教育第一、群众教育第二"的方针，不仅是因为干部是群众的先锋，他们更需要培养和提高，而且因为农村环境中群众教育的内容究竟有限，普通高小以上的教育都属于干部教育的范围。干部教育重于群众教育，在职干部教育重于未来干部教育，成人教育重于儿童教育，正是适应抗战需要的教育方针政策。

二、新民主主义文化教育方针的确立

抗日战争时期，在教育方针方面具有最重要历史意义的是新民主主义文化教育方针的确立。土地革命时期，由于对新民主主义革命的性质、对象、任务缺乏正确、清醒的认识，出现了以共产主义教育取代新民主主义教育的"左"的指导思想。如果说那时的教育方针在资产阶级脱离文化统一战线的情况下还情有可原的话，那么，在民族矛盾上升为主要矛盾之后，其局限性就相当明显了。正是在这一背景之下，以毛泽东为代表的中

---

① 董纯才：《中国革命根据地教育史》第2卷，第70～72页，北京，教育科学出版社，1991。

② 顾明远：《中国教育大系·马克思主义与中国教育》（下），第1094页，武汉，湖北教育出版社，1994。

国共产党人，对中国革命的性质及其文化教育的性质进行了全面的反思，创造性地提出了"新民主主义"的概念，把当时的中国革命与旧的资产阶级民主革命区别开来，也与无产阶级社会主义革命区别开来，从而提出了新民主主义的文化教育方针。

1940年1月，毛泽东在《新民主主义论》中指出："现阶段上中国新的国民文化的内容，既不是资产阶级的文化专制主义，又不是单纯的无产阶级的社会主义，而是以无产阶级社会主义文化思想为领导的人民大众的反帝反封建的新民主主义。"①"民族的科学的大众的文化，就是人民大众反帝反封建的文化，就是新民主主义的文化，就是中华民族的新文化。"②一言以蔽之，新民主主义的文化，就是民族的、科学的、大众的文化。所谓"民族的"文化，一方面意味着它是反对帝国主义、争取民族独立、维护中华民族尊严的为民族革命服务的文化，另一方面也意味着它是具有民族特性的、民族的形式与新民主主义的内容相统一的文化；所谓"科学的"文化，指它是以马克思主义的世界观和方法论为指导的，坚持实事求是、理论与实践相统一；所谓"大众的"文化，是指它是为工农大众服务、又为工农大众所有的民主的文化。

毛泽东在《新民主主义论》中，还把新民主主义文化看作是由旧民主主义文化到社会主义文化的过渡形态，指出了它与后两种文化的区别与联系。就其与旧民主主义文化的关系而言，它们都是反帝反封建的文化，因而可以结成文化统一战线；但二者又有重要的区别，那就是，新民主主义文化是由无产阶级领导的，而旧民主主义文化则是由资产阶级领导的。就其与社会主义文化的关系而言，新民主主义文化具有社会主义的因素，但它还不是社会主义的文化，因而新民主主义文化一方面要用马克思主义的立场、观点和方法，观察、分析和解决现阶段的文化教育问题，另一方面

---

① 《毛泽东选集》第二卷，第706页，北京，人民出版社，1991。
② 同上书，第708～709页。

又不能超越历史阶段，把新民主主义教育方针等同于社会主义教育方针。

新民主主义文化教育方针提出的根本意义，就在于它对新民主主义文化教育的性质、特点和任务做出了比较全面的分析与论证，阐明了其与旧民主主义文化和社会主义文化的区别与联系，从而在一定程度上纠正了以往盲目反对资产阶级及其文化的思想倾向，在事实上否定了以共产主义教育为新民主主义阶段教育方针的"左"的指导思想。同年3月，《中央关于抗日民主地区的国民教育的批示》明确提出："应该确定国民教育的基本内容为新民主主义的教育。"① 1941年2月，中共中央机关刊物《共产党人》发表了《各抗日根据地文化教育政策讨论提纲（草案）》。提纲认为有必要确立统一的、一般的文化教育政策，今后各根据地文化教育事业应遵循中央提出的"新民主主义的文化"方针。② 新民主主义文化教育方针确立以后，它不仅成为抗日根据地也成为此后整个新民主主义阶段文化教育的基本方针。1945年4月，为了迎接抗战的胜利，中国共产党在延安召开第七次全国代表大会，毛泽东代表中央作了《论联合政府》的政治报告。报告重申：中国国民文化与国民教育的宗旨，应当是新民主主义的，即民族的、科学的、人民大众的新文化和新教育。与此同时，他还提出了新民主主义文化教育的具体纲领。其主要内容是：①一切奴化的、封建主义的和法西斯主义的文化和教育，应当采取适当的坚决的步骤，加以扫除；②今后人民的政府应有计划地从广大人民中培养各类知识分子干部，并注意团结和教育现有一切有用的知识分子；③对于旧文化工作者、旧教育工作者和旧医生们的态度，是采取适当的方法教育他们，使他们获得新观点、新方法，为人民服务；④从80％的人口中扫除文盲，是新中国的一项重要工作；⑤对于外国文化和中国古代文化，既反对一律排斥的态

---

① 顾明远：《中国教育大系·马克思主义与中国教育》，第1079页，武汉，湖北教育出版社，1994。
② 《陕甘宁边区教育资料》（上），第150页，北京，教育科学出版社，1981。

度，也反对盲目照搬的态度，而应采取分析的态度，批判地加以吸收。

第四节　解放区教育方针政策

解放战争时期，解放区教育处于由农村向城市转变的新阶段。这个时期的教育，既要使老区的教育得到巩固和提高，又要发展新区的教育；既要继续注重农村教育，又要发展城市教育。① 如何根据城市教育的特点，有效地运用革命根据地的教育经验接管和改造旧学校、旧教育，成为这个时期教育工作的重要课题。为此，中国共产党在坚持新民主主义教育方针的前提下，采取了一系列具体的、有针对性的教育政策，主要的有如下两点。

一、接管旧学校的"先维持，后改良"政策

随着解放区的扩大，接管旧学校成为一项刻不容缓的任务。战争初期，在旧学校的接管方面，普遍存在着急躁冒进的倾向，这具体表现在：①机械地搬用老解放区的各种办法，硬要新解放区的学校向老解放区学校看齐。如学校恢复开学不久，就要学生扭秧歌，无限制地令学校配合各种工作，强行男女合校等。②认为新解放区的旧学校一无是处，旧教员是一团漆黑，落后、不可靠，应彻底加以洗刷，全部安排新教员。这一方面造成了教育工作的难以开展，甚至停顿；另一方面引起了旧教员对新教育的怀疑甚至敌视。② 为了解决这些问题，解放区采取了审慎的态度，对旧学校政策是先维持，后逐渐改造。

1945年12月，新四军华中军区司令部联合发出布告，规定："凡本军

---

① 董纯才：《中国革命根据地教育史》第2卷，第31页，北京，教育科学出版社，1991。

② 王谦：《晋察冀边区教育资料选编》，（教育方针政策分册）（下），第148~150页，石家庄，河北教育出版社，1990。

解放之城镇，所有大、中、小学校校址、校具和图书仪器等应负责保护，并协助恢复与推行新民主主义教育文化，不得因驻扎等理由，妨碍其教学的进行。"① 1947年2月，冀晋行政公署《关于新收复区教育工作的指示》中指出："总的方针是在旧有的教育基础上逐步加以改造，积极摧毁顽伪法西斯奴化教育，树立新民主主义教育，对旧有教职员采取团结改造的方针。"根据这一方针而确立的文教政策之一就是："保护旧有文化设施，如学校、图书馆、民教馆、博物馆、体育场等建筑物；器具、图书、仪器、标本……应很好保管。进行周密的登记审查，有计划地肃清其中敌、伪、顽封建的、法西斯的东西，防止盲目毁坏及无计划的处理，而使有用的文化财产遭受无原则的损失。"② 1948年7月，中共中央宣传部在发给东北局的指示中指出："我们自己办教育的力量还不够，与其采取急躁而冒进的政策，不如采取稳扎稳打的政策，先维持，然后再慢慢改良。"③ 1949年4月，中国人民解放军宣布："保卫一切公私学校、医院、文化教育机关、体育场所和其他一切公益事业。凡在这些机关供职的人员，均望照常供职，人民解放军一律保护，不受侵犯。"④

对于旧学校、旧教育的改造，采取的主要政策是：①对旧教育既不是完全推翻与打倒，也不是一概承受，而是在其旧的基础上逐步地进行改造，批判地接受其有用的部分。②贯彻新民主主义教育方针，要从各个地区的地理及历史特点出发，根据群众的政治认识水平而采取一定的教育措施，不机械地搬用向老解放区看齐的各种方法。③对于新收复区的教师，要区分情况、分别对待，对比较好的进步的教师要逐步加以改造、团结，

---

① 中央教育科学研究所：《老解放区教育资料》（三），第400页，北京，教育科学出版社，1991。
② 王谦：《晋察冀边区教育资料选编》，（教育方针政策分册）（下），第255页，石家庄，河北教育出版社，1990。
③ 皇甫束玉等：《中国革命根据地教育纪事》，第365页，北京，教育科学出版社，1989。
④ 同上书，第392页。

大胆地使用他们,通过进步的带动中间的,逐步洗刷落后的;对于青年学生,要完全采取教育改造的方针。①

改造旧学校的主要措施有:经常召开教师及知识分子座谈会,贯彻新思想,介绍根据地的模范教导方法;选拔一些强有力的、作风好的教师到新收复区与旧教师一同工作,作为骨干与榜样;转化学生成分,有计划地发动与吸收贫苦儿童入学;在教学内容上要加强政治思想教育,逐步更新教材。

对于私立学校的改造,晋察冀边区规定,根据人民信仰自由的原则,允许合法的机关团体(包括教会)或私人办学,但必须执行新民主主义教育方针,接受民主政府领导。这类学校聘请的教师应经政府审查,教材一律采用政府审编的统一课本,绝不能在学校内进行读经、做礼拜或宣传教义的活动,宗教活动只限在教堂内进行。②

实践证明,"先维持,后改良"保持了新解放区教育的稳定持续发展,是一项正确的方针政策。

二、工作重心转移与学校教育正规化

从1948年到中华人民共和国成立,是解放战争经过战略决战而走向胜利的时期。1949年3月,毛泽东在中国共产党第七届中央委员会第二次全体会议上的报告中指出:"从1927年到现在,我们的工作重点是在乡村,在乡村聚集力量,用乡村包围城市,然后取得城市。采取这样一种工作方式的时期现在已经完结。从现在起,开始了由城市到乡村并由城市领导乡村的时期。党的工作中心由乡村移到了城市……党和军队的工作重心必须放在城市,必须用极大的努力去学会管理城市和建设城市。""从我们

---

① 王谦:《晋察冀边区教育资料选编》,(教育方针政策分册)(下),第256页,石家庄,河北教育出版社,1990。
② 皇甫束玉等:《中国革命根据地教育纪事》,第321页,北京,教育科学出版社,1989。

接管城市的第一天起，我们的眼睛就要向着这个城市的生产事业的恢复和发展。务须避免盲目地乱抓乱碰，把中心任务忘记了……城市中其他的工作，例如党的组织工作，政权机关的工作，工会的工作，其他各种民众团体的工作，文化教育方面的工作……都是围绕着生产建设这一个中心工作并为这个中心工作服务的。"① 与此相适应，解放区的教育方针政策朝着使学校教育正规化的方向发展。

1948年10月10日，东北行政委员会《关于教育工作的指示》指出："目前解放区的中心任务，是生产建设支援战争，即在今后相当长时期内，生产建设仍将是头等重要的工作。从事建设事业，必须用大批知识分子干部。处在这种新的形势之下，教育工作的首要任务，是培养大批有文化知识、科学技术和革命思想的各种知识分子，以应建设事业的需要。因此，我们应拿出一定力量来办大学、中学和师范、工业、农业、铁路、邮电、卫生、行政等专门学校，培养各种知识分子与干部。""今后既要从事建设，教育工作就应作长期打算，建立适合于建设需要的正规教育制度和教育方法。"② 为此，东北区除了对正规化学制、课程作了规定之外，还确定了毕业制度、放假制度、学习时间、考试制度以及对学校的正规化管理。

1948年9月，华北人代会的政府工作报告中指出，目前文教方面面临的主要问题是"健全教育机构，统一规定管理学校的方针以及学制、课程等的通盘计划，培养师资，适当提高其待遇等"③。就在这一年，晋察冀边区形成了一系列的关于中、小学编制、中、小学教师与学生待遇、教育经费开支标准、保障地方教育经费开支等制度。

---

① 《毛泽东选集》第四卷，第1426~1428页，北京，人民出版社，1991。
② 辽宁教育科学研究所：《东北解放区教育资料选编》，第24页，北京，教育科学出版社，1983。
③ 王谦：《晋察冀边区教育资料选编》，（教育方针政策分册）（下），第384页，石家庄，河北教育出版社，1990。

1948年10月16日，新华社发表题为《恢复和发展中等教育是当前的重大政治任务》的社论，指出当前解放区普通教育工作的最重要的问题，是恢复和发展中等教育，要办好中学教育就必须实行正规化。[①]

1949年，中国人民政治协商会议第一届全体会议隆重开幕，会议通过的《中国人民政治协商会议共同纲领》中规定："中华人民共和国的教育为新民主主义的，即民族的、科学的、大众的文化教育。人民政府的文化教育工作，应以提高人民文化水平，培养国家建设人才，肃清封建的、买办的、法西斯主义的思想，发展为人民服务的思想为主要任务。""有计划有步骤地实行普及教育，加强中等教育和高等教育，注重技术教育，加强劳动者的业余教育和在职干部教育，给青年知识分子和旧知识分子以革命的政治教育，以适应革命工作和国家建设工作的广泛需要。"[②] 这意味着，随着解放战争的胜利，新民主主义的文化教育方针将在整个中华大地上全面实施。

总之，从苏区到抗日根据地再到解放区，中国的新民主主义教育方针政策是以马克思主义为指导，在反帝反封建的斗争实践中形成和发展起来的。它经历了一个从不成熟到成熟、从机械地搬用马克思列宁主义理论到走与中国革命实际相结合道路的曲折发展历程。其最根本的特点，是把教育与政治斗争的需要密切结合，使教育成为新民主主义革命的一个有机组成部分。

---

① 顾明远：《中国教育大系·马克思主义与中国教育》（下），第1275～1276页，武汉，湖北教育出版社，1994。
② 同上书，第1279页。

第六章 新民主主义教育制度（中）

第一节 革命根据地的学制体系

从1927～1949年的22年间，根据党的教育方针政策，革命根据地逐渐形成了一套独具特色的教育体系。大致说来，这一教育体系是由干部教育、群众教育和普通教育3个部分构成的。三者间的关系是：干部教育重于群众教育，成人教育重于儿童教育和普通教育。这3种教育，在土地革命时期初具规模，在抗日根据地得到了进一步的充实和发展，并形成了比较完备的体系。

一、苏区的教育体系

土地革命时期，随着根据地的开辟和发展，首先产生的是红军教育和干部教育，然后才是群众教育与普通教育。红军教育的主要目标，是培养坚强的红军战士和干部。这种教育工作最初是利用战斗间隙进行的日常教育，内容包括政治教育、军事教育、文化教育和纪律教育等。1931年11月，苏维埃中央工农民主政府在瑞金成立后，中央苏区周围出现了相对稳定的局面，为教育的正规化发展提供了有利的条件。于是，红军教育逐渐向正规化过渡，先是各种军事训练班由从前的围绕着某一中心任务展开，逐步向理论的系统化和学科的专门化方向发展,并在1年后出现了正规的干部学校。这些干部学校分中级与高级两类。中级干部学校如中央农业学校、中央列宁师范学校、高尔基戏剧学校以及其他苏区所举办的红军军官学校和地方(省)党校等;高级干部学校,如中央党校、苏维埃大学和红军大学等。这些学校根据培养对象和任务的不同,学制也不一样,其修业年限从几个月到1年不等。

苏区的群众教育主要围绕着政治、军事斗争展开,其首要任务是以识字教育为主要内容的扫盲教育。军队中以连为单位组织识字班,地方上以村落为基点,以夜校、半日学校、识字班组、识字牌、读报组、俱乐部等为组织形式。

苏区的普通教育主要是小学,称"劳动小学""列宁小学"或"红色小学"等,实行5年制义务教育,8~12岁工农子弟皆免费入学。1934年2月以后,所有小学统称"列宁小学",分前后两段实施教育,前3年为初级列宁小学,后2年为高级列宁小学。为适应苏区儿童普遍参加家庭劳动的情况,列宁小学采取了全日制和半日制两种形式。半日制主要接纳大龄儿童,实行半工半读。

二、抗日根据地学制体系

抗日战争时期,根据"干部教育第一,国民教育第二"的方针,根据地形成了自己的学制系统,这就是:

```
         ┌ 高级干部教育——高等学校
干部教育 ┤ 中级干部教育——中等学校(及各种训练班)
         └ 初级干部教育——初等学校(程度相当于高等小学)

国民教育 ┌ 儿童教育——初等学校(相当于初级小学)
(群众教育)└ 成人教育——各种成人教育形式(识字班组、冬学、夜校等)①
```

根据地学制系统

---

① 孙培青:《中国教育简史》,第759页,上海,华东师范大学出版社,1995。

这个学制系统具有如下特点：

首先，为了体现干部教育重于群众教育、在职干部的提高重于未来干部的培养的原则，普通高小以上的教育都列入了干部教育的范围；高小以上学校的招生对象，也由开始只招收低一级学校的毕业生，逐步转变为大量招收现任干部，使普通学生、教职员与他们互帮互学，让这些在职干部学员帮助学校更切合于实际的需要。

其次，各级教育都不着眼于升学，不具有预备性质和严格的衔接关系，而各有其独立性质，具有明确的实际生活和实际工作上的目标。如，群众教育，主要以村、镇、乡范围内的成人和儿童为教育对象；初级干部教育，主要是在县或分区范围内，承担起县科员及区乡级干部的培养提高任务；中级干部教育，主要是在军区或边区范围内，承担提高和培养边区科员、县区干部及从事农、工、商、医、艺术文化事业干部的任务。"在这样的学校中，程度不齐是不可避免的，因而各级学校的严格衔接也是近于不可能的，但是这完全用不着忧虑。在和平的时代，这种情形并不是我们的理想……但在战争时期，这就是合乎规律，也就是合乎理想的——如果我们的学校还只能把一群6岁的儿童按部就班地关到20来岁，不密切接触和他们'程度不齐'的人民中间的种种人物（所谓程度不齐是两方面的：他们的一般文化知识或者比人民高些，但关于战争和生产的知识就比人民低得多），则与其说他们是被教育了，还不如说是被荒废了，被'教育'成为大时代的'废物'了。"①

再次，各级学校的修业年限，根据环境与受教育者的工作生活需要的不同，有很大差异，少则不足1年，多则3~4年。

最后，学校组织的形态多种多样，与在业在职教育没有严格的界限。如群众教育中采取冬学、半日学校、星期学校、巡回学校、短期训练班、

---

① 顾明远：《中国教育大系·马克思主义与中国教育》（下），第1118页，武汉，湖北教育出版社，1994。

识字组、小先生制、艺徒制等形式；干部教育中除采用冬学等形式外，还采取了轮训制、工作团制、实习制和工作协助制等形式。

三、解放战争时期学制的逐步正规化

抗日战争胜利后，全国人民一致要求和平民主建国。为适应建设的需要，解放区曾酝酿过学校教育正规化问题。1946年春天，陕甘宁边区召开中等教育工作会议，提出了要使中等教育逐步正规化，注意加强文化学习，规定普通班学制3年，干训班学制12～18个月。苏皖边区召开了宣教会议，拟定了国民教育的方针、学制、课程、教法等，规定小学实行"四二"制，中学"二二"制，并实行中小学教育相衔接，使小学毕业生既能入中学深造，也能参加工作。同年7、8月间，山东解放区也讨论了教育上的"新型正规化"问题。[①] 但正规化的进程由于内战的全面爆发而中断。

解放战争进入战略反攻阶段以后，解放区迅速恢复和扩大。1948年秋季，东北与华北大部分地区获得解放，山东和其他解放区也迅速恢复和发展。在这一形势下，为了兼顾解放战争以及战后恢复与建设对干部人才的需要，教育正规化的问题又重新提到日程上来。8月12日，东北行政委员会召开第3次教育会议，会议讨论了教育工作如何适应战争形势和生产建设的需要，进一步向前发展，走向新型正规化并做长期打算的问题。会议认为，因目前急需各种有专门知识的干部，短训班还不能完全取消，但仅有短训班是不够的，还必须逐步实现学校教育正规化。在正规的学校里，要有一定的文化程度才能入学，有一定的文化程度和年限才能毕业。为此，会议对东北解放区的学制做出了明确规定：小学6年，前4年为初小，后2年为高小；中学6年，初中与高中"三三"分段；师范学校4

---

① 毛礼锐、沈灌群：《中国教育通史》第5卷，第243页，济南，山东教育出版社，1988。

年，简易师范 2 年。在课程方面，规定文化课须占 90％，政治课只占 10％。此外，华北与山东解放区也制定了相应的学校规范化措施。

值得注意的是，解放战争时期各地的学制有着很大的不同。如在中学方面，虽然一般都采用"三三"制，但华北则规定除三年制的初中以外转成一年制的速成班；在师范学校的学制上，华北采取了三年制为主、一年制为辅的办法，东北则采取了四年制与二年制两种。① 这是由各解放区的不同特点以及过渡时期的历史性质所决定的。

第二节 革命根据地小学教育制度

小学教育是一切文化教育的基础，也是一切民主制度下人民所享有的最基本的文化教育权利。早在 1931 年，中华苏维埃共和国第一次全国工农兵代表大会就宣布："一切工农劳苦群众及其子弟，有享受国家免费教育之权。"《中华苏维埃共和国宪法大纲》（1934 年第二次全国苏维埃大会通过）也规定："中华苏维埃政权以保证工农劳苦民众有受教育的权利为目的，在进行革命战争许可的范围内，应开始施行完全免费的普及教育。"普通小学教育是保证这一完全免费的普及教育的基本内容之一。

一、学校设置及其类型

如同当时的红色政权中华苏维埃共和国一样，苏区的小学名称最初虽不统一，但都有着鲜明的政治和俄化色彩，如称"红色小学""列宁小学""劳动小学""人民小学"等。1930 年 8 月，闽西苏区曾仿照苏联将实施普通教育的学校统称为"劳动学校"，以表示教育与生产劳动相联系的做法，

---

① 顾明远：《中国教育大系·马克思主义与中国教育》（下），第 1158 页，武汉，湖北教育出版社，1994。

将该区的小学名称统一为"劳动小学"。从1934年起，根据毛泽东在第二次全国苏维埃代表大会的报告和中央教育人民委员部所编辑的《苏维埃教育法规》，苏区的小学才以"列宁小学"为统一的名称。

在学制方面，苏区的小学大都分为初级小学和高级小学两级，也有少数分为三级者。但在1934年以前，各个地方甚至同一个地方的前后时期，在入学年龄、修业年限及分段方法上是很不统一的。如湘鄂赣苏区1931年规定小学学制一律采用"四二"制：初小4年，7岁入学；高小2年，11岁入学。1932年5月又规定，7～14岁的儿童入列宁小学，小学分两个阶段，前期4年，后期3年。在中央苏区的闽西，大多实行"三三"制，初小和高小各3年，也有实行"二二二"制的；在赣南，则实行"四二"制，初小和高小分别为4年和2年。1933年10月4日中央教育人民委员部发布《小学教育制度草案》，试图统一小学教育制度。次年2月16日临时中央政府人民委员会公布的《中华苏维埃共和国小学制度暂行条例》，确定小学实行"三二"制："小学修业年限以5年为标准，分前后两期：前期3年，后期2年。以8～12岁为学龄。"[①] 这大概就是新中国成立以后实行小学五年制的来源。但这个规定又不是硬性的，它带有一定的伸缩性："但失学儿童在15岁以内的，仍需施以学龄儿童的教育；其中有家庭教育基础或其他教育条件，能早完成规定的课程的儿童，修业年限可少于5年，如不能完成时得增加年限。"[②] 实际上，整个土地革命时期的小学学制，仍以7岁入学的"四二"制为代表。这说明，在制度与实施之间是有差距的。

抗日战争时期的小学学制以陕甘宁边区最有代表性。根据《陕甘宁边区小学法》（1938年8月15日公布，次年8月15日修正公布）和《陕甘

---

① 顾明远：《中国教育大系·马克思主义与中国教育》（下），第1042页，武汉，湖北教育出版社，1994。

② 同上书，第1074～1075页。

宁边区小学规程》①，边区小学修业年限为5年，招收7～12岁的学龄儿童，前3年为初级小学，后2年为高级小学，合称为完全小学。当然，各抗日根据地的小学学制也不是整齐划一的。如《山东省战时国民教育实施方案》（1940年12月）规定，小学招收8岁以上16岁以下之儿童，小学修业年限为6年，初级和高级小学分别为4年和2年，但为了适应战时环境，暂定为"二二二"制，即初级、中级和高级小学各2年。②而晋冀鲁豫和晋察冀的小学则为"四二"制。

在小学的设立方面，苏区的小学一般按学区设立。根据《中华苏维埃共和国小学制度暂行条例》，小学在划分学区的基础上，每个学区设立小学1所。学区的划分，由乡政府拟订计划，区政府核准施行。为方便学生入学，规定区内学生入学最多不超过3华里，但在偏僻乡村得延展到3～5华里。学校的规模，以能容纳学区内全体儿童为度，人口稀少、交通不便的乡村有学生20人左右，在城镇及大村庄，规模应尽可能大一些。在抗日根据地，陕甘宁边区规定：各县完全小学以县为名，若办有两处以上，须加上"第一""第二"等字样；师范学校和中学校附设之小学为师范附属小学或中学校附属小学；初级小学办理完善，经教育厅审查合格者，得确定为模范小学。1940年3月，《中央关于开展抗日民主地区的国民教育的指示》规定，必须尽可能地恢复与重新建立各地小学校，达到每村有一个初级小学校，每乡（或每编村）有一个中心小学或模范初级小学，每个中心区有一个两级小学或完全小学，以建立广泛的小学网。③解放战争时期，小学的学制一般仍实行"四二"制。

在小学的办学主体方面，抗战时期的一个很重要的创造是实行民办公助。从苏区到抗日根据地的大部分时期内，以公办学校即政府办学为主。

---

① 顾明远：《中国教育大系·马克思主义与中国教育》（下），第1075～1078页，武汉，湖北教育出版社，1994。
② 同上书，第1082页。
③ 同上书，第1079页。

1944年，陕甘宁边区总结了政府办小学的经验教训，认为边区的小学教育虽比革命前有了很大的进步，但也存在很多问题，主要问题是边区教育不能适应社会和群众的需要。表现在办学形式方面，就是只知道政府办学，而不知道根据群众的意愿和需要办学，抄袭旧的制度、课程，学校很难普遍设立，1个乡甚至1个区以上才有1所学校。多数学生都要离家住校，不仅不能参加家庭生产，还要增加家庭的经济负担。又由于学生与家庭缺少联系，学校里的活动家庭不得而知，年限又长，使大多数家长觉得学生一进学校就成了"公家"人，不愿或不能送儿童入学。个别地方虽有民办学校，但政府对这些学校要么施加不必要的限制，要么放任自流、不加指导。鉴于这种情况，边区政府提出，要把大多数甚至全部的小学交给群众自己办，政府则在物质上予以补助，在方针上加以指导。这就是实行"民办公助"的办学方针，这一方针的具体内容如下。

第一，民办小学的形式与这一方针的执行步骤，一般应按各地的具体情况而定，不强求一律。可完全民办，也可公私合作。一般初小如人民要求民办，而群众确有能力接办时，应即改为民办，逐渐达到自中心小学以下，均归民办。

第二，民办小学的学制、教育内容等，应尊重群众的意见，按群众自己的需要确定，不强求一律。学生的名额也不必加以限制。在校址选择、经费、教员待遇等方面，完全可以让群众去决定。

第三，民办不能与公助相分离，不能听其自流，政府更应加强领导。在开始民办时，县一级更要多加注意，要有人经常负责督促、检查、帮助，随时解决群众的困难，纠正不应有的倾向。[①]

此后，陕甘宁边区民办小学的数量迅速增加。并形成了不同的办学模

---

① 顾明远：《中国教育大系·马克思主义与中国教育》（下），第116页，武汉，湖北教育出版社，1994。

式，如米脂杨家沟式、米脂高家沟式和延安杨家湾式等。[1]

解放战争初期，民办小学的大发展并不巩固，起落太大。1946年8月，陕甘宁边区发布了《关于国民教育的批示信》，指出要坚持"民办公助"政策，逐渐发展民办教育，办好完全小学，提高质量，并改进中心小学与普通小学。各解放区也相继提出要继续贯彻执行"民办公助"方针，但具体的政策有所不同。如晋察冀边区采取的是民办与公办并举。该边区的冀中行署则规定，在新解放区执行"民办公助"方针，要视群众发动的程度而定，凡群众未发动起来的地区应"以公办为主，民办为辅"；群众已发动起来的地区，教育可交给群众来办，辅之以公助。[2] 1946年9月，山东省政府发布《关于实行小学民办的指示》，规定各地区在农村建立小学时，一律实行民办，高级小学及城市小学也应争取民办；原有的公立小学，除高级小学、完全小学仍暂时维持公办外，城市初小争取改归民办，所有农村中的初小一律改为民办。

二、培养目标、课程与教学

关于小学教育的目的和任务。苏区的小学教育暂行条例规定："在工农民主专政下的小学教育，是要训练参加苏维埃革命斗争的新后代，并在苏维埃革命斗争中训练将来共产主义的建设者。""小学教育的目的，要对于一切儿童，不分性别与成分差别，施以免费的义务教育。但在目前国内的战争环境中，首先应该保证劳动工农的子弟得受免费的义务教育。"[3] 前者说的是小学教育要以培养革命后代为目的，后者强调的是要使小学教

---

[1] 《陕甘宁边区教育资料》（教育方针政策部分），第465～476页，北京，教育科学出版社，1981。

[2] 王谦：《晋察冀边区教育资料选编》，（教育方针政策分册）（下），第149页，石家庄，河北教育出版社，1990。

[3] 顾明远：《中国教育大系·马克思主义与中国教育》（下），第1041页，武汉，湖北教育出版社，1994。

育承担起普及义务教育的任务。抗战初期，陕甘宁边区根据国防教育的需要，在《陕甘宁边区小学法》中提出小学的培养目标是："依照国防教育方针及实施方法以发展儿童的身心，培养他们的民族意识及抗战建国所必需的基本知识和技能。"随着新民主主义教育方针的提出，1941年2月，边区政府又公布了《小学教育实施纲要》，提出"边区小学教育，应依新民主主义教育方针以促进儿童的民族觉悟，养成儿童的民主作风，启发儿童的科学思想，发展儿童的审美观念，提高儿童的劳动兴趣，锻炼儿童的健壮体格，增进儿童生活所必需的知识，培养儿童为大众服务的精神"。与土地革命时期所确定的小学教育目的相比，以陕甘宁边区为代表的抗日根据地小学教育的培养目标具有如下新的特点：①它确认了小学教育在培养儿童必需的基本知识技能方面的基础地位；②它以新民主主义教育方针为指导，更加符合新民主主义革命的实际需要；③它从德、智、体、美、劳等方面作了比较全面的规定。解放战争后期，小学的培养目标进一步朝着现实化方向发展。如华北解放区规定："小学教育的实施目标应当是培养具有文化智能、健康身体、进步思想、劳动习惯、爱人民爱国家的新民主主义国家的公民。"[1]

关于小学的课程。土地革命初期，小学教育的课程是极不统一的。从1933年起，苏区开始整理与统一课程。1933年10月，中央教育人民委员部颁布《小学课程与教则草案》，从几个方面规定了小学课程的最低标准：在政治水平方面，要求学生能了解马克思列宁主义的基础，能了解阶级斗争的一般理论和策略；在知识、技能和身体方面，要求达到能满足目前斗争和一般生活最低限度的需要，并为将来学习专门知识技能打下最低限度的基础。[2] 次年2月，小学教育制度暂行条例按照五年制小学的制度规

---

[1] 顾明远：《中国教育大系·马克思主义与中国教育》（下），第1163页，武汉，湖北教育出版社，1994。

[2] 江西省教育学会：《苏区教育资料选编》，第101页，南昌，江西教育出版社，1981。

定，前3年的课目为国语、算术、游艺（唱歌、运动、手工、图画）。但国语课目中要包含乡土地理、革命历史、自然和政治（这些课目均不单独开设）；游艺也须与国语、算术及政治劳动教育等有密切的关系。后2年，科学和政治等课目，须系统性教授。其教学时数，除课外工作及校外教学外，前期3学年均为每周18课时，后期第一学年为24课时，第二学年为26课时。同年4月，中央教育人民委员部公布了《小学课程教则大纲》，根据前列条例规定：初级列宁小学每周上课18课时，其中国语6课时，算术4课时，游艺8课时；课外活动每周12课时，劳作实习6课时，社会工作6课时。高级列宁小学设国语（6课时）、算术（6课时）、社会常识（四年级每周2课时，五年级3课时）、科学常识（四、五两个年级分别为2课时和3课时）；每周上课24～26课时，课外活动12～18课时，劳作实习6～8课时，社会工作6～8课时。《小学课程教则大纲》强调："小学的一切课目都应使学生学习与生产劳动及政治斗争密切联系，并在课外组织儿童的劳作实习及社会工作，劳作实习应当同当地经济情形相配合，有计划地领导学生学习各种工艺、园艺、耕种及其他生产劳动。"根据这些原则，苏区的课程设置十分重视常识课及政治思想课，并把课外活动、生产劳动及社会工作放在重要位置上。

在抗日根据地，在课程设置上各边区间没有统一的规定，但在一般情况下，课程都包括两部分内容，即政治常识课和基础知识课。前者旨在使学生关心抗战，并对抗战的形势有一定的了解。后者在初小包括国语、算术、常识、劳动、体育、唱歌、图画等，在高小包括国语、算术、自然、史地、政治、体育、唱歌、图画等。较苏区的课程，划分得略微细致一些。不过，每个边区内，课程一般是比较统一的。如陕甘宁边区根据抗战形势，教育厅在1938年年初提出，小学课程"首先应注意到统一战线和抗战政治教育，使学生对抗战的形势和抗战的工作有简单的了解……其次就是防空、防毒、反汉奸、反土匪等，因为这是目前抗战环境所迫切需要的常识"[①]。1939年8月,《陕甘宁边区小学规程》规定"小学课程以政治、军事为中心",努力适应抗战救国的需要。其课程表如下:

陕甘宁边区小学课程表

课目 \ 年级 课时	初级小学			高级小学	
	一年级	二年级	三年级	四年级	五年级
国 语	12	12	12	12	12
算 术	3	4	5	5	5
政治 自然 }常识 历史 地理	6	6	6	4	4
				2	2
				2	2
				2	2
美 术	2	2	2	2	2
劳 作	2	2	2	2	2
音 乐	3	3	3	2	2
体 育	3	3	3	6	6
总 计	31	32	33	39	39

1941年2月,边区教育厅修正公布的《陕甘宁边区小学规程》又规定:初级小学常识课应包含卫生,高级小学常识课目中增设卫生课,每周教学时数为2小时。在晋察冀边区,1938年2月,边区边委会规定:小学一、二年级设国难讲话、国语、算术、工作、唱游5科;三、四年级增设常识,原工作科分成劳作、美术两科进行教学;五、六年级将常识分为社会、自然两科,唱游分成体育、音乐两科。在抗日根据地的小学课程中,以抗战为中心的政治思想教育、常识教育和社会工作占据着十分突出的地位。例如,陕甘宁边区把生产劳动和社会活动列入正式课程,在课外进行。其中,社会活动包括:除奸及其他抗战动员工作,领导识字组、夜校、半日学校。晋察冀边区把国难讲话列入正式课程,向学生讲授国难知

---

① 《陕甘宁边区教育资料》(上),第2页,北京,教育科学出版社,1981。

识，指导学生举行课外救亡活动，以养成学生热爱国家、复兴民族的意识。国语、社会、唱游等课目中，都包含着众多的常识及政治思想内容。

值得注意的是，在抗战后期推行了小学"民办公助"的办学方针以后，为了纠正过去在课程与学制上追求正规化而造成的"整齐划一"、严重脱离实际、不符合群众需要的倾向，陕甘宁边区要求课程应根据群众的意愿、按照群众的需要来确定，不必强求一律；废除暂不急需的科目，如果群众只要教识字、写字、珠算，不教其他东西也可以。

解放战争时期特别是进入战略反攻阶段以后，小学课程发展的重要趋势是加强了基础知识和基本技能的教学，正确地安排政治学习的内容和比例。例如，东北区在《东北行政委员会关于教育工作的批示》中指出："课程的制定，应以社会的需要和学生的程度为根据。今后中小学的课程，应加重文化课的分量，以应生产建设之需。"小学课程，高小文化课占90%，政治课占10%。文化课包括国语、算术、历史、地理、自然、音乐、美术、体育等科。初小课程，包括国语、算术、常识、唱游、体育等，全部为文化课，只在常识和国语里包括一些政治常识。① 同年，陕甘宁边区政府在《关于目前新区国民教育改革的指示》及《对新区完小课程的意见》中规定：小学课程以文化为主，合并繁复的课程。新解放区小学的课程，一、二年级设国语、算术、美术、唱歌，每周授课32课时；三、四年级设国语、算术、常识、音乐、美术、体育，每周教学总数为36课时；五、六年级将常识分设为公民、社会、自然、卫生等。1949年2月，华北人民政府第二次委员会议通过了《1949年华北区文化教育建设计划》，其第4条为"恢复整顿与发展小学教育"，规定在恢复过程中对老区小学逐步进行整顿，纠正过去忽视文化学习的观点与游击作风，着重读、写、算能力的提高。总之，为了迎接解放战争的胜利和新的国家建设的需

---

① 中央教育科学研究所：《老解放区教育资料》（三），第163～164页，北京，教育科学出版社，1991。

要，解放区的小学课程在朝着重视基础知识与基本技能的正规化方向发展，以克服过去政治课内容过多、学生社会工作过多的偏向。

关于小学的教学。教学涉及的问题很多，在这里，集中从教学的组织形式、教学方法及学生学业成绩的评定考核3个方面，分别叙述革命根据地的教学制度。

在教学组织形式方面，《中华苏维埃共和国小学制度暂行条例》对苏区的小学作了如下的规定：小学分班教学，每班学生最多不超过40人，最低不得少于20人，人口稀少的偏僻乡村在学龄儿童不够的前提下，可在20人以下。教学班有单式与复式之别：在能集中上课的圩场、城市、大村庄，概用单式编制，每个学年的学生编为一班；在人口不集中的乡村，如果各年龄班的学生都不满一班时，可采用复式编制，将几个年级的学生合为一班。1934年教育部公布的《小学管理法大纲》中规定：单式编制，每级即为一班，由学生选一班长；复式编制，每班包含几个年级，应先由各级选一级长，然后各级长互选班长1人，班长和级长的任务是在教员领导下，维持课堂秩序。

抗日战争时期，复式教学仍被采用，如《陕甘宁边区小学法》规定：完全小学采用单式编制，但遇有特殊情形（如教室少、学生或教员不够）得用完全复式编制；初级小学一般应采复式编制，但学生多、教员多、教室多时得用单式编制。晋察冀边区在整理小学办法中也规定，高级小学有两个年级，如果经常到校学生总数在50人以下的，一律合并为一班，进行复式教学，只设教员1人。此外，根据不同地方、不同学校的实际情况，抗日根据地还创造或使用了其他多种教学组织形式，半日学校、二部制教学、巡回教学就是比较有代表性的组织形式。如《晋察冀边区行政委员会关于整理小学加强儿童生产教育的指示》中关于初级小学的教学组织规定：在较大的村庄，经常全日入学的学生在30人以上者，以全日小学为主，酌设半日随习班；在较大村庄，全日入学的学生较少，而能半日入学的在40人以上时，改为半日二部制，即上午两个年级，下午两个年级，以方便半日学习、半日生产的学生；一般的村庄，以半日制为主要形式，并采用巡回教学形式。巡回教学可分为半日巡回制或隔日巡回制：如果甲、乙两村相距2.5千米以内，入学学生均在25人以上、40人以下，可两村合请一个教师，采用半日巡回制，上午在甲村，下午在乙村；如果附近的几个村庄每村入学学生均不满25人，可让某数村集中于甲村，某数村集中于乙村，实行半日巡回制；如果可能集中的村庄相距2.5公里至5公里以内者，可采用隔日巡回制。[①] 半日制、二部制和巡回制教学，主要是考虑到农村儿童必须参加家庭生产的现实而采用的教学组织形式。另外，在游击区和敌占区，抗日的教师和学生为了坚持教学而又不被敌人发现，也有采用分组教学形式的。这就是按学生住处的远近，分年级编为若干小组，根据敌人活动的规律，选择偏僻的地方进行分组教学。

革命根据地的小学教学方法，是以马克思主义理论为指导，根据小学教育的目的、任务、内容来加以确定的。其重要的教学法原则有如下两点：第一，提倡民主的启发式教学，反对奴隶式的、注入式的教学。1932年，湘、鄂、赣省鄂东南第二次各县区苏维埃联席会议通过的《文化问题决议案》指出："废除奴隶式的教学方法，实行启发式的教学方法，禁止教师打骂、体罚学生。"第二，强调教学要联系实际。苏区的《小学课程教则大纲》规定了教授法的三大原则，其中两条就是"小学教育与政治斗争联系""小学教育与生产劳动联系"。1946年4月，华东宣教大会通过的《苏皖边区国民教育办理规则（草案）》规定的教学通则中与此相关的有："先从常见的事物研究，逐渐扩展到远处看不见、听不到的""先从日常生活中具体事实分析，逐步进入抽象概念""从学生原有经验上，提高到理论了解"。1946年9月，《东北政委会关于改造学校教育与开展冬学运动

---

① 顾明远：《中国教育大系·马克思主义与中国教育》（下），第1108页，武汉，湖北教育出版社，1994。

的指示》中规定:"关于教育方法,应免除'填鸭式'的、注入的、强迫的、空洞的形式,而代之以启发的、讨论的、研究的、实验的方式,以发展学生学习的自动性、积极性与创造性。要加强学习指导,注意辅导学生,应使学生个人的自修与集体的研究讨论取得适当的配合。应着重实践,注意参加实验、实习。"这可说是根据地小学教学方法的比较全面、概括的规定。

小学生学业成绩的考核与评定,与革命根据地小学教育的培养目标和任务相联系,也呈现出自己的特点。首先,它注重学生的平时成绩与日常表现,特别是劳动与社会活动方面的情况。《陕甘宁边区小学规程》(1939年)规定:"小学生学行成绩的考查,分平时考查与定期测验,但应注重平时考查。"苏区的《小学管理法大纲》(1934年)规定:平时成绩的积分、每月的批评及学期、学年考试,除功课的检查与测验之外,皆须加入劳作实习及社会工作的成绩合并计算。如每个学生的工艺、园艺耕种等的技能与积极性,参加政治动员的成绩和积极性,都要充分地考虑到,并同日常功课结合来决定学生的成绩等级。《苏皖边区国民教育办理规则草案》规定:"成绩考查须注重平时,应以平时成绩占阶段与毕业测验成绩的五分之三。"其次,与各项工作走群众路线相一致,对学生学业成绩的评定,要征求学生集体的意见,开展批评与自我批评,开展革命竞赛。《小学管理法大纲》规定:"考试的方法,须运用革命竞赛及学生的自我批评,不得采用地主资产阶级的学校考试的旧方法。""学期常年考试的总结,应与学生会及儿童团共同决定每个学生的批评,制定每个学生的鉴定书,然后提出学生大会报告,在儿童墙报上登载'红榜'与'黑榜',交学生群众讨论。"《苏皖边区国民教育办理规则草案》规定:"成绩考查应用集体记分与民主评定方式进行之,如以学习小组单位合计之平均分数作为集体成绩,以小组平均分数与个人得分平均为个人成绩,但仍须通过本级学生集体评定。"对于成绩考查采用集体记分的方法,即以小组平均分数与个人得分平均为个人成绩,在华中解放区曾有两种不同的意见，但最后还是统一起来了。①

最后，注重学生对于知识的理解与实际运用能力。《陕甘宁边区小学规程》规定："学行考查标准：学习方面，应注重儿童对学科之了解与应用。"《苏皖边区国民教育办理规则草案》规定："学业考试应根据各科学习之进度，及参加俱乐部各科活动之实际表现。"

三、学校设备

革命根据地都是在经济文化极为落后的情况下办教育的，所以，小学的设备往往都是因陋就简的，但根据地政府在这些方面仍有一些基本的制度化规定。

《中华苏维埃共和国小学校制度暂行条例》（1934年2月）规定：教室、室外运动场、校园和俱乐部，为校舍必不可少的部分；在物质条件许可的情况下，须增设图书室、工作室。应尽可能利用一切旧有的祠堂、庙宇及地主的房屋与菜园。如果必须重新建筑，无论经费是公款还是私款，均须预先报告当地教育部，审查是否合于学校建筑法，得其批准。《小学管理法大纲》（1934年4月）规定：学校的房屋要合于卫生要求，宽敞明亮；学校的俱乐部最好有单独的一间房屋，布置要儿童化，由儿童参与布

---

① 一种意见认为，集体记分可以打破儿童学习上的自私自利，一面对个人负责，一面对小组负责，公私兼顾，可以培养儿童的集体观点，可以积极鼓励和争取落后儿童的进步，可以推动整个学习的进步。另一种意见认为，这是带有刺激性的方法，以得分高为目的，不能正确地体现互助精神，把得分的多少作为互助成绩的好坏，是惩罚主义。但经过争论，得出的结论是："集体记分的方法是好的，但在实行的时候应注意深入动员，使互助精神在儿童思想上彻底搞通……过去成绩好的学生，常有很自私的，他所知道的问题，不肯告诉人家……进行互助以后，便转变了，他自动地去带人家，共同学习。过去，也有一些聪明的学生，凭他的智力在考试之前强记一下，考试以后，便很快忘了。进行学习互助，反复练习的机会多了，印象就比较深刻，本来平凡和成绩低劣的学生，在集体帮助之下，大多赶了上来。但也有发生偏向的，成绩好的学生不高兴，成绩差的学生存依赖心。……至于说'集体记分是带刺激性的'，我们觉得刺激并非完全不好，问题是要向好的方向努力，而事实又证明的确都向好的方向努力的。有些学校，在执行时发生的偏向，是由于动员不深入，而不是集体记分本身不好。"（1946年3月《关于成绩考查问题——华中解放区国民教育高级小学组总结》，收入戴伯韬：《解放战争初期苏皖边区教育》，北京，人民教育出版社，1982。）

置陈列，尤其要有革命意义的图画和挂像；学校的课堂至少要有黑板和抹黑板的湿布，课堂内的桌椅要适合儿童的身量；学校的运动场至少要有一平坦草坪，尽可能设立一些体育用具和建筑；学校的工场或园地须依照当地情形设置；城市小学可以建立儿童工场并同时设立儿童菜园，农村小学必须建立儿童园地并附设儿童肥料所。

抗日战争时期，陕甘宁边区在《小学规程》中对小学设备的规定是：校址应选择便于儿童上学的地点；小学校舍的建筑应质朴坚固，并须适合于教学管理与卫生，但应尽量利用旧窑洞与房屋；在可能范围内，设置运动场、农场园地；用具、仪器、教具等，应力求废物利用。

四、教员

从苏区到解放区，困扰革命根据地小学教育发展的一个重要因素，就是教员问题。一方面是教员的数量不足，另一方面是教员的素质不高。因此，充分利用现有的小学教员，尊重其劳动，提高其待遇，根据苏区各项建设的需要确定小学教员的职责，并在原有基础上提高其水平，就成了革命根据地小学教员制度的主要内容。

革命根据地历来都把小学教员看作干部队伍的一个重要组成部分。1933年10月，凯丰在苏区教育大会上所作的题为《苏维埃的教育政策》的报告中指出："教育工作干部一个最大的问题，是国民教育的教员问题。"如果没有国民教员，就谈不上任何文化，既谈不上资产阶级的文化，更谈不上无产阶级的文化。在资本主义社会内，一切小学教员都是资本主义的支柱；而在苏区，他们应当是苏维埃的支柱。因此，应当开展系统的、不动摇的、经常性的工作，为他们创造一定的工作环境，尊重他们的劳动，逐步提高他们的水平和待遇。[①] 这也构成了此后的革命根据地小学

---

① 顾明远：《中国教育大系·马克思主义与中国教育》（下），第1064~1065页，武汉，湖北教育出版社，1994。

教员制度上的一项基本政策。

关于小学教员的任职条件。由于当时教员极其缺乏，苏区没有十分严格的限制，一般情况下，具备一定的文化水平且愿意为苏区教育工作的人，都可作为小学教员。只是在小学校制度中规定："小学校长和教员，由城市教育科长或乡主席任命。"① 抗日根据地时期，《陕甘宁边区小学法》规定："各县小学教员，由县三科遴选合格人员充任，附属小学教员由主管学校校长聘请合格人员充任，呈报教育厅备案。"《陕甘宁边区小学规程》规定，小学教员有下列情形之一者，应予撤职："①有汉奸行为及阴谋破坏边区者；②有政治道德堕落，曾叛卖革命者；③行为不检，或有不良嗜好，经纠正无效者；④消极怠工，经纠正无效者；⑤思想腐败，能力太差，无法继续工作者。"实行小学"民办公助"后，边区规定："可以让群众聘请他们最信任的人当教师，只要是好人，年纪大些也无妨，政府则应给以指导和帮助，如群众要求我们代聘教师，我们可以介绍人给他们。"②《中共冀鲁豫分局关于普通教育改革的指示》中规定："不以资格限制教师。新的师资条件：须有生产知识与群众联系好，热心社会服务，具有相当文化水平（即政治水平较前要求高，文化水平较前要求低）。其推荐、任命手续：初小教员由村政权、村群众团体经过群众大会的推荐或介绍，由区长审核，经县教育科批准；高小教员，须由县审核批准。"从总体上看，革命根据地在教师的任职条件的审核上，一般是政治思想标准高于业务能力和水平的要求。1942年，晋察冀边区制定了小学教师检定任用办法。③ 与国民政府的做法相似，也采用试验检定与无试验检定两种方法。但鉴于解放区的实际状况，对小学教员的任职条件要求较低，如其

---

① 顾明远：《中国教育大系·马克思主义与中国教育》（下），第1042页，武汉，湖北教育出版社，1994。
② 同上书，第1116页。
③ 王谦：《晋察冀边区教育资料选编》，（初等教育分册）（上），第55~56页，石家庄，河北教育出版社，1990。

中规定："凡受师范训练在 1 年以上者，均得参加无试验检定，以检定学校毕业证书、受训文凭、鉴定表或其他证明文件为准。""因故未参加检定，或检定不及格者，得经县政府审查，准为代理教员。""凡县立小学之教师由县政府统一任用，村立小学之教师，由村公所聘请，报经县政府批准。"

在小学教师的职责方面，适应革命形势的需要，革命根据地除要求教师认真搞好学校的教育教学工作外，还有对教师积极参加各项社会活动（包括政治、生产、文化活动）的要求。如苏区《小学管理法大纲》规定，"小学教员的职务如下：①分别负责教授学生的各种课目，训育各班学生，遵照中央教育人民委员部所颁布的《小学课程教则大纲》进行教育工作。②分别负责领导各班学生的劳作实习及社会工作。③参加各种社会工作，协助乡苏及当地群众团体。④经常地注意各班学生的健康与卫生问题。⑤测验学生的成绩，编造各该班学生的成绩登记表及学期的鉴定书"。1942 年，《晋察冀边区小学教师服务章程》（12 条），对小学教师的职责作出了更加明确的规定，其主要内容是：

第一，教师的职责，为课程教学，指导学生生活学习，考查学生成绩，办理学生入学、退学及有关学校的调查统计等事宜。

第二，教师在不妨碍其校内工作前提下，应协助所在村进行社会宣传教育及其他地方工作。

第三，教师应出席上级政府或中心小学所召集的教师会议，并遵守与执行会议的决议。

第四，教师须应定期报告工作。县立小学向县政府报告，村立小学向村公所报告。

第五，教师应按照规定时间上课，不得迟到或早退，并须按期完成其他工作。

第六，教材与课程进度均应依照政府规定进行，不得任意变更；补充教材未经审定者，须先呈准县政府，始得讲授。

第七，战时未得聘任机关的通知或允许，教员不得自行停课或离校。其因情况恶劣，不能坚持教学者，应协同地方干部进行战时工作，战事结束后，应立即恢复校务。①

关于小学教员的待遇，革命根据地除规定小学教员与当地政府工作人员享受同等待遇外，还有其他一些优待措施。1934年2月，苏区临时中央委员会公布了《小学教员优待条例》，规定：小学教员的生活费，依照当地政府工作人员的生活费；乡苏维埃应发动群众帮助小学教员耕田，与苏维埃工作人员同等待遇；小学教员在任期内与苏维埃工作人员同样减纳土地税，但任期要在半年以上；在任课期内教员有疾病，照苏维埃工作人员一样有权到国家医院医治，不取诊断费和药费；根据给奖条件和等级，小学教员每半年给奖1次，连续两年取得一等奖金的，按年增加原有奖金十分之二至十分之三。抗日战争时期，陕甘宁边区曾先后制定了《奖励小学教师暂行办法》（1939年8月）和《小学教师待遇保证办法》（1941年3月）。除了物质保障和奖励之外，各根据地还制定有对教师的精神奖励措施。如很多根据地都将6月6日确定为教师节，每年过节都开会庆贺，并表彰奖励模范、优秀教师。

在革命根据地，小学教师的文化水平一般都是比较低的。据1941年粗略统计，陕甘宁边区有小学教师1700余名。其中，60%以上仅读过高级小学，这些教师不要说师范教育，就连普通知识和读写技能都非常欠缺。② 陕甘宁边区尚且如此，其他根据地的情况更可想而知。因此，培养和培训健全的小学师资队伍，始终是摆在革命根据地小学教育方面的一项重要任务。针对这一情况，根据地除加强师范学校的教育之外，对小学教

---

① 王谦：《晋察冀边区教育资料选编》，（初等教育分册）（上），第56～57页，石家庄，河北教育出版社，1990。

② 社论《提高边区国民教育》，载《解放日报》，1941年10月4日。

师主要采取的是在职培训的方式。1932年秋天,《第二次闽浙赣省苏大会文化工作决议案》规定:各县文化部应有计划地训练列宁小学教员,尽可能地开设训练班;在本年暑期中,各县应开办工农补习夜校教员训练班,以便在本年下季增设夜校。1934年,中央教育人民委员部制定了《小学教员训练班简章》,规定:小学教员训练班,以只在寒暑假期间开办为原则,专收现任或将任列宁小学教员者为学生;学生文化程度以能看前3册小学教科书为原则,男女兼收,首先当收工农分子,忠实于苏维埃的旧知识分子亦得收纳;课目以小学管理法及小学5年教科书为主,注重小学教育的实习批语会的工作,并须讨论社会教育问题及政治问题。抗日战争时期,各根据地普遍利用寒暑假举办各种讲习班、训练班、座谈会、讲习会,并与平时的学习相结合,使之成为一项制度。如《陕甘宁边区小学规程》规定:"凡在职及任职之小学教职员,于教育厅举行训练时,应按时前往受训。"① 冀、鲁、豫边区规定小学教员实习轮训制。解放战争时期,各解放区普遍采用在职小学教员的轮训制及假期集训制,并建立经常的学习制度。如《东北政委会关于改造学校教育与开展冬学运动的指示》(1946年9月)规定:"必须注意在职教员的教育问题,使之不断向前进步。解决这个问题的办法有两个:一个是教他们建立经常的学习制度,一是学习时事政治,二是研究业务;另一个是利用寒暑假期空闲机会,各地集中教员集体学习……内容以时事政治为主,借以提高其政治水平与改造思想。以业务为辅,借以提高其工作效能与改进教学方法。"1948年10月,该区又规定:"在职教员,应注意提高,组织他们学习时事政治与业务,从学习中提高他们。除平时学习外,必要时还可举办短期轮训和假期集训。"② 华北区在大部分地方已经解放的情况下,为了提高师资水平,

---

① 顾明远:《中国教育大系·马克思主义与中国教育》(下),第1077页,武汉,湖北教育出版社,1994。
② 同上书,第1165页。

规定:"加强在职小学教师的学习,有计划地举办轮训班,得用假期组织讲习会、补习班,并注意经常学习的组织领导,供给学习材料。学习内容,应按地区的不同,对象的不同,确定不同的重点,缺什么就学什么,力求切合教师的需要,以逐步提高现任师资的文化水平、政治觉悟及工作能力。"①

五、义务教育制度及其实施

普及义务教育,一直是中国新民主主义的教育理想之一。早在1930年,闽西苏维埃政府就把"采取强迫性质的教育,凡6岁至11岁的儿童有必须受小学教育(小学的学制,采取'三三'制的修业年限)的权利和义务",确定为当时的教育方针。② 1932年秋,闽、浙、赣省苏维埃规定:"在建立了列宁小学的地方,凡7～16岁的儿童,应实行免费强迫教育。"③ 1934年10月,《中央文化教育建设大会决议案》规定:"一切儿童自满7～13岁,施以免费的强迫教育。" 1934年2月,《中华苏维埃共和国小学校制度暂行条例》规定:"小学教育的目的,要对于一切儿童,不分性别与成分,皆施以免费的义务教育。"④ 把接受小学教育当成人民的权利和义务,规定义务教育具有免费和强迫的性质,是苏区义务教育制度的重要特点。重视义务教育,特别是对工农劳动群众施以免费的义务教育,是由苏区工农民主政权的性质所决定的。而且,苏区所推行的义务教育,与当时的国民党统治区相比,确实有着十分突出的成绩。1934年1月,毛泽东在第二次全国工农兵代表大会上报告革命根据地的情况时,谈到了江

---

① 辽宁省教育科学研究所:《东北解放区教育资料选编》,第27页,北京,教育科学出版社,1983。
② 顾明远:《中国教育大系·马克思主义与中国教育》(下),第1025页,武汉,湖北教育出版社,1994。
③ 同上书,第1033页。
④ 赣南师范学院、江西省教育科学研究所:《江西苏区教育资料汇编》(六),第110页,1985。

西、福建、广东3省根据地普及义务教育的统计数字。在当时2932个乡中，已建立了小学3052所（平均每乡有1所），学生89 710人。其具体情况，以江西兴国县为例，全县共有学龄儿童20 969人，入学儿童是12 806人，入学率为60%多。而当时国统区文化教育比较发达的江苏省，1930年儿童的入学率只有13%。考虑到根据地在全国都是一些经济文化比较落后的地区。其60%左右的入学率无疑是一个相当可观的数字。

抗日战争时期，根据地很重视义务教育。以陕甘宁边区为例。边区于1938年8月公布了小学法，次年1月边区参议会又通过了《抗战时期施政纲领》，规定"实行免费的儿童教育"；下半年边区教育厅制定了《普及教育三年计划草案》，要求从1940年秋开始到1943年春完成普及初小教育的任务。1940年3月29日，公布了《实施普及教育暂行条例》，规定：7~12岁未入学的学龄儿童，应不分性别、成分一律入学，读毕小学课程；对贫苦抗工属子女及贫苦子女无力入学者，当地政府酌量采用优待办法（其中包括：酌量减除抗战动员义务劳动，由当地互济会酌量救济，升入高级小学学生供给一部分或全部伙食）；现有学龄儿童得由县政府依其年龄及家庭状况与儿童多寡，规定先后入学次序。其实施普及办法是：①由县政府依据具体情形定出各区应入学儿童数字，领导区、乡政府分别召开学龄儿童家长会议讨论执行；②党政机关及群众团体的工作干部，应首先送子女入学；③规定应入学的儿童，而家长不送其入学者，应先向该家长进行说服教育；④对说服教育无效者，得由当地政府强制执行；⑤对普及办法有运用不当或执行不力者，家长有建议及监督权；⑥踊跃送子女上学，并积极动员其他儿童入学有特殊成绩者，予以奖励；⑦县、区、乡各级政府人员，积极进行普及教育工作者，予以奖励。① 经过2年多的实施。1942年12月，边区政府更明确地提出："义务教育就是每个国民所必

---

① 顾明远：《中国教育大系·马克思主义与中国教育》（下），第1080页，武汉，湖北教育出版社，1994。

须接受的教育，一方面每个人都有受这种教育的义务，另一方面国家有使每个人受这种教育的义务。""义务教育年限暂定为初级小学 3 年。"① 总之，从 1938 年以来，陕甘宁边区在小学教育方面经历了一个从"普及教育"到"义务教育"的发展过程。对于小学教育的这一方针，边区在 1944 年的文教大会上曾作过总结，其间存在着不同的意见和争论。争论的焦点在于，是从主观愿望出发办学还是从边区实际出发办学。

对于 1938~1939 年的普及教育，赞成者认为方针是正确的，因为人民得到了土地，普遍需要识字，只是在执行中出现了偏差。大多数人则认为，人民刚经过土地革命，经济生活受到很大破坏，首要任务是恢复民力、发展生产，急于推行普及教育是一种形式主义的作风，是从这样一个主观愿望出发的：边区既然是全国抗日民主根据地的模范，教育也应成为全国的模范。于是不管人民的经济条件，主观地来一个普及教育，大量发展学校，自然就要用动员方式来凑足数字，不管质量的形式主义作风便成为普遍的现象了。对于 1940 年以来推行的义务教育，会议代表都认为这是教育上的主观主义和命令主义，机械地套用外国的强迫教育理论，用强迫命令来代替边区教育的实际情况。因此，虽然采取了强迫处罚的措施，学生的入学率还是不高，以致有些学校从开学到放假都在动员学生。有一位代表以延川为例说：教育厅原来规定要动员 60% 的儿童入学，但动员到 36% 已登峰造极，以后则越来越少。②

这些对于边区普及义务教育政策的批评未必都十分客观，但有一点是确定无疑的，即推行义务教育在边区远未收到预期的效果。义务教育虽以法律强制为根本特征，但它又不是单靠行政命令就能解决的。原因在于，普及义务教育需要两个基本的条件：经费与师资。在经济条件十分落后、

---

① 中央教育科学研究所：《教育史研究》，第 46 页，1992 年第 1 期。
② 顾明远：《中国教育大系·马克思主义与中国教育》（下），第 1127 页，武汉，湖北教育出版社，1994。

人们的温饱问题尚且得不到解决、师资极其缺乏的边区，特别是在抗战最困难的时期（由于日寇的进攻，国民党的封锁），强制性地推行义务教育，只能是一句空话。毛泽东在1945年写道："我们（在抗战的）开头还有饭吃，有衣穿。随后逐步困难起来，以至于大困难：粮食不足，油盐不足，被服不足，经费不足。"① 当时的首要任务是要发展经济，解决根据地的财政困难。"任何空话都没有用，我们必须给老百姓看得见的物质福利……我们工作的出发点不是向人民索取，而是奉献。我们给人民带来什么呢？在陕甘宁目前的条件下，我们所能做到的是组织、领导和帮助人民发展生产，增加他们的物质财富，而且只有在此基础之上，我们才能一步一步提高他们的政治觉悟和文化水平。"它同时也昭示着，政治改革对于教育的解放也是有一定限度的，它只能通过对于教育资源的重新配置，解放那些由旧制度所束缚了的教育的发展潜能，而无法突破经济条件对于教育发展从规模到速度所施加的客观限制。更何况，制约教育普及的远不止政治、经济和师资等方面的因素。如革命根据地虽一再重申男女平等的原则，但是女性儿童的入学率要远远低于男性儿童的比例。这说明，传统的文化观念还在很大程度上影响着教育的普及。

从抗战后期到解放战争时期，随着民办公助政策的实施，普及义务教育日益与巩固发展民办小学结合起来。1946年8月1日，陕甘宁边区政府教育厅在《关于国民教育的指示信》中指出：要坚持"民办公助"政策，逐步发展民办教育与办好完小，提高其质量以及改进普小、民小，为小学教育的总方针。9月24日，东北行政委员会发布《关于改造学校教育与开展冬学运动的指示》，指出初等教育着重在改造与普及上，土改后可试行"民办公助"的办法，以推广小学教育。中华人民共和国成立前夕，在北京召开的中国人民政治协商会议，于9月30日通过了《中国人民政治协

---

① 《毛泽东选集》第三卷，第1108页，北京，人民出版社，1991。

商会议共同纲领》，提出要"有计划、有步骤地实行普及教育"；9月26日，东北第4次教育工作会议也提出，"要有计划、有步骤地普及初等义务教育，培养有新民主主义文化教养的新国民"，"普及教育，提高人民的文化水平培养建设人才，这是一个基本方针"。这预示着中国普及义务教育的工作将进入一个新阶段。

六、对私塾的改造

在中国近代教育史上，广大农村地区始终存在着大量的私塾。仅据苏皖边区1946年3月的粗略估计，私塾至少在2万所左右。[①] 在革命根据地，长期以来在部分人的思想中对私塾有一种不正确的认识，认为它完全是封建文化的堡垒。这导致了改革私塾问题上的"左"的偏向，强制封闭，限制设塾，强迫考试，强迫合并，以小学吞并私塾，没收或焚毁"四书、五经"等。也有的地方，只看到了私塾在满足群众基本文化需要的一面，对已有私塾放任自流，甚至大力提倡私塾。这都是对私塾的性质与作用缺乏正确认识的产物。

事实上，私塾是具有两重性的。一方面，它具有封建落后性，这从教学内容到教学方法都有所体现；另一方面，它又具有适应落后的农村要求的群众性。这两重特性在任何一个私塾都是客观存在的，只是在不同的私塾中所占的比例不同而已。但应当看到，大量私塾从其性质上讲，都属于中间型私塾，它们主要不是宣传封建文化，而是适应农村群众的需要，着重教日常用字、珠算等，私塾先生便以此作为谋生的手段。正因如此，对于私塾，不能采取简单粗暴的态度加以取缔。基于这种认识，从抗日战争到解放战争时期，革命根据地把正确地改造私塾作为建立文化教育民族民主统一战线的一项重要任务。

[①] 戴伯韬：《解放战争初期苏皖边区教育》，第8页，北京，人民教育出版社，1982。

下面以苏皖边区为例,加以说明。

该边区确立的改造私塾的总方针是:"反对封建落后的反动文化,争取和改造现有私塾,使之成为开展国民教育的辅助机关,逐步转变为民办小学。"其具体方针,是在将现有私塾划分为4种不同类型的基础上,采取了区分情况、分别对待的政策:

(1) 对有政治背景,阴谋破坏根据地和平民主生活的私塾,采取坚决取缔的方针。

(2) 对一味为封建社会服务,宣传封建文化的顽固私塾,采取斗争方针,打击其封建落后的一面,使之转变。

(3) 对有改造条件和要求,其教育内容有迎合群众需要的教材的私塾,采取团结、耐心教育与改造的方针。发扬其群众性的一面,消除其落后性的一面,逐渐转变为改良私塾。但须防止操之过急,避免过去重形式不重实际的偏向。

(4) 对改良私塾,采取帮助提高的方针,使之转变为民办小学。[1]

对现有私塾,还提出了最低与最高要求,从最低要求着手,向最高要求提高。最低要求是:取消封建反动的教材,改教适合群众需要的实际知识;对学生废除打骂制度;组织私塾董事会;塾师参加文化学习团体。最高要求是:教学内容采用小学教材,增设当地群众需要的学科;实行分组教学;进行民主训导;组织儿童团,参加社会活动;自动招收抗烈属及贫寒子女免费入塾;能帮助其他落后私塾改造;在一定条件下转为民办小学。

对私塾的改造坚持群众路线。在深入了解、说明动员的基础上,掀起塾师、塾东、塾生要求改造、争取进步的热情。在他们自愿自觉的原则

---

[1] 戴伯韬:《解放战争初期苏皖边区教育》,第99~100页,北京,人民教育出版社,1982。

下，予以教育和帮助，使之逐渐转变。改造分如下几步：第一步是调查研究，了解情况；第二步是打通思想，说服教育；第三步是在组织、领导等方面予以具体帮助。在组织上，让私塾建立董事会，发动群众管理私塾；让塾师参加教师联合会，与学校教师结合；塾生参加儿童团，接受乡的民主生活。在教育行政领导上，对塾师和小学教师应一视同仁，经常予以知识、业务上的指导。同时，还在塾师中培养典型，开展英模活动。

对于今后设立新私塾问题，苏皖边区提出不同地区应根据自己的情况，正确地处理私塾与民办小学之间的关系。在基本群众占优势、新的文化运动已经开展起来的地区，应以鼓励群众开办民办小学为主，改良的私塾可以酌情允许设立，但不允许增设落后的私塾。群众没有翻身、新教育不普及的地区，如群众要求办私塾，以办改良私塾为主；如条件不可能，得设立合乎最低要求所列各点的私塾；封建反动的私塾绝对不许出现。①

这种根据私塾的性质和特点，区分不同情况分别予以处理的政策，对于在落后的农村地区最大限度地普及教育、提高群众的文化水平，是十分有益的。

第三节　革命根据地中学教育制度

土地革命时期，苏区中学数量很少，只有广西劳动第一中学、川陕中学、湘鄂西苏区的4所初级中学、永顺郡联立中学等几所。加之当时的普通教育主要集中在小学教育方面，故苏区尚未形成自己的中学教育制度。抗日战争时期，中学教育虽与干部教育密切相关，但有的根据地将其作为干部教育，而有的根据地则将其规定为准备干部教育，故其毕业生须经过一定的训练班或干部学校的学习后才能参加工作；解放战争时期，随着中

---

① 戴伯韬：《解放战争初期苏皖边区教育》，第101～103页，北京，人民教育出版社，1982。

学数量的不断增加及中学逐步向正规化过渡，其作为普通教育的性质越来越明显。这说明，根据地的中学教育仍有其一定的独立性。

一、抗战时期中学制度

抗日战争时期，根据地的中学大致可分为 3 类。第一类是巩固区的中学，占根据地中学的大多数。它们是从根据地的实际与需要发展起来的，其制度充分地体现了中国共产党领导下根据地教育的特点；第二类是在统一战线区创办的，多数是在原有中学基础上加以改造形成的，其中学制度也有这样的特点，它基本上是在国民政府有关中学制度的基础上，按照抗日民族统一战线的精神加以适当改造，如盐阜公署1942年所公布的《中学暂行办法》和《中学暂行规程》，就是其典型代表；第三类是游击区所办中学，这类中学灵活性很大，制度的正规化程度最低。后两类只占中学的一小部分。以下介绍抗日根据地的中学制度时，将把重点放在第一类，并适当顾及后两类中学。

（一）培养目标与实施方针

抗日战争时期，中学教育是紧紧围绕着为抗战和革命服务这个总的方针来确立其教育方针与培养目标的。但在不同的抗日根据地及不同时期，具体内容是有所不同的。

晋察冀边区行政委员会1940年颁布的中学暂行办法规定：中学教育在性质上属于抗日民族统一战线的中学教育、干部准备教育，其任务是培养青年坚持抗战到底，实现三民主义新中国。其实施方针是：

> ①提高学生的民族自尊心与抗战胜利的自信心。②锻炼学生科学的头脑的基础及初步的组织能力。③初步了解社会发展的规律。④锻炼学生基础的军事知识与技能。[①]

---

① 王谦：《晋察冀边区教育资料选编》，（干部教育分册）（下），第3页，石家庄，河北教育出版社，1990。

随着新民主主义文化教育方针的确立，中学教育也将有关精神贯彻其中。1942年秋，盐阜行政公署在《中学暂行办法》和《中学暂行规程》中，对中学的培养目标作了更具体全面的阐述：

> 中学教育遵照中华民国教育宗旨，抗战建国纲领及根据地实际需要与情况，继续小学之基础训练，以发展青年身心，培养新民主主义下之健全国民，并为研究高深学术及从事各种职业之基础。

以培养目标为指导所实施的各种训练包括：

> 一、启发民族意识；二、培养民主精神；三、培植科学知能；四、养成劳动习惯；五、锻炼健康体魄；六、陶冶艺术兴趣；七、培养科学世界观。

中学教育所采取的方针是：

> 一、一切教育实施，须配合抗战建国需要，减少繁杂及不必要之功课，推选抗建教程，并须以民族民主革命的政治教育为中心，坚决肃清奴化教育及复古教育；二、生活与教育，社会与学校，必须打成一片，以免学与用、社会与学校脱节；三、对青年训练，须着重培养民主自觉之集体意识，废除个人自由主义及专制主义之训导方法；四、在教育方法上，须实行教、学、做合一，以求理论与实践的一致，纠正主观主义与教条主义；五、对自然科学与社会科学，则须一面发扬我国固有文化，一面吸收外国文化之精华。不论新旧中外，凡有利抗建者皆吸收之。①

这个教育宗旨及其实施方针，虽提到了"遵照中华民国教育宗旨"，

---

① 顾明远：《中国教育大系·马克思主义与中国教育》（下），第1098～1099页，武汉，湖北教育出版社，1994。

但就其具体内容和实质而言，无疑是新民主主义的。

需要指出的是，在正规的学校制度中，中学一般兼具升学与就业的双重任务。而在中国共产党领导的根据地中学，则不以升学为目的或不以升学为主要目的。如《晋中行署关于建立中等学校的指示》（1945年4月）中规定：

> 建立中学的方针与目的，是在培养干部及技术人才，从实际出发，实现学以致用，任何空洞的形式主义的办法都是不适当的。因之，目前中学之建立不是培养升大学的，而是为了出学校后，立即参加实际工作，为人民服务。①

（二）学制

抗战初期，不少根据地的中学采用了短训班的形式，修业年限一般也比较短，从半年、1年到2年不等。自抗战进入相持阶段之后，局势相对稳定，一些最初修业年限较短的地方，开始适当加以延长，并采用初中与高中分段方式。如晋察冀边区1937年中学为半年，1938年为1年，1940年边区中学暂行办法中规定：中学修业期限定为2年，但能力强且成绩优良的学生，可以提前毕业；每6个月为一个学段，学段终结举行成绩测验，并休假2周。② 1941年5月，第二次中学校长会议定为3年。1945年冀中行署则规定中学修业年限为2～3年。当然，也有的根据地从一开始就按照正规中学的形式，确定了较长且分段的中学修业年限。中共中央宣传部于1940年8月在《关于提高陕甘宁边区国民教育给边区党委及边区政府的信》中，确定中学暂采用初中和高中各2年的二级制。山东根据地规定初中3年，高中2年；陕甘宁边区1942年也有与山东相同的规定。这种比较正规化的中学学制，尽管比国民政府所确定的中学修业年限要

---

① 王谦：《晋察冀边区教育资料选编》，（干部教育分册）（下），第40页，石家庄，河北教育出版社，1990。

② 同上书，第3页。

短，但在根据地因受各方面条件的限制，是难以得到普遍而广泛的实施的。其实施的情况往往是，同一个根据地在同一个规定下，有的学校照章实施，有的学校则未能照章实施；在同一个学校内，班级与班级之间也不统一。

关于中学的招生对象及入学资格，各根据地之间也不完全一致。盐阜公署《中学暂行规程》规定：初级中学入学资格为小学毕业或具有同等学力者，年龄在13～16足岁；高级中学入学资格为初级中学毕业或具有同等学力者，年龄在16～19足岁。[①] 入学均须经过考试。山东则将条件放得较宽，规定中学生在25岁以下，年龄再大一点也可以，入学时不必重视过去学历，以学习能力为标准，以便吸收过去失学的学生以及群众中新培养出来的学生。[②]《晋察冀边区中学暂行办法规定》："招收学生以高小毕业或具有同等学力而身体健全之积极抗日青年为合格，男女兼收，年龄在14岁以上、25岁以下者为原则。"[③] 抗日根据地的中学往往具有综合性质，一所中学内除设有中学班外，多有设置干部班、师范班和职业班者。如冀中行署《关于建立中等教育的指示》规定：

中学内的班次应该是：

（1）干部班，吸收有工作经验、历史较长的村级干部及文化政治水平较低、需要提高的区级干部，因此学员不是要求高小毕业，其教学内容也不同于一般中学之课程……

（2）师范班，吸收高小毕业的学生，及程度较低不称职的在职小学教员，专门培养小学教师……

---

① 顾明远：《中国教育大系·马克思主义与中国教育》（下），第1099、1103页，武汉，湖北教育出版社，1994。

② 山东老解放区教育史编写组：《山东老解放区教育资料汇编》第2辑，第37～38页，济南，山东教育出版社，1985。

③ 王谦：《晋察冀边区教育资料选编》，（干部教育分册）（下），第3页，石家庄，河北教育出版社，1990。

（3）中学班，应招收高小毕业程度之学员，在提高其实际生活知识与技能中，提高其文化，培养与锻炼其有科学的思想、革命的品质、健康的身体及科学知识与技能的实际工作者。①

当然，干部班和师范班等已不属于普通中学的范畴，尽管其被设于普通中学内。从其具体实施来看，冀晋中学1945年6月公布的招生办法具有一定的代表性。其所招学生分自费生与优待生两种。自费生的条件是：年龄在16岁以上、25岁以下者，来历清楚，思想纯正，身体强健，没有不良嗜好，高小毕业或具有相当高小毕业程度。优待生的条件是：家在敌占区生活困难者；贫苦的抗属、烈属子女；时任脱离生产的干部，经专区保送入学的；家境困苦而成绩特别好的。具备上述条件的自费生和优待生，须经有关政府部门登记审查考试合格后，参加复试，复试合格，才能正式入学。②

(三) 课程

抗战时期根据地中学的教学内容，最初主要是政治理论与政策方面的知识。学制比较正规化了以后，教学内容不断拓宽，除政治外，还增加了自然科学与社会科学方面的知识。总起来看，根据地的中学课程并不统一，各有自己的特点。

在统一战线区建立的中学，其课程是参照国民政府的中学课程标准，并根据民族民主革命的需要略加变通。如盐阜行政公署《中学暂行规程》（1942年秋公布）中，对中学课程设置所提出的基本原则是：将民族民主革命的教育作为全部教育的基础，增加公民、历史、地理钟点，并增加其他抗战教材；自然科学的学习应尽可能与劳动及社会生活取得密切联系，并着重实验；课程内容与编制，务须除庞杂留精华，使少而精，裨学生有

---

① 王谦：《晋察冀边区教育资料选编》，（干部教育分册）（下），第40～41页，石家庄，河北教育出版社，1990。
② 同上书，第44～45页。

充分时间消化吸收；凡一切有目的、有组织的集体活动。不论是自我学习部分，或抗建活动部分，均认为是成绩的一部分。初级中学应着重语文训练、民族民主的政治教育与训练、切合适用的自然科学教育、劳动与体格锻炼、艺术训练，其教学课目是：社会发展史、历史、地理、公民、国文、算学、动物、植物、化学、物理、劳作、体育、童子军训练、生理卫生、音乐美术等。为适应地方需要，初级中学最后一学期得设置一定的职业选修课目，裨学生出校后能就业。高级中学着重培养较高级人才，并非专为升入大学做准备，其教学课目为：国文、社会科学、军训、中外历史、中外地理、算学、生物学、化学、物理、哲学概论、外国语文、劳作、美术、音乐等。为适应需要，高中自第三学年起，得设选修课目，裨学生能根据社会需要及家庭经济情况，受专业训练。①

晋察冀边区的中学课程与国统区相比，从课程标准到课程内容都有较大的变化。《晋察冀边区中学暂行办法》（1940年）将中学课程分为4类，并对各自所占比重做出了明确的规定。其中，基础学科占40%，包括国语（选读重要政治论文及各种新文艺作品）、数学（算术、代数、几何）、历史（偏重中国近代史及世界革命运动简史等）、地理（适合中国抗战及世界政治形势要求）、自然（动物、植物、矿物、生理卫生，理化）；政治课程占30%，包括政治常识（社会发展史、民主政治、世界政治常识等）、三民主义与统一战线（三民主义、统一战线、持久战、中国近代革命运动史、中国社会基本问题等）、时事报告或名人讲演（课外举行，每周2小时）；军事课程（不含早操）占20%，包括军事常识、游击战争；艺术课程占10%，包括歌咏（救亡歌曲、指挥、识谱等，在课外举行）、美术（漫画、美术字等）、写作技术（与国语课、编壁报等合并进行）。②

---

① 顾明远：《中国教育大系·马克思主义与中国教育》（下），第1100~1101页，武汉，湖北教育出版社，1994。
② 王谦：《晋察冀边区教育资料选编》，（干部教育分册）（下），第5~6页，石家庄，河北教育出版社，1990。

这一课程设置的重要特点有两个：其一，文科课程重于理科课程，政治课程占很大比重，且文科课程都在很大程度上体现了突出政治的特点；其二，课程的综合性很强。次年公布的《晋察冀边区中学课程标准》，更充分地体现了上述特点。其中规定，中学课程的标准应该是：

  一、抗日民主的。现阶段我们的主要敌人是日本帝国主义，我们的主要任务是抗日。抗日与民主是分不开的，要求实行民主，反对一党专制，反对亲日派，反对顽固反动分子，都属于这一范畴。二、统一战线的。……三、科学的。坚持科学的、进步的、唯物辩证法的观点，反对愚昧，反对封建迷信，反对复古倒退和奴化教育思想。四、现实的。坚持学以致用，课程与现实密切联系，反对旧时劳心劳力的观点与做法。……五、普通的基本知识。……是在文化、自然科学、社会科学上给以普遍完备。简明精确的基本知识……[1]

这种课程设置在总的指导思想上，是反对教条主义，把教育与战争和革命的需要结合起来，特别是与各根据地的实际结合起来。这对于克服根据地教育中存在理论脱离实际、片面追求正规化和统一化的倾向，无疑是必要的。但如果因此而否定正规化的意义，不考虑人才培养的长期性而只照顾眼前的需要，也会走向另一种片面性。事实上，抗日战争时期根据地的中学课程设置是存在一定的经验主义倾向的。1944年5月27日，《解放日报》发表了题为《论普通教育中的学制与课程》的社论。社论指出，过去的主要错误是教条主义，但现在又发展起了一种经验主义倾向：只重视实际活动，而不重视必要的书本知识；满足于片段的杂乱无章的讲演报告，而不强调把经验及其结论系统化、理论化使成为课程与教材；以为我

---

[1] 王谦：《晋察冀边区教育资料选编》，（干部教育分册）（下），第24页，石家庄，河北教育出版社，1990。

们着重现在，就可以不顾及将来；以为每一根据地都可以完全不知道全国的情况和经验，甚至每一分区、每一县都应该有彼此完全不同的整套课程表与教材，或者每一年每一季都应该加以更换。① 问题虽然提出来了，但如何在制度上很好地解决这一问题，则需要一定时间的研究与探索。

（四）教员

抗日战争时期，根据地的教员主要来源有四：发动潜伏在乡村中的战前各级学校的教员；动员潜伏在乡村中的知识分子；抽调各抗战部队、政府、机关、救国团体中曾经从事教育工作或适合于教育工作的干部；争取敌区的教员及知识分子。对于各级学校教员的共同标准是：参加抗战，热心教育事业者，拥护革命的三民主义与三大政策者，对于抗战建国的政治理论有初步认识者，对新民主主义教育的精神了解其大意者，身体健壮略具军事常识者，经训练或检定认为合格者。②

对于中学教员的任职资格，盐阜公署《中学暂行规程》规定：

> 高级中学教员须品格健全，其所任教科为其所专习之学科，且符合下列规定之一者：一、国内外师范大学毕业者；二、国内外大学本科，高等师范本科，或师范专修科毕业后，有1年以上的教学经验者；三、国内外专修学校，或专门学校本科毕业后，有2年以上的教学经验者；四、有专门学识及有价值的专门著述发表者。
>
> 初级中学教员须品格健全，其所任教科为其所专习的学科，且合于下列规定资格之一者：一、具有高级中学教员规定资格之一者；二、与高级中学相等学校毕业生，曾有中等学校教员3年

---

① 顾明远：《中国教育大系·马克思主义与中国教育》（下），第1119页，武汉，湖北教育出版社，1994。
② 山东老解放区教育史编写组：《山东老解放区教育资料汇编》第1辑，第59页，济南，山东教育出版社，1985。

以上的教学经验，并卓有成绩者；具有精练技能者。

有下列情形之一者，不得任用为中学教员：一、违犯刑法经判决确定者；二、曾任教员成绩不良或旷废职务者；三、患精神病或身有痼疾，不能任事者；四、行为不检或有不良嗜好者。①

这些规定与国民政府所确定的标准是基本一致的，体现了正规化的中学教师任职条件。但在根据地当时的情况下，如果严格按照上述任职资格行事的话，中学在很多地方是办不起来的。所以，各根据地一般都规定，中学教员须经训练或检定合格者担任，但不合格之教员亦可暂聘为代用教员。

二、解放战争时期中学制度

抗日战争胜利后，各根据地根据新的形势的要求，先后召开了教育工作会议，在总结以往经验教训的基础上，对中学教育进行了规划，使中学制度得到了一定的完善。解放区的中学一方面继续具有干部教育或准干部教育的性质，另一方面也具有预备教育、为升学打基础的性质。随着解放战争的节节胜利，普通教育的正规化问题被提到了议事日程。老解放区中学重点是朝着制度化、正规化和加强文化科学知识的方向发展；新解放区则主要是改造旧型正规化。

（一）方针与学制

1946年3月，华中解放区在淮阴召开宣教大会，历时一个半月，会议充分地讨论了各级各类教育的改造与发展问题。其所讨论的问题。在各解放区教育中是很有代表性的。在中学的性质与方针问题上，人们展开了争论。争论的核心问题之一，是中等教育应否成为独立的阶段。反对者认为，为了使解放区的教育进一步得到发展，应确认中等学校是大学的预备

---

① 顾明远：《中国教育大系·马克思主义与中国教育》（下），第1105页，武汉，湖北教育出版社，1994。

学校，否则会影响到高级人才的培养。持独立阶段观点的人认为，中学应以培养学生就业知识、技能为主，兼顾学生的深造，原因是中学生能升入大学的是少数人，以升学为导向会使中学毕业生无法适应国民经济发展的需要，学生的就业也成问题。①

一般说来，解放战争初期，各解放区大都把中学教育作为一个独立的阶段，主要是干部性质的教育，但也兼有升学预备的性质与任务。如1946年9月山东省政府公布的《山东省当前工作纲要》指出："普通中学的性质与目的：其性质基本上是干部性，但也带有预备性。因为它的目的，在于培养新知识分子（亦即新民主主义的知识分子），打下学生一般的文化及科学知识的基础，使学生毕业后，一方面能担负分工不多，专业性不大的初下级工作干部；另一方面须照顾一部分学生的升学，以求深造，学习专门知识，培养专门人才。"② 1946年2月，冀中行署中学会议确定："今天中学性质是新型的中等学校，还不是正规的中学，而是具有干部学校及干部准备学校的性质，以培养初、中级普通建国干部与准备升学深造人才为目的。"③ 1946年1月，陕甘宁边区在边区中等教育会议后，由教育厅制定了《陕甘宁边区中等学校的方针、学制与课程》，其中规定，边区中等学校的方针是：目前边区中等学校负有提高现任干部与培养未来干部的双重任务；以文化教育为主，文化教育中又以国文为中心，提高学生阅读和写作的能力，行知中学及绥师、米中的某些中学班，适当地增加自然科学课程，以照顾学生毕业后的继续升学。

但是，当解放战争进入战略反攻阶段以后，中学逐步由以干部或干部准备性质为主而还原为其普通教育的性质。如《东北区中学教育暂行实施

---

① 戴伯韬：《解放战争初期苏皖边区教育》，第104页，北京，人民教育出版社，1982。
② 山东老解放区教育史编写组：《山东老解放区教育资料汇编》，第1辑，第159～160页，济南，山东教育出版社，1985。
③ 王谦：《晋察冀边区教育资料选编》，（干部教育分册）（下），第58页，石家庄，河北教育出版社，1990。

办法》（草案）规定："根据新民主主义教育总方针，中学教育的任务，是在小学教育基础上培养具有革命思想，中等文化水平，科学知识及健康体魄的知识分子，使之在毕业之后，具有升学深造或参加工作的基本条件。"① 1948年7月，《冀中行署关于改进中学教育及几个具体问题的决定》中说："中学教育的方针，是为培养具有一定的文化程度和科学的基本知识的青年，以备毕业后，经过一定的专业训练，即能参加各项建设工作。因此，中学教育的性质是普通教育，其任务主要在于提高文化，所以，中学应以文化教育为主。"②

随着中学教育方针的转变，学制也由原来的比较强调适应培养战时急需的中高级干部，转变为根据建设所需要的文化和基本科学知识水平来确定。虽然各地情况并不完全一致，但均朝着正规化的方向发展。《东北区中学教育暂行实施办法》（草案）对中学学制的规定是：中学教育分为初、高两级，修业年限各为3年；根据东北经济与文化建设的需要，高中应实行分科，原则上可分为文、理两科；入学条件，初中为高级小学毕业或具有同等学力，高中为初中毕业或具有同等学力，均须经入学考试并被确认为合格；中学的入学年龄标准，初中原则上为13～18岁，高中为16～22岁；中学男女兼收，并应注意大量吸收工农子弟入学。山东省《中等教育工作纲要》对学制的规定是：普通中学今天吸收的教育对象有新解放区的青年学生，新老解放区的高小毕业生，具备相当文化水平的干部及自学有成绩的工农青年；修业年限暂定为3年，在干部需要迫切的地区，在两年内学完基本课程，即可毕业分配工作；原则上是每个专署可办1处中学，但在学生较多的城市可依其客观需要和主观条件，增强中学或师范，亦可

---

① 辽宁省教育科学研究所：《东北解放区教育资料选编》，第218页，北京，教育科学出版社，1983。
② 王谦：《晋察冀边区教育资料选编》，（干部教育分册）（下），第129页，石家庄，河北教育出版社，1990。

在中学内设师范班或地干班。① 晋察冀边区在1947年12月规定：为解决贫雇农子女入学困难，并给予入学方便，改订中等学校招生标准。招收新生以工人、贫雇农子女及贫苦军属子女有被录取的优先权，录取标准应从宽。② 这说明，解放区的中学学制在向正规化方向发展的过程中，体现出比较强烈的阶级意识，这是其与国统区中学学制最大的不同点之一。

(二) 课程

解放区中学教育向正规化方向发展的最突出表现之一，就是中学课程的标准化。在这方面，苏皖边区和东北解放区都是比较有代表性的。

苏皖边区在1946年3月举行的边区宣教工作大会上，讨论制定了中学课程标准，对中学所设课程及各门课程的目的要求、内容与进度等，都作了明确而详细的规定。制定新课程的基本原则是："①所有课程均须切合今后生产、民族、民主三大实际斗争与建设之需要，并与实际工作相结合；②各级学校各有明确目标，其课程均须针对各级学校之具体需要厘定之；③旧制中学应增加对建设新中国有用之各种实用课程，删减不合实用、不合国情与新民主主义精神方针之课程教材。"③ 初中的课程包括：国语，数学，自然（包括农业知识和卫生、化学常识、物理常识），民主政治，历史，地理，体育，音乐，美术，时事研究，青年问题。

初中主要课目的教学目的与要求如下：

(1) 国语科：国语科的教学任务，在使学生能于日常生活工作中正确运用语言文字（读、写、说），以养成正确的思想，并打下学习理论与科学的初步基础。其要求为：养成青年阅读普通

---

① 山东老解放区教育史编写组：《山东老解放区教育资料汇编》第1辑，第160页，济南，山东教育出版社，1985。
② 王谦：《晋察冀边区教育资料选编》，（教育方针政策分册）（下），第315页，石家庄，河北教育出版社，1990。
③ 戴伯韬：《解放战争初期苏皖边区教育》，第272～273页，北京，人民教育出版社，1982。

书报及应用文的能力；养成青年能写作日常工作中需要的应用文和反映日常生活的浅近作品；培养青年的讲话技巧，能应用通俗的语言组织思想，发表意见。

（2）数学科：数学科的教学任务，在使学生能于日常生活及工作中运用基本的正确的计算和测绘能力，并准备继续深造以从事解放区的建设。其具体要求为：养成学生基本的计算和测绘能力，并能用于实际，如会计和简单测量等；使学生获得初步的数学知识，打下继续深造从事专科学习的基础。

（3）农业知识和卫生：初级中学的自然知识的教学任务，在使学生确立劳动观点，获得农业生产的基础知识、保健卫生知识，以从事解放区的建设。其基本要求为：培养学生劳动观点、劳动兴趣与劳动习惯，以加强其劳动创造世界的认识；除使学生获得农业生产知识外，并配合校内生产活动，使教育与生产相结合；使学生了解自然现象及其发展规律，逐渐确立唯物主义观点，并打破其迷信思想；使学生具有保健常识，维持公共卫生与注意个人卫生的习惯。

（4）化学常识：化学常识的教学任务，在使学生获得初步的化学知识，能对日常生活和工作中所接触到的化学变化及化学制造品等有正确的认识，从而逐渐消灭其迷信观念，初步确立唯物主义观点，并为继续深造研究打下初步的基础。

（5）物理常识：物理常识的教学任务，在使学生获得初步的物理知识，能对日常生活和工作中所接触到的物理现象和变化，有正确的科学的认识，从而消除其迷信观念，初步确立唯物主义观点，并为进一步研究物理学的理论与应用，打下初步基础。

（6）民主政治：民主政治的教学任务在贯彻民主思想、民族意识、唯物主义观点、劳动观念的教育，使学生确立为人民大众服务的思想，并养成实际工作必需的基础知识、技能。

（7）历史科：使学生了解中国社会发展过程中民族斗争与农民战争的历史，以激发其民族民主革命的热情，并认识中国历史的真面目；使学生认识中国悠久的历史，了解中国各个时期中的伟大创造发明对人类的贡献，以提高其民族自尊心与自信心；使学生了解简单的人类历史发展规律，特别着重于了解世界近代革命运动与中国革命的关系，以启发学生与全世界劳动人民共同改造世界的志愿。

（8）地理科：使学生明了中国地大物博，人口众多，在世界上占重要位置，以培养学生爱护祖国的热情；使学生了解全国解放区的形势和民主建设的情形，并与国民党统治地区相比较，从而培养其爱护解放区并进一步建设解放区成为全国模范的信念；使学生了解世界的简单地理形势，并从地理上认识中国与世界的关系，以及世界民主力量的强大，资本主义没落崩溃的趋势，以培养学生对民主世界必胜的信心。

（9）青年问题：包括青年出路、人生观、待人接物、工作态度等内容。

高级中学的课程包括：

①国文科：总的要求为培养与提高学生对各种文体的写作能力。

②数学科：包括小代数、平面几何、三角学。

③自然科：包括生物学、化学、物理学。

④社会科：包括新民主主义、社会发展史、农村经济问题。

⑤历史科：包括中国通史、世界近代革命史。

⑥地理科：包括中国经济地理和世界经济地理。

⑦民主建设：包括工作作风、领导方法和各种工作经验。

⑧体育。

⑨音乐。①

苏皖边区所确定的中学课程具有如下特点：首先，政治课所占比重较大。按照中学课程标准所确定的各类课程的比例，政治课占37％，文化课占47％，文娱课占16％。如果再加上其他社会活动，其比例还会增加。其次，课程门数较少，综合性、实用性强。例如，初中的自然科包括农业、卫生、物理、化学4门学科的常识，高中的自然科包括生物、化学和物理3门学科的基本常识，等等。再次，课程标准比较重视学生基本常识与学生实际应用能力的培养。

必须一提的是，在制定该课程标准时，人们曾围绕着如下几个问题展开过争论：青年问题应否列为一科的问题，历史科教材的支配问题以及初中的代数、几何应否列为必修科的问题。② 第一个问题争论的实质涉及青年问题与政治课之间的关系，即应否通过政治课同时对青年进行青年出路、人生观、待人接物、恋爱等问题的教育。应该说，青年在自身发展中确实有着自己的一系列的问题，迫切需要进行一定的指导和教育，而且这些问题并不能为一般政治教育所涵盖，因而有必要开设有关课程，但由于当时的青年问题一科在内容的设计上与政治课有很多重叠，事实上等于加长了政治课的教学时间。第二个问题的争论涉及先教中国通史还是先教中国近百年史的问题，其实质是按照历史的发展逻辑还是按照由近及远的学生认识发展逻辑以及历史知识在思想教育上的重要性施教，讨论的结果，确定将初中历史的重点放在近百年史的教学上，先教近百年史，再教通史，并将社会发展规律的内容融入通史的教学。第三个问题的争论实质，涉及初中的数学教学是否应完全按照眼前的社会生活需要来确定，讨论的

---

① 戴伯韬：《解放战争初期苏皖边区教育》，第110～114页，北京，人民教育出版社，1982。

② 同上书，第107～109页。

结果是将代数、几何列为必修科，但内容须加以精简。

东北区的中学课程与苏皖边区有较大的差异。东北区第 3 次教育会议确定，中学课程中文化课与政治课所占的比例分别为 90％和 10％，突出了文化课的教学，适当地减少了政治课的教学时数，这应该说是比较符合普通中学特点和需要的。在教学课目的设置上，东北区基本上没有综合类课程，课目划分较细，教学内容的程度也明显加深。《东北区中学教育暂行实施办法》（草案）确定的初中教学课目为：国文、俄文、政治常识、算术、代数、几何、植物、动物、化学、物理、矿物、本国史、本国地理、音乐、体育卫生、美术。普通高中的课程包括：国文、俄文、政治经济学、新民主主义论、政策、平面几何、立体几何、三角、大代数、生物、化学、物理、中国革命运动史、世界史、地理学、音乐、体育卫生、美术。文科高中的课程为：国文、文学史、政治经济学、新民主主义论、政策、哲学、新文学概论、俄文、中国革命运动史、世界史、地理学、社会发展史、进化论、体育、音乐、美术。理科高中的课程为：国文、俄文、政治经济学、新民主主义论、政策、平面几何、立体几何、解析几何、三角、大代数、微积分、生物、化学、矿物、中国革命运动史、地理学、体育、音乐、图画。但其突出问题是文科高中与理科高中分立，缺乏文、理知识间的相互沟通：理科高中除语言和政治类课程外，基本上没有任何文科知识的内容；文科高中除进化论涉及部分理科知识外，也没有任何理科知识的内容。

总之，解放战争时期解放区的中学课程，一方面要实现标准化，另一方面又要与解放区的建设、社会生活实际相结合；一方面要正规化，另一方面又要表现出与国民党的旧型正规化课程的不同；既要照顾到学生的就业，又要考虑学生的升学……这些矛盾着的问题是难以在短时期内解决的。所以，不管是苏皖边区还是东北解放区，其所订的课程标准，都具有有待发展的不成熟性。

三、组织机构与编制

中学的组织机构与编制在抗日民主根据地和解放区，基本上是一贯的。但在中学的正规化发展过程中，解放区的中学组织机构与编制较抗日根据地时期有某些变化。

在抗日根据地，晋察冀边区是比较有代表性的。《晋察冀边区中学暂行办法》（1940年）规定，中学设有如下行政组织：

在边委会直接领导下，设校长、副校长各1人，负责计划与领导全校事宜。校长和副校长之下，分教务、生活指导、总务3个处。教务处设主任1人，并视需要设干事若干人，负责计划、领导与检查教学上一切事宜。生活指导处设主任1人，并视需要设干事若干人，负责领导全校政治生活，保证教育计划之胜利完成。总务处设主任1人，并视需要设事务员、会计、文书若干人，负责处理供给、文书、收发、会计等事务性工作。此外，在校长直接领导下，设军事指导1人（得兼任军事教员），承校长、副校长之命，负责全校军事行动的指挥。

学校的教学单位为大队，大队组织如下：①大队设队长、副队长各1人，队长在行动上直属校长领导，负全队总责，但须偏重学习领导，受教务处指导。副队长协助队长处理日常生活及军事指挥等事宜。生活指导员在生活指导处领导下，负责全队的政治生活。每队由学生选举教育干事1人，协助队长计划、领导、检查全队学习。②大队下分3个分队，每个分队选举正、副队长各1人，分别负责领导本分队的学习与生活，并从学生中选择助理员1人，在指导员领导下负责本分队之政治工作。③分队下设3个班，每班选举学习与生活班长各1人，分别领导一班的学习与生活。

校长、副校长、各处主任，由边委会直接委任，其他教职员由校长聘任之。

在领导体制上，坚持民主集中制的原则，建立集体领导、具体分工、个人负责的工作制度。这一制度，主要是通过建立如下各种会议制度来实现的。

（1）校务会议：每月1次，由校长、副校长、各处主任参加，检讨、计划、布置全校的工作。

（2）教务会议：每月1次，由教务处负责召集，校长出席指导，教员与各队长参加，讨论全校教学计划与组织领导学习等问题。

（3）处务会议：每周1次，各处主任召集本处全体人员参加，检讨与计划各处工作。

（4）教学检查会议：由教务主任分别召集各领导学习的干部与教员，检查教育计划的完成程度，检讨教与学的优缺点，以队为单位，每月1次。

（5）队务会议：每周1次，队长召集，副队长、指导员、教育干事参加，检讨与计划全队的工作。

（6）可根据需要随时召开各种干部会议，如队长联席会、指导员联席会等。可根据需要，使学生代表参加以上各种行政会议，以便听取学生意见。吸收学生帮助学校推动各种号召与工作。

在领导原则与方式上，主要强调的是：正确运用民主集中制，学校生活军事化，锻炼集体生活习惯，反对自由主义，教职员在政治上团结学生并与学生打成一片，通过学生团体（主要是学生会）发动学生配合学校行政工作以保证教育计划的完成。上述领导方式与原则，构成了根据地中学学校管理与国统区中学管理的根本不同之点。[①]

学生自己的活动在学生会的领导下进行。全校组织学生总会，各队组织学生分会，学生会的内部组织由学生自行决定。学生会以民主方式，由学生直接选举产生。通过学生会，培养学生正确的民主精神与习惯，学习

---

① 王谦：《晋察冀边区教育资料选编》，（干部教育分册）（下），第3~5页，石家庄，河北教育出版社，1990。

民主集中制的具体运用。在学校与学生会的关系问题上,学校对学生活动应多加积极扶助,少消极批评,不得干涉、限制或包办学生会的工作;学生会应发挥其配合学校行政工作,保证学习计划完成的积极作用,以求得学生会与学校的完全一致。学生的课外活动,包括组织各种学科的研究会、讨论会,体育卫生活动,文化娱乐活动,宣传、救护等配合边区实际工作的活动,开荒、帮助群众春耕、秋收的生产活动等。①

其他根据地的中学行政组织和编制与晋察冀边区大同小异。主要差异是,有的根据地为了体现"教导合一"(或"教训合一")的原则,将教务处与生活指导处合并为一个处,称教导处;在教学组织方面,有的根据地以班级或年级为单位进行。

解放区的中学行政组织和编制,与抗日根据地相比,主要有两点变化。第一,是比较普遍地向着"教导合一"的方向发展,将教务处与生活指导处合并。所以如此,是因为人们在实践中发现,教导合一更能体现理论与实践相统一、教育与实际相结合的教育方针,它可使思想教育与文化教育相结合,课内教育与课外实际活动相结合,迫使教员能知能行,参加学生的实际活动,从而提高教学效果。而教导分立,则会造成重视思想教育、轻视文化教育,重视课外活动、轻视课内教学的弊端。② 教导合一不仅要求教务处与生活指导处合并,而且要求全体教员参加学生的思想指导与课外活动指导,以学生为主体,根据学生活动与学生组织,成立各种指导委员会组织。吸收全体教员,分别参加到与其相关的委员会或小组中,实际担负起学生课外活动指导的责任。③ 第二,是教学单位改队的编制为班级编制。如山东解放区规定:"实行班级制与级任制,纠正过去游击环

---

① 王谦:《晋察冀边区教育资料选编》,(干部教育分册)(下),第7页,石家庄,河北教育出版社,1990。
② 山东老解放区教育史编写组:《山东老解放区教育资料汇编》第2辑,第167~168页,济南,山东教育出版社,1985。
③ 同上。

境下的大课制,每班(级)以50人为合适,最多不得超过70人,不得少于35人。每班(级)可划制、组。每组8~10人,级任一律由任课较多的教员兼任,教员每班平均2~3人,要一律参加学生生活指导工作,备班均须成立教学辅导小组,共同负责,集体领导。"① 苏皖边区规定:"改队的编制为班的编制,但今天班级与过去班级不同,主要的特点,是班级之下设若干小组,作为学习生活的基层单位。初级中学每一班学生最低不得少于25人,最高不得多于50人,高中最低每班不得少于15人。"②

此外,还需要说明的是,在中学的管理上,各根据地都很强调要发挥学生自治团体的作用。这就有一个如何确定学生会的性质与任务,以及学生会、学校、青联等组织间的关系问题。在这方面,山东解放区曾做出过比较明确的规定。③

在性质上,学生会一方面是学生的自治组织,另一方面又是学生政治活动组织。学生会有它的独立性,但不能过分强调其独立性而与学校对立。学生会的任务一方面是团结全体学生与学校合作,另一方面是联合全解放区以及全国青年学生为青年福利及全国和平民主独立而斗争。其主要任务是组织学习,凡是学校的学生都是会员,不须附加什么条件或手续。

学生会的活动主要包括3个方面:学校的要求,保证学习任务的完成;青联和学联的要求,青年福利及政治斗争;学生本身要求,学习及各方面的生活活动。学生会应以上述范围为活动界限,不能超越自己的活动范围去从事活动,如没收、分配汉奸财产等。

学生会与学校、青联在根本利益上是一致的,但由于各自的出发点不同,且学校青年团体和青年学生还有一定的缺陷,三者间就不可避免地会

---

① 山东老解放区教育史编写组:《山东老解放区教育资料汇编》第2辑,第175页,济南,山东教育出版社,1985。
② 戴伯韬:《解放战争初期苏皖边区教育》,第124页,北京,人民教育出版社,1982。
③ 山东老解放区教育史编写组:《山东老解放区教育资料汇编》第2辑,第172~174页,济南,山东教育出版社,1985。

发生一定的矛盾。因此，就有一个正确处理三者间关系的问题存在。就学生会与学校的关系而言，学生会活动主要是校内活动，一般应服从学校当局的指导，学生会对学校有意见，应采取建议的方式，意见不一致时，可采取协商办法解决。学校当局对学生会的指导，不是命令、包办、代替，而应通过群众路线，经过学生中的积极分子提出，或经过与学生酝酿，以提议的方式进行。总之，学生要多服从学校的指导，学校要多尊重学生的意见。关于青联或学联与学生会的关系，青联或学联对学生会具有领导作用，但这一作用应侧重于校外的社会性活动。对于学生的校内活动，青联或学联如有意见，应向学校当局提出，应通过学校行政来实现。学生向青联或学联反映的情况，青联或学联应转达给学校。青联应尊重学校的教育计划与学校行政，学校应尊重青联的领导与意见。

第四节 革命根据地师范与职业教育制度

革命根据地不仅重视干部教育和群众教育，也十分重视师范与职业教育，并建立了相应的教育制度。

一、师范教育制度

革命根据地的师范教育制度，初步形成于第二次国内革命战争后期。1934年3～4月间，通过有关师范学校简章的制定，苏区建立起了一个包括高级师范学校、初级师范学校、短期师范学校在内的师范教育体系。

高级师范学校。根据《高级师范学校简章》（1934年3、4月间教育人民委员部订定）[①]，高级师范学校的主要任务，是培养目前实际上急需的初级及短期师范学校教员、训练班教员及社会教育与普通教育的高级干

[①] 江西省教育学会：《苏区教育资料选编》，第220～221页，南昌，江西人民出版社，1981。

部；用马克思主义唯物辩证法的教育方法，来批评传统的教育理论与实际，培养中小学校的教员，以建立苏维埃教育的坚实基础；利用附属小学校与成人补习学校进行实习，以实验苏维埃新的教育方法。其教学内容，以关于教育文化的专门知识为原则，但鉴于苏区普遍缺乏普通教育基础的实际情况，仍以综合教学为主要部分，只在必要条件下才分科。学科大致分为教育学、教育行政、社会政治科学、自然科学及国文文法。各科教学间的比例，按修业年限的长短和环境需要来决定，但任何条件下都不能放松政治工作、教育实习和科学实验。修业年限以1年为标准，最低不得少于6个月。其招生对象，以能看普通文件的劳动群众为原则，但对不识字的劳动妇女，可另设预科加以教育；旧知识分子，如确有相当知识技能可在短期内训练成就的，只要他们愿为苏维埃服务，另设教员班加以训练，并可同时兼任本校副教员。

初级师范学校。根据《初级师范学校简章》（教育人民委员部1934年订定）①，其目标是养成能用新的方法从事实际儿童教育和社会教育的干部。其学生资格，以能看普通文件的工农劳动者、在政治上积极为原则，但劳动妇女不受此限制；所收旧知识分子，必须是有相当的文化水平，且愿意为苏维埃服务的。初级师范学校学习小学5年课程的教授法、小学组织与设备、社会教育问题、教授方法总论、教育行政概论、政治常识与自然科学常识；所有的教学科目均以实际问题为中心，在可能的条件下，仍教学一般基础理论；学员在学期间，当有30％的时间从事实际问题的讨论、教学实习和社会工作。修业时间，以6个月为标准，最低不得少于3个月。

短期师范学校。《短期师范学校简章》（1934年教育人民委员部订定）②规定，短期师范以迅速养成教育干部及小学教员为任务。学生资格，以能了解小学前3年的全部教科书且政治上积极为原则，劳动妇女可

---

① 江西省教育学会：《苏区教育资料选编》，第218～219页，南昌，江西人民出版社，1981。
② 同上书，第216～217页。

不受此限制，旧知识分子只有在真正愿为苏维埃服务的情况下，才能接收。课程以小学5年课程的教授原则、小学管理法、社会教育问题为主，此外，必须学习教育行政略论、政治常识及科学常识，学习时间的30%应从事小学教授的实习及社会工作。修业时间以3个月为标准，最低不得少于2个月。

总起来看，苏区的各级师范学校文化程度不高，修业时间也短，基本上属于初级师范性质，这是与整个苏区的经济文化基础薄弱相联系的。

抗日战争和解放战争时期，教师数量缺乏、质量低下，严重制约了各地文化教育的发展。根据地和解放区更加重视师范教育的发展，程度逐步提高，制度日益完善。根据地和解放区的师范教育机构，主要有师范学校、附设于个别大学的教育学院及中学师范班（或部、科）。师范学校包括乡村师范学校、简易师范学校、短期师范学校、联合师范学校、地区师范学校等。师范学校主要培养小学教员及初级教育干部，它是师范教育的主体。

关于师范学校的培养目标与原则，1942年陕甘宁边区教育厅公布的《陕甘宁边区暂行师范学校规程草案》规定："师范学校为依照新民主主义教育方针，培养健全的地方小学教师及区、乡级文化教育干部之场所。其训练原则：①培养正确的政治方向；②建立民主的工作作风；③养成劳动的习惯；④锻炼健全的体格；⑤充实一般的文化知识；⑥给予从事教育工作的知识技能；⑦培养热心服务教育的精神。"[①] 解放战争后期，东北解放区规定师范学校的任务是"培养具有革命理想，足够从事小学教育的文化科学知识，及健康体魄的小学教师"的同时，还从4个方面，具体地规定了师范学校的教育目标。

（1）思想教育目标：在于培养学生具有反帝、反封建、反官僚资本主义的、人民爱国主义的、国际主义的思想，劳动观念，

---

① 《陕甘宁边区教育资料》（中），第32页，北京，教育科学出版社，1981。

遵守纪律，团结互助的集体主义精神，及为人民教育事业服务的志愿。

（2）文化教育目标：培养学生具有中等文化水平，基本科学知识。

（3）业务教育目标：培养学生具备从事小学教育的业务知识技能，并启发研究儿童教育的志愿。

（4）健康教育目标：使学生获得体育卫生知识，锻炼健康体魄。①

当然，各根据地和解放区在对师范学校教育目标和方针的具体阐述上并不完全一致，但主要方面和根本精神则是大体相同的。

在学制方面，抗战时期不少根据地都将师范学校分为初、高两级，初级师范3年，高级师范2年，前者主要是培养初小教员，后者主要是培养高小教员。但在战争条件下，这是很难做到的。实际情况是：师范学校的性质一般是1～2年；训练班的性质一般是3个月到半年不等。学生来源，一部分是小学或初中毕业的学生，一部分是在职的小学教师。② 解放战争后期，师范学校趋于正规化，但各地情况仍不相同。在修业年限方面，有规定为3年的（如华北），有规定为6年而实行"三三"分段的（如东北），也有定为5年而实行"三二"分段的。但总的趋势是日渐严密。如《东北区师范学校暂行实施办法》在师范学校的名称方面规定，凡师范学校同时设置：初级师范与中级师范者称为师范学校，仅设中级师范者称为中级师范学校，仅设初级师范者称为初级师范学校，凡各省市设立的短期师范训练班不得称为师范学校。③

师范学校的课程，各地的情形也不一样。但一般说来，师范学校的课

---

① 辽宁省教育科学研究所：《东北解放区教育资料选编》，第230～231页，北京，教育科学出版社，1983。

② 董纯才：《中国革命根据地教育史》第2卷，第254页，北京，教育科学出版社，1991。

③ 辽宁省教育科学研究所：《东北解放区教育资料选编》，第232页，北京，教育科学出版社，1983。

程大致分为3类：政治课、文化课和业务课。在抗战和解放战争初期，师范学校所培养的教师主要是面向农村学校的，故其课程设置的重要原则之一，就是基于农村，以农民教育为对象并兼顾城市的需要。如1946年苏皖边区所制定的高级师范学校课程标准，确定了政治课、文化课和业务课所占的比例分别是30％、30％和40％。政治课包括时事政治、政治概论、中国农村问题研究、中国历史、中国地理、世界历史、世界地理、思想方法论初步；文化课包括国语、实用数学、实用自然、艺术、体育；业务课包括新民主主义教育概论、国民教育各科教学法、教育史略、教育行政、心理学、群众教育、实习等。初级师范学校所设课程与高级师范学校基本相同。幼稚师范教育科的课程，政治课有时事政治、政治概论、世界史地、中国史地；文化课有国语、自然、医药卫生、音乐、舞蹈、游戏研究；业务课有新教育概论、幼稚教育概论、教育史略、儿童生理学、儿童心理学、幼儿教育教学法、实习等。① 苏皖边区师范学校课程的重要特点是突出业务课，使之在整个课程中占较大的比重，文化课则与政治课的分量相当，且初级师范与高级师范在设科上没有大的区别。解放战争后期，东北区所制定的师范课程则另有自己的特点，这就是以文化课为主，使业务课与政治课的分量相对变小，并使初、高两级有较大的差异，详见以下两表②。

表1 东北区初级师范学校课程项目及时数

学年度 课 目		第一学年		第二学年		第三学年	
		上学期	下学期	上学期	下学期	上学期	下学期
国 文		6	6	6	6	6	6
数 学	算 术	4	4	2			
	代 数			2	3		
	几 何					2	2

---

① 戴伯韬：《解放战争初期苏皖边区教育》，第115～122页，北京，人民教育出版社，1982。

② 辽宁省教育科学研究所：《东北解放区教育资料选编》，第235～237页，北京，教育科学出版社，1983。

续表

课　目 \ 学年度		第一学年 上学期	第一学年 下学期	第二学年 上学期	第二学年 下学期	第三学年 上学期	第三学年 下学期
博　物		3	3	3			
理　化					3	4	4
生理卫生		2	2				
史　地	本国史	3	3	3			
	世界史				2	2	
	本国地理	2	2	2			
	世界地理				2	2	
体　育		2	2	2	2	2	2
音　乐		2	2	2	2	2	2
美术工艺		1	1	1	1	1	1
习　字		1	1	1			
业　务	小学教育理论与实际			2	2	2	2
	教材教法					3	3
政治常识		2	2	2	2	2	2
参观实习		师范毕业生业务实习可在第三年进行，期限为1～2个月。					

表2　东北区高级师范学校课程项目及时数

课　目 \ 学年度	第一学年 上学期	第一学年 下学期	第二学年 上学期	第二学年 下学期	第三学年 上学期	第三学年 下学期
国　文	6	6	5	5	5	5
俄　文	3	3	3	3	3	3
算　术	4	2				
代　数			2	4		
几　何					3	3
生　物					3	3
物　理					3	3
化　学			3	3		
中国革命运动史	2	2	2			
世界史				2	2	2
地理学	2	2	2	2		
体　育	2	2	2	2	2	2
美术工艺	2	2	1	1	1	1
音　乐	2	2	2	2	2	2

续表

学年度 课　目	第一学年		第二学年		第三学年	
	上学期	下学期	上学期	下学期	上学期	下学期
新民主主义教育建设				2	2	
教育原理			3	2		
教材教法					2	4
教育统计					2	
政治经济学	2	2				
哲　学						4
政　策					2	2
新民主主义论			2	2		
参观实习	师范毕业生业务实习可在第三学年进行，期限为1～2个月。					

根据国内革命形势的变化，及时地对课程进行调整，加强文化课教学，减少政治课的教学时数，以适应未来的国家建设所需要的高文化素质的小学教师的需要，这是完全必要的。但如何在提高文化水平的同时，充分体现师范教育的专业特点，在东北区的师范课程设置上则是一个还未解决好的问题。

大学中设立教育学院，是革命根据地师范教育的一个重要方面。如华北联合大学于1940年3月，本着"实行抗战教育政策，使教育为战争服务"的精神，特在联大创立了教育学院。其任务是培养新民主主义教育干部。教育学院设有教育行政队和师资队，学习期限是6个月，前3个月为第一学段，学习政治课；后3个月为第二学段，学习专门课。1941年又成立了高级队，以提高和加强政治理论教育。[①] 根据1944年《边委会关于华北联大教育学院的决定》，当时的教育学院设有培养初、高级小学教师的师范班，提高现任党政军民干部的中学班，训练与改造城市青年知识分子的政治班，以及临时性质的短期训练班。师范班和中学班有3种课程，

---

① 王谦：《晋察冀边区教育资料选编》，（干部教育分册）（上），第127页，石家庄，河北教育出版社，1990。

即边区建设（包括边区史地、边区政策及边区组织）、政治思想教育（包括整风、时事教育、政治常识等）和文化教育（包括国语、数学、史地、自然常识、生产知识、医药知识、军事知识），师范班增加教育类课程。①抗战胜利后，联大准备延长学习期限以发展成新式正规大学，教育学院暂设教育系、国文系和史地系。1946年6月，北方大学与联大合并，其教育学院的程度进一步提高，成了专门培养中等学校师资及其他教育干部的高等师范教育机构，分设国文、史地、教育、社会科学、外语及数理化6系。学习期限，外语系暂定2年，其他系暂定为半年。教育学院的共同必修课程为国文、社会科学概论及教育概论。国文系课程有近代文选、作文及文法、中国文字演变及中国新文学等；史地系有中国通史、史料选读、世界革命运动史、美国侵华史及中外地理等；教育系有教育概论、教学方法、教育行政、教育统计及中国近代教育史等；社会科学系有社会科学概论、中国社会发展史、政治经济学及哲学概论等，此外还设有各种讲座。② 其他高等学校也有设教育学院或教育系者，如延安大学。但总起来看，整个革命根据地的师范教育是以中等师范教育为主的，高等师范教育是依附于大学而存在的，没有形成独立的体系。

二、职业教育制度

中国共产党所领导的新民主主义革命，走的是以暴力革命夺取政权的道路。正如恽代英在《再论学术与救国》一文中所指出的那样，"要打破任何技术都可以救国的谬想"，技术科学只在时局转移以后才有用，它自身不能转移时局，在外国侵略和军阀统治之下，中国最需要的是革命的人才和研究救国的学术。③ 这一基本思想决定了，职业技术教育在新民主主

---

① 王谦：《晋察冀边区教育资料选编》，（干部教育分册）（上），第138～139页，石家庄，河北教育出版社，1990。
② 同上书，第184～185页。
③ 恽代英：《再论学术与救国》，载《中国青年》，1924（17）。

义教育体系中，不可能占有突出的地位。但是，教育与生产劳动相结合，是中国新民主主义教育所一直坚持着的马克思主义教育原则之一，且革命根据地的发展与建设也离不开一定数量和质量的职业技术人才。所以，新民主主义教育体系中又不能不有职业技术教育的地位。

早在第一次国内革命战争时期，早期的马克思主义者及中国共产党人，在开展工农教育运动的时候，就已经涉及了职业技术教育的因素。土地革命时期，苏区把使教育与生产劳动相联系确定为教育总方针的重要内容之一，并把创办职业学校和专门学校作为当时的重要教育工作之一。当时，苏区最为重视的，是与军事斗争密切相关的职业技术教育，从而先后创办了无线电学校、红色护士学校、红色医务学校、红军卫生学校。此外，苏区还建立了中央农业学校、高尔基戏剧学校等。1934年，中央教育人民委员部订颁的《短期职业中学试办章程》，是中共历史上第一个发展职业技术教育的纲领性文献。其中规定，"职业中学以完成青年的义务教育，使能了解马克思列宁主义的最低限度的常识及实际的生产劳动之一种为任务"。中学的年限为4年，学生的年龄为13～16岁。"但暂先试办1年至2年毕业的短期中学，以适应紧张的革命战争的需要。因此年龄也可变通为13岁至18岁。"短期职业中学的课程，分为社会科学、自然科学、某种技术及文字课目4项。其中，生产技术必须占课目40％以上，社会科学（政治常识）等为15％，自然科学（数学也包括在内）为20％，文字课为15％，其他如学术政治演讲、社会工作等占10％。学费由县教育部负责，学生一律免费。[①] 同年，中央教育人民委员部还制定了《中央农业学校简章》，规定中央农业学校为适应苏维埃农业建设的需要而建立，其任务是：培养农业建设中下级干部；搜集苏区农民群众经验和农事试验场的经验，加以科学整理，广泛进行一般农业技术传播；与土地人民委员

---

① 江西省教育学会：《苏区教育资料选编》，第141～142页，南昌，江西人民出版社，1981。

部建设局发生亲密联系，计划苏区的农业建设。农校设本科、预科及教员研究班。本科1年毕业，在必要的条件下可以缩短或延长。本科的课程和教法如下：

第一，政治常识：最基本的政治常识及苏维埃建设的实际问题。

第二，科学常识：气候常识，植物生理和病理常识，简易测量和算术常识。

第三，以实习为中心学习以下农业知识：苏区主要农作物栽培法、育种法；苏区现有的主要肥料的制造、保存和施用法；主要农作物的虫害、病害的预防和消灭的方法；农业经营法，尤其是节省土地、肥料、劳动力的方法；作物概论；土壤改良法；农产品简单的制造及保存法。①

抗日战争时期，各根据地都把造就专门技术人才、发展战时各项事业作为文化教育的基本原则之一。按照这一原则，根据地除大量创办各类职业学校外，还把职业教育渗透到普通教育和干部教育中去，并使职业教育进一步制度化。当时创办的职业学校类型很多，都是按照根据地的实际建设需要设立的，有农业学校、工业学校、卫生学校、财经学校等。此外，还有具有高等学校性质的专科学校的建立，如陕甘宁边区于1941年成立"医药专门学校"。该校分设医生、护士和司药3科，招收高小至高中毕业生，修业年限为两年半。普通教育和干部教育中职业教育的渗透，主要是通过劳动课和技术培训课程实现的。如陕甘宁边区十分重视给青年以抗战建国所必需的知识技能教育，为此，将军事技术作为战时教育的重要组成部分，使每一个中等学校的学生随时都能参军作战；基本科学知识的传授，也是着眼于战时所需要的各种专门技术人才的。②

抗日战争胜利后，各根据地积极恢复、整顿、改造和发展各级职业技术教育，职业教育朝着制度化、正规化的方向发展。东北是中国近代经济

---

① 江西省教育学会：《苏区教育资料选编》，第143～144页，南昌，江西人民出版社，1981。

② 延安时事问题研究会：《抗战中的中国文化教育》，第184页，上海，上海人民出版社，1961。

特别是工业较为发达的地区，也是最为重视职业教育的地区。1946年9月，东北政委会在《关于改造学校教育与开展冬学运动的批示》中说："在东北目前状况下，中等教育应重于小学教育。而在中等教育中的比重，应该是师范教育占第一位，职业教育占第二位，普通中等教育占末位……各地可根据当地工作的需要开办职业学校和地方干部训练班。为了使教育与实际密切地结合起来，最好是由各生产部门办理。以铁路部门办铁路学校，矿山办矿业学校，工业部门办工业学校，农业机关办农业学校。"各种职业学校分两种类型：一种是较长期的学校，一种是短期训练班，期限可按具体情况规定。高级中学可实行分科，分设工、农、商、行政等科。职业学校的课程，暂由各校按实际情况规定。①

华中解放区于1946年3月召开宣教大会，提出在初级中等教育阶段设立"初级职业学校"，包括农业、纺织等学校，培养初级职业人才和干部；在高级中等教育阶段设"高级职业学校"（或专门学校），招收初级职业学校毕业生及同等基础知识技能的青年、干部，或各种职业人才；初、高级职业学校的修业年限及办理方式均视各地实际情况而定。② 华中宣教大会还制定了职业学校的课程，其具体内容如下。

（一）初级职业学校的课程

1. 纺织学校的课程

国文、算术、常识、政治常识、生产常识、民主建设、本国近百年史、本国地理、物理化学常识、农村经济常识、领导方法及工作作风、纺织学、漂染学、机械学、工厂管理、合作社、贸易管理。

2. 农业学校的课程

国文、政治常识、实用数学、实用自然、物理化学常识、中国近百年史、本国地理、民主建设、领导方法及工作作风、农村经济常识、园艺作

---

① 辽宁省教育科学研究所：《东北解放区教育资料选编》，第3~4页，北京，教育科学出版社，1983。
② 戴伯韬：《解放战争初期苏皖边区教育》，第29页，北京，人民教育出版社，1982。

物、畜牧、土壤肥料、农村副业、农村合作社。

（二）高级职业学校（专科）的课程

1. 政治课

政治概论、世界革命史、外国地理、农村政治经济问题研究、思想方法论、政策法令。

2. 文化课

国文、生物学、实用数学、物理、化学。

3. 农业业务课

农业、园艺作物、畜牧、农产制造、作物改良、家具学、土壤肥料、合作社、水利、病虫害。

4. 纺织业务课

机械学、染色学、漂白学、整理学、工厂管理学、纺织学。

5. 化学工业业务课

化学、制造化学、热学。

其他职业学校如商科、卫生学校等，得视需要规定其业务课程。职业学校的课程配备如下。

(1) 前1年以政治文化课为主，业务课为次；

(2) 后1年以业务实习为主，政治文化课为次；

(3) 政治文化课采取递减办法，业务课采取渐增办法；

(4) 比重：前1年政治文化课约占80％，业务课占20％；后1年业务课与实习占70％，政治文化课占30％。①

把职业学校的课程分成政治课、文化课和业务课3类，并采取政治文化课程逐年递减、业务课逐年递增的办法，还是很有特色的一个职业学校课程体系。

山东解放区把职业教育纳入职干部教育之中。1946年8月，山东解放

---

① 戴伯韬：《解放战争初期苏皖边区教育》，第122～123页，北京，人民教育出版社，1982。

区召开全省中等教育会议,孙陶林在会上作了《论山东的中等教育》的总结报告。报告指出:"职业学校(或职业训练班)主要是培养专业人才,如工商、农林、合作、卫生、汽车、电话、会计等技术。学员对象,一部分是抽调现任在职干部,一部分是吸收青年学生知识分子,再就是旧职员与技术工人。方针以业务技术教育为主,辅之以业务所必需的文化科学与政治的教育。"职业学校主要由各业务部门办理,教育部门负推动协助的责任,修学期限要根据各种业务发展与建设的情况而定。① 此次会议上中等教育组制定了《职干教育工作草案》,提供给各地区学校作为办学的参考依据。关于各级干校的设学方针与教育指导总方针,草案规定:

(1) 各级干校的设立,都须围绕着3年至5年消灭现有干部文盲这一艰巨任务,同时要提高干部业务知能及政治质量。

(2) 专署级以下之干校,以普遍轮训为主,有重点、有计划走向发展与提高;行专署级之干校,须照顾到普遍轮训与较长期的提高两方面,但提高应着重于普训。

(3) 教育指导的总方针是:第一,行专署两级地干班,主要的是有计划地提高职干文化水平与科学知识,同时也照顾政治和业务的互相提高。第二,已够初小毕业程度的干部,着重总结业务,加强政策、时事、前途为主的思想教育……②

关于各级干校的设立、分工和领导关系,草案规定:行署级可设立公学(或建国学校)、实业学校、医务学校等各种干校,在人力物力所限不可能同时举办时,可暂时合办一校,内分行政、实业、医务等科;专署级可按照各地需要与实际情况设立,如不能设立干部学校,可在普通中学内附设地干班,各业务部门可举办各种训练班。③ 此外,该草案还制定了地干班与公学政工班的教学计划。特别值得一提的是,为了使处于文盲、半

---

① 山东老解放区教育史编写组:《山东老解放区教育资料汇编》第2辑,第144页,济南,山东教育出版社,1985。
② 同上书,第215页。
③ 同上书,第216页。

文盲状态的学员文化学习与业务学习得以兼顾，地干班采用综合教材，把识字教学与各学科的基本常识融为一体，这是比较适合成人教育特点的一种新探索。

总而言之，革命根据地的职业教育制度是根据战争和建设的需要逐步建立起来的，它采取了机动灵活的办学形式，重视女子职业教育，通过《女子职业学校暂行简章》等的颁布，较早地开展起女子职业教育。

第五节 革命根据地干部教育制度

把干部教育始终放在极其重要的位置，通过理论与实践、政治学习与文化学习、学习与工作的有效结合，培养和造就一大批新民主主义革命的干部人才，是革命根据地干部教育的重要特点，也是新民主主义革命取得胜利的根本法宝和主要因素之一。从苏区到解放区，干部教育基本上可分为两种形式：在职干部教育和干部学校教育。

一、在职干部教育

中国的新民主主义革命是通过发动工农群众来进行的。要发动群众，就需要建立一支有一定文化水平，能充分领会和贯彻党的方针政策，具有组织发动能力的高素质的干部队伍。而实际情况是，这些干部多半是工农出身，文化水平一般不高，甚至有不少人是文盲、半文盲。1932年，中央发布的《政府工作人员要加强学习》的命令中就指出："有许多地方的政府，往往因负责人的文化程度太低，了解问题太差，以致不能把政府的经常工作好好地建立起来，对于上级的命令和文件，多半不能了解，也就不能执行。"[①] 同年7月，瑞金工农兵苏维埃第四次代表大会也指出："苏维埃政府内的工作人员大多数是工农分子，文化水平很低，不识字的工作

---

① 赣南师范学院、江西教育科学研究所：《江西苏区教育资料汇编》（四），第1页。

人员也很多，因此苏维埃工作很难建立起来，上级的命令不能深刻了解地来执行，这里（就）减弱苏维埃政府对于革命领导的力量。"① 因此，进行在职干部教育，在提高其文化水平的基础上，提高其理论水平和各方面的能力，对于根据地来说，就是一项十分紧迫的任务了。革命根据地的在职干部教育制度，正是适应这一需要建立起来的。

（一）教育内容体系

土地革命初期，在职干部教育的内容都是由各苏区党、政、军机关根据上级指示与斗争形势自行确定的。1933年，中共中央制定了《党内教育计划》，开始对在职干部的教育与学习内容进行统一规定。其中要求：中央和省、县干部要系统地研究与学习马克思列宁主义，其学习的主要课目有：共产国际纲领、中国革命的基本问题、俄共党史与列宁主义。② 同年8月，中央组织局发出了《关于党内教育计划致各级党部的信》，对于县区及其以下干部、党员的业务学习训练内容作了如下规定：县一级干部要学习政治常识（主要是共产国际纲领）、党的建设、苏维埃建设、外出实习及其他各项特殊工作（合作社运动、地方武装中的政治与训练工作）；区委一级干部等要学习党员须知的解释、区委应该怎样领导支部、支部应该怎样做工作、苏维埃政府的几项基本工作、怎样在地方武装中工作、工会工作等；一般党员要学习党员须知、支部工作、查田运动、扩大红军、经济建设、党与苏维埃、工会工作等。③ 此外，文化学习，特别是识字也被列为在职干部学习的主要内容。《苏维埃工作人员学习问题决议案》（瑞金工农兵苏维埃全县第四次代表大会通过）规定："县、区、乡及城市各级政府，必须……开办识字班，政府的委员、城苏、乡苏的全体代表及工作人员之不识字者，必须全体都加入识字班，谁若不愿意学习，谁就是对革命怠工。"④

---

① 江西省教育学会：《苏区教育资料选编》，第153页，南昌，江西人民出版社，1981。
② 赣南师范学院、江西教育科学研究所：《江西苏区教育资料汇编》（四），第2页。
③ 同上书，第3～4页。
④ 江西省教育学会：《苏区教育资料选编》，第153页，南昌，江西人民出版社，1981。

抗日战争时期，在总结历史经验的基础上，中共中央提出："在职干部则依其水准，及其他具体条件来选择学习课目。"① 根据其不同文化与理论水平，中共中央把在职干部分为4类，并规定了每类干部所应学习的主要课程：（甲）有相当文化理论水准的老干部，应当学习联共党史、马列主义、政治经济学、哲学；（乙）文化、理论水准都较低的老干部，应先学习文化课与"中国问题"，学完后转入甲类内容；（丙）有相当文化水准的新干部，应先学习"中国革命与中国共产党""中国问题"，学完后转入甲类内容；（丁）工农出身的新干部，应使文化课的学习与党的建设理论的学习并进，文化课学习应达到能阅读普通书报的水平。此外，一切在职干部都必须经常研究时事，军事工作干部必须研究军事，地方工作干部必须学习必要的军事知识。②

中国共产党六中全会以来，在职干部教育工作引起了党内的相当重视，并出现了学习的热潮。但鉴于忽视干部教育的现象还存在着，"在有些地方与有些部门中，甚至还没有开始。没有强调业务教育……政治教育虽一般地注意了，但或则不得其法，或则轻重不分，或则没有经常性。文化教育……也没有引起党政军各级领导机关的充分注意。高级干部的理论教育，或则至今没有引起注意，或则脱离实际，成了教条主义的东西"，中共中央政治局于1942年2月28日通过了《中共中央关于在职干部教育的决定》，规定了在职干部教育的内容包括业务教育、政治教育、文化教育、理论教育4个方面，并对每一个方面的学习范围做出了比较明确的规定，从而形成了比较系统的在职干部教育内容体系。

1. 业务教育

这是所有在职干部都必须接受的教育，要求真正做到做什么学习什

---

① 《中共中央关于干部学习的指示》（1940年1月3日），载《共产党人》，1940（5）。
② 中央教育科学研究所：《老解放区教育资料》，（二）上，第195～196页，北京，教育科学出版社，1986。

么。其范围是：第一，是关于与各部门业务密切关联的周围情况的调查研究；第二，是关于与各部门业务密切关联的政策、法令、指示、决定等的研究；第三，是关于各部门业务具体经验的研究；第四，是关于各部门业务的历史知识；第五，是关于各部门业务的科学知识。

2. 政治教育

这也是一切在职干部都必须接受的教育。政治教育的目的，在于使干部除精通其专门业务、局部情况与局部政策之外，还能通晓一般情况与一般政策，从而扩大干部的眼界，避免片面狭隘、不懂大局的弊病。政治教育的范围包括时事教育及一般政策教育两项。

3. 文化教育

这主要是文化程度太低或不高的干部所必须接受的教育，它也是这类干部学习的中心内容。其教育与学习的范围，包括国文、历史、地理、算术、自然、社会、政治等课。其学习应达到的程度，分为初级与中级两种。前者为不识字或粗识字的人而设，以达到高小程度为合格；后者为已有相当于高小水准的人而设，以大体上达到中学程度为合格。

4. 理论教育

这是为已达到中级或高级水平的具有理论学习资格者而设。其范围及学习次序是：政治科学、思想科学、经济科学、历史科学。

该决定还指出，上述4种教育的时间分配及课程分配，应以互相联系而不互相冲突为原则。① 抗战后期，根据地把毛泽东思想列入了干部教育的重要内容。上述内容，基本上构成了此后根据地在职干部教育的内容体系。

解放战争时期，各根据地基本上是按照这一体系进行在职干部教育的，只是除了学习政治理论、马列主义、毛泽东思想外，主要学习党和政府的文件，要求能正确领会文件精神并与自己的工作结合起来。②

---

① 顾明远：《中国教育大系·马克思主义与中国教育》（下），第1094～1095页，武汉，湖北教育出版社，1994。

② 董纯才：《中国革命根据地教育史》第3卷，第60页，北京，教育科学出版社，1993。

（二）教育的主要方式

在职干部教育的方式，是从根据地斗争以及干部的工作实际与特点形成并得以制度化的。概括起来讲，这些方式主要有如下几种。

首先，是在工作和斗争中学习。1933年6月，中央教育人民委员部发布的第3号训令，把"在斗争中训练"和"在工作中训练"作为新调来的教育干部学习的首要方式。其实，不仅教育干部如此，其他干部也是如此；不仅新干部需要在工作与斗争中学习，老干部也需要在工作和斗争中学习。原因在于，一方面，根据地处在各种敌对势力的包围和进攻之中，生存与发展是根据地所面临的首要课题。正如毛泽东所说，紧迫的形势不允许人们先按部就班地学好了再去工作。另一方面，中国革命是人类历史上前所未有的革命，它有着自己的特点和规律，没有现成的书本可资遵循，人们只能从做中学，在战争中研究战争，在革命斗争中研究革命斗争的规律。毛泽东说："读书是学习，使用也是学习，而且是更重要的学习。从战争中学习战争——这是我们的主要方法。没有进学校机会的人，仍然可以学习战争，就是从战争中学习。革命战争是民众的事，常常不是先学好了再干，而是干起来再学习，干就是学习。"① 此外，根据地的财力、人力都很困难，不可能办更多的干部学校。于是，让干部在自己的工作岗位上接受必要的与可能的教育，就成了干部教育的一种重要方式。

其次，建立日常的学习与考核制度。土地革命时期，为了对干部进行文化知识教育，江西苏区把设立识字班和读报组作为在职干部教育的重要形式。要求省、区、县苏维埃政府都要设立识字班，所有不识字或文化程度低的委员和工作人员，都要强迫识字。程度较高的要成立读报组，把中央的政策法令及反映根据地斗争实际的重要刊物作为学习的主要内容，一方面提高文化水平，另一方面提高政治水平。抗日战争时期，中共中央在

---

① 《毛泽东选集》第一卷，第181页，北京，人民出版社，1991。

有关文件中对在职干部的日常学习与考查作了制度化规定。其主要内容是：按行政单位及其接近的地区成立学习小组，各小组设有小组长，由党支部负责组织，宣传部负责领导；在职干部在不妨碍战争、工作和身体健康的情况下，以每天平均学习2小时为原则；设置教员、学习指导员和学习顾问，延安的在职干部学习规定，甲、乙两类干部以上大课、自学和小组讨论为主，由学习指导员进行指导，丙类干部因文化水平较低，以上小课为主，设教员。关于在职干部教育的检查与考核，规定中央干部教育部对延安在职干部的学习每4个月检查一次，军事机关、边区机关和中央直属机关要每2个月检查一次，各支部干事会要每月检查一次，教员要对学习者进行测验和考试，分日常考察、临时测验和学期、结业考试，并根据检查与考核，对优秀的教员、办理文化有功的工作人员及积极学习、成绩优秀的学员进行奖励，"在鉴定干部的时候，学习情况如何应作为鉴定的标准之一"[①]。

再次，开办短期训练班。苏区为了对在职干部进行培训，曾成立了各种形式的短期训练班，形成了党内训练班的独特体系。抗战时期，还形成了在职干部的轮训制度，即将干部分批分期抽调出来，加以短期培训，培训完毕，再返回原职。如《中共中央关于在职干部教育的决定》中对文化教育的方式作了如下规定："在环境许可的地方，必须一律开办文化补习班或文化补习学校，或一机关独办。或数机关合办，或采取轮训制，轮流抽调干部集中一地学习。"这种短训班与干部学校教育的根本不同之处在于，干部学校的教育比较系统，而短训班往往是根据临时的需要，针对某一特定问题展开教育，以期收到立竿见影的效果。

（三）教育的基本原则与方法

抗日战争时期，在积极从事在职干部教育的过程中，各根据地通过总

---

① 顾明远：《中国教育大系·马克思主义与中国教育》（下），第1096页，武汉，湖北教育出版社，1994。

结经验，提出了一系列干部教育的原则与方法，成为在职干部教育制度的重要组成部分。1940年，晋察冀边区第三专署第四次县长联席会上，做出了《在职干部的教育问题》的决定。决定明确指出，在职干部教育的原则是："理论与实践密切地联系起来"，"少而精"，"由浅到深，由近到远，由具体到抽象"。① 其中，理论联系实际是最基本的原则。

所谓理论联系实际，首先体现在在职干部教育的目的上，即重在培养干部领导和从事革命工作的本领。正如李维汉在《要清算干部教育中的教条主义》一文中所说的那样："对于我们共产党人，教育工作有一个根本原则，那就是一切的教和学，首先要从革命的实践和实用出发。干部教育的目的，应该首先是为了增强干部领导革命和从事革命工作的本领。"② 体现在教育计划与学习计划所规定的课程与教材上，就是教育的内容必须符合实际工作的需要。表现在学习方法上，就是既要注意将实际工作中的经验提升到理论的高度。又要善于将所学的理论渗透和应用到实际工作中去。同时，这一原则也要求学习和教育不能影响和冲击在职干部的日常工作。

所谓少而精，主要是对在职干部学习内容选择上的要求。根据地和解放区的干部通过斗争与工作实践，一般都深感自身的不足与学习的重要，都有迫切的学习要求，感到什么都应该学习，中国问题要研究，政治经济学要看，新哲学研究也要参加，还有法令政策、时事讨论等。这样一来，往往会造成什么都想学、什么也学不好的结局。"少而精"的原则就是针对这一实际情况提出来的。"所谓'少'，是为了集中精力于一点，反对漫无

---

① 王谦：《晋察冀边区教育资料选编》，（干部教育分册）（上），第7页，石家庄，河北教育出版社，1990。

② 顾明远：《中国教育大系·马克思主义与中国教育》（下），第1096页，武汉，湖北教育出版社，1994。

中心，乱抓一把；所谓'精'，是要彻底贯通，反对一知半解，粗枝大叶。"①

在学习方法上，在职干部教育坚持以自学为主，以集体学习为辅。这是因为："一，革命理论是集体的，革命经验也是集体的，但要把它们变成个人的占有物，则必须经过个人的努力，取决于个人的努力，最好的教员也只能起最好的指导作用。二，集体辩论是一个重要的方式，因为它可以校正、展开和充实各人的思想……但集体的辩论，必须以个人的努力与准备作基础，个人的努力与准备愈充分，则辩论愈是有生气有收获；反之，则辩论愈少收获，甚至徒有形式而无内容。"在具体运用这一原则时，还应根据实际情况加以确定，"在开始建立制度，还未造成热潮时，要强调集体学习计划，克服学习上的自流现象。但在制度既经健全，热潮已经造成，学习已由被动走上自动的时候，就应该转变领导作风，在总的学习计划之下，多给个人以自由伸缩的余地，这样才能进一步地发扬学习自动性与积极性"。②

解放战争后期，随着全国人民革命胜利的日益接近，中国共产党及时地提出要进一步加强在职干部的教育与学习。1948年10月，东北区根据党中央的指示，做出了《进一步加强在职干部学习》的决定。它在教育原则上提出的一个重要问题，就是反对经验主义，并认为经验主义是党内干部思想方法上的主要危险，要求各级党的干部要加强学习，特别是加强马克思主义理论学习："必须使每一个干部懂得如果不好好学习马列主义，努力提高自己的理论水平，而满足于自己的狭隘经验，就会丧失革命前途，变成鼠目寸光的事务主义者，其结果是非常危险的。"③ 这表明，随着国内政治军事形势的变化，为了适应党即将走向领导全国政权和建设道

---

① 王谦：《晋察冀边区教育资料选编》，（干部教育分册）（上），第13~14页，石家庄，河北教育出版社，1990。
② 同上。
③ 辽宁省教育科学研究所：《东北解放区教育资料选编》，第59页，北京，教育科学出版社，1983。

路的需要，在职干部教育也由过去主要强调理论联系实际，转向进一步提高马列主义水平的新方向。

二、干部学校教育

革命根据地的干部学校教育，是随着根据地的发展而不断变化的。它既没有统一的学制，也没有固定的课程，有时甚至没有固定的场所。它总是根据斗争形势的需要，因时、因地、因人而进行教育。但它确实又形成了自己的一套制度体系。它表现在其培养目标、课程安排、教育原则、教学方法、教学的组织形式等各个方面。

（一）学校的类型及培养目标

在苏区，干部学校大致可分为两种类型。其一，是军事干部学校，其目标是培养各级各类红军干部。这类学校主要有：①中国工农红军学校。又称中央红军学校，简称红军学校或红校，其前身是中央军事政治学校，于1931年秋天由红军一、三军团的随营学校合编而成。其主要目标是培养红军的连、排基层干部。②中国工农红军大学。又称工农红军大学，简称红军大学或红大。是在红校分编扩大后，于1933年11月正式成立的。该校的主要目标是培养和培训营、团以上中高级干部。③红军第一步兵学校和红军第二步兵学校。都是在红校分编扩大的基础上于1933年10月成立的，以培养红军的基层干部为目的。④红军特科学校。于1933年10月由红校分编扩大成立。校内分高级干部科、中级干部科和红大附属步兵学校，分别训练培养师以上干部、营团干部和连排级干部。⑤地方武装干部学校。1932年成立，任务是培养地方武装干部。苏区第二种类型的干部学校是地方干部学校。这类学校主要有：①苏维埃大学。为中央苏区的最高学府，于1933年成立，它以"造就苏维埃建设的各项高级干部为任务"。②马克思共产主义学校，即中央党校。于1933年3月正式开学，主要培养前后方从事政治工作的各级干部。

抗日战争时期，干部学校有了很大的发展与提高，形成了一个包括初等、中等和高等教育在内的干部教育体系。同时，学校类型也比较齐全，既有专门培养高级军事干部的学校。如中国人民抗日军政大学、八路军军政学院；也有实施国防教育、培养地方抗战干部的学校，如陕北公学；还有专门培养中国共产党的高、中级领导干部的学校（如中共中央党校）、综合性的干部大学（如延安大学）、培养抗战建国妇女干部学校（如中国女子大学）、培养少数民族干部的学校（如延安民族学院）、培养青年运动干部的学校（泽东青年干部学校）。特别是1941年《中共中央关于干部学校的决定》公布以后，延安干部学校各自的培养目标有了比较明确而具体的规定："①中共中央研究院为培养党的理论干部的高级研究机关；②中央党校为培养地委以上及团级以上干部的高级与中级学校；③军事学院为培养团级以上具有相当独立工作能力的军事工作干部的高级与中级学校；④延大、鲁艺、自然科学院为培养党与非党的各种高级与中级的专门的政治、文化、科学及技术人才的学校。"①

抗日战争胜利后，各解放区继承了苏区和抗日根据地的经验，继续办理并增办干部学校，大量培养革命干部。这时，东北、华北等解放区，一方面开办一些抗大式的大学、干部学校，采用短训班的形式培养干部；另一方面，改造中等学校，使之适应革命形势的需要。② 特别值得注意的是，随着解放区的日益扩大和对旧学校的接管，干部学校数量增加，程度提高，类型更多，涌现出一批培养专业干部的大学、专科学校、职业学校。各种干部学校还逐步朝着正规化、普通化的方向发展。干部学校的培养目标，也逐步由比较单一的培养党、政、军干部，转向培养各级各类专业人才。

---

① 中央教育科学研究所：《老解放区教育资料》，（二）（上），第239页，北京，教育科学出版社，1986。

② 陈元晖：《老解放区教育简史》，第142页，北京，教育科学出版社，1981。

（二）课程体系

在革命根据地，干部教育的课程一般是根据学校的具体培养目标、学员的程度及学校的具体环境和条件而定。所以，地区与地区之间，学校与学校之间，同一所学校的不同时期，课程内容都有很大的差异。

1. 军事类院校：从"红大"到"抗大"

在革命根据地，军事类院校中最有代表性的，当属中国工农红军大学，及作为其后继者的中国人民抗日军政大学。它们以缩影的形式，代表了根据地军事院校发展的不同阶段，也代表了其课程体系发展的不同阶段。

土地革命时期的"红大"，其课程情况虽由于史料关系难以窥见其详，但从人们后来的有关回忆中仍可以断定，它基本上奠定了根据地军事院校课程体系的雏形。其教育内容大致可分为3个方面：①政治教育，是以马克思主义基本理论、共产党的政策和纲领、中国革命的形势与任务等为内容的课程，如党的建设，联共党史和马列主义，资本主义到帝国主义，红军政治工作，中国革命的基本问题；②军事教育和军事训练，内容涉及军队管理、战略战术，如步兵战斗条令，军事基本知识教练，射击刺杀术，中国革命战争的战略问题，战役问题和兵团战术及军事演习等；③文化教育，其中包括从最基本的识字教学，到世界政治经济地理、社会进化史等课程。这个课程体系是以文化教育为基础，以军事教育与军事训练为核心，以政治教育为指导的。

1937年"红大"改称"抗大"之后，随着抗日民族统一战线的形成，抗大的培养目标被确定为"培养抗日战争中军事政治的领导干部"。围绕着这一培养目标，抗大设置了新的课程。《抗日军政大学招生简章》显示，抗大招收具有初中以上文化程度者。抗大预科的主要课程有：抗日民众运动、战略学、游击战争、抗日民族统一战线、八路军战术、政治常识、政治工作、社会科学；本科的主要课程有：政治经济学、社会科学、中国革命史、战略战术、射击学、地形学、建城学、技术兵种等。① 后来，随着抗日战争的发展，抗大又加强了军事教育和军事课程。从以后的情况来看，实施中的抗大课程主要可分为2类：一是政治类课程，包括中国问题、马列主义概论、哲学、政治经济学、统一战线、民运工作、日本问题、时事政策等；一类是军事课程，包括战略学、游击战术、步兵战术、军事地形学，战术动作、战斗指挥和队列、射击、投弹、刺杀、爆破等技术课程。②

2. 党校：中共中央党校

1933年成立的中央党校，开设了3个班。各班学习的课程不尽相同，主要有：马列主义基本原理、党的建设、工人运动、历史、地理和自然科学常识等。其主要的公共课有：苏维埃运动史、中共党史、职工运动史、少共史、军事、地理常识、西方革命史。此外，还举行各种演讲和讲座。

中央党校迁到延安以后，于1942年进行了改组。改组后党校的中心任务，是配合延安的整风运动，对学员进行普遍的马列主义教育，肃清党内的错误思想和工作作风。学习的主要内容是整风运动的文件，如毛泽东的《改造我们的学习》《整顿党的作风》《反对党八股》《在延安文艺座谈会上的讲话》《在陕甘宁边区参议会上的演说》《〈农村调查〉的序言和跋》《中共中央关于在职干部教育的决定》《关于增强党性的决定》等。由此可见，从苏区到抗日根据地，中共中央党校课程上的重要变化，是由原来的比较侧重于理论学习，转变成以党的方针、政策学习为主。需要指出的是，1942年改组后的党校，为了更好地适应不同学员的不同情况，分成6部进行教学：中央及省负责同志集中于第一部，从抗日前线调回延安学习的同志为第二部，集中党的理论工作者和作家进行学习的为第三部，为提

---

① 曲士培：《抗日战争时期解放区高等教育》，第33页，北京，北京大学出版社，1985。

② 顾明远：《中国教育大系·马克思主义与中国教育》（下），第1089页，武汉，湖北教育出版社，1994。

高工农干部文化水平而设的为第四部，培养陕甘宁边区干部的为第五部，以及新来边区的干部集中学习的第六部。各部在教学内容上都有所侧重。

3. 综合类院校：从陕北公学、华北联合大学到华北大学

陕北公学是一所培养抗战干部的大学，于1937年8月成立于延安。它在课程配备上，原则上是三分军事、七分政治。其教学内容是按照一个抗战干部所迫切需要的知识技能来确定的，包括：①抗战的基本理论；②抗战的政策及方法；③指挥民众武装进行战斗的基本知识；④对于目前的时局的认识。陕北公学分为两个班，即普通班（学员队，一般学习4个月）和高级班（高级队，一般学习1年，主要是培养师资）。普通班的课程有4门：一是社会科学概论，包括社会发展史、政治经济学等课程；二是抗日民族统一战线；三是游击战争；四是民众运动。高级班的课程主要有中国革命运动史、马列主义、辩证唯物主义和政治经济学，后又增设世界革命运动史、科学社会主义、三民主义研究、世界政治和战区政治工作等课程。公学没有开设专门技术课程，据说是基于如下理由：由于受当时陕北物质条件的限制，没有设立专门技术教育的可能性；当时抗战最急需的，不是技术干部，而是发动和组织抗战的政治干部；如果没有抗战的坚定立场而只顾专门技术的教育，那是十分危险的事。[①]

1939年，陕北公学与鲁迅艺术学院、安吴堡战时青年训练班、延安工人学校等合并成了华北联合大学，下设社会科学部、文艺部、工人部和青年部4个部。1940年迁往晋察冀边区，成为那里的最高学府。从1941年3月起，华北联大设有法政、教育、文艺3个学院，群工、中学2个部。1946年，华北联大在张家口得到了扩大，文艺学院下设文学、戏剧、音乐、美术、新闻5系，法政学院下设政治、财经2系，教育学院下设国文、史地、教育3系，外国语学院下设俄文、英文2系。解放战争时期的

---

① 中央教育科学研究所：《老解放区教育资料》，（二）（上），第336页，北京，教育科学出版社，1986。

华北联大，课程开始逐步正规化、多样化，从而成了名副其实的综合性大学。文艺学院除了全院性的文艺讲座、社会科学概论、国文等外，文学系的课程有文学概论、近代中国文学史、创作方法、民间文学、文法与修辞、作品选读、写作练习、文学活动等；美术系有美术概论、色彩学、解剖学、素描、创作实习、室外写生、画家研究、作品研究和民间艺术研究；戏剧系有戏剧概论、戏剧讲座、舞台技术、化装、编剧、导演、表演、秧歌舞、排演和音乐等；音乐系有音乐讲座、作曲法、指挥、乐队、乐器、乐理、记谱、唱歌等。教育学院除全院有必修课教育概论、文教政策外，教育系有教育行政、小学教育、社会教育等；史地系有中国通史、近代世界史、中国地理、历史研究法及教学法、地理研究法及教学法等；国文系有讲读、文法、修辞及文体研究、国文教学法等。①

华北联大与北方大学于1948年合并成为华北大学，有关院系作了调整，建立了4个部、2个院。

第一部为政治训练班性质，其任务是对入学的知识青年进行马克思主义理论及党的方针政策教育。其课程主要有4种：①基本理论，主要为辩证唯物主义与历史唯物论，政治经济学，社会发展史；②中国新民主主义革命运动史；③中共介绍，讲明中国共产党在思想上、政治上、组织上的建设原则；④政策，讲中国革命的任务、性质、动力，中国共产党的最高纲领与最低纲领，新民主主义的总路线、总政策及各种具体政策。学制为3~6个月。

第二部为教育学院性质，专门培养中等学校师资及其他教育干部。分设国文、史地、教育、社会科学、外语及数理化6系。学习时间，外语系暂定为2年，其他各系暂定为半年。共同必修课共有3门，即国文、社会科学概论及教育概论。此外，各系还开设了各自的专业课程。

---

① 成仿吾：《战火中的大学》，第130页，北京，人民教育出版社，1982。

第三部为文艺学院性质，以培养为工农兵服务的文艺干部为目的。

第四部为研究部，以研究一定的专门问题及培养、提高大学师资为目的。该部人员分研究员与研究生两种，凡教授、讲师、教员皆参加一种研究工作，为研究员；研究生则帮助研究员进行研究工作。设有中国历史、哲学、中国语文、国际法、外语、政治、教育及文艺8个研究室。

农学院以培养农业建设人才为目的，采用教育、研究、生产相结合的教育方针。设有经济植物、畜牧兽医、糖业3系，并设有研究室及农村教育工作队。

工学院的任务是培养新民主主义国家的工业建设干部。分大学及高职2部。大学部暂设电机、化工2系，收高中毕业生成绩优良及大学理工科学习1年以上者，课程从精从简，集中力量学好一部分技术知识，学制暂定为2年。高职部设有化工、机械、电机等班，所收学生为初中毕业生、高中肄业生、工厂初级干部及技术工人。①

从上述情况不难看出，从陕北公学到华北大学，综合性干部院校的专业和课程设置，是逐步地由少到多，从简单到复杂，从比较强调培养普通军政干部而发展为强调培养专业技术干部。与国民党政府的综合大学相比，其课程设置的突出特点是不求面面俱到，而是针对学制短的实际情况，采取少而精的原则。

三、新中国成立前夕干部教育与高等教育整顿

从1948年下半年开始，全国大片土地获得解放，政治形势发生了巨大的变化，中国共产党所领导的新民主主义革命已胜利在望。这个时期的干部教育工作，除了积极配合全国解放战争的政治、军事斗争需要外，还面临着使广大干部为建设新民主主义国家做准备的重大任务。这就需要对干部教育做出新的调整，以满足新形势对于干部素质的要求。

---

① 王谦：《晋察冀边区教育资料选编》，（干部教育分册）（上），第184～186页，石家庄，河北教育出版社，1990。

（一）《中共中央华北局关于在职干部教育的决定》

整顿在职干部教育的方针、政策与措施，以《中共中央华北局关于在职干部教育的决定》（1948年11月发布，以下简称《决定》）为代表。

《决定》指出："由于人民解放军的胜利进军，华北解放区已处于巩固的地位，可以而且必须比较有计划地、有步骤地进行新民主主义国家建设的工作。这就要求我们党能供给更多有能力的、在政治上和思想上有较高知识的干部，才能担负目前的工作。又由于人民解放军继续向全国范围推进，革命日益接近全国的胜利，也要求华北党的组织供给更多的有能力的、在政治上和理论上有较高知识的干部，到其他各地去工作。为了上述目的，所有党员和干部都必须努力地、迅速地提高自己的理论水平、政治水平、政策与策略思想水平。"①

《决定》在总结以往干部教育时指出，过去曾不断地在干部中进行了时事与政策的教育，这种教育总是与每个时期的中心工作相联系，因而在保证每一时期工作任务的完成上收取了一定的实际效果，但仍然存在许多严重的缺点。这表现在：一是没有比较有系统地有计划地进行马克思列宁主义基本理论的教育与学习，因而使许多干部缺乏基本的理论知识；二是没有将各个时期的时事与政策的学习同马克思列宁主义的基本理论和党的总路线与总政策的学习结合起来，以致对党的各个具体政策的了解，成为彼此不相联系的、各自孤立的东西；三是经验主义的学习方法很流行，不读或很少读马列主义基本著作，不读或很少读毛主席著作；四是许多重要干部没有以身作则，加强对干部学习的领导。针对这些情况，《决定》作出了如下规定。

1. 必须学习理论

一切有阅读能力的党员和干部均必须学习理论知识，必须以马克思列宁主义的基本知识，中国革命基本问题的知识，新民主主义国家建设理论

---

① 王谦：《晋察冀边区教育资料选编》，（教育方针政策分册）（下），第417页，石家庄，河北教育出版社，1990。

的知识来武装自己。各地各部门必须按照规定的书目，根据本部门的情况与干部政治文化水平，编成不同的班次（可分高、中两级，编班原则不要机械地按照所谓资格与现在的职位来编，而主要地应依据实际的政治理论和文化水平来决定），有步骤、有计划、有领导地进行学习。

2. 文化水平低的干部必须学习文化

这种学习，对于某些干部应带有强制性。

3. 必须学习时事与政策

有阅读能力者除保证经常读报外，必须对中央经常发表的关于时局与政策的重要批示进行学习。

4. 必须建立学习制度

首先要建立定期的严格的考试制度，每学完一段或学完一本书或一项课程后，即进行考试测验，测验结果予以公布。学习成绩好坏，作为鉴定与提拔干部的重要标准之一。学习时间，保证平均每周12小时为原则。

5. 在各重要机关、部队和工厂、学校，建立有能力的、负责任的学习委员会

这个委员会必须由机关首长亲自负责，克服行政首长不负责，将领导学习的任务完全交给支部的做法。①

《决定》明确提出，要把在职干部教育由过去比较手工业式的、游击式的状况转变到比较经常的正规的状况。同时，它还规定在职干部学习的主要理论书目是：《社会发展简史》，《政治经济学》（李昂节夫），《共产党宣言》（马克思、恩格斯），《社会主义从空想到科学的发展》（恩格斯），《马克思主义三个来源与三个组成部分》（列宁），《帝国主义论》（列宁），《国家与革命》（列宁），《共产主义运动中的左派幼稚病》（列宁），《列宁主义概论》（斯大林），《列宁、斯大林论社会主义建设》，《联共党史简明教程》（联共中央），《思想方法论》，《马恩列斯论中国》，《新民主主义论》

---

① 王谦：《晋察冀边区教育资料选编》，（教育方针政策分册）（下），第419～421页，石家庄，河北教育出版社，1990。

（毛泽东）,《论联合政府》（毛泽东）,《改造我们的学习》（毛泽东）等，《关于修改党章报告》及七大通过的党章，刘少奇论《国际主义与民族主义》。在职干部教育的正规化与制度化要求，反映了我党在新民主主义革命即将取得胜利的时刻，提高干部政治、理论和文化水平的迫切要求。

（二）东北区《关于整顿高等教育的决定》

高等教育的整顿首先是从东北解放区开始的。这是因为东北全境最早解放，经济的恢复和建设任务必须比其他解放区先行。[①] 1949年8月1日，中共中央东北局、东北行政委员会联合发出了《关于整顿高等教育的决定》（以下简称《决定》）[②]。《决定》认为：今天的形势已起了根本性变化，中心工作已由过去的战争、土改转为以全力进行经济建设与文化建设，过去的高等干部学校大量招收程度不等的学生、经短期训练即行分配工作的做法，也不能适应新形势的需要。巨大的建设事业的发展需要大批具有革命思想与现代专门科学技术知识的专门人才，这就要求我们办好高等学校，从事培养大批专门人才，特别是经济建设人才。但目前的高等学校还没有摆脱过去的训练班形式，质量不高，相当杂乱，高等学校与中等学校混淆不清，招生不按规章，学生很多不够大学程度，教师质量差、数量少，缺乏图书仪器等必要设备，学校制度很不统一，各自为政。现在有必要建立统一的正规的高等教育制度，由训练班形式转变为正规高等学校，以适应新民主主义经济建设与文化建设的需要。

根据上述精神，东北区决定设立如下高等学校：培养高级工业人才的高等工业学校3所，培养高级农业人才的高等农业学校2所，培养医务人才的高等医科学校3所，培养中学师资的高等师范学校1所，培养与训练行政干部的高等行政学校1所，培养与训练文艺人才的高等文艺学校1所，培养与训练俄文翻译人才与师资的高等学校2所，培养朝鲜干部的高

[①] 陈元晖：《老解放区教育简史》，第147页，北京，教育科学出版社，1982。
[②] 中央教育科学研究所：《老解放区教育资料》（三），第309～314页，北京，教育科学出版社，1991。

等学校1所，并将长春工业研究所改为东北科学研究所，作为东北高级科学研究机关。除上述高等学校外，其余专门学校应改为中等职业学校或短期训练班，由各部办理。

各高等学校应按如下标准进行整顿：

第一，建立正规教育制度：确定学制，工、农、医等学院4年毕业，社会科学及文艺学院3年或4年毕业，专修科2年毕业。制定统一的高等学校组织规程，各校组织按规定调整。

第二，甄别学生：大学本科及专科一年级新生必须具有高中毕业程度，经入学考试合格。真正合乎大学生标准者方得编入本科。不合乎大学生标准但具有高中1年以上程度者，编入预科。不够预科程度者，则予以短期培训，分配工作或转入中学学习。

第三，改变学生待遇：取消现有学生一律供给或一律公费制度，实行新的高等学校助学金制度。

第四，整顿与充实教员阵容：按高等学校教员标准暂行条例确定教员等级。实行新的工薪标准，提高待遇。另外，增聘好的教员充实教授阵容。现有教员中不能胜任者，其中年轻而有培养前途者可设研究班，给以深造及改造机会，不能改造者则应解聘。

第五，实行精简整编：实行学校编制学校化，反对学校编制军队化与机关化。确定各学校组织及编制，减少行政及勤务人员，取消警卫员、勤务员，一律实行公务员制度。

第六，改进教育管理方法：以课堂教学为主，配合适当的课外学习与社会活动。但课外活动与集体学习不宜过多。

第七，适当地加强政治教育：确定高等学校学生必须学习马列主义理论及毛泽东思想，并加强国际主义教育，政治课时间占全部授课时间的10%～15%。

第八，业务课程标准，暂由各校自拟，呈报教育部审核，以后逐渐制定统一的课程标准。

第九，从明年起确定高等教育经费，将其列入国家经常费预算中。经费开支要合理。

第十，建立新的高等教育行政管理体制。

东北区《关于整顿高等教育的决定》，预示着新民主主义高等干部学校教育将由战时教育体制转变为以经济、文化建设为中心的正规教育体制，为新中国成立后高等教育整顿与发展提供了宝贵的经验和重要的基础。

第六节 革命根据地社会教育制度

社会教育，也叫民众教育或群众教育，是在不脱离民众生产和生活的情况下，以广大人民群众为教育对象的教育形式。中国共产党所领导的新民主主义革命始终把社会教育放在重要位置上。如果说干部教育的主要任务在于造就新民主主义革命的领导者和组织者的话，那么，社会教育就是通过提高广大民众的政治觉悟和文化水平，造就成千上万的革命群众，以配合革命根据地的政治斗争和经济文化建设需要。社会教育是新民主主义教育的重要组成部分之一，在根据地革命和建设中发挥了重要而独特的作用。

一、社会教育方针的演变

从土地革命到解放战争，社会教育作为根据地建设的一个重要方面，都是以为革命斗争和根据地建设服务为基本方针的。但在各个不同的历史时期，由于政治形势和根据地建设的中心任务不同，社会教育的方针也随之发生相应的变化。

土地革命时期，根据地就把社会教育确定为苏区文化教育建设的重要方面。1932年5月，江西苏维埃第一次工农兵代表大会决议指出："群众教育不但与儿童教育并重，以目前革命需要发展斗争形势而论，应视为首务。"[①] 当时教育工作的总的方针是"满足战争的需要和帮助战争的动员，

[①] 赣南师范学院、江西教育科学研究所：《江西苏区教育资料汇编》（一），第103页。

进行广泛的马克思共产主义的教育"。① 从这一总的方针出发,苏区社会教育的基本方针包括如下几个方面:在社会教育和普通教育之间的关系上,坚持二者相互配合。1933年8月,少共中央局和中央教育人民委员部联席会议《关于目前教育工作的任务与团对教育部工作的协助的决议》中指出:"教育部应当去帮助群众和各社会团体,必须估计到社会教育的发展,并提到更高的观点上去,即社会教育必须要有相当的普通教育发展的基础,以及因普通教育发展而获得的帮助。"②

在教育内容方面,社会教育要力求使文化教育、政治教育和初步的实用科学知识教育相结合。苏区是在远离经济文化中心的农村地区建立和发展起来的。那里经济、文化落后。有90%以上的成人群众处于文盲状态,劳动妇女几乎全都是文盲。这种落后的文化状况是长期的封建政治经济统治的结果,又在很大程度上制约着苏区的政治斗争和社会发展。这决定了苏区的社会教育不能不把文化教育放在重要位置上,并把扫除文盲列为文化教育的中心任务之一。"我们的社会教育在目前的情形之下,它的中心任务,应当是消灭文盲运动。"③ 与此同时,"在现时中国民主革命阶段和国内斗争环境中,目前苏维埃的文化教育原则,它必须适合目前反帝国主义的民族革命战争和阶级斗争的需要,采取阶级的文化教育原则,使革命的文化教育,从旧社会建立在少数地主资产阶级的利益上,根本转变到建立在绝大多数的工农劳苦群众的利益上。用阶级的文化教育做斗争的工具,动员组织群众尽可能加入革命战争,深入阶级斗争,参加苏维埃政治经济文化的建设工作。"④ 因此,以阶级斗争为主要内容的政治教育,构成了社会教育的另一个重要内容。此外,进行初步的科学知识教育,既是苏区群众生产生活的需要,也是破除封建迷信、移风易俗的文化建设的需

---

① 陈元晖等:《老解放区教育资料》(一),第36页,北京:教育科学出版社,1981。
② 同上书,第37页。
③ 同上书,第58页。
④ 同上书,第96页。

要。上述3个方面的教育，文化教育和初步的科学知识教育是基础，政治教育是核心。正如中华苏维埃共和国临时中央政府教育人民委员部第1号训令所指出的："苏区当前文化教育的任务，是要用教育与学习的方法，启发群众的阶级觉悟，提高群众的文化水平与政治水平，打破旧社会思想习惯的传统，以深入思想斗争，使能更有力的动员起来，加入战争，深入阶级斗争，和参加苏维埃各方面的建设。"①

抗日战争时期，根据地实行"抗日的教育政策"，即"改变教育的旧制度、旧课程，实行以抗日救国为目标的新制度、新课程"②。根据这一新的政策，《陕甘宁边区抗战时期施政纲领》第16条规定："发展社会教育，消灭文盲，提高边区成年人之民族意识与政治文化水平。"③ 在坚持了土地革命时期社会教育基本路线的同时，抗战时期的社会教育方针政策特别强调以下两个方面。

首先，社会教育应从群众的实际需要出发。1944年11月6日陕甘宁边区文教大会通过的《关于培养知识分子与普通群众教育的决议》指出："在目前边区情况下，群众教育的中心任务就是扫除广大成人与失学儿童的文盲，提高其文化与政治觉悟。群众目前迫切需要的是起码的读、写、算能力，而成为群众生活中最大问题的生产与卫生两项知识应构成读、写、算的主要内容。群众教育的形式，也应适合于边区环境。在边区农村分散，劳动力不足，群众学习要求尚未普遍的条件之下，为了广泛地发动群众学习的积极性，广泛地发动群众与政府合作解决教育中人力物力的困难，边区的初级学校应以民办公助的村学为主要形式，其年限与学制视各地情况决定，不强求整齐划一，以不误生产为原则。为了便于贫苦儿童尤其是成人的学习，所有小学（包括完小）均应按照需要与人力设立早班、

---

① 陈元晖等：《老解放区教育资料》（一），第29页，北京：教育科学出版社，1981。
② 同上书，第2页。
③ 陈元晖等：《老解放区教育资料》（二），第7页，北京，教育科学出版社，1981。

午班、晚班,并由有能力的学生组织校外识字组,在冬季应着重组织冬学。在没有学校的地方,则应发动政府机关、驻军、合作社、变工队及其他热心分子领导成立识字组、夜校、冬学等学习组织。"① 根据群众的需要来确定社会教育、群众教育的内容与形式,主要是针对以往社会教育的理论脱离实际、教育脱离群众生产和生活需要的形式主义作风,从而使群众的需要成为推动社会教育发展的强大动力。

其次,是领导组织发动与群众自觉自愿相结合,走依靠群众的积极性和创造性的群众路线。从本质上讲,社会教育是群众自己教育自己的社会活动,仅仅依靠行政命令是无法调动群众办教育和接受教育的积极性、创造性的,即使发动起来了,也难以维持和发展。在土地革命时期,由于中国共产党在农民革命中的经验不够丰富,还没有形成一条行之有效的进行社会教育的群众路线和组织路线,再加上受"左"的思想干扰,强迫命令的官僚主义作风在很大程度上还存在着,社会教育的形式化色彩还很浓。抗日根据地在总结以往经验教训的基础上,特别强调社会教育中的群众路线。1944年,陕甘宁边区在《关于培养知识分子与普及群众教育的决议》中说:"扫除全边区文盲的任务是巨大和艰难的,但在领导骨干和广大群众沟通思想,大家动手,通力合作之下是可以实现的。群众教育不但应该服务于群众的需要,而且应该经过群众的自觉自愿,依靠群众的积极性与创造性,因此,必须广泛采取已见成效的民办公助和民办教育方法,领导方面必须首先在思想上作风上肃清官僚主义和形式主义,抛弃脱离群众的强迫命令办法。"②

解放战争时期,中国共产党一方面强调社会教育要紧密配合人民解放战争这一中心任务,如陕甘宁边区在关于冬学与自卫军冬训相结合的指示中指出:"当此内战烈火烧遍了全国,边区已处在战争威胁之下,动员全

---

① 中央教育科学研究所:《老解放区教育资料》,(二)(上),第97~98页,北京,教育科学出版社,1986。

② 同上。

体人民参加备战,成为一切工作的中心。因此,今年的冬学就要与自卫军冬训密切结合,在教学内容上时事教育应与识字教育并重,配合若干自卫防奸的训练。"① 另一方面,强调要根据老解放区和新解放区不同特点与需要,开展社会教育。1945年10月,晋察冀边区行政委员会在《关于普遍深入开展冬学运动的指示》中指出:"老解放区人民,经过8年来抗日民主教育的结果,政治觉悟空前提高,学习文化的要求异常迫切。因此,在冬运中应适当着重文化卫生教育,继续着重开展识字运动,但必须与时事教育相联系,组织群众讨论总结8年的人民斗争经验,人民是怎样翻身的,怎样才能巩固既得胜利。""新解放区人民,由于新从长期的封建压迫、敌寇汉奸的残暴奴役下解放出来,他们迫切地要求了解中国共产党及抗日民主政府的各种政策,学习人民翻身获得自由幸福的斗争经验,应以政治教育为主,文化教育为辅。与时事教育相联系,深入民主民生的政策教育,与当前贯彻政策,发动群众,开展清算斗争,控诉复仇运动密切结合进行。"② 此外,随着解放战争的节节胜利,各工业城市的相继解放,中国共产党在社会教育方面由过去的注重农民教育,进一步发展为加强工人群众的政治文化教育。1949年2月,东北局及东北行政委员会在有关指示中指出:"由于东北解放战争的伟大胜利……因此,如何组织工人群众,提高工人阶级的阶级觉悟与政治文化技术水平,是目前刻不容缓的具有重大意义的工作了。所以,党的文教工作也就要特别加强对这一方面的注意……"这样,工人教育与农民教育的密切配合,成为解放战争时期社会教育的一个重要特点。

二、社会教育组织形式

革命根据地的社会教育,是在与群众生产和生活的紧密配合中进行的,这决定了其形式的灵活性与多样性特点。

---

① 中央教育科学研究所:《老解放区教育资料》(三),第462页,北京,教育科学出版社,1991。

② 同上书,第463~464页。

在苏区，主要的社会教育组织形式有夜校、半日学校、业余补习学校、俱乐部、识字班（组）等。有关教育组织还形成了一系列制度化规定。夜校和半日学校都是以扫除文盲、提高工农群众的政治文化水平为任务的比较正规的社会教育形式。其差别仅仅在于，夜校是为白天工作、夜间有闲暇者设立；半日学校则为夜间必须工作而白天有闲暇者设立。根据《夜校办法大纲》（1932年8月中央教育人民委员部令）和《夜学校及半日学校办法》（1934年4月中央教育人民委员部重新审订）①，其有关制度如下。

第一，夜校的任务：在不妨碍群众的生产和工作的条件下，于短期间扫除文盲与提高群众的政治文化水平。

第二，夜校的设立与组织：凡是政府机关、群众团体、俱乐部、工厂等，皆得出资创办夜校或半日学校。校址必须设在人数比较集中的地方，以便学生来校。每个夜校至少须有校长1人负专责（或兼任），请定二三人任课（以免缺课）。教员和学生应该组织为一消灭文盲小组，须选举1人为组长，帮助校长、教员进行工作。

第三，夜校的功课：夜校中除识字外，要教政治和科学常识，同时还要注意写字和作文。其教材除采用教育部编写的各种课本外，还必须采取带地方性的、时间性的做辅助教材，尤其要注意写墙报、写记录、写信、作报告决议等的练习。毕业标准是能写信、作报告、看《红色中华》。

业余补习学校是在工厂、合作社、政府机关等部门设立的教育机构，其目的在于"提高工人的文化政治水平，扫除工人中的文盲，加强工人工业技术上的进步"②。其教学对象，除吸收一切工人及其家属外，还应在可能范围内吸收附近群众来校学习。其教员，文化政治课教员由教育部提供，工业技术教员由国家经济机关及职工会提供，教员、校长的聘任权归

---

① 陈元晖等：《老解放区教育资料》（一），第255～258页，北京，教育科学出版社，1981。

② 同上书，第258页。

工会。其教学时间,在每天日间或夜间,但以不妨碍工人做工为原则,使每人每天至少受1个钟点的教育。①

俱乐部也是苏区社会教育的重要组织形式之一。按照《俱乐部纲要》(1934年4月教育人民委员部订定),"俱乐部的一切工作,都应当是为着动员群众来响应共产党和苏维埃政府每一号召的,都应当是为着革命战争,为着反对封建及资产阶级意识而战斗的"②。其特点是将教育活动寓于群众性的文化娱乐之中。俱乐部的设置,是每一级政府机关或每一个大的工厂企业,每一地方的工会、合作社之内的组织。乡苏的俱乐部同时也就是该乡一切农民基本群众的俱乐部。每一俱乐部之下,按照伙食单位(或村庄)成立列宁室,每一列宁室至少需有识字班、图书室及墙报,此外还需有运动场或游艺室之类的设备。凡是苏维埃公民都得加入他所在地方的某一俱乐部。俱乐部机关必须每星期制定俱乐部的工作日程,按照一定的计划进行工作。这些工作应当以政治动员为中心。俱乐部的组织形式,应当适合当时当地的条件,灵活地适应当地一般群众的需要。最简单的俱乐部除各种政治动员由主任及管理委员会负领导责任外,其组织可分为演讲股、游艺股和文化股3部分。俱乐部的工作必须深入群众,一定要尽量用广大群众所了解的最通俗的旧形式,如讲演、游艺、文化工作等,而革新其内容——表现和发扬革命的阶级斗争的精神。随着当地群众文化水平的提高,各级俱乐部的组织可逐步朝着复杂化的方向发展,如把演讲股分为政治演讲、科学演讲等,俱乐部的戏剧组(股)发展扩大后,可以成立工农剧社支社。俱乐部涉及社会教育工作的方方面面,它不可避免地要与其他各种专业性的社会教育组织,如消灭文盲协会、工农剧社、工农通讯社、各种学术研究会或体育文艺研究会等发生关系。在处理与协调上述关系时,各专业组织在地域关系上隶属于俱乐部,而在专业组织上则隶属于全苏区的有关专业组织。

---

① 陈元晖等:《老解放区教育资料》(一),第258~259页,北京,教育科学出版社,1981。

② 同上书,第283页。

识字班是专为消灭文盲而设立的一种社会教育组织形式。① 其招收对象与工农补习学校、夜校等基本相同，但其教学方式更加灵活。它可以是具有学校组织形式的，如借列宁小学和俱乐部，按固定的时间分级分组进行教学，也可以是没有学校组织形式的，随到随教。

苏区的社会教育形式是多种多样的，但除了识字班比较灵活外，其他如日校、夜校、业余补习学校等，正规化的色彩很浓，并不十分符合工农群众接受教育的特点。就拿夜校来说，当时的工人和农民所从事的都是比较繁重的体力劳动，劳累一天下来，是难有时间和精力参加夜校学习的。日校的情况更差一些，由于为生计所迫，工农群众不大可能会利用白天的时间去接受教育而不从事生产或其他经营性活动。

抗日战争时期，由于更加强调社会教育与群众的生产、生活的密切结合，社会教育的形式也就更加丰富多彩。但在所有的组织形式中，冬学是最大量、最经常、最有效的一种组织形式。② 冬季正是农业生产休整的时节，农民群众特别是北方的农民群众，历来有冬季读书习字的习惯。那句北方谚语"天寒地冻把书念，花开水暖务庄农"，所反映的就是这样一种悠久的历史文化传统。中国共产党继承了这一历史传统并加以发展，将冬学由群众自发的读书习字活动，发展成为以扫盲为中心，包括政治教育、生产教育、军事教育多种内容在内的有组织、有计划的社会教育活动。1937年10月，陕甘宁边区中央教育部《关于冬学的通令》中指出："冬学就是国防教育领域内总动员的具体任务，所以边区教育部特决定冬学是经常的学制之一，是成年补习教育的一种，特别是给农民教育的良好机会，也就是普及教育、消灭文盲的重要办法之一。"③ 1938年9月，陕甘宁边区教育厅第11号通令进一步明确了冬学的任务："冬学是给农民受

---

① 陈元晖等：《老解放区教育资料》（一），第260～275页，北京，教育科学出版社，1981。

② 董纯才：《中国革命根据地教育史》第2卷，第222页，北京，教育科学出版社，1991。

③ 中央教育科学研究所：《老解放区教育资料》，（二）（下），第1页，北京，教育科学出版社，1986。

教育的良好机会,同时也就是普及教育、消灭文盲的重要办法之一,并且是政治动员、军事动员的一种深入群众的力量。"①

在冬学的组织领导方面,各根据地在总结经验的基础上,逐步形成了一元化领导体制。所谓"一元化"领导,就是坚持冬学与冬季工作相结合的原则,使民政领导与民众教育一体化,使战斗、生产和教育一体化。如1943年11月,晋察冀边区在关于冬学运动的指示中规定:区以上不单独设领导机关,由各级政府负行政上的领导责任,与群众工作密切结合,统一步调,共同进行,使民众教育工作向群众运动的方向发展。工作计划及重大问题,由各级宣教委员会讨论决定,各自通过本系统执行。区级必须负起对各村具体领导的责任。村在村公所之下。以民政干部为主体,设民众学校委员会或冬学委员会,负总的领导责任。② 1944年,晋绥边区在冬学工作的总结中,推广了两种一元化的领导模式:一是战斗、生产和学习一体化的模式,即确定了区、村战斗、生产指挥部的人员为冬学委员会委员,使战斗、生产、学习在全区的领导上统一起来;一是冬学、冬季生产一体化的模式,即在村中组织统一的"冬学、冬季生产委员会",统一领导全村生产和文化教育工作,从而使哪里有生产,哪里就有冬学。③ 这种一体化的领导模式,有效地避免了冬学与冬季各项生产和军事工作相脱离、从而相互影响的不利现象。

冬学,按其本义只是在冬季组织学习,它本身还不构成特殊的教育组织形式。按照延属分区1946年的总结,当时冬学的组织形式是多种多样的。概括起来,可分成集中的与分散的两类。集中的又从如下几种形式中表现出来:①一揽子冬学,也就是村学,它是以一个村子为单位组织起来的冬学;②乡学,即以乡为单位,集中办一处冬学;③按生产单位组织的冬学;④小学主办夜校;⑤按劳动力组织起来的冬学;⑥调自卫军成立冬

---

① 中央教育科学研究所:《老解放区教育资料》,(二)(下),第17页,北京,教育科学出版社,1986。
② 同上书,第114页。
③ 同上书,第174页。

学。分散的冬学又有如下形式：①轮学，是在几个比较小的村庄中成立1处冬学，按庄分成若干学习组，由教员轮流到各组进行教学；②家庭学校，是有一定文化和经济条件的家庭，自立冬学，供自己的子女、亲戚、邻居和雇工等学习；③据点冬学，是一个教员除教自己村的冬学以外，还抽出一定的时间去指导、检查邻村识字组的学习；④送教上门，是一种个别教学的形式，教员挨家挨户个别指导。① 此外，在巩固区、游击区、敌占区，冬学的组织也有很大的不同。1944年8月，苏中教育会议《关于办理乡学开展群众教育工作的决议》中指出："目前苏中各地开展群众教育，应按各种不同地区之具体条件，分别采用各种不同的形式，举例如下：①模范式——群众组织健全，大部分群众都肯学习，干部条件相当好的乡，可采用这个方式……②民校式——群众组织有基础，干部条件尚好，客观上又急需开展群众教育，但大部群众缺乏学习兴趣的乡可采用这一方式……③小组式——某些地区，如反清乡地区，群众组织有基础，群众对新的斗争技术等有学习兴趣，但不可能集中者，可采用这个方式……④闪电式——在敌伪据点边沿，群众组织无基础，而又急需开展对该地的群众教育，可相机采用这个方式……⑤流动宣传式——在次要地区，群众条件差，我们的主观力量，一时难以照顾，但又不能完全弃置不管，可以这个方式为主，不必成立乡学……"② 上述各种组织形式各有特点，也各有利弊，分别适应了农村群众的不同生活条件、心理特点和文化水平。

　　冬学的课程，一般分为文化、政治和军事3个方面的基本内容，但随着根据地形势的变化，内容的侧重点会有所不同。至于其具体的教学课目，在不同的根据地以及同一根据地的不同年份，都有不同的规定。1937年10月，陕甘宁边区规定："每天上午有军事课和国语课，每天下午有政治课和唱歌、珠算和抗战常识等；以政治课和国语课为主要课。星期日上午开会，由教师领导学生如讨论生产、时事、政治、军事等。下午军事演

---

① 中央教育科学研究所：《老解放区教育资料》，（二）（下），第84～87页，北京，教育科学出版社，1986。
② 同上书，第287～288页。

习或其他自由活动。"① 1938年，该边区又规定："冬学课目：①政治；②识字；③唱歌；④军事。以上4门功课，为今年冬学主要课目，其他副课，由各校斟酌自定，教育厅不另外发给课本。"② 1941年，边区教育厅鉴于以往的冬学没有抓住识字这一中心环节，门类划分太多，政治分量太重，提出了冬学课程及其分配办法："规定冬学课程为：新文字（或汉字）、卫生常识、珠算、时事、唱歌，其中心以新文字（或汉字）为主，至少占全课程的五分之二，特别着重练习和使用，若系汉字冬学，须注意书法，每天写字。以卫生常识、珠算、时事、唱歌为辅。教卫生常识和珠算各占全课程的五分之一。时事、唱歌共占五分之一。若教员不会珠算，可就近请人兼代，否则可停止珠算加多识字。"③ 值得注意的是，随着冬学运动的不断开展，教学内容越来越贴近群众的生产和生活实际。1944年，陕甘宁边区政府发出的冬学补充指示信中指出："关于课程，除主要教识字外，还应传授群众所迫切需要的卫生常识，如群众要学珠算，亦须教给他们。关于教材，除教育厅编印的课本外，教员可根据当地情况及学生程度，随时编选补充，如农谚、春联、歌词等。有成绩的民办小学、识字组和夜校的经验表明：只要从群众当前需要学的知识出发，识字的进度就快，学习的兴趣就高，群众的创造性就能发挥。有的民办小学，让群众口编，教员记录整理，再教给群众，就是生动实际的教材，这办法值得参考。此外，报纸是宣传组织群众、推动工作的有力武器，也是最现实生动的教材。因此，每个冬学应有一份报纸，边区群众报或分区的、县的地方报均可。由各分区设法调剂供给。"④

解放战争时期，作为农村群众社会教育重要形式的冬学（在北方地区）与夏学（在南方地区）等，随着解放区的扩大而不断发展。在总结以

---

① 中央教育科学研究所：《老解放区教育资料》，（二）（下），第2页，北京，教育科学出版社，1986。
② 同上书，第20~21页。
③ 同上书，第46页。
④ 同上书，第51页。

往经验的基础上，各解放区试图对农村群众教育进行必要的规范。例如，华中宣教会议国民教育群众教育组的总结就讨论了社会教育的组织形式、课程教材、学习年限等问题。关于组织形式，指出"各种教育形式要灵活，不能机械，但必须掌握如下原则：不妨害生产并与生产相结合，适合农村分散环境，适合群众的胃口"。在课程教材方面，则提出教材要由边区政府教育厅编写，但最实际的教材应从群众实际中来。在学习年限方面，总结认为"群众教育和儿童或青少年教育不同，他们是不脱离生产的，因此，就不能跟脱离生产专门受教的学校学生一样来规定年限，但有一个段落或小结也属必要，其标准不以时月而以修毕一定的课程为限……可预订一个一定时期的教育计划，订出一个相对的年限，必要时可以伸缩"①。与此同时，在城市区域，面向工人及市民的。社会教育形式，除了以往的工人夜校、识字班（组）、俱乐部、民教馆等业余教育形式外，还兴办了若干职工学校，出现了业余教育与学校教育相结合的趋势。如1949年2月20日，东北局政委会《关于加强工人群众中政治文化教育工作的指示》中，规定既要开展工人业余教育与文化娱乐工作，也要开展工人学校教育，以使工人获得最大限度的学习机会，其中就包括创办较高层次的工人政治大学。②

总起来看，革命根据地的社会教育制度，是围绕着教育为革命战争和根据地建设服务这一中心任务，结合根据地群众特别是农民群众的生产和生活实际建立和发展起来的。它在提高群众的政治觉悟和文化水平、发动群众支援和参加新民主主义革命方面，发挥了巨大的作用。

---

① 中央教育科学研究所：《老解放区教育资料》（三），第526～527页，北京，教育科学出版社，1991。

② 辽宁省教育科学研究所：《东北解放区教育资料选编》，第34～37页，北京，教育科学出版社，1983。

第七章　新民主主义教育制度（下）

第一节　革命根据地教育行政与学校管理制度

教育行政管理是整个政治制度的一个组成部分。从土地革命到抗日战争，革命根据地的政权形式有很大的变化，自成体系，其教育管理体制也是如此。以下将按时期分别介绍革命根据地的教育行政管理制度。

一、苏区教育行政管理制度

在革命根据地创建时期，各根据地在成立苏维埃政权的同时，就建立了相应的教育行政管理机构。但直到1931年中华苏维埃共和国临时中央政府成立，苏区才逐步形成了统一的教育行政管理体系。

```
          中华苏维埃全国代表大会
                  │
             中央执行委员会
               （主席团）
           ┌──────┴──────┐
        省苏维埃      中央直辖市(县)苏维埃
        ┌──┴──┐              │
      县苏维埃  省辖市苏维埃
        │           │
      区苏维埃        │
        │           │
      乡村苏维埃   市区苏维埃   市区苏维埃
```

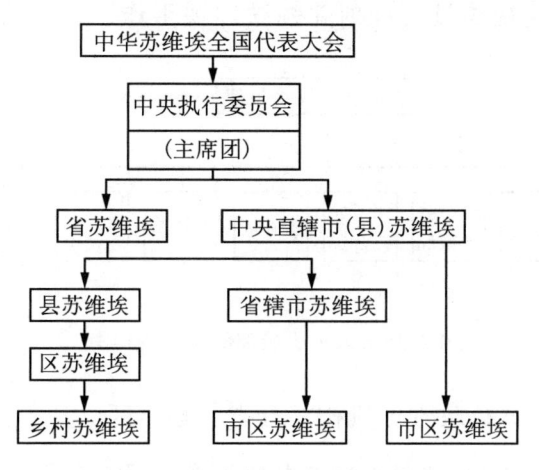

中华苏维埃共和国国家权力机构体系图

按照《中华苏维埃共和国中央苏维埃组织法》，全国苏维埃代表大会是中华苏维埃共和国的最高政权机关，由它选举产生中央执行委员会。中央执行委员会是代表大会闭幕期间的最高权力机关，它选举产生中央执行委员会主席团，后者是中央执行委员会闭幕期间的全国最高政权机关。主席团下设最高法院、人民委员会和审计委员会3个机构。其中，人民委员会"为中央执行委员会的行政机关，负指挥全国政务的责任"。它由主席和若干人民委员组成。人民委员会下设外交、劳动、土地、军事、国民经济、粮食、教育、内务、司法等人民委员部及革命军事委员会和工农检察委员会。教育人民委员部是直属于人民委员会的政府职能部门之一，其主要任务是"在教育方针及政策上领导全国学校教育及社会教育"。

教育人民委员部设人民委员1人，副人民委员1~2人，分别为正、副部长，主持部务，并设部务委员会"为讨论和建议该部工作的机关"。人民委员"在他的权限范围内有单独解决一切问题之权，但重要问题须交该部的委员会去讨论，如委员会对于人民委员的决定有异议时，有提交人民委员会或中央执行委员会主席团之权"。按照《教育行政纲要》（1934年教育人民委员部修正），教育部下设初等教育局、普通教育局、社会教育局、艺术教育局、编审局及巡视委员会。初等教育局和普通教育局协同管理普通教育，社会教育局及艺术教育局协同管理社会教育，编审局领导编审教材事宜，巡视委员会计划并领导巡视工作。

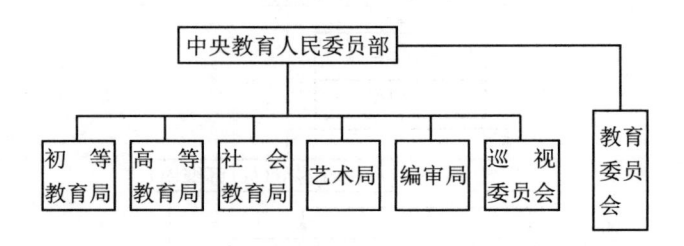

中央教育人民委员部的组织机构图

苏区的地方教育行政管理机构，分省、县、区、乡4级。按照1933年4月颁布的《省、县、区、市教育部及各级教育委员会的暂行组织纲要》（简称

《组织纲要》)①，其任务是"正确执行中央政府及中央教育人民委员部关于文化教育的政策、计划、命令、训令，领导广大的工农群众，用教育与学习的方法，提高群众的阶级觉悟、文化水平与政治水平，打破旧社会习惯的传统，使有能力的动员起来加入战争，深入阶级斗争，参加苏维埃各方面的建设以争取苏维埃运动在全国的胜利"。

地方教育行政机构的设置及人员如下。省设教育部，置部长1人，副部长1人。其下分：①普通教育科，科长1人，科员2～6人。②社会教育科，科长1人，科员2～6人。③编审出版委员会，主任1人，委员3～7人。编审委员会的职责是编辑普通教育、社会教育的各种材料，审查下级编辑的材料并出版，但中央苏区及与中央苏区发生了直接联系的苏区，重要材料的审查权在中央教育部。④总务科，设秘书、文书、会计、统计等4～8人，另设指导员5～10人。县设教育部，置部长1人，副部长1人，下设：①普通教育科，科长1人，科员1～2人；②社会教育科，科长1人，科员1～2人，指导员1～2人。此外，设文书1人，而教育统计由上述两科人员兼任。区设教育部，市设教育科，设部长或科长1人，普通教育兼文书1人，社会教育兼统计1人。乡设教育委员会，由乡苏维埃在常驻人员中指派1人负责管理教育事宜，并领导该乡教育委员会。此外，《组织纲要》还规定，省、县、区教育部长、市教育科长及乡苏维埃之下，均须设立教育委员会。各级教育委员会委员的产生，是从群众团体（青年团、少队部、儿童团等）、政府机关报主笔、政府所在地及其附近的下级教育部长、各种文化团体及各该级教育部内职员中有经验者，由各该级教育部长提出名单，经各该主席团委任。② 各级教育委员会的人数，省9～15人，县7～13人，区或市7～13人，乡9～15人。1933年12月公布的《中华苏维埃共和国地方苏维埃暂行组织法（草案）》又作了调整："教育

---

① 江西省教育学会：《苏区教育资料选编》，第224～227页，南昌，江西人民出版社，1981。
② 同上书，第232页。

委员会，省由 13～17 人，县由 11～15 人，区由 9～13 人组织之。市按市之大小由 9～17 人组织之。"

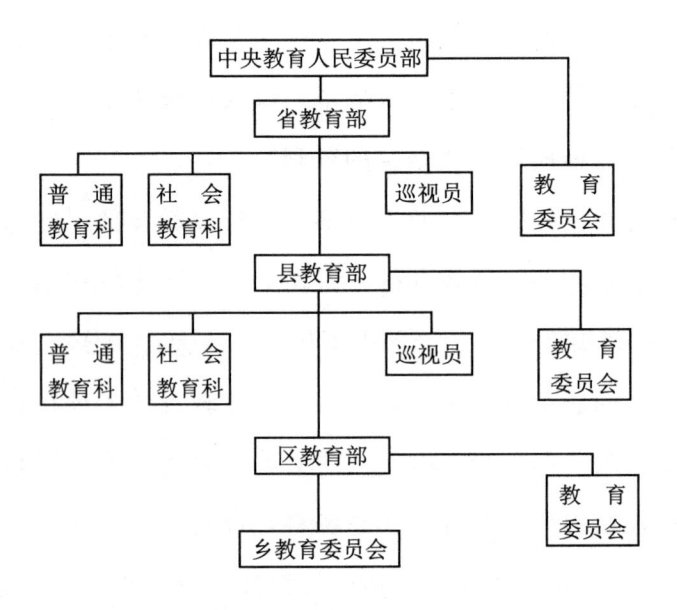

```
                    中央教育人民委员部
                           │
                        省教育部
         ┌────────┬────────┼────────┐
       普通     社会      巡视员    教育
       教育科   教育科             委员会
                           │
                        县教育部
         ┌────────┬────────┼────────┐
       普通     社会      巡视员    教育
       教育科   教育科             委员会
                           │
                        区教育部
                    ┌──────┴──────┐
                                  教育
                                  委员会
                  乡教育委员会
```

地方教育行政组织机构图

关于地方各级教育部长、市教育科长及其下设机构的职责，《组织纲要》规定：①各级教育部长及市教育科长的职责，是按照上级教育部的命令和指导，经常地计划并检查所属地区内一切文化教育的进行情况，指示并督促本部及下级工作人员执行这些计划及对于这些计划的实施情况加以检查。②普通教育科的职责，是管理成年补习教育、青年教育及儿童教育。③社会教育科的职责，是管理俱乐部工作、地方报纸、书报阅览所、革命博物馆及巡回演讲等。④指导员的职责，是到各地巡视，直接指导下级的工作。⑤各级教育委员会的职责，是讨论计划，建议并检查该区范围内文化教育运动的一切问题。乡教育委员会除上述职责外，还承担下述任务：①制定每月全乡的教育实施计划；②以扫除全乡文盲为目的，进行广泛的识字运动，领导识字运动委员会开办各村的识字班或识字组；③领导俱乐部委员会在各个圩场及村庄建立俱乐部，发展俱乐部内的各项工作；④建立夜学，使之普及于全乡的大小村庄；⑤建立列宁小学并使之发展起来；⑥建立巡回读报会及巡回讲演会；⑦动员群众解决教育上的一切物质问题；⑧分别年龄、性别登记在学与失学的人员；⑨经过乡苏召集全乡文化教育的活动分子会议；⑩领导全乡的教育竞赛；⑪月终向乡苏作本乡文化教育状况报告。

作为教育行政制度的一个组成部分，苏区还建立了教育巡视与报告制度。《教育行政纲要》规定：①乡教育委员会按村分工，2日或3日检查该村的学校、识字小组、消灭文盲协会分会的工作1次，检查的结果，报告教委主任，主任应随时加以指示；②区教育部每月抽查各学校及其他的教育组织1次，同时每10天开区教育委员会1次，令驻在各乡的教育委员报告工作并讨论决定以后的工作；③县教育部每两个月要把全县各学校及其他教育组织普遍检查一两次，每学期再综合检查3次，做学期总结；④省教育部除正副部长、两科长及文书调查统计等驻部工作外，其余按县分配巡视指导工作，但巡视员应轮流派出，使留部的巡视员得学习全部工作及某科专门工作。巡视员对各级教育的巡视，其范围除教育工作外，还应同时了解当地政府的一般政治领导、工作方式；为了全面了解各地教育情况，巡视员除考查教育机关外，还应询问当地的机关、团体甚至是群众个人的有关意见；其巡视的方式，可定期巡视了解整体状况，用抽查的方式抽查最好的、最坏的、可疑的以及特别的问题。巡视员除调查了解情况外，还有指导、帮助地方学校及其他各教育组织的任务。每次巡视调查的表册，应一式两份，一份存该部，一份报送上级。各级教育部长对于巡视员的一切报告，应提出讨论并回答，并将讨论的结果做成指示给巡视员和下级教育机关。

至于各级教育行政部门的管理权限，《教育行政纲要》也有明确的规定。初、高级列宁小学以区立为原则，乡教育委员会在区教育部领导下，监督并检查各列宁小学的工作。短期职业中学、小学教员假期训练班以县立为原则。短期师范、初级师范以省立为原则。中央举办的高级干部学校，直接由临时中央政府和中央教育人民委员部管理。各级社会教育组织和团体，分别由各级教育部领导。

从总体上看，苏区的教育行政管理体制有如下几个特点。

第一，强调中央对于教育的集中统一领导，强调下级对于上级的绝对服从。故《省县区教育部及各级教育委员会的暂行组织纲要》规定："省、县、区教育部，直接隶属于上级教育部及中央教育人民委员部，绝对执行上级的命令。"而同级执行委员会及主席团，主要起一个监督与指导的作用。虽然"各级教育部长、市教育科长，经各级执行委员会或主席团选任"，但选任后，必须开具履历，送上级教育部批准，且"非经上级许可，不能撤换调动"。

第二，集中统一领导容易导致官僚主义，为制止这种倾向，《教育行政纲要》指出，"要消灭离开群众的工作方式"，即教育行政部门要密切联系群众，与各种社会团体和群众团体保持密切的联系。"小学教育必须与儿童团取得最密切的联系，中等以上的教育，必须与马克思列宁主义研究会等学术团体建立必要的联系。社会教育方面，尤须依据群众的俱乐部、工农剧社、苏维埃剧团、工农通信协会、赤色体育会……尤其是消灭文盲协会。"此外，"教育部必须取得共产党及共产青年团方面的政治上的领导与协助"。[①] 而各级教育委员会，主要起一个讨论问题、提出建议的作用。为了使这些建议更具有代表性，教育委员会的人员吸收了各方面文化教育的管理人员。如经过调整后的区教育委员会由7人组成，区教育部长为当然的主任，其余6人分别是：区合作社文化部长、区工会文化部长、区赤色教员联合会主任、区消灭文盲协会主任、区俱乐部主任和中心乡教委主任。

第三，在教育管理中，要使集中统一领导与群众路线结合得好，教育

[①] 顾明远：《中国教育大系·马克思主义与中国教育》（下），第1049页，武汉，湖北教育出版社，1994。

管理干部的素质起决定性作用。为了提高教育管理者的素质，苏区十分重视干部培训，并确定了相应的制度。其训练的方式有：在工作中训练，在斗争中训练，用行政纪律进行教育，开办短期培训班。①

二、抗日根据地教育行政制度

抗日战争时期，随着抗日民主统一战线的形成，根据地的政治制度由实行工农民主专政的苏维埃制度改为普选的民主制。抗日民主政权一般由3部分构成，即参议会、政府机关和司法机关，实质上是新民主主义时期工人阶级（通过共产党）领导的以工农联盟为基础的新民主主义政权形式。各根据地政权名义上是属国民政府行政院管辖的地方政权，实际上由中共中央统一领导、独立自主地开展抗日斗争。

根据新的斗争形势的需要，为加强对于各根据地教育的集中统一领导，1938年11月，中共中央决定成立干部教育部，其任务是统一领导中央直属各学校的教育方针、教育计划与教学方法；适当调剂各学校的教员、课程、教材；有计划地进行招收新生工作、领导党政军民各机关的干部教育；总结各学校机关干部教育的经验教训等。干部教育部设党内干部教育科、国民教育科等，事实上领导了各根据地的教育工作。② 1940年，干部教育部与中央宣传部合并，先是称中央宣传教育部，后改称中央宣传部。此后，就由宣传部承担起了领导各根据地教育的责任。

为了加强对于中央所属各学校的具体领导和使各校教育与中央各实际工作部门联系起来，1941年12月中央政治局通过的《中共中央关于延安干部学校的决定》规定："中央研究院直属中央宣传部，中央党校直属中央党校管理委员会，军事学院直属军委参谋部，延大、鲁艺、自然科学院

---

① 顾明远：《中国教育大系·马克思主义与中国教育》（下），第1035页，武汉，湖北教育出版社，1994。
② 董纯才：《中国革命根据地教育史》第2卷，第88～89页，北京，教育科学出版社，1991。

直属中央文委。各校主管机关，应把自己直属学校的工作，当作该机关业务的重要部分。中央宣传部对各校课程、教员、教材及经费，应协同各主管机关进行统一的计划、检查与督促。"①

关于地方教育行政，由于处于战争环境，各根据地的行政机关相互分隔，未能连成一片，故体制不统一：有的根据地实行边区、县、乡3级制；有的设边区、县、区、乡4级，有的则设边区、行政区、县、区、乡5级。下面主要以陕甘宁边区为例加以说明。

陕甘宁边区的行政机关为边区、县、乡3级结构，加设有行政督察专员公署和区公署，分别作为边区和县政府的派出机关。边区政府设教育厅，主管整个边区的教育工作。行政督察专员公署是为发扬民主政治提高行政效率，由边区政府划定所属两个以上的县份为一行政分区，督察和指导该分区各县行政事宜，下设教育科，主管区内教育工作。县一级组织县政府委员会，下设秘书室，一、二、三、四、五及保安6科，其中第三科主管教育工作。区公署下设教育科，主管教育工作。乡政府设立乡教育委员会，领导全乡教育工作。

关于教育厅的组织。边区教育厅最初设秘书、文书及社教科、学教科、编审科、行政科。1938年5月，增设秘书处、总务科、巡视团，将编审科改为编审委员会。1939年，边区成立教育委员会。1941年，增设第五科，并附设新文字推行委员会。1942年，根据精兵简政的要求，边区政府进行整编，厅内将5个科合并为4个科，取消了新文字推行委员会。1943年进一步整编，将4个科合并为两个科，厅下设一、二科，编审室和督学室。边区教育机构及其职权范围如下。②

---

① 顾明远：《中国教育大系·马克思主义与中国教育》（下），第1088页，武汉，湖北教育出版社，1994。
② 董纯才：《中国革命根据地教育史》第2卷，第287~288页，北京，教育科学出版社，1991。

第一，教育委员会：决定干部教育和国民教育方针、政策、制度，教育上的重大设施以及主要教育干部的配备等。该委员会讨论决定的重大事项，须经政府正副主席审核，请政务会议予以公布。

第二，秘书处：核阅各部门所拟公文稿件；处理机要文件；厅长外出时，代表厅长处理全厅事务并主持厅务会议；掌管本厅印信，保管本厅案卷等。

第三，行政科：考查、审核各县教育行政干部；编制教育行政经费；编造教育经费预决算；领支、保管教育经费，并编造收支月报；审核各校经费预决算。

第四，学教科：制定学校教育工作方针；制订、考核学校教育工作计划及工作进度；考核各校教员，处理教员训练事项；调查、统计学校教育工作情况。

第五，社教科：制定社教工作方针、计划、进度；调查、统计社教工作情况；领导各直属社教团体工作；办理戏剧、歌咏及民众娱乐事宜。

第六，编审委员会：编审学校课本、教材、教学法及各种民众读物；编审教育工作条例；审查各校采用非本厅编印教材及读物；起草小学课程标准。

第七，总务科：缮写、收发公文；办理伙食卫生等杂务事宜；保管处理本厅所有财产；编造本厅经费预决算及收支情况；检查事务人员工作。

边区的教育行政机构同其他行政机构一样，抗战前半期以来，人员不断膨胀，形成了头重脚轻的局面，即一方面边区上级组织机构庞大，人浮于事；另一方面是下级特别是县及县以下的基层组织教育行政人员不足，干部质量低劣。使有关政令难以层层落实。针对这一情况，根据精兵简政的精神，陕甘宁边区教育厅对边区级教育行政机构及其人员进行了精简，将有关干部充实到基层行政单位。同时，在各级行政组织之间的关系上，贯彻民主集中制及统一领导的精神，明确规定了从县级政府开始，各级行政部门及领导关系如下。①

第一，县政府领导全县国民教育（包括社教），直接领导区，区领导乡。县对专署直接负责。民教科合并后，一科设科长或副科长，配合科员，分掌民教，各专其事，应有经常工作。科长不能单独对外，应由县长对上下级负责，在县长的领导下执行其职务。在目前，县政府应抓紧完小，在它直接领导下，将完小办好，并领导监督区，将中小、普小整顿好，并整顿发展社教。县级应有经常之调查研究工作，定期对下级工作检查，对上级作报告，凡关于经费、干部以及一般问题均应渐渐做到由各地方解决。县之直接政府为专署。今后县对厅的关系，每期的工作计划、定期的报告或特殊问题（如教材、教学上的问题等）除呈专署外，得另分呈到厅，凡应由专署解决的问题不得越级上呈。

第二，分区专署一级为代表边区政府，领导本分区教育，直接领导所属各县，对厅直接负责，专员对上下级负责。在专员领导下，民教科合并后，一科设科长或副科长，配合科员，分掌民政、教育，各专其事。专署亦应建立经常工作，除代表本厅直接监督与领导该分区中等学校外，应对本分区有经常的调查研究工作，对各县教育有经常的指示与检查。对本分区教育经费、干部配备，有全盘计划，对下级请示解决的日常问题，有认真负责的态度，对本厅有定期的报告。

第三，本厅对各县行文，以一般命令性质为限。在边府一级合署办公以前，专署对本厅仍直接行文。

其他抗日根据地的教育行政制度与陕甘宁边区大致相同。但鉴于各根据地的特点，也有一些特殊性。如山东解放区在省和专员公署之间设立行政公署，设正、副主任各1人，下设若干处（科），其中有教育处（科）。

---

① 中央教育科学研究所：《老解放区教育资料》，（二）（上），第94～95页，北京，教育科学出版社，1986。

晋察冀边区为了解决敌占区与解放区犬牙交错以至解放区行政联系不便的困难，而在县和区之间设置了县佐公署，设县佐1人，县佐下设若干办事员，分理各项事务（包括文教事务）。

三、解放区教育行政制度

解放战争时期，国内政治、军事形势发生了重大变化，解放区的政治制度以及教育行政制度也发生了相应的变化。大致说来，内战全面爆发之前，基本上沿用了抗日战争时期的制度。内战爆发之后，特别是进入战略反攻阶段之后，解放区不断扩大并连成一片，形成了华北、华东、中原、西北和东北五大解放区。解放区的政治制度由分散逐渐走向统一。在1949年中华人民共和国成立以前，除华东解放区外，各大解放区均建立了人民政府。其行政制度分为大区、省（行署）、专区、县、区、乡6级。其中专区、区属上一级派出机关，实为4级政权制。

就教育行政机构的设置而言，各解放区的机构名称并不一致，有称教育部者，有称教育厅者，也有称教育处、文教处或教育委员会者。1946年东北行政委员会成立，这是中共最早建立的大区政权，下设教育委员会管理教育事项。1948年7月东北行政委员会进行了调整，各部门委员会改称为部。1948年8月，综理华北行政事务的华北人民政府成立，其下设有教育部。陕甘宁边区（西北解放区）政府仍设教育厅。中原解放区人民政府下设教育部。此外，1948年，面对高等学校增多的形势，有的解放区设立了管理高等学校的专门机构。华北和东北设立高等教育委员会，山东设立了专科教育委员会，负责对高等学校的统一领导与改造。《华北高等教育委员会组织规程》规定，高等教育委员会的职权是：关于高等教育方针计划拟定事项，关于大学、专门学校暨学术、图书、文物机关设置指导事项，关于国立及华北设立大学、专门学校暨学术图书文物机关组织编制、经费审核、人员管理等事项。①

关于政府对于各级各类学校的管理与职能范围，一般是各解放区的教育行政领导部门负责决定中等学校的方针、学制、课程、编制及干部的配备；县教育科直接领导完小，专署经常派人巡视、检查、督导；乡（村）政府领导初小，区常派人巡视、检查、督导。如东北区规定，除高等教育由专门成立的高等教育管理委员会管理之外，中小学和师范学校，都由教育部门管理。其中，省级教育行政机关对中学、师范学校的领导，重点在教育方针政策。县级教育行政机关，主要负责小学教育，同时具体领导所属中学。工业、农业、行政等学校。原则上由工业、农业、民政等领导机关或企业部门领导管理。如省办工业学校由工业厅管，农业学校由农业厅管，行政学校由民政厅管。②

四、学校管理体制

苏区的学校管理体制没有统一的模式或硬性规定，但大致分为3种类型：校长负责制、委员会制或以校长为首的委员会制。校长负责制多在修业年限短、规模又小的学校中实行。《小学管理法大纲》（1934年4月）规定：列宁小学设校长1人，由乡教育委员会提出，乡苏维埃主席团委任，报告区教育部核准；在学校行政问题上，校长对外代表全校，并领导全校工作。③华容县苏维埃政府文委会通告第4号规定：学校采校长制，设教务、训育、事务主任各1人；组织校务委员部，处理校务；校委会由校长、教务主任、事务主任、训育主任、学生代表各1人，共5人组成。④

---

① 王谦：《晋察冀边区教育资料选编》，（教育方针政策分册）（下），第468页，石家庄，河北教育出版社，1990。
② 辽宁省教育科学研究所：《东北解放区教育资料选编》，第129页，北京，教育科学出版社，1983。
③ 陈元晖等：《老解放区教育资料》（一），第320～321页，北京，教育科学出版社，1981。
④ 同上书，第164页。

在一些规模较大的学校里，为了体现民主管理的精神，多实行校长为首的委员会制。如《沈泽民苏维埃大学简章》规定："设校长1人及大学管理委员会，以领导全校。校长为管理委员会的当然主任。""校长由教育人民委员部提出名单，人民委员会委任。大学管理委员会委员则由教育人民委员部委任之。""在校长和管理委员会指导监督之下，设校务、教育二处。校务处管理全校一切行政事宜。教育处管理一切教务及训育事宜。"① 但不管是哪种管理体制，都把民主集中制作为学校行政管理的基本原则。

抗日根据地的学校管理，分干部学校管理与普通学校管理两类。关于干部学校管理，《中共中央关于延安干部学校的决定》提出了原则性意见："学校行政组织以短小精悍为原则。学校内党支部的任务，是在保证学校教育计划的完成，纠正支部与行政并立的不正确现象。支部对学校行政的建议，可经党的路线提出，但不能出于干涉。在统一战线性质的学校内，应纠正党员包办一切的党化作风。""本决定适用于延安。但本决定的一切基本原则，同样适用于各抗日根据地。"② 但具体到各类干部学校，情况并不完全一样。一般说来，军事学校由政委负责学校的政治领导，正、副校长负责行政领导。其他干部学校大都实行校长负责制，也有的是党组领导下的校长负责制，或是组成校务委员会实行集体领导。干部学校内的机构，一般设政治部（处）、训练部（处）、校务部（处）。③ 教学组织一般采用按军事组织进行编制，或采用班、排、连的形式，或采用大队、支队、队的形式。如中国人民抗日军政大学的学校行政系统，可参见下图④。

---

① 陈元晖等：《老解放区教育资料》（一），第227页，北京，教育科学出版社，1981。
② 中央教育科学研究所：《老解放区教育资料》，（二）（上），第241页，教育科学出版社，1986。
③ 董纯才：《中国革命根据地教育史》第2卷，第94页，北京，教育科学出版社，1991。
④ 中央教育科学研究所：《老解放区教育资料》，（二）（上），第244页，北京，教育科学出版社，1986。

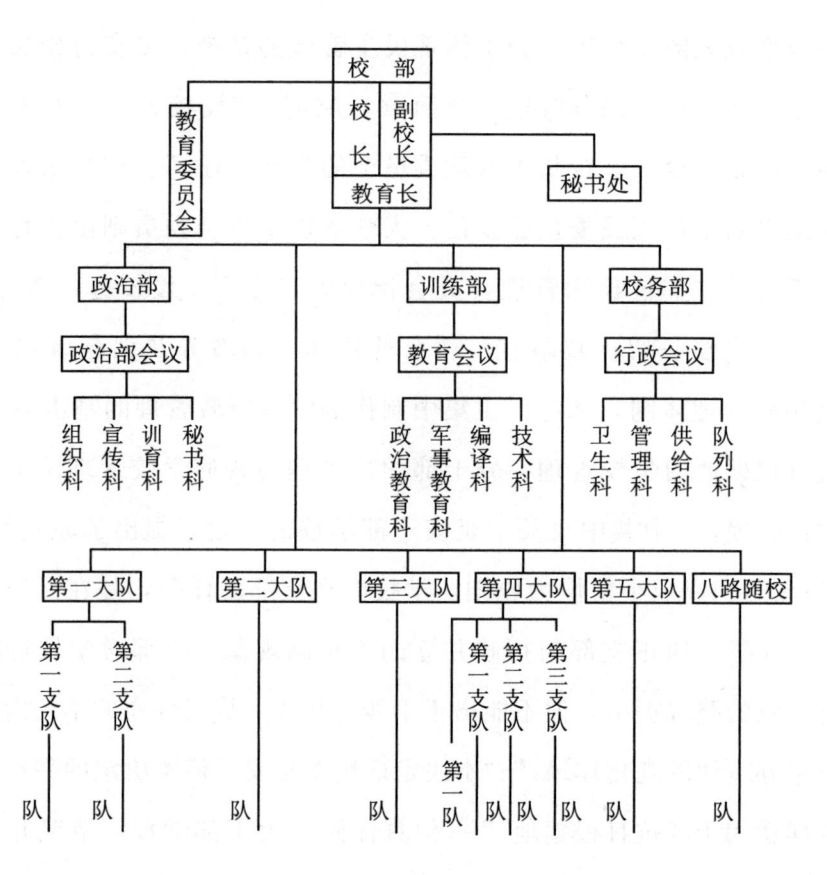

抗大行政组织系统图

中等学校（中学、师范、职业学校）实行校长负责制。学校内也有党的组织（党支部或党小组），但一般不直接参与学校行政，而是监督和协助学校办学。中学的组织系统在中学教育制度部分中已述及，此处不赘。小学一般也实行校长负责制。值得注意的是，在某些解放区，为了便于加强对小学的集中统一管理，独立设置的初级小学联合数所设一联合小学校长。至于民办小学校长的任命，有由县政府直接任命者，也有由村推选1名教员，然后由政府予以任命者。小学的行政组织，地区之间、学校之间（主要是根据学校的规模和学级的多少）有不少差异。但在比较正规的完全小学里，组织机构是比较健全的。①

---

① 中央教育科学研究所：《老解放区教育资料》，（二）（下），第506页，北京，教育科学出版社，1986。

《苏中区小学暂行规程》所规定的小学校组织系统图

解放战争时期特别是后期，随着正规化教育的逐步推行，教育管理方面的重要指导思想是反对学校管理军事化、机关化，强调学校管理学校化。在这个前提之下，还强调健全学校领导、树立民主作风。如1948年6月太岳革命根据地的《太岳中等教育试行草案》指出：健全的学校领导包括思想领导与组织领导两个方面。思想领导应确立新民主主义的思想领导，在这个思想指导下团结全校师生共同完成教育学习计划。但思想领导要通过组织领导来实现。在学校的组织与行政上，既要反对放任自流，又要反对不民主的现象，特别要树立民主管理的思想。要充分信任教员与学生，校务会议要充分贯彻民主集中制原则，吸收学生代表及教员参加。①《山东省中等教育工作纲要》在谈到组织机构及其领导问题时，也明确指出："各中等学校一律成立校务会议，由校长、主任、教员代表及其他有关人员5～7人组织之，其任务是保持统一的集体领导，保证新教育方针

---

① 中央教育科学研究所：《老解放区教育资料》（三），第392～393页，北京，教育科学出版社，1991。

的具体贯彻执行，以及研究处理学校重大的兴革事项，校长为当然的主任委员，学生代表必要时可列席参加。"关于领导原则，应坚持："①充分发扬民主，大家负责，遇事商量，集体讨论的精神。②建立正规制度，划清职权，明确责任，克服紊乱及一把抓的现象。③加强思想领导，掌握方针原则，摆脱事务主义的圈子，主动研究问题，解决问题。生产工作和教职学员的学习，均由校长亲自掌握。"① 总之，吸收学生和教员参与学校管理，坚持民主集中制和集体领导、组织领导与思想领导相互配合，是解放区在中等以上学校管理制度上的重要特点。

第二节 革命根据地教育经费制度

教育经费是发展教育事业的基本物质保障。革命根据地的经济发展水平一般都比较低，文化教育经费自然也十分有限。在这种情况下，为了发展各级各类文化教育事业，根据地一方面坚持走勤俭办学的路线，另一方面发动群众办教育。同时，为了把有限的教育经费用在实处，加强对教育经费开支的严格管理。

一、苏区教育经费制度

《教育行政纲要》（1934年4月中央教育人民委员部修正公布）对于教育经费的支付与管理作了如下规定。

第一，县以下的一切教育经费，应由县教育部负责。县立区立各学校及社会教育津贴费，皆不领取中央教育经费。县教育部要发动和领导各级群众团体，每年定期募集地方教育基金，将该基金存放于国库，由县教育部按照预算支付。但为了加强对县级教育经费开支的管理，各县区教育经

---

① 中央教育科学研究所：《老解放区教育资料》（三），第436～437页，北京，教育科学出版社，1991。

费的全部决算预算,都必须按月呈报省教育部核准并报中央备案。

第二,省立各学校的经费及省一级的文化团体的津贴,归省教育部支付,由省教育部每月具造全部预算呈报中央核准后,向中央领取,并每月综合报告全省一切教育经费的总决算。为防止会计制度的紊乱,不得零星报账领费。省县教育部如不按期交到预算决算,中央得减半以至完全停发其经费,并告群众团体停止县教育经费的供给。

第三,国立学校及中央一级文化团体的津贴费,由中央教育人民委员部直接支付。一切群众的文化团体或职业的戏剧文艺学术团体的经费均以自给为原则:应发动群众募集各该团体的基金,只在不得已的情况下,方能向教育人民委员部领取少量津贴。

《教育行政纲要》在第二章"反对文化战线上的错误倾向的斗争"中,第1条就明确指出:"要利用一切群众的力量,群众的物质条件来帮助教育工作……反对脱离群众、专靠政府供给经费的主张。"[①]

按照有关规定,学校教育经费的使用,在小学,包括如下几个方面:学校的开办、办公费,教职员的伙食费及零用费(教职员不另外支付薪金),学童的书籍费(因学童免交学费、杂费及书籍费)。[②] 在大学及干部学校,还用于支付学员的膳费、书费、纸笔费。[③] 此外,还向群众文化教育团体支付部分津贴。如1934年3月由消灭文盲协会临时中央干事总会重订、中央教育人民委员部批准的《消灭文盲协会章程》规定:"各机关及各团体的识字班及补习学校的经费概由他们自备……如果灯油费不够时,由各团体(合作社、工会等)的文化基金津贴一部分……省县中央协会常驻人员生活费及办公费等,大部分依靠本会会员所交的会费(即会员的每月自由捐)以及群众团体筹助的款项开支。此外,当在群众中举行定

---

① 江西教育学会:《苏区教育资料选编》,第237页,南昌,江西教育出版社,1981。
② 同上书,第129、133页。
③ 同上书,第148、151页。

期的募捐运动。如仍不够支付时，可向教育部领取少数津贴，但不应完全依靠教育部供给。"①

二、抗日根据地和解放区教育经费制度

抗日战争时期，各根据地的教育经费基本上由各级政府统筹统支。在统一的财政政策指导下，以专署为单位负责调剂，保证各地方教育经费的独立。一般说来，中等以上学校经费由各边区政府财政部门或行署（专署）统筹统支，私立学校经费由其校董会筹支，小学教育经费以县为单位统收统支或朝着统筹统支的方向发展。虽然从理论上讲，小学教育是基础教育，也是义务教育，实行统筹统支是绝对必要的，但在实际工作中，则是一个比较复杂的问题。一方面，各根据地是以小农经济为基础的，让农民自己拿钱供自己的孩子上学，农民是愿意的，但如果让他们把钱交给政府，实行统收统支，则是农民不大容易理解和接受的；另一方面，统收统支容易造成财政上的浪费，农民自己过日子很懂得节俭，但由县拨款时，虽然钱归根结底仍是他们自己的，则不免要造成一定的浪费。此外，小学教育涉及面广，经费需求量大，统收统支难度很大。鉴于上述情况，有的根据地，如晋察冀边区，把统收统支确定为小学教育经费制度的发展方向，但暂时仍由村款开支。②

解放战争初期，各解放区的教育经费仍采取统筹统支的办法。随着战争的发展，统筹统支困难较多，于是各解放区相继采用分级自筹的原则。③ 1946年5月10日，晋察冀边区在关于目前教育工作的指示中规定：

为了便于教育事业的发展，教育经费必须增加，必须划定专款，采取

---

① 江西教育学会：《苏区教育资料选编》，第186页，南昌，江西教育出版社，1981。
② 王谦：《晋察冀边区教育资料选编》，（教育方针政策分册）（上），第174页，石家庄，河北教育出版社，1990。
③ 董纯才：《中国革命根据地教育史》第3卷，第53页，北京，教育科学出版社，1991。

分级地方自筹的原则。

第一，初小、民众学校经费，黑板报、文娱宣传费及初小贫苦学生课本补助费，一般都由村自筹。

第二，县立高小及职业学校经费，公费生、干部训练、县立民教馆等社教经费及初级小学补助费，均由县筹。

第三，各省、行署区职业学校、中等学校及社教经费，由省或行署自筹。

第四，建立教育基金，对私人捐资兴学者，应采取奖励政策。[①]

解放战争后期，一些解放比较早的地区，如东北、华北等地区，财政收入相对稳定，教育经费的统收统支又得到了恢复。1949年10月，东北行政委员会在《关于教育工作的指示》中规定："在一切为了战争的胜利，而生产建设又须大量投资的情况下，本会决定保证一定的教育经费。中等以上学校，城镇小学及完全小学，全归公办。农村小学基本上民办公助，政府对民办学校，必须按实际情况，给予必要的补助（对有办法解决部分经费者，则补助其不足之部分；对毫无办法者，则全由公家负担），其经费由地方粮解决。"[②]

统筹统支的教育经费，必须有确定的来源。为此，各根据地一般都根据自己的情况，做出明确的规定。陕甘宁边区规定的主要教育经费来源是：

第一，各县旧有的教育资产的收益。

第二，各县政府第二科所经管之一切土地、房屋、森林、牲畜、矿产等公产，自民国31年起，全部拨作教育资产，其收益作为教育经费。

第三，各县寺庙、祠会之土地、房产、牲畜、树木、现金等，除已拨

[①] 王谦：《晋察冀边区教育资料选编》，（教育方针政策分册）（下），第185～186页，石家庄，河北教育出版社，1990。

[②] 辽宁省教育科学研究所：《东北解放区教育资料选编》，第28页，北京，教育科学出版社，1983。

作当地学校校产者外，经调查属实提请县参议会讨论，拨一部或全部作教育经费。

第四，各县每年所用公盐，除完成边区财政厅规定数额外，其超过数额所及之盈利，全部拨作地方教育经费。①

与此相类似，其他根据地也大都采用将相对固定的资产及其收益作为教育经费来源的办法。

为合理使用教育经费，各根据地都制定了或详或略的经费开支标准和办法，如《陕甘宁边区各县教育经费开支暂行标准》（1941年2月12日），冀鲁豫行署《为重新规定各级学校教职员待遇标准及学校经费开支中几个问题令仰遵行由》（1943年2月26日），晋察冀边区《边委会关于改订小学教师待遇与小学经费的决定》等。教育经费的开支项目主要包括开办费、经常费和临时费。其中，经常费主要用于教职员工薪、学生公费及办公费等项。

关于教职员工薪待遇，各根据地采取了薪金制、供给制、薪俸制、津贴制和最低生活费制等不同的形式。在抗战时期，大多采用供给制、最低生活费制，并配合以津贴制。从抗战末期到解放战争时期，以薪金制为主。如晋察冀边区于1945年11月16日公布了《边委会关于改定中小学教职员待遇标准的决定》，提出："为了适应边区新形势，提高中小学教职员地位，改善其生活，以利边区新民主主义教育的发展……中小学教职员待遇，一律改为薪金制……"② 革命根据地向来不把教师看成是自由职业者，而是视为文教工作干部，"因为旧的所谓自由职业者是以出卖自己的知识或技术，挣钱吃饭养家糊口的个人主义者（实质上是为统治阶级服

---

① 中央教育科学研究所：《老解放区教育资料》，（二）（上），第83页，北京，教育科学出版社，1986。

② 王谦：《晋察冀边区教育资料选编》，（教育方针政策分册）（下），第359页，石家庄，河北教育出版社，1990。

务），这和为人民服务为革命献身的干部是截然不同的"①。因此，教师的薪金作为在道义上进行鼓励的意义，远远大于作为劳动报酬的意义。为了体现对于教师劳动的尊重，在学校内，教员的薪金略高于职员，职员的薪金略高于工友。与其他部门的干部相比，教师的工资也略高一些。值得注意的是，除了制定较高的薪金标准外，边区政府对于小学教员从精神上到从物质上都一直给予很大的保证和鼓励。如代耕、慰劳甚至找地；在生活极度困难的时期，有的地方因年成不好，群众连饭都吃不上，教员的生活却得到了保证。这跟国民政府统治下的小学教员生活的惨状，形成了鲜明的对比。

在抗战和解放战争时期，从高小到高等学校，在各根据地和解放区曾一度实行大范围的学生生活供给制或公费制，这是教育经费投入方面很大的一项开支。这一制度的实行，一方面由于许多学生投身革命、远离家庭而无力供给其生活；另一方面由于在根据地遭受封锁和自然灾害、经济困难的情况下，广大群众难以负担其子女的受教育费用，供给制和公费制是维系教育发展的一项重要措施。但随着经济状况的好转，当学生生活相对稳定，群众具有了一定的负担能力的情况下，供给制和公费制既是对财富的一种浪费，也减少了教育上必要的经费。于是，取消供给制，将学生公费作必要的限制，就成了合理使用教育经费、进一步发展教育事业的一项重要措施。

1941年6月，晋察冀边委会发布了《关于边区中学学生在校费用的决定》，规定自当年7月份起，学生在校所需伙食、文具、书籍及服装等，均恢复自费，归学生自备。谈到恢复自费的原因和意义，该决定指出："在过去我们的中学因为是公费，又因为边区财政上的限制，中学的队数，不能不有定数……因此，在固定的队数招足了学生以后，即或有更多的学

---

① 王谦：《晋察冀边区教育资料选编》，（教育方针政策分册）（下），第177页，石家庄，河北教育出版社，1990。

生要求升学，那也只好不收，这就是实行公费给予中学发展的一种最大限制。边区各级小学的发展，要求升入中学的学生会一天一天地增多起来，一年来边区各中学招考学生人数的增多，很明显地说明了这一点；在另一方面，边区各种建设事业，正在积极地向前发展，新干部的要求日益迫切。因此，不论从哪一方面讲，边区中学，今后在学生数量上，要求大量地增加，实行中学学生伙食自备后，边区中学学生数量的增加，就可以不受经费的束缚。"① 与此同时，为了使贫寒子弟享有受中等教育的机会，该决定还规定："真正的贫苦青年以及边区以外敌伪据点以内的青年，在考入边区中学以后，仍然要分别给他们以足够的优待，绝不使他们因为贫困而失掉了受中学教育的机会。"② 东北解放区也于1949年取消了高校学生一律实行供给制或公费制的做法，实行新的人民助学金制度。

在地方教育经费管理上，各根据地或组成县教育经费管理委员会，或成立县教育基金会。陕甘宁边区成立了教育经费管理委员会，该委员会由县长、第二科科长、第三科科长、县参议会常驻会参议员、县群众团体代表、小学教师联合会代表各1人，地方热心教育事业并素有声望的人士3～5人组成。委员会的主要任务是：①管理全县教育经费的收入与支配；②经营保管全县教育资产；③协助县政府筹划征集教育资产；④协助县政府筹划每年所需教育经费；⑤稽核教育经费开支。③

---

① 王谦：《晋察冀边区教育资料选编》，（教育方针政策分册）（下），第344～345页，石家庄，河北教育出版社，1990。
② 同上书，第345页。
③ 董纯才：《中国革命根据地教育史》第2卷，第163页，北京，教育科学出版社，1991。

结　语

如前所述，民国教育是中国教育近代化的一个重要阶段。其间，中国的教育制度发生了两个重要转变：从日本模式到美国模式的转变，以及从以模仿外国模式为主到与中国实际相结合的方向转变。特别是第二次转变，由于教育变革的旗帜从分散的知识分子转到了有组织的政党手中，分化出了两种既相对立又相补充的教育制度体系：国民党所领导的三民主义教育制度与共产党所领导的新民主主义教育制度。这使得教育变革与社会变革取得了更加密切的联系。在这一过程中，有一定中国特点的近代化教育模式得以确立。

三民主义教育制度的最大历史贡献，在于通过教育立法，建立起了一个比较完备的近代教育制度体系。

第一，在初等教育方面，国民政府战前曾厉行义务教育，将小学分为普通小学、简易小学（其中又包括全日制、半日制和分班补习3种形式）和短期小学，并制定了分期实施普及义务教育的办法。抗战时期推行国民教育制度，将义务教育和成年民众教育同时实施。随着《小学法》《小学规程》和有关课程标准的制定、修订与完善，初等教育制度日趋完备。

第二，在中学教育方面，国民政府在继承新学制优点的基础上，实现了由普通中学、职业学校与师范学校分立的转变。20世纪三四十年代还通过《中学法》《中学规程》和有关课程标准的制定，基本上实现了课程、考试、训育、管理等方面的统一化、标准化和规范化。

第三，在大学教育方面，通过《大学组织法》《大学规程》《学位授予法》和有关课程标准，大学制度在抗战前就已基本定型。

第四，在师范教育方面，虽然因人们对于师范教育作用与地位认识的不足，从民国初年到20世纪30年代初师范教育曾出现过反复和曲折的发展，但后来的《师范学校法》和《师范学院规程》的颁布，从法律上确立了师范教育的独立地位，并根据社会需要，形成了诸如增加师范学校类型、优待师范生、师范生入学及升学保送，以及从课程、教学、训育到实习等各个方面全面培养师范生等有一定特色的师范教育制度。

第五，在职业技术教育方面，国民政府不仅使职业教育自成体系，还将职业技术教育渗透到普通教育之中，实行建教联合，建立了从初等教育到高等教育的多层次、多类型的职业教育体系。

第六，在学校教育管理方面，由于国民党实行一党专制，教育的民主化程度较民初有所削弱，但专家治校的精神基本上被保留下来。这种正规化的教育制度，为中华人民共和国建立后教育的发展提供了重要的历史基础。

新民主主义教育制度的主要贡献，集中表现在两个方面。其一，充分发挥教育为革命战争和根据地建设服务的效能，建立起一个包括干部教育、群众教育和儿童教育在内的新教育体系，确立了干部教育重于群众教育、成人教育重于儿童教育的基本原则，并根据各根据地的实际，灵活地确定发展教育的政策、途径和方法，使教育制度体现出高度的灵活性和适应性。其二，突破了正规化教育的束缚，从农村实际出发，形成了民办公助的办学方针，创造了丰富多彩的教育形式，使政治教育、文化教育和军事教育融为一体，并通过农村经济与社会的变革唤起群众接受新教育的需要，使教育成为农民翻身求解放的重要工具。在教育管理体制方面，新民主主义教育制度也别具一格，它体现了中国共产党的集中统一领导与群众路线相结合的基本原则。这对于发动群众自觉地投身于新民主主义的文化教育革命，具有重要的历史意义。

虽然两种教育制度在政治上存在着明显的对立，但它们在中国教育制度的近代化历程中又具有一定的互补性。如果说三民主义教育制度主要适应于经济文化比较发达的城市地区教育需要的话，那么，新民主主义教育制度则更加适用于在经济文化比较落后的农村地区普及文化教育，二者具有一定的互补性。变落后的农业国家为现代化的工业国家，是中国近代以来所面临的重要课题。如果没有一个正规的现代教育制度体系，就难以保证教育的质量、提高教育的效率，无法满足建设工业化国家对高质量人才的需求。中国又是一个落后的农业国家，农民占全国人口的绝大多数，他们长期处在贫穷、文盲以及与政治隔绝的状态，如果没有农村教育的普及和农民的觉醒，整个中国社会的发展就没有根基。而农村地区的情况又是千差万别的，缺乏弹性与高度灵活性的教育制度，根本无法担负起在农村普及和发展教育的任务。

两种教育制度的互补性，还表现在教育要兼顾革命与建设的双重历史需要。中国是一个后发外生型近代化国家，与早发内生型近代化国家不同，在走向近代化的历程中，国家的建设发展始终与民族民主革命交织在一起。一方面，没有民族民主革命的胜利作政治基础，中国就无法步入正常的经济建设轨道；另一方面，没有经济的适当发展作物质基础，民族民主革命的最终胜利也是不可能的。更何况，教育还是百年树人的长远大计，在长期的革命战争环境中，教育如不兼顾未来的长远需要，必然会对未来社会的建设和发展造成难以弥补的不利影响。在这种情况下，教育一方面要着眼于民族民主革命的现实需要，担负起培养革命干部和发动群众参加并支持革命的重任；另一方面，又要着眼于国内经济建设与未来和平建国的长远需要，担负起培养大量建设人才的任务。把两种教育制度放在这一大的历史条件下进行考查，我们会看到，它们在中国教育近代化的过程中确实发挥了不同的历史功能，具有不同的历史价值。如果说三民主义教育制度，特别是抗战时期基于"战时教育须作平时看"的策略所采取的一系列制度、措施，在一定程度上发挥了满足未来社会与教育发展需要的功能的话，那么，新民主主义教育制度则以其鲜明的时代意识和战斗精神，充分发挥了教育在民族解放和民主革命中的工具作用。

历史是不能假设的，历史上的任何重大转折都是由一定的客观时势造成的，此即历史发展的必然性。但历史毕竟又是人的历史，人既为历史过程所塑造，又能动地参与着历史的创造。在历史性转折的任何重要关头，人类总是面临着多种选择而不是只有一种选择。正因如此，人类才有必要不断学习和研究历史，从历史中获得有益的经验教训，使历史发挥"镜子"的功能。由此观之，在中华人民共和国建立之初，如果我们不是简单地用政治尺度看待民国教育，如果我们不是急于引进苏联模式，而是客观冷静地总结民国时期教育制度中国化过程中的经验教训、利弊得失，并在此基础上实现优势互补，建立适合中国国情的现代化教育制度，那么，我们在教育上所走的弯路自然会少一些。

当然，客观而冷静地总结和评价历史也需要一定的客观条件。随着改革开放的深入和思想的不断解放，特别是随着"一国两制"理论的提出和实施。有关条件已经成熟。"一国两制"理论在确认社会主义取代资本主义之历史必然性的同时，也确认了两种政治经济制度将会经历一个长期共存和共同发展的历史过程，两者在现阶段各有其存在的必然性与合理性。此外，中华民族的和平统一，也需要在海峡两岸人民之间达成一定的共识，这共识当然也包括对以往那段历史的客观而冷静的认识。尊重历史，面向未来，全面总结和评价民国教育制度，是教育史工作者责无旁贷的历史使命。

人名与专业术语索引

B

毕业会考制度　　114,128

C

蔡元培　　2,4,6,7,26,29,31～33,35,36,61,166,187～189,192～194

陈独秀　　25,27,31,241～243

陈鹤琴　　79

陈立夫　　68,129,170

初等教育　　11,19,41,51,63,76,78,83,89,99,103～105,164,200,206,207,210,213,216,219,290,292,297,366,387,388

D

大学令　　14～16,20

大学区制　　166,187,192～195,201

大学院制　　189,190,192,210

党化教育　　55～60,129,147,254

导师制　　121,124,125,129,145,147,186

邓中夏　　244

冬学　　273～275,286,293,297,331,356,357,360～363

杜威　　26,33

E

二部制　　84,285,286

F

分科制　　39,40

G

干部教育　　240,251,264,271～275,300,301,303～307,309～311,318,319,321,327,328,330,332,334～343,345,348～351,353,371,373,388

工农教育　　240,245,247,329

共产主义教育　　256,264,266

国家主义教育　　56

国民教育制度　　55,78,85,87,89,99,102～105,135,217,387

国语教学改革　　27,29,30

H

胡适　　27～29,31

黄炎培　　40,128

J

蒋介石　　55,64,65,67,74,161,188,198,199,210

蒋梦麟　　26

教学目标　　80,88,90～98,103,105,127

教育独立思想　　190,192

教育法规　　17,19,63,64,67,78,179,203,205,208,277

教育模式　　1,45,54,387

教育目标　　20,67,107,109,131,136,323,324

教育体制　　1,54,200,353

阶级教育　　7,250,255

军国民教育　　4,5,27

K
康有为　　22

L
"六三三"学制　　40
李大钊　　31,241,243,244
李建勋　　183,201
梁启超　　27,35
廖世承　　39
林伯渠　　262,264
柳亚子　　34

M
马克思主义教育思想　　240,241,244
马寅初　　186
毛泽东　　52,241~243,246~248,251,255~257,260~266,269,270,277,294,297,337,338,345,350~352
美感教育　　4,5,27
孟禄　　44
民国教育制度　　390

N
女子教育　　20,34~36,63,252

P
平民教育　　25,33,41,191,244,246

Q
群众教育　　258,264,272~274,321,325,353,355,356,362,364,388

R
壬戌学制　　36,40,41,44,51
壬子·癸丑学制　　1,10,11,13,14,19,37,38,43,82

S
三民主义教育制度　　55,75,187,387,389,390
社会教育　　3,6,7,10,62,63,67,71,72,131,136~138,145,190,191,193,195~197,204~206,209,210,212,216,257,258,293,321~323,347,353~360,363,364,366~368,370,380
实业教育　　19,20,150,166

实用主义教育思想　　25,26,33,44,56
私塾　　52,84,85,103,104,124,148,191,298~300
孙中山　　1,2,56~58,63,64

T
陶行知　　39,44

W
完全小学　　83,225,278,280,285,378,383
韦悫　　57,58,151
吴稚晖　　29
五育并举　　4
戊辰学制　　75

X
新民主主义教育制度　　55,240,247,248,272,365,387~390
选科制　　32,33,38~40,42,43,49,109
学分制　　47,49,53,109,110,153,169~171
学科制　　43,49
学前教育　　51,76,78
巡回辅导　　101,102
巡回教学　　84,285,286
训导制度　　121,128,129,147,185
训育　　63,64,67,89,90,101,112,119,121~126,129,144,157,158,169,186,196,206,210,227,237,291,376,377,388
夜校　　245~247,258,273,283,293,356,358,360,361,363,364

Y
义务教育制度　　82,102,103,294
余家菊　　40
袁世凯　　1,21~24
恽代英　　328

Z
战时教育政策　　55,66
张伯苓　　181
张闻天　　254
张宗麟　　78,79
中国传统教育　　28,57

参考文献

1. 郭秉文. 中国教育制度沿革史. 北京：商务印书馆，1922
2. 陈宝泉. 中国近代学制变迁史. 北京：文化学社，1927
3. 舒新城. 近代中国教育史料（第4册）. 上海：中华书局，1928
4. 舒新城. 中国教育建设方针. 上海：中华书局，1931
5. 王云五. 中国教育问题之讨论. 北京：商务印书馆，1932
6. 孟宪承. 新中国教育史. 上海：中华书局，1932
7. 立法院. 中华民国教育法规汇编. 北京：中华书局，1934
8. 教育部. 第一次中国教育年鉴. 上海：开明书店，1934
9. 周予同. 中国现代教育制度. 上海：良友图书公司，1934
10. 姜书阁. 中国近代教育制度. 上海：中华书局，1934
11. 薛人仰. 中国教育行政制度史略. 上海：中华书局，1934
12. 古楳. 现代中国及其教育. 上海：中华书局，1934
13. 周邦道. 教育视导. 南京：正中书局，1935
14. 李公朴. 抗战教育的理论与实际. 汉口：汉口读书生活出版社，1938
15. 陈青之. 中国教育史. 长沙：商务印书馆，1940
16. 舒新城. 中国近代教育思想史. 上海：大东书局，1946
17. 教育部国民教育司. 国民教育法规辑要. 台北：正中书局，1946
18. 阮华国. 教育法规. 上海：大东书局，1946
19. 罗廷光. 教育行政. 上海：商务印书馆，1946

20. 延安时事问题研究会．抗战中的中国文化教育．上海：上海人民出版社，1961

21. 陈启天．近代中国教育史．台北："中华书局"，1969

22. 大学院．全国教育会议报告．台北：文海出版社，1971

23. 中国国民党党史会．抗战时期教育．革命文献（第58辑）．台北："中央文物供应社"，1973

24. 中国国民党党史会．抗战前教育概况与检讨．革命文献（第55辑）．台北："中央文物供应社"，1973

25. 陈立夫．抗战教育行政回忆．台北：台湾商务印书馆，1973

26. 孙邦正．六十年来的中国教育．台北：正中书局，1974

27. 人民教育社．老解放区教育工作经验片断．上海：上海教育出版社，1979

28. 上海教育出版社．老解放区教育工作回忆录．上海：上海教育出版社，1979

29. 中央教育科学研究所．徐特立教育文集．北京：人民教育出版社，1979

30. 李公朴．华北敌后——晋察冀．北京：生活·读书·新知三联书店，1979

31. 存萃学社，周康燮．中华民国史事日志．香港：大东图书公司，1981

32. 陈元晖，等．老解放区教育资料（一）．北京：教育科学出版社，1981

33. 陕甘宁边区教育资料．北京：教育科学出版社，1981

34. 江西省教育学会．苏区教育资料选编．南昌：江西教育出版社，1981

35. 郑世兴．中国现代教育史．台北：三民书局，1981

36. 李新主．中华民国史，北京：中华书局，1981

37. 郭为藩．中华民国开国七十年之教育．台北：广文书局，1981

38. 伍振鷟．中国大学教育发展史．台北：三民书局，1982

39. 陈元晖．老解放区教育史．北京：教育科学出版社，1982

40. 成仿吾．战火中的大学——从陕北公学到人民大学．北京：人民教育

出版社，1982

41. 辛苹，尹平符等. 山东解放区大事记. 济南：山东人民出版社，1982

42. 戴伯韬. 解放战争初期苏皖边区教育. 北京：人民教育出版社，1982

43. 中央教育科学研究所，厦门大学. 杨贤江教育文集. 北京：教育科学出版社，1982

44. 辽宁省教育科学研究所. 东北解放区教育资料选编. 北京：教育科学出版社，1983

45. 华东师范大学教育系，教科所. 中国现代教育史. 上海：华东范大学出版社，1983

46. 张沪. 张宗麟幼儿教育论集. 长沙：湖南教育出版社，1985

47. 周谈辉. 中国职业教育发展史. 台北："国立教育资料馆"，1985

48. 曲士培. 解放战争时期解放区高等教育. 北京：北京大学出版社，1985

49. 江西省档案馆，中共江西省委党校党史研究室. 中央革命根据地史料选. 南昌：江西人民出版社，1985

50. 李国强. 中央苏区教育史. 南昌：江西教育出版社，1986

51. 中央教育科学研究所. 老解放区教育资料（二）. 北京：教育科学出版社，1986

52. 顾树森. 中国历代教育制度. 南京：江苏人民出版社，1987

53. 夏道汉，陈立明. 江西苏区史. 南昌：江西人民出版社，1988

54. 赵季. 湖北老解放区教育史稿. 武汉：武汉大学出版社，1988

55. 彭明. 中国现代史资料选编（第1册）. 北京：中国人民大学出版社，1987

56. 毛礼锐，沈灌群. 中国教育通史. 第5卷. 济南：山东教育出版社，1988

57. 彭明. 中国现代史资料选编（第2册）. 北京：中国人民大学出版社，1988

58. 彭明. 中国现代史资料选编（第3～6册）. 北京：中国人民大学出版社，1989

59. 华东师范大学教育系. 中国现代教育文选. 北京：人民教育出版社，1989

60. 高平叔. 蔡元培全集. 北京：中华书局，1989

61. 黄定元. 中央苏区师范教育史稿. 北京：北京师范学院出版社，1989

62. 韦善美，马清河. 雷沛鸿教育文集（上册），南宁：广西教育出版社，1989

63. 中国文化书院学术委员会. 梁漱溟全集（1～8卷）. 济南：山东人民出版社，1989～1993

64. 皇甫束玉，等. 中国革命根据地教育纪事. 北京：教育科学出版社，1989

65. 王耀光，等. 五台老解放区教育简史. 太原：山西人民出版社，1989

66. 宋恩荣，章咸. 中华民国教育法规选编. 南京：江苏教育出版社，1990

67. 韦善美，马清河. 雷沛鸿教育文集（下册）. 南宁：广西教育出版社，1990

68. 王谦. 晋察冀边区教育资料选编. 石家庄：河北教育出版社，1990

69. 史全生. 中华民国文化史. 长春：吉林文史出版社，1990

70. 瞿保奎. 教育学文集·教育制度. 北京：人民教育出版社，1990

71. 吴家莹. 中华民国教育政策发展史. 台北：五南图书出版有限公司，1990

72. ［加］许美德，［法］巴斯蒂主编. 中外比较教育史. 上海：上海人民出版社，1990

73. 何晓夏. 简明中国学前教育史. 北京：北京师范大学出版社，1990

74. 贾逸君. 中华民国政治史. 上海：上海书店出版社，1990

75. 商务印书馆. 中国近七十年来教育纪事. 上海：上海书店出版社，1990

76. 董纯才. 中国革命根据地教育史（1～3卷）. 北京：教育科学出版社，1991

77. 刘宪曾，等. 陕甘宁边区教育大事记. 西安：陕西人民出版社，1990

78. 中央教育科学研究所. 老解放区教育资料（三）. 北京：教育科学出

版社，1991

79. 毛泽东选集（1～4卷）. 北京：人民出版社，1991

80. 陈旭麓. 中国近代社会的新陈代谢. 上海：上海人民出版社，1992

81. ［美］费正清，赖肖尔. 中国——传统与变革. 北京：中国社会科学出版社，1992

82. 徐茅. 中华民国政治制度史. 上海：上海人民出版社，1992

83. 杨学为，等. 中国考试制度史料. 合肥：黄山书社，1992

84. 华中师范大学教育科学研究所. 陶行知全集. 长沙：湖南教育出版社，1992

85. 田正平，李笑贤. 黄炎培教育论著选. 北京：人民教育出版社，1993

86. 逄先知. 毛泽东年谱（1～3册）. 北京：中央文献出版社，1993

87. 杨玉厚. 中国课程变革研究. 西安：陕西教育出版社，1993

88. 许椿生，陈侠，蔡春. 李建勋教育论著选. 北京：人民教育出版社，1993

89. 罗荣渠. 现代化新论——世界与中国的现代化进程. 北京：北京大学出版社，1993

90. 顾明远. 中国教育大系·马克思主义与中国教育. 武汉：湖北教育出版社，1994

91. 王炳照，阎国华. 中国教育思想通史. 长沙：湖南教育出版社，1994

92. 陈学恂. 中国教育史研究（现代分卷）. 上海：华东师范大学出版社，1994

93. 金林祥. 蔡元培教育思想研究. 沈阳：辽宁教育出版社，1994

94. ［美］费正清，费维恺. 剑桥中华民国史. 北京：中国社会科学出版社，1994

95. 张岱年. 中国启蒙思想文库. 沈阳：辽宁人民出版社，1994

96. 郑登云. 中国高等教育史（上册）. 上海：华东师范大学出版社，1994

97. 郑登云. 中国近代教育史. 上海：华东师范大学出版社，1994

98. 孙培青，李国钧. 中国教育思想史. 上海：华东师范大学出版社，1995

99. 林炯如，何绍昌，虞宝棠. 中华民国政治制度史. 上海：华东师范大学出版社，1995

100. ［美］格里德，鲁奇. 胡适与中国的文艺复兴. 南京：江苏人民出版社，1995

101. 许纪霖，陈达凯. 中国现代化史（第1卷，1800～1949年）. 上海：上海三联书店，1995

102. 王永祥. 中国现代宪政运动史. 上海：上海人民出版社，1996

103. 钱曼倩，金林祥. 中国近代学制比较研究. 广州：广东教育出版社，1996

104. 王建军. 中国近代教科书发展研究. 广州：广东教育出版社，1996

105. 赵承福，田正平，班华. 中国小学各科教学史丛书. 济南：山东教育出版社，1996

106. 段治文. 中国近代科技文化史论. 杭州：浙江大学出版社，1996

107. 王炳照. 中国古代私学与近代私立学校研究. 济南：山东教育出版社，1997

108. 张瑞璠，王承绪. 中外教育比较史纲（近代卷）. 济南：山东教育出版社，1997

109. 李华兴. 民国教育史. 上海：上海教育出版社，1997

110. 陆有铨. 躁动的百年——20世纪教育历程. 济南：山东教育出版社，1997

111. 王树山，王健夫. 毛泽东书信赏析. 济南：山东教育出版社，1997

112. 姜义华. 胡适学术文集（教育卷）. 北京：中华书局，1998

图书在版编目(CIP)数据

中国教育通史·中华民国卷(下)/于述胜著.—北京：北京师范大学出版社，2013.7（2019.4重印）

（中国教育通史/王炳照，李国钧，阎国华总主编）

ISBN 978-7-303-15731-0

Ⅰ.①中… Ⅱ.①于… Ⅲ.①教育制度－研究－中国－民国 Ⅳ.①G529.6

中国版本图书馆CIP数据核字(2012)第282233号

营 销 中 心 电 话　010-58805072　58807651
北师大出版社高等教育与学术著作分社
电 子 信 箱　　http://xueda.bnup.com
　　　　　　　jiaoke@bnupg.com

ZHONGGUO JIAOYU TONGSHI

出版发行：	北京师范大学出版社　www.bnup.com
	北京市海淀区新街口外大街19号
	邮政编码：100875
印　　刷：	北京盛通印刷股份有限公司
经　　销：	全国新华书店
开　　本：	170 mm×260 mm
印　　张：	26
字　　数：	347千字
版　　次：	2013年7月第1版
印　　次：	2019年4月第3次印刷
定　　价：	128.00元

策划编辑：郭兴举	责任编辑：何　琳
美术编辑：纪　潇	装帧设计：蔡立国
责任校对：李　菡	责任印制：马　洁

版权所有　侵权必究

反盗版、侵权举报电话：010－58800697
北京读者服务部电话：010－58808104
外埠邮购电话：010－58808083
本书如有印装质量问题，请与印制管理部联系调换。
印制管理部电话：010－58805079